普通高等教育“十三五”规划教材

Tax and Tax Planning

税收与纳税筹划

◆主　编　邢俊霞

◆副主编　许忠荣　项华录　孟永生　高继宏

中国石化出版社

HTTP://WWW.SINOPEC-PRESS.COM

教·育·出·版·中·心

图书在版编目(CIP)数据

税收与纳税筹划 / 邢俊霞主编 . —北京：中国石化出版社，2017.1
ISBN 978-7-5114-4384-7

Ⅰ. ①税… Ⅱ. ①邢… Ⅲ. ①税收管理-中国 ②税收筹划-中国 Ⅳ. ①F812.423

中国版本图书馆 CIP 数据核字(2017)第 005748 号

中国石化出版社出版发行
地址:北京市朝阳区吉市口路 9 号
邮编:100020 电话:(010)59964500
发行部电话:(010)59964526
http://www.sinopec-press.com
E-mail:press@sinopec.com
北京富泰印刷有限责任公司印刷
全国各地新华书店经销
*
787×1092 毫米 16 开本 18 印张 440 千字
2017 年 1 月第 1 版 2017 年 1 月第 1 次印刷
定价:48.00 元

前　言

本教材以高校财经类专业应用技术型人才培养目标为编写宗旨，以提升财经类专业学生专业执业能力为目标，注重税法理论知识、纳税筹划理论与实践的有效衔接，内容新颖，具有较强的实用性及可操作性。

主要特色有：

(1) 根据最新税收法律法规编写，具有一定的前瞻性。

(2) 突出实用性和操作性，侧重实际案例的分析和讲解，注重培养学生对理论知识的运用以及实际操作能力。对完善会计专业、财务管理专业课程体系，改变人才培养模式，培养社会紧缺的纳税筹划人才和应用型财会领域复合型人才有一定的辅助作用。

(3) 在教材中穿插对学生的税收法制教育，培养学生的法制观念和依法纳税意识。

(4) 注重教授学生税务筹划的策略和方法，使学生掌握纳税筹划的基本理论、基本方法和基本技能。既注重知识传授，又注重实践能力的提高。

(5) 能够配合授课教师在有限的教学时间内，产生尽可能多的教学效益。

主要创新有：

(1) 注重学习兴趣的培养。以丰富多样的案例介绍及讲解为学生提供高度仿真的教学环境，提高学生对依法纳税重要性的认识，培养学生的纳税筹划意识，激发学生的学习兴趣。

(2) 注重夯实基本功。教授学生税务筹划的基本策略和基本方法，使学生掌握纳税筹划的基本理论、基本方法和基本技能，毕业后能够为企业进行基本的纳税筹划。

(3) 注重培养学生的法制观念和依法纳税意识。在教材内容中穿插税收法制教育，使学生了解违法纳税的后果，从而敬畏税法，因为只有知法、守法的人，才能成功地进行纳税筹划。

(4) 注重纳税筹划风险的识别和防控。纳税筹划风险性极高，筹划方案有可能被认定为偷税、逃税、骗税。教材中对于存在纳税筹划风险的每个案例，都进行了相应的风险提示或提出了风险化解方案

(5) 每一章内容前安排引导案例。这些案例都根据真实事件改编而成，目的在于启发学生对这一章内容的思考，激发学生深入学习知识的欲望，增强教材的趣味性。

（6）每一章都配有本章小结和练习题。本章小结对内容进行概括、总结，提炼出重要知识点。配套练习题题目短小精炼，在不给学生施加压力的前提下，方便学生复习和巩固本章内容。

（7）注重相关学科知识的复习与运用。纳税筹划综合性极强，在针对具体案例进行纳税筹划时往往需要运用《税法》、《财务管理》、《财务会计》、《经济法》等学科知识，教材中对需要运用的相关学科的知识点进行了提炼和汇总。

在本书的编写过程中，编者参考和借鉴了众多专家学者的研究成果，也得到了相关企业的大力支持，在此表示衷心的感谢。

本书的框架结构、体例和内容，虽经参与编写人员多次讨论修改，但由于作者理论水平和实践经验有限，仍会存在不少缺憾，恳请广大专家学者和读者批评指正。

编　者

2016年12月

目　录

第一章　税法基本知识

【学习目标与要求】

本章主要介绍税收和税法的基本概念、分类、税法的基本构成要素等。通过本章的学习，要求了解税收和税法的关系，掌握税收和税法的概念、分类以及税法的基本构成要素，为学习该门课程奠定一定的理论基础。

【重点难点】

重点：税收的特征。

税法的基本构成要素。

难点：累进税率。

【引导案例】

赵奢以法治税

公元前 271 年，赵奢担任当时赵国的最高税务长官。赵奢在中国赋税思想史上的主要贡献，是他坚持以法治税。他认为，以法治税是以法治国的一项重要内容，破坏税法会导致国家法制削弱，而国家的法制一旦遭到破坏，社会就会陷入混乱，国家就会衰弱，诸侯就会乘机进攻，政权就会灭亡。他指出："不奉公则法削，法削则国弱，国弱则诸侯加兵，诸侯加兵是无赵也。"赵奢怀有法律面前人人平等的民主思想。他认为，税法不仅平民百姓必须遵守，贵族官僚也必须履行其纳税义务，这就是执行公平。做到执行公平，国家才会强盛，政权才会巩固。赵奢掌管赵国赋税期间，"国赋大平，民富而府库实"，也为后世树立了一个极为难得的执法如山的税官形象。

第一节　税收基本知识

一、税收的概念

税收是国家为了实现其职能，凭借政治权力，按照法律规定的标准，强制地、无偿地参与社会产品分配和再分配，以取得财政收入的一种特殊分配形式。

1. 税收目的——实现国家职能，满足公共需要

国家之所以对各个经济组织、单位和个人征税，目的是为了实现其职能，满足社会公共需要。社会公共需要一般包括四个方面：一是保护国家主权和领土完整的需要，如国防、外交等的需要；二是维持社会安定秩序的需要，如警察、法庭、行政管理等的需要；三是维护和扩大社会在生产活动，如兴建农田水利、交通、通讯等基础设施的需要；四是保障和提高人类自身发展，如举办文化、教育、卫生、社会保障等各项公共事业的需要。公共需要与个人需要相比，其价值难以通过市场交换得到补偿，因此，由私人部门来满足社会公共需要是不可能的，只能由国家通过征税无偿占有一部分社会产品来解决。

税收作为国家取得财政收入的一种最重要的方式，已被现代国家普遍采用，并成为满足国家行使其职能需要的重要方式。

2. 国家征税依据——国家政治权力

国家征税的依据是国家政治权力。国家权力有两种：即财产权力和政治权力。国家要把生产单位的一部分产品价值归于自己所有，除了凭借它所持有的政治权力和财产权力外，别无他途。国家凭借对生产资料的占有，即财产权力，对一部分社会产品价值的分配，是社会再生产中的一般分配，如国有企业上交的利润。而参与社会产品分配和再分配的税收则是国家凭借至高无上的政治权力征收的。

3. 税收本质——特殊的分配关系

首先，税收是一种分配关系。税收就是国家把生产者创造的一部分社会产品强制地变为国家所有的过程。这一过程会引起一部分社会产品和国民收入在不同社会成员之间的转移，导致社会分配关系的变化。这些分配关系主要包括：国家与企业之间的分配关系，国家和个人之间的分配关系，国家和国家之间的分配关系，以及由上述分配活动引起的企业与企业之间、企业与个人之间、个人与个人之间的分配关系的变化。所以，税种、税目、税率等要素的设计和调整都必须反映国家、企业和劳动者个人三者的经济利益关系。

其次，税收是一种特殊的分配关系。税收同劳动工资、地租、商业利润、资本利息一样，都是一种分配方式，但它又不同于这些分配方式，主要区别在于：税收是政府依靠政治权力无偿占有社会成员一部分社会产品的过程，通过税收，改变政府与社会成员之间及社会成员内部之间的社会产品占有量和占有比例；税收所体现的分配关系，是一种超经济的分配。而工资、地租、商业利润和资本利息等所体现的分配关系是一种经济分配，即凭借对生产要素(如生产资料、劳动力、资本等)的占有和支配对社会产品进行分配。

4. 税收的分配对象——一部分社会产品(剩余产品价值)

税收是对一部分社会产品，主要是剩余产品价值进行分配。全社会在一定时期内，劳动者所生产的社会总产品价值中，有一部分是生产过程中消耗掉的生产资料价值(C)，经过企业财务初次分配，回到再生产过程中，不是税收的分配对象；社会产品价值中用于补偿劳动消耗的部分(V)，是个人消费基金的最主要部分，税收参与其中一小部分的分配，如征收个人所得税；而社会剩余产品价值(M)，是新价值中的主要组成部分，它的分配和使用直接影响着整个国家的发展速度和方向，是国家税收分配的主要对象。

二、税收的基本特征

税收的实质是国家为了行使其职能，而取得财政收入的一种形式。同政府收费、国有资产收益等其他财政收入形式相比，其基本特征表现在以下三个方面：

(1) 强制性：指国家以社会管理者的身份，用法律、法规等形式对征税加以规定，并按照法律强制征税。税收具有强制性，是因为税收分配是以国家的政治权力为征税依据的，以政治权力为依据的分配必然具有强制性。

(2) 无偿性：主要指国家征税后，税款即成为财政收入，不再直接偿还给纳税人，也不向纳税人支付任何报酬和代价。

(3) 固定性：在征税之前以法律形式预先规定了每种税的纳税人、课税对象、税率或税额、纳税期限等要素，有一个比较稳定的适用期，是一种连续的固定性收入。只要发生税法规定的纳税行为，就应按标准纳税。但不能把固定性理解为征税对象的范围、种类及征收比例永远不变。从历史的发展看，随着社会生产力的发展和国家的需要，国家总是在不断地按照法定程序调整税法的内容，但这与固定性并不矛盾。固定性主要体现在一部税法的有效期内，该税法完全按其内容执行，征纳双方不能变更。

综上所述，税收的三个基本特征是相互联系、不可分割的，是一个统一的整体。其中，无偿性是核心，强制性是保证，固定性是上述两种特征的必然结果。这是一切社会形态下的税收共有的特征，不随社会形态的变化而变化。

三、税收的分类

目前，我国常见的税收分类有以下几种：

（一）按征税对象的性质划分

可以把税收分为流转税、所得税、资源税、财产税、行为税、特定目的税。

1. 流转税

流转税是对纳税人在生产流通领域或服务领域取得的流转额（如销售收入、营业收入）征收的一类税。流转税在我国现行税制中属于最大的一类税收，包括增值税、消费税、营业税、关税四个税种。

2. 所得税

所得税是对纳税人生产经营取得的纯收入或利润征收的一种税，包括企业所得税、个人所得税两个税种。

3. 资源税

资源税是对从事自然资源开发或使用城镇土地取得的收入征收的一类税，包括资源税、城镇土地使用税两个税种。

4. 财产税

财产税是对纳税人所有的财产或归其支配的财产征收的一类税，包括房产税、车船税两个税种。

5. 行为税

行为税是对纳税人的特定行为征收的一类税，包括印花税、契税等税种。

6. 特定目的税

特定目的税是指为了达到特定的目的，对特定对象进行调节而征收的一类税，包括城市维护建设税、耕地占用税、土地增值税、车辆购置税等税种。

（二）按税收管理权限的归属关系划分

可以把税收分为中央税、地方税、中央地方共享税。

1. 中央税

中央税是收入归中央政府所有的税种，一般由中央政府的税务机关及其派出机构进行征收和管理，税收管理权属于中央，有时中央委托地方征收中央税，同时收入要上缴中央。我国现行的消费税、车辆购置税、关税、证券交易印花税、海关代征的进口环节增值税、消费税都属于中央税税种。

2. 地方税

地方税是指收入归地方政府所有的税种，由地方税务机关征收。我国现行的土地增值税、房产税、城镇土地使用税、车船税、契税、耕地占用税、除证券交易印花税以外的其他印花税等都属于地方税税种。

3. 中央地方共享税

中央地方共享税是指收入由中央和地方政府共同管理并按一定比例分别支配收入的一类税种，通常由国家税务机关征收。包括以下几种：

（1）增值税（不含进口环节由海关代征的部分）：中央政府分享75%，地方政府分享25%。营改增试点期间保持现行财政体制基本稳定，原归属试点地区的营业税收入，改征增值税后收入仍归属试点地区，税款分别入库。

（2）企业所得税：铁道部、各银行总行及海洋石油企业缴纳的部分归中央政府，其余部分中央与地方政府按比例分享。

（3）个人所得税：除储蓄存款利息所得的个人所得税外，其余部分中央与地方政府分享的比例与企业所得税相同。

（4）资源税：海洋石油企业缴纳的部分归中央政府，其余部分归地方政府。

（三）按税收负担能否转嫁划分

分为直接税和间接税。凡是税收负担不能转嫁他人的税种为直接税，直接税的纳税人同时为负税人，如企业所得税和个人所得税。凡是税收负担可以转嫁他人的税种为间接税，间接税的纳税人不是负税人，如流转税各个税种。

（四）按计税依据划分

分为从价税和从量税。计税依据是价格或金额的税种为从价税，如增值税；计税依据是重量、面积、容积、体积等的税种为从量税，如车船税；也有一些税种既从价又从量征收，如消费税、印花税、资源税等。

（五）按税收和价格的关系划分

分为价内税和价外税。价内税是指税金包含在价格中，构成价格的一部分的税种，其计税依据为含税价格，如消费税、营业税。价外税是指税金不包含在价格中，而是价格之外的附加部分的税种，其计税依据为不含税价格，如增值税。

除以上几种主要分类外，还有其他的分类方法。如按税收的征收形式，可以分为实物税和货币税；按税收收入的用途，可以分为一般税和特定税；按税种的法定期限，可以分为经常税和临时税；按纳税人的国籍，可以分为国内税和涉外税等。

四、税收的职能与作用

（一）税收的职能

税收职能是指税收本身所具有的职责和功能，它是由税收的本质决定的，税收的本质是分配关系问题。通过税收分配，使一部分社会产品无偿地转移到国家手中，形成国家的财政收入。税收分配的结果必然产生三方面影响：一是国家取得了财政收入；二是对纳税人的经济利益和经济行为产生影响；三是反映和监督纳税人的生产经营和经济运行的某些情况。由此得出税收具有三个职能，即财政职能、经济职能和监管职能。

1. 税收的财政职能

税收的财政职能，是指税收具有从社会成员或经济组织手中强制性地取得一部分收入，用以满足国家提供公共品需要的职责和功能。税收自产生之日起，就是为国家筹集财政收入的重要工具。税收的财政职能是税收的最基本职能。税收奠定了国家存在的经济基础，维持了国家的存在和发展。也正因为税收具有财政职能，使其在不同的社会形态下都是国家取得财政收入的重要工具，在政治经济生活中具有十分重要的地位。

2. 税收的经济职能

税收的经济职能，是指税收在分配过程中对生产经营单位和个人的经济行为所产生的影响。税收在执行财政职能的过程中，一方面为国家取得了财政收入，另一方面直接改变了一部分社会产品的所有权和支配权归属，形成了经济单位和个人新的收入分配格局。这种收入新格局的形成是不可避免和必然的，也是客观的。它对经济产生的影响，可能是积极的，也可能是消极的；可能促进经济发展，也可能破坏经济发展；可能是有意识的调节，也可能是无意识的调节。国家正是利用税收具有调节经济的职能，通过税种、税目、税率的设计和调整，通过征税对象的选择以及税收优惠措施的运用等，实现国家的经济政策目标，调节不同主体的经济利益，从而协调社会经济的发展。

税收的经济职能和财政职能一样，也是随着税收的产生而产生，随着税收的发展而发展。在自然经济条件下，国家没有必要制定广泛的经济政策，也不广泛运用各种手段贯彻实施经济政策。这时的税收政策制度虽然对经济也会产生一定的影响，但其调节经济的职能并不十分突出，基本上表现为对税收财政职能的依赖。在市场经济条件下，税收的经济职能才被充分表现出来，成为税收分配中一个引人注目的新现象，税收经济职能在税收取得收入的各种方式中都得到了前所未有的发展。

3. 税收的监管职能

税收的监管职能，是指税收在取得收入的过程中，国家能够借助它与经济的必然联系来反映国民经济运行和企业生产经营中的某些情况，发现存在的问题，及时为国家和企业解决这些问题提供线索和依据。在税收的征收过程中，需要对纳税人的经济活动进行税务管理，如纳税检查、税务审计、税源调查等一系列工作，以正确反映国民经济动态和对经济活动全方位进行有效的监督。税收的监督管理职能贯穿于税收活动的全过程。

税收的三个职能之间是辨证统一的关系。其中，起主导作用的始终是税收的财政职能。因为税收分配规律始终是国家财政取得收入的基本规律，是取得收入的具体方式演变的规律，而不是税收调节、税收监督管理的规律。只是税收在取得收入的同时也连带地具有调节经济、监督管理功能。经济职能和监管职能不可能脱离财政职能而独立存在。税收调节经济始终是在以取得收入为目的的具体方式中进行的，只有借助于这种方式才能实现税收调节经济，否则，税收调节就会没有可以依托的对象。同样道理，只有借助于取得收入的具体方式以及在这种方式上存在的税收与经济的具体联系，才能对经济活动进行监督管理，离开了财政职能，税收的监督管理就成了一句空话。

（二）税收的作用

税收的作用是税收职能的具体表现。在不同的经济条件和不同的社会制度下，税收的作用会随着不同历史时期的政治经济任务的变化而变化。在同一社会制度下，不同历史时期税收作用的内容也不完全相同。本书只对我国现行的社会主义市场经济条件下税收的作用做简要介绍。

税收作为重要的经济杠杆和调控经济的重要手段，与社会主义市场经济体制有着直接的内在联系。因此，社会主义市场经济体制的建立和发展，必然给税收提出新的客观要求。税收的职能也在社会主义市场经济体制下表现出不同的效果，发挥着以下作用：

（1）组织财政收入，保证国家实现其职能的资金需要。所谓税收组织财政收入的作用，是指通过税收收入的筹集，来满足国家执行其职能对资金的需要，它与税收的财政职能是相对应的。税收组织财政收入作用在任何社会形态下，在同一社会形态下任何历史发展时期都是相同的。只是由于经济发展水平、经济运行机制、财政收支状况的不同，其作用的程度不同而已。在社会主义市场经济条件下，税收将继续发挥为国家财政及时足额取得收入的主导作用。

（2）鼓励市场公平竞争。市场的公平竞争是优化资源配置的前提。市场竞争的公平环境由多方面因素组成，其中税收是市场公平竞争外在环境的重要组成部分，因此，社会主义市场经济必然要求实行公平税负，发挥税收鼓励市场公平竞争的作用。

税收要发挥鼓励市场公平竞争作用，必须做到税负公平。税负公平是相对纳税人的课税条件而言的，不仅仅是税收本身的绝对负担问题。在社会主义市场经济条件下，必须营造平等竞争的税收环境，使不同的纳税人都能在同一起跑线上竞争。要做到这一点，就必须根据公平竞争的市场规则，对不同的所有制形式、不同的地区、不同的商品种类和不同的行业部门等，实行公平税负、区别对待。首先，对同一课税对象，不论其所有制形式如何，都应适用同一税种征收。其次，在税率设计方面，要体现量能负担的原则，使具有同等纳税能力的负税人负担等量的税收，不同纳税能力的负税人负担不等量的税收。再次，应坚持税权适当集中、分级管理、税收政策统一的原则，不同地区的税收政策(除极个别特殊地区外)应基本一致。

对于市场竞争而言，公平和平等的税收待遇，可以排除因客观原因所形成的利润差异，促使企业把竞争的重点放在自己的主观能动性上，强化管理意识，提高劳动生产率和产品的科技含量，研发新产品，做好售后服务，从而提高企业经济效益。

（3）贯彻产业政策，调整和优化经济结构。在市场经济中，经济结构的调整必须建立在以市场为导向、加快科技进步、发挥本地优势、转变经济增长方式的基础上。经济结构的调整，主要依靠企业竞争和由竞争引起的资源重新配置。价格的自由化和竞争引起的利润率平均化，是形成和调整经济结构的基本前提。那些供过于求的长线产品，其价格必然下跌，利润率必然下降，驱使资本转出，从而压缩市场规模；反之短线产品必然扩大市场规模。但是，由于市场配置资源也存在不足，由市场机制所形成的经济结构并不能完全符合经济发展的要求，因而有必要利用税收杠杆作用进行调整。主要是通过税收杠杆作用(如征税与否、税率的高或低、税收减免等)，鼓励企业向短线产品投资，限制企业向长线产品投资，以达到调整投资结构，进而达到经济结构合理化的目的。

（4）调节个人收入差距，实现社会共同富裕。现阶段，我国以按劳分配方式为主，多种分配方式并存。这是我国社会主义市场经济条件下必须坚持的一项重要原则。税收作为一个重要的经济杠杆，其作用越来越重要。第一，运用个人所得税对纳税人的合法收入过高的部分进行征税调节。第二，运用消费税在消费环节进行再次征税调节，既可以弥补个人所得税调节力度的不足，又可以抑制过分的畸形消费行为。第三，运用财产税在财产积累和转移环节进行最后调节，既可以均衡社会财富分配，又可以实现公平分配的目的。

（5）维护国家权益，促进对外经贸往来和我国经济发展。改革开放政策实施以来，我国逐步建立和完善了涉外税收制度，使税收在维护国家主权、促进对外经贸往来、引进外资和科学技术、促进我国经济发展等方面发挥着特殊的重要作用。第一，行使税收权力，维护国家主权。税收权力是国家权力的一个重要组成部分，每个主权国家都要行使这个权力，以维护本国权益。涉外税收正是维护国家权益的重要工具。第二，运用关税手段，引导和促进对外经济贸易往来。对从国外进口的商品，规定差别较大的关税税率，体现国家鼓励和限制进口的政策，以此调节进口商品的品种和数量，既达到保护国内工农业生产部门和产品，又有利于引进我国所需要的商品的目的。同时，对我国出口产品实行减免税和退税政策，可以增强我国出口产品在国际市场上的竞争能力。第三，在涉外税制里，通过各种税收优惠待遇吸引外资、引进先进设备和技术，这对我国加快经济发展步伐、缩小与世界发达国家的差距，有着重要而深远的积极影响。

总之，税收在我国社会主义市场经济生活中的重要作用，已经被越来越多的人所认识和运用。

【知识链接】

税收的产生

税收的产生取决于国家的出现和一定的社会经济条件，两者相互影响，相互制约。只有这两个条件同时具备，税收才得以产生。①国家的出现是税收产生的前提条件。随着社会生产力的发展、剩余产品的出现以及社会分工和交换的发展，逐渐产生了财产私有制度。私有制的产生使社会形成了奴隶主与奴隶两个对立的阶级，必然产生阶级矛盾和阶级对抗。由此，便产生了国家。国家是凌驾于社会之上的管理机构，本身不从事任何生产、不创造任何物质财富，但为了实现国家的职能，又要消耗大量的物质财富，这是一个矛盾。国家为了获取必需的物质财富，必须凭借政治权力参与社会产品的分配，占有一定的份额。所以恩格斯指出："为了维持这种公共权力，就需要公民缴纳费用——捐税。捐税是以前的氏族社会完全没有的，但是现在我们却十分熟悉它了"。因此，国家的出现是税收产生的前提条件。②剩余产品和私有制的出现，是税收产生的物质条件。社会剩余产品与财产私有制的出现，与税收的产生也有着直接的必然联系。因为社会剩余产品是税收产生的物质基础。在原始社会时期，生产力的水平极端低下，所生产的产品在全体社会成员之间平均分配，根本没有剩余，税收没有可分配的对象，有了剩余产品，又必然与私有制度相联系，很明显，在国家所有制存在的条件下，国家可直接支配社会产品，当社会剩余产品为私人占有时，国家就要通过税收占有一部分，以满足国家的物质需要。

第二节　税法概述

税法是国家制定的用以调整国家与纳税人之间在征纳税方面的权利与义务关系的法律规范的总称。它是国家及纳税人依法征税、依法纳税的行为准则，其目的是保障国家利益和纳税人的合法权益，维护正常的税收秩序，保证国家的财政收入。

一、税法的分类

从法学角度，税法可以作如下分类：

1. 按税法的内容不同划分

分为税收实体法和税收程序法。

税收实体法是规定税收法律关系主体的实体权利和义务的法律规范的总称。其主要内容包括纳税主体、征税客体、计税依据、税目、税率、减免税和违章处理等。如《中华人民共和国个人所得税法》、《中华人民共和国企业所得税法》、《中华人民共和国增值税暂行条例》等都属于税收实体法。税收实体法直接影响到国家与纳税人之间权利与义务的分配，是税法的核心部分，没有税收实体法，税法体系就不能成立。

税收程序法是指以国家税收活动中所发生的程序关系为调整对象的税法，是规定国家征税权行使程序和纳税人纳税义务旅行程序的法律规范的总称。其主要内容包括税收确定程序、税收征收程序、税收检查程序和税收争议解决程序。如《中华人民共和国税收征收管理法》就属于税收程序法。税收程序法是税法体系的基本组成部分。

2. 按税法的效力不同划分

分为税收法律、税收法规和税收规章。

税收法律是指享有国家立法权的国家最高权力机关依照法律程序制定的规范性税收文件。全国税收法律是由全国人大及其常委会制定的，法律地位低于宪法，高于税收法规和税收规章。在我国现行税法体系中，《中华人民共和国个人所得税法》、《中华人民共和国企业所得税法》、《中华人民共和国车船税法》、《中华人民共和国税收征收管理法》都属于税收法律。

税收法规是指国家最高行政机关、地方立法机关根据其职权或国家最高权力机关的授权，依据宪法和税收法律，通过一定法律程序制定的规范性税收文件。包括税收行政法规和地方税收法规，前者是由国务院制定，后者是由地方立法机关制定，具体形式主要是"条例"或"暂行条例"。税收法规的效力低于宪法、税收法律，但高于税收规章。在我国现行税法体系中，《中华人民共和国增值税暂行条例》、《中华人民共和国进出口关税条例》等都属于税收法规。

税收规章是指国家税收管理职能部门、地方政府根据其职权和国家最高行政机关的授权，依据有关税收法律、法规制定的规范性文件。与税收法规相对应，包括税收行政规章和地方规章，前者是由财政部、国家税务总局、海关总署制定，后者是由地方政府制定，具体表现形式是"办法"、"规定"等，如《税务代理试行办法》就属于税收行政规章。税收规章可以增强税法的灵活性和可操作性，是税法体系的必要组成部分，但其法律效力比税收法律和税收法规低。

3. 按税收管辖权范围不同划分

分为国内税法和国际税法。

国内税法是指一国在其税收管辖权范围内调整税收分配过程中形成的权利义务关系的法律规范的总称，是由国家最高权力机关和经由授权或依法律规定的国家行政机关制定的税收法律、法规和规章等规范性文件。其效力范围在地域上和管辖对象上均以国家税收管辖权所能达到的管辖范围为准。通常所说的税法即是指国内税法。

国际税法是指调整国家与国家之间税收权益分配的法律规范的总称。包括政府之间的双边或多边税收协定、关税互惠公约以及国际税收管理等，其内容涉及税收管辖权的确定、税收抵免、最惠国待遇以及无差别待遇等。国际税法是国际法的特殊组成部分，一旦得到一国政府和立法机关的法律承认，其效力就高于国内税法。

二、税收法律关系

(一) 税收法律关系的构成

税收法律关系在总体上与其他法律关系一样，都是由权利主体、权利客体和法律关系内容三方面构成，但在三方面的内涵上，税收法律关系则有其特殊性。

1. 权利主体

权利主体是税收法律关系中享有权利并承担义务的当事人。在我国税收法律关系中，权利主体一方是代表国家行使征税职责的国家税务机关，包括国家各级税务机关、海关和财政机关；另一方是履行纳税义务的纳税人，包括法人、自然人和其他组织等。我国对纳税人的设定采取的是“属地兼属人”的原则。

税收法律关系的一个重要特征是主体双方法律地位平等，权利义务不对等。在税收法律关系中权利主体双方法律地位平等，但是由于主体双方是行政管理者与被管理者的关系，双方的权利与义务不对等，与一般民事法律关系中主体双方权利与义务对等是不一样的。

2. 权利客体

权利客体是税收法律关系权利主体的权利、义务所共同指向的对象，即征税对象。如财产税税收法律关系客体是财产，流转税税收法律关系客体是货物销售收入或营业收入等，资源税税收法律关系客体是各种自然资源等。税收法律关系客体也是国家利用税收杠杆调整和控制经济平稳快速发展的目标，国家在一定时期根据经济形势发展的需要，通过扩大或缩小征税范围调整征税对象，以达到限制或鼓励国民经济中某些产业、行业发展的目的。

3. 税收法律关系的内容

税收法律关系的内容是指权利主体在征纳活动中依法享有的权利和应该承担的义务，是税收法律关系中最实质的东西，也是税法的灵魂。它规定权利主体可以有什么行为，不可以有什么行为，若违反了这些规定，必须承担相应的法律责任。

（二）税收法律关系的产生、变更与消灭

税法是引起税收法律关系的前提条件，但税法本身并不能产生具体的税收法律关系。税收法律关系的产生、变更与消灭必须有能够引起税收法律关系产生、变更或消灭的客观事实也就是税收法律事实来决定。税收法律事实是导致税收法律关系产生、变更或消灭的直接条件。这种税收法律事实，一般指税务机关依法征税的行为和纳税人的经济活动行为，发生这种行为才能产生、变更或消灭税收法律关系。如纳税人开业经营即导致税收法律关系的产生，纳税人转业或停业就导致税收法律关系的变更或消灭。

（三）税收法律关系的保护

税收法律关系是同国家、企业和个人的权益相联系的。保护税收法律关系实质上是保护国家正常的经济秩序，保障国家财政收入，维护纳税人的合法权益。其保护形式和方法多样：税法中关于限期纳税、征收滞纳金和罚款的规定，刑法中对构成偷税、抗税罪、逃避追缴欠税罪等给予刑事处罚的规定等都是对税收法律关系的直接保护。税收法律关系的保护对权利主体双方是对等的，不能只对一方保护而对另一方不予保护，对权利享有者的保护就是对义务承担者的制约。

三、税收制度与税法

税法与税收的关系是非常密切的。首先，税法是税收的法律表现形式，税收是税法所确定的具体内容。其次，从二者反映的关系来看，税法反映的是国家与纳税人在征纳税方面的权利和义务的法律关系，税收反映的是国家与纳税人之间的经济利益分配关系。所以，税法与税收相互依赖、不可分割，离开了税法，税收的财政、经济职能就无从体现。

第三节 税法的构成要素

一个国家无论开征什么税，都要在这种税的税收法律法规中规定这样几项内容：向谁征收、根据什么征收、征收多少以及怎样征收等。这些内容是每一个税种都必须具备的，是构成每一个税种的税收制度的共同要素，称为税收制度的基本要素。税法要素一般包括总则、纳税人、征税对象、税率、纳税环节、纳税期限、纳税地点、税收优惠、罚则、附则等。其中，纳税人、征税对象、税率是税法构成的基本要素。

一、纳税人

1. 纳税人

即纳税义务人，也称纳税主体，是税法规定的直接负有纳税义务的单位和个人。纳税人包括自然人和法人。自然人是指独立享有法定权利，并承担法律义务的个人。法人是经国家认可，具有一定的组织机构，拥有独立支配的财产，并能以自己的名义享受民事权利、承担民事义务的社会组织。

与纳税人相关的概念有负税人和扣缴义务人。

2. 负税人

是实际负担税款的单位和个人，即税款的最终承担者或负担者。纳税人与负税人有时一致，即纳税人缴纳的税款是由自己负担的；有时不一致，当税负可以转嫁时，纳税人就不是负税人，二者发生了分离。可以说，每个公民不一定都是纳税人，但基本上都是负税人。

纳税人与负税人一致的税种为直接税，如所得税的各个税种；纳税人与负税人不一致的税种为间接税，如流转税各个税种。

3. 扣缴义务人

是法律法规规定的负有代扣代缴、代收代缴税款义务的单位和个人，包括代扣代缴义务人和代收代缴义务人。代扣代缴义务人是税法规定的有义务从持有的纳税人收入中扣除其应纳税款并代为缴纳的单位和个人，如单位为职工工资代扣个人所得税，单位就是代扣代缴义务人。代收代缴义务人是税法规定的有义务借助经济往来关系，向纳税人收取应纳税款并代为缴纳的单位或个人，如委托加工应税消费品时，受托方向委托方代收代缴消费税，受托方就是代收代缴义务人。由于个人财务核算水平以及纳税意识方面的局限性，我国税法中的扣缴义务人多为单位，个人较少。当法律规定有代扣代缴义务人时，纳税人不用直接纳税。

二、征税对象

1. 征税对象

又称纳税客体，是指税收法律关系中征纳双方权利义务所共同指向的物或行为，是区别不同税种的主要标志。如增值税的征税对象是商品或劳务在生产和流通过程中的增值额；企业所得税的征税对象是企业的生产、经营所得和其他所得；资源税的征税对象是各种自然资源。

与征税对象紧密相关的概念有两个：计税依据、税目。

2. 计税依据

又称税基，税法规定的据以计算各种应征税款的依据，是征税对象量的表现。征税对象反映的是对什么征税，计税依据解决的是如何计量这些征税对象。

征税对象的量包括价值数量和实物数量，所以计税依据分为从价计税和从量计税。根据计税依据的不同，税种相应可以分为从价税和从量税。

3. 税目

是各个税种所规定的具体征税项目，是征税对象的具体化，体现了征税的广度。如消费税规定了 15 个税目。确定税的目的一是为了进一步明确征税范围，划定征免的界限，也就是确定哪些项目需要征税，哪些项目不需要征税；二是为了对不同项目执行不同的税率。

三、税率

税率是征税对象的征收比率或征收额度，是计算应纳税额的尺度，也是衡量税负轻重与否的重要标志。税率直接反映国家的经济政策，直接影响着国家的财政收入和纳税人的利益，体现了征税的深度。税率从形式上可以分为比例税率、累进税率和定额税率三种类型。

1. 比例税率

比例税率是对同一征税对象不分数额大小、规定相同的征收比例的税率。我国现行的增值税、营业税、房产税、契税、企业所得税等采用的都是比例税率。

比例税率的优点是同一征税对象中不同的纳税人税负相同，税收负担稳定，计算简便，利于征管。其缺点是不能体现对负担能力大者多征，负担能力小者少征的量能征税原则。

2. 累进税率

累进税率是对同一征税对象随着数量的增加，征收比例也随之升高的税率。具体形式是将征税对象按数额大小划分为若干等级，针对不同等级规定由低到高的不同税率。累进税率可以更有效地调节纳税人的收入，更为正确地处理税收负担的纵向公平问题。按累进依据不同，累进税率可以分为全额累进税率、超额累进税率、全率累进税率、超率累进税率四种。

（1）全额累进税率：是把征税对象按绝对数额划分为若干等级，对每一等级制定不同的税率，纳税人的全部征税对象都按照相应级次的税率计算应纳税款的税率，即只采用对应的税率表中的一个税率，如表 1-1 所示。

表 1-1　全额累进税率表

级　数	计税依据	税率/%	级　数	计税依据	税率/%
1	5000 元以下	5	4	超过 30000 元低于 50000 元	30
2	超过 5000 元低于 10000 元	10	5	50000 元以上	35
3	超过 10000 元低于 30000 元	20			

采用全额累进税率时应纳税额的计算公式如下：

应纳税额=计税依据全额×该级距适用税率

【例题】纳税人甲计税依据是 9999 元，按全额累进税率计算应纳税额为：

应纳税额=9999×10%=999.9(元)

【例题】纳税人乙计税依据是 10001 元，按全额累进税率计算应纳税额为：

应纳税额=10001×20%=2000.2(元)

全额累进税率的优点是原理浅显，计税方法简单。缺点是结构设计不合理，尤其是在各级距的临界点上，会出现税负的增长超过计税依据的增长等不合理现象。所以实践中一般很少采用。

（2）超额累进税率：是把征税对象按绝对数额划分为若干等级，对每一等级制定不同的税率，税率依次提高，每一级都有与其相适应的税率，先分段计算各级距的应纳税额，然后将计算结果相加后得出应纳税额的税率。计算应纳税额时一般采用税率表中的几个税率，如表 1-2 所示。

表 1-2　超额累进税率表

级数	计税依据	税率/%	速算扣除数/元	级数	计税依据	税率/%	速算扣除数/元
1	5000 元以下	5	0	4	超过 30000 元低于 50000 元	30	4250
2	超过 5000 元低于 10000 元	10	250	5	50000 元以上	35	6750
3	超过 10000 元低于 30000 元	20	1250				

采用超额累进税率时应纳税额的计算公式如下：

$$应纳税额=\sum(各级距计税依据\times该级距适用税率)$$

【例题】纳税人甲计税依据是 9999 元，按超额累进税率计算应纳税额为：

$$应纳税额=5000\times5\%+4999\times10\%=749.9(元)$$

【例题】纳税人乙计税依据是 10001 元，按超额累进税率计算应纳税额为：

$$应纳税额=5000\times5\%+5000\times10\%+1\times20\%=750.2(元)$$

超额累进税率的优点是税率结构设计合理，税收负担比较公平。其缺点是计税方法复杂。为简化计算应纳税额，实践中引入了速算扣除数，以使计算简单化，快速计算出应纳税额。目前，我国个人所得税中工资、薪金所得，个体工商业户的生产、经营所得，对企事业单位的承包承租所得这三个应税项目都采用超额累进税率。

采用速算扣除数时超额累进税率应纳税额的计算公式为：

$$应纳税额=计税依据全额\times该级距适用税率-该级距速算扣除数$$

【例题】纳税人乙计税依据是 10001 元，按超额累进税率计算应纳税额为：

$$应纳税额=10001\times20\%-1250=750.2(元)$$

速算扣除数是指为避免应纳税额按超额累进税率确定的多级税率计算的麻烦，而采取全额累进税率的方法快速计算其应纳税额所必须扣除的标准数额。速算扣除数确定下来后，就像各类数学用表一样成为计算时的已知数。

速算扣除数的确定方法是：先分别按照全额累进税率和超额累进税率计算征税项目的各级距应纳税额，然后两者相减，其差额即为各级距的速算扣除数。

【例题】计税依据为 9999 元时，根据前边纳税人甲的计算结果，可知两个应纳税额的差额是 999.9-749.9=250(元)，250 元即第二级距的速算扣除数。

（3）全率累进税率：把征税对象数额按相对比率数额划分为若干级距，对每一级距制定不同的税率，纳税人的全部征税对象都按照相应级次的税率计算应纳税额的税率。目前税收实践中一般不采用。

（4）超率累进税率：把征税对象数额按相对比率数额划分为若干级距，对每一级距制定不同的税率，相对率每超过一个级距的，对超过部分按高一级的税率计算应纳税额的税率。目前，我国的土地增值税采用这种税率。

3. 定额税率

定额税率又称固定税额，是按征税对象的计量单位直接规定一个固定的征税数额。征税对象的计量单位可以是重量、数量、面积、体积等自然单位，也可以是专门规定的复合单位。按定额税率征税，税额的多少只同征税对象的数量相关，同价格无关。目前，我国的车船税、城镇土地使用税、耕地占用税等都采用的是定额税率。

定额税率的优点是计算简便，直接用计税依据乘以定额税率计算应纳税额即可。其缺点是税额的多少只同征税对象的数量相关，同价格无关，不能反映价格变动对税收的影响。

在税率方面，还存在一个幅度税率的问题，在比例税率和定额税率中采用。在税制规定的统一征税幅度内，由地方政府规定本地区具体适用的比例税率或定额税率。

四、纳税环节

纳税环节是税法规定的征税对象在从生产到消费的流转过程中应当交纳税款的环节。如流转税在生产和流通环节纳税，所得税在分配环节纳税。

在商品流转过程中，每经过一个环节都要发生一次流转额，这样就产生了在哪一环节征税的问题。从我国税收实践看，对商品课税的纳税环节可以概括为两种形式：一种是把所有的流转环节都作为纳税环节，即全环节征税形式，如增值税；另一种是选择特定的环节作为纳税环节，如消费税在生产环节纳税。

纳税环节的确定关系到商品的正常运转，影响到税款能否及时入库以保证财政收入。

五、纳税期限

纳税期限是纳税人发生纳税义务后向国家交纳税款的法定期限，是税收强制性和固定性在时间上的体现。

纳税期限目前有两种形式：按期纳税和按次纳税。按期纳税包括纳税计算期和税款缴库期。如增值税和消费税的纳税期限规定为1日、3日、5日、10日、15日、1个月、1个季度，以1个月、1个季度为一期纳税的，自期满之日起10日内申报纳税；以其他间隔为纳税期限的，自期满之日起5日内预缴税款，次月1日至10日内申报纳税并结清上月税款。1日、3日、5日、10日、15日或1个月为纳税计算期，每个月的前10天为税款缴库期。

按次纳税根据纳税行为的发生次数确定纳税期限。纳税人不能按期纳税的，按次纳税。

六、纳税地点

纳税地点是指纳税人(包括代扣代缴义务人、代收代缴义务人)申报缴纳税款的具体纳税地点。明确规定纳税地点，一是为了避免对同一应税收入、应税行为重复征税或漏征税款；二是为了保证各地财政按规定取得收入。不同税种的纳税地点不完全相同。

七、税收优惠

税收优惠是对某些纳税人和征税对象采取免于征税或者减少征税的特殊规定。包括减税、免税规定，以及起征点和免征额的规定。减税是根据税法的规定对应征税款减征一部分；免税是对应征税款免于征税。减税免税规定是为了解决按税制规定的统一税率征税时所不能解决的具体问题而采取的一种措施，是在一定时期内给予纳税人的一种税收优惠，同时也是税收的统一性和灵活性相结合的具体体现。

起征点和免征额不属于一般的减免税问题，但可以起到减轻税负的作用。起征点是指对征税对象开始征税的数额界限，征税对象的数额没有达到起征点的不征税；达到或超过起征点的，就其全部数额征税。如我国增值税规定按次纳税的起征点为每次(日)销售额500元，即每次(日)销售额超过500元的才征收增值税，达不到500元的就不征收增值税。免征额是指征税对象总额中免予征税的数额。即将征税对象中的一部分给予减免，只就减除后的剩余部分计征税款。如我国个人所得税规定的工资、薪金所得的免征额为3500元。起征点和免征额的区别在于：实行起征点规定时，只有达不到起征点的才能享受免税待遇，达到起征点的则应按规定纳税。实行免征额规定时，每个纳税人都能享受到一定数量的免税待遇。

八、违章处理

违章处理是对纳税人违反税收法律的行为采取的处罚措施，是税收强制性的具体表现。违章行为包括偷税、漏税、欠税、滞税、抗税、不按规定向税务机关提供有关纳税资料和不配合税务机关的纳税检查等。纳税人发生违章行为时，首先必须限期补交税款，办理登记、提供有关资料并接受检查等，然后再视情节轻重加以处罚。处罚措施包括罚款、加收滞纳金、追究刑事责任等。

【本章小结】

税收是国家为了实现其职能，凭借政治权力，按照法律规定的标准，强制地、无偿地参与社会产品分配和再分配，以取得财政收入的一种特殊分配形式。税收具有强制性、无偿性、固定性的特征。税收按照不同的标准可以进行不同的分类，最主要的一种分类方法是按照征税对象的性质分类，可以分为流转税、所得税、资源税、财产税、行为税和特定目的税等。税法是国家制定的用以调整国家与纳税人之间在征纳税方面的权利与义务关系的法律规范的总称。税法的立法机关包括全国人民代表大会及其常委会、国务院、财政部、国家税务总局、海关总署、国务院关税税则委员会等。其中，全国人民代表大会及其常委会是我国最高立法机关，其制定的税收法律效力最高，是制定其他税收法规、规章的依据。税法的基本构成要素有纳税人、征税对象、税率、纳税环节、纳税期限、纳税地点、税收优惠、违章处理等。

【课后练习题】

一、判断题

1. 税收法律关系的主体指税务机关。(　　)
2. 体现征税广度的税法构成要素指税目。(　　)
3. 国家征税依据的是财产所有权。(　　)
4. 起征点是征税对象数额中免予征税的部分。(　　)
5. 按纳税人和负税人是否一致，税收可以分为直接税和间接税。(　　)

二、单项选择题

1. 下列效力高于税收行政法规的是(　　)。

A. 税收法律　　B. 部门规章　　C. 地方规章　　D. 规范性文件

2. 体现征税深度的税法构成要素是(　　)。

A. 征税对象　　B. 税率　　C. 税目　　D. 计税依据

3. 下列不属于税收的形式特征的是(　　)。

A. 强制性　　B. 无偿性　　C. 固定性　　D. 自愿性

4. 我国个人所得税中，工资、薪金所得适用的税率是(　　)。

A. 超额累进税率　　B. 全额累进税率　　C. 全率累进税率　　D. 超率累进税率

5. 实际负担税款的单位和个人指(　　)。

A. 纳税人　　B. 代扣代缴义务人　　C. 代收代缴义务人　　D. 负税人

三、问答题

1. 税收有哪些主要分类?
2. 税务机关征税范围是如何划分的?
3. 税法的构成要素有哪些?
4. 什么是税收?什么是税法?

第二章　纳税筹划概述

【学习目标与要求】

主要介绍纳税筹划的基本理论和方法，通过本章的学习，应了解纳税筹划的概念、特征、分类、基本步骤等内容；理解纳税筹划的目标、内容、基本前提、实施条件、风险管理、基本原理等内容，从整体上对纳税筹划有一个科学、正确的认识。掌握纳税筹划的主要技术手段，并能够在实际工作中进行运用。

【重点难点】

重点：纳税筹划的概念、内容、基本前提。

纳税筹划的基本原理，主要技术手段的含义、应用条件及注意事项。

难点：纳税筹划与避税、偷税的联系与区别。

相对节税原理，风险节税原理，分劈技术。

纳税筹划的实施条件。

【引导案例】

G酒厂的教训

2005年3月，财政部驻安徽省财政监察专员办事处奔赴亳州，对某集团旗下的知名上市公司——安徽G股份有限公司的财务问题展开调查。有证据表明，G母公司及其销售子公司2002年和2003年度汇总缴纳的企业所得税分别为4113.52万元和1377.05万元，据推算，G母公司2002年度和2003年度的亏损额分别为12110.15万元和17956万元，而其销售子公司2002和2003年度的应纳税所得额分别为24575.36万元和22128.88万元。G母公司自行以其亏损抵减销售子公司所得后，汇总申报缴纳了企业所得税。

按法律规定，企业汇总缴纳企业所得税要经国家税务总局批准。因此检查人员认为，G母公司及其销售子公司未经批准自行汇总纳税的行为造成了少交企业所得税的后果，已经构成“偷税”。

面对G酒厂的偷税风波，不禁要问几个问题：

第一：为什么G成立销售子公司而不是将其作为内设机构或不独立核算的分公司？

第二：为什么G母公司会出现重大亏损而销售子公司却又巨额盈利？

第三：为什么G敢于违背国家政策规定，自行汇总纳税？

第一节　纳税筹划的概念及特点

一、纳税筹划的产生及发展

（一）国外纳税筹划的产生及发展趋势

早在20世纪30年代，纳税筹划思想已经在西方产生并被社会和法律所认可。1935年，英国上议院议员汤姆林爵士就针对税务局长诉温斯特大公一案，做了有关纳税筹划的声明：“任何人都有权安排自己的事业，依据法律这样做可以少纳税。为了保证从这些安排中得到利益……不能强迫他多缴税。”汤姆林爵士的观点赢得了法律界的认同，这是西方纳税筹划开始的标志，这一声明在判例法占主导地位的西方国家税收判例中被广泛引用，这些国家包括英国、美国、澳大利亚等。

二战以后，随着资本主义经济的迅猛发展，一些跨国集团公司应运而生，这为纳税筹划的研究发展提供了广阔空间。随着纳税筹划在西方国家的普遍开展，一些大型公司会专门设置纳税筹划岗位，同时会计师事务所、律师事务所、税务代理机构也都提供纳税筹划的服务。美国南加州大学 W. B. 梅格斯博士曾在《会计学》一书中对于纳税筹划的发展这样描述："美国联邦所得税变得如此复杂，这使得为企业提供详尽的纳税筹划成了一种谋生的职业。几乎所有公司都聘用专业的税务专家研究企业主要经营决策上的税收影响，为合法地少纳税制定计划。"

1959 年，由 5 个欧洲国家从事税务咨询的专业团体成立了欧洲税务联合会，这标志着现代税务咨询的开展。纳税筹划的研究也逐步向纵深发展，纳税筹划理论研究的文章、期刊、书籍应运而生，这些都成为很多企业纳税筹划的依据。

1989 年，美国的伍德赫得·费尔勒国际出版社公司出版了著名的纳税筹划书籍《跨国公司的纳税筹划》(Tax Planning for Multinational Companies)，书中提及的论点及纳税筹划技巧被很多跨国公司所采用，并对跨国公司纳税筹划产生了相应的影响。

The Bureau of Nationalaffairs Inc. 公司定期出版两本知名度很高的国际税收专业杂志，分别为《税收管理国际论坛》和《纳税筹划国际评论》。这两本杂志中大量讲解了纳税筹划相关问题。在 1993 年 6 月刊载关于国际不动产专题纳税筹划问题，涉及比利时、加拿大、丹麦、法国、德国、爱尔兰、意大利、日本、荷兰、英国、美国等 11 个国家。

霍瓦斯公司出版的《国际税收(1997)》一书讲述了税收的国际筹划，书中旁征博引了包括我国在内的 38 个国家和地区的资料。

纳税筹划已经成为西方跨国公司生产经营和战略管理中的重要组成部分，成功案例比比皆是，例如世界媒体大王默克多在英国的新闻投资公司，在十多年获利 14 亿英镑的情况下，在英国竟然未交过企业所得税；联合利华母公司聘请税务专家针对各国进行纳税筹划，每年节税相当于增加数百万美元的收入；波音公司 2001 年将总部从西雅图搬到芝加哥，原因是西雅图 47%的所得税率高于其他各州。总体来说，西方发达国家纳税筹划起步早、范围广，已经形成了一套比较成熟的纳税筹划理论和实际操作方案，进入了比较成熟的阶段。

（二）我国纳税筹划的产生和发展

在我国，纳税筹划起步很晚，由于改革开放前实行的是高度集中的计划经济，企业对于自己的经营决策和经济利益缺乏独立自主权力，不具备产生纳税筹划的条件，当时人们对于纳税筹划不了解。随着市场经济的发展，纳税筹划在我国逐步发展，也被很多企业广泛应用。从纳税筹划在我国短暂的发展历程来看，主要分为三个阶段：

第一阶段是纳税筹划与偷税的分离阶段，发生在 20 世纪的 80 年代。在此以前，大部分人都将纳税筹划等同于偷税漏税。通过学者们对纳税筹划的介绍，人们逐渐认识到纳税筹划与偷税漏税虽然都能减轻企业税负，但两者有本质区别，偷税违法，但纳税筹划却是合法的。

第二阶段是纳税筹划与避税的分离阶段。20 世纪 90 年代初期，出现了纳税筹划的研究。早期比较系统介绍西方纳税筹划理论的是 1994 年唐腾祥、唐向共同出版的《纳税筹划》。早期纳税筹划著作的主要内容是介绍西方税务筹划理论，并对我国的纳税筹划概念进行探讨，尤其对纳税筹划的合法性进行辩护。90 年代中期，有大量纳税筹划的著作出版，人们逐渐能够区分纳税筹划与避税的不同，学者们将避税分为正当避税与不正当避税，正当避税是指既符合国家立法意图又符合国家税收法律法规，从而达到少缴税金的目的，也称为纳税筹划。不正当避税是指不符合国家立法意图，利用税收法律法规的不完善，钻税法空子达到少缴税金的目的。这一阶段人们对纳税筹划有了进一步的认识，但系统性的纳税筹划理论及实务操作书籍仍很难见到。

第三阶段是纳税筹划系统化阶段。这一阶段，《中国税务报》筹划周刊起了至关重要的作用。这一阶段，有专家、学者对纳税筹划进行系统论述，从纳税筹划的历史延革到纳税筹划的比较，从纳税筹划概念到纳税筹划与避税区别，从纳税筹划的基本思路到纳税筹划的实务操作，都有了较为系统的研究，而且从政府角度特别从税务代理角度陆续提到了纳税筹划的内容。

纵观纳税筹划产生与发展的历史可以看出，影响纳税筹划发展的原因不外乎有三个方面：一是纳税人的内在需求。任何时代，从纳税人角度来看，降低税收负担都符合纳税人的内在需求，甚至很多纳税人不惜违法以偷税手段来达到少缴税款的目的。因此，纳税人的内在需求是推动纳税筹划得以发展的原动力。二是纳税筹划空间。纳税筹划的结果是节税，是任何纳税人所追求的，但纳税筹划过程是相当复杂的，它依赖于纳税筹划空间，并不是所有税种、所有项目都有纳税筹划的空间。因此，人们对纳税筹划空间的认识和纳税筹划技术的把握就成为影响纳税筹划的第二个因素。三是社会对纳税筹划的法律认可程度。当社会对纳税筹划的法律认可抱有偏见时，就会阻碍纳税筹划的历史进程，相反，社会对纳税筹划高度认可时，纳税筹划的发展步伐就会加快。

二、纳税筹划的概念

在西方发达国家，纳税人对纳税筹划耳熟能详，而在我国则处于初始阶段。纳税人对此有极大的兴趣和需求，但又有所顾忌。国际上对纳税筹划概念的描述也不尽一致，有代表性的观点如下：

当代著名经济学家萨缪尔森在其所著的《经济学》一书中，分析美国联邦税制时指出："比逃税更加重要的是合法规避税负，原因在于议会制定的法规中有许多漏洞，听任大量的收入不纳税或以较低的税率纳税。"

荷兰国际财政文献局(IBFD)编著的《国际税收词汇》一书对纳税筹划这样定义：纳税筹划是指纳税人通过经营活动或个人事务活动的安排，实现缴纳最低的税收。

印度税务专家 N. J. 雅萨斯威在《个人投资和纳税筹划》一书中指出：纳税筹划是纳税人通过税务活动的安排，以充分利用税收法规所提供的包括减免税在内的一切优惠，从而获得最大的税收收益。

美国南加州大学 W. B. 梅格斯博士在与别人合著、已再版多次的《会计学》一书中指出：人们合理而又合法地安排自己的经营活动，使之缴纳可能最低的税收，他们使用的方法可称之为纳税筹划。

我国税务专家唐腾翔在《纳税筹划》一书中指出：纳税筹划是指在法律规定许可的范围内，通过经营、投资、理财活动的事先筹划和安排，尽可能取得节税的税收利益。

张中秀在《公司避税节税转嫁筹划》一书中指出：纳税筹划是指纳税人通过非违法的避税方法和合法的节税方法以及税负转嫁方法来达到尽可能减少税负的行为。后来在《纳税筹划宝典》一书中又提到了第四种形式，即"实现涉税零风险"。

盖地在《企业税务筹划理论与实务》一书中指出：税务筹划是纳税人依据所涉及的税境在遵守税法、尊重税法的前提下，以规避涉税风险，控制或减轻税负，根据税法中的“允许”有利于实现企业财务目标的谋划、对策与安排。

综上所述，纳税筹划是纳税人为维护自身权益，在尊重税法、遵守税法的前提下，在纳税行为发生之前，充分利用税法提供的优惠政策及可选择条款，对设立、经营、筹资、投资、股利分配、产权重组等活动进行事先规划和安排，以控制涉税风险，实现纳税最小化、企业价值最大化的一种经济行为。事实上，纳税筹划是企业财务管理的一部分，研究纳税筹划不能脱离财务管理。财务管理的目标是企业价值最大化，因此，纳税筹划的最终目标不仅仅是为了减轻企业的税负，而是要实现企业价值最大化。

纳税筹划有广义和狭义之分。广义的纳税筹划既包括节税筹划，又包括避税筹划、税负转嫁筹划和实现涉税零风险（又称涉税零风险筹划），持这种观点的有张中秀等人。狭义的纳税筹划只包括节税筹划，持这种观点的有唐腾翔等人。本书从研究的目的出发，采用广义纳税筹划的观点，认为纳税筹划不仅包括节税筹划，还包括避税筹划、税负转嫁筹划和涉税零风险筹划。

纳税筹划包括以下几层含义：

1. 明确了纳税筹划主体是纳税人

纳税人包括法人和自然人，为了减轻或解除税负（缓缴税、少缴税、不缴税），纳税人事先可以经过周密的安排和决策，对税法进行深入了解和分析，利用税法的可选择条款获取节税利益，并在纳税约束的市场环境下，最大限度地实现企业价值最大化。

2. 纳税筹划的前提是不违反税法

即纳税筹划只能在法律许可的范围内进行，这是纳税筹划与抗税、逃税、骗税等违法行为的根本区别。纳税筹划的合法性从另一个角度也可表述为“不违法”（以渔网理论为依据）。“渔网理论”可以理解为：鱼之漏网，原因在网，鱼从网中钻出是鱼渴望生存的天性使然。渔民不应该埋怨鱼，而应想办法编好自己的网。市场经济是法制经济，纳税人必须在现行的税收法律、法规的框架下进行筹划，如果超出了这个前提就很可能演变为偷税、骗税等违法行为，就会受到相应的法律处罚。

3. 纳税筹划是法律赋予纳税人的一项正当权利

在市场经济条件下，企业作为独立法人在合理合法的范围内追求自身财务利益最大化是一项正当权利。个人和家庭作为国家法律保护的对象也有权利谋求自身合法权利的最大化。纳税是纳税人经济利益的无偿付出。纳税筹划是企业、个人和家庭对自身资产、收益的正当维护，属于其应有的经济权利。

4. 纳税筹划是贯穿于纳税人筹资、投资、经营、利润分配等理财活动全过程的一项综合性筹划活动

纳税筹划是纳税人财务规划的一个重要组成部分，需要对纳税人筹资、投资、经营、利润分配等理财活动全过程进行综合筹划，以纳税人总体财务利益最大化为目标。有时为总体财务利益最大而未能采用纳税筹划最佳方案也是一种必要的选择。同时也要对相关税种进行统一筹划，对纳税人的经营活动全过程进行统一筹划，以使总体税负最低。纳税筹划也需要成本，综合筹划的结果应是效益成本比最大。

5. 纳税筹划具有明显的时效性

纳税行为相对于经济行为而言，具有滞后性。如企业销售产品后，才有增值税或消费

税的纳税义务；取得财产后，才需要缴纳财产税。纳税义务一旦发生便不可改变，所以纳税筹划必须事先进行，即在各项经营活动发生之前就把税收看做是生产经营活动中的成本，通过合理、合法的财务安排或者经营安排来达到降低成本的目的，作为一项内在成本做出考虑。

另外，国家税收制度、政策会随着经济、社会发展状况和政府宏观调控目标的调整而变化，一个纳税筹划方案不是一劳永逸的，需要随着税法的变化而不断进行调整、修订。

（三）纳税筹划的误区

（1）误区一：和税务局兜圈子。

注意：纳税筹划不是和税务局斗争或较量，而是在取得税务局认可的前提下实施纳税筹划方案。

（2）误区二：纳税筹划是会计的事情，与生产经营环节无关。

注意：应该把纳税筹划和企业的经营管理融为一体，量力而为、顺势而为，认清企业经济活动的规律和业务特点，充分考虑纳税风险和潜在的成本，不能片面筹划。片面筹划只强调获得自身利益，忽视应承担的纳税义务；只强调筹划的好处，忽视筹划的风险。

（3）误区三：花高价钱请专家筹划就能成功节税。有人认为，纳税筹划是高智商的工作，应该由专家和权威人士来做，甚至不少财务人员也持同样的观点。

注意：有些人认为纳税筹划可以做到少缴税，于是对纳税筹划充满幻想与渴望，对国家税法和自身条件不进行认真的研究和分析，不做精心的准备和计划，盲目进行筹划，结果往往得不偿失，事倍功半。有的企业不顾自身的业务特点，高价聘请中介机构为其设计筹划方案，结果取得的筹划效果却不能弥补其所支付的高额咨询费用。纳税筹划是日常工作，不可能完全依靠专家。纳税筹划不是专家和权威的专利，任何财务人员只要熟悉税法及相关知识，遵照科学的方法，就可以成为成功的筹划者。

（4）误区四：纳税筹划无非就是亡羊补牢。

注意：纳税筹划不能事后筹划而必须事前筹划，等纳税义务发生后再进行筹划已没有可能性。

（5）误区五：只要定期筹划即可。

有人认为，纳税筹划是阶段性、一次性的工作，只要请专家定期筹划即可。

注意：纳税筹划是一项日常工作，当事人时刻都要保持纳税筹划意识，不能轻易放弃任何筹划的机会。

【知识链接】

美国税务筹划的法律基石

1947 年，美国法官蓝道·汉德在国内税务局长诉细曼一案的判决里曾言道：“法院一直认为，人们安排自己的活动，以达到降低税负的目的是不可指责的。每个人都可以这样做，不论他是富人还是穷人，而且这样做是完全正当的，因为他无须超过法律的规定来承担国家的税收。税收是强制课征而不是无偿捐献，以道德的名义来要求税收纯粹是奢谈。”汉德在该税务案件中的判词更是成为美国税务筹划的法律基石。

二、纳税筹划的特点

1. 合法性

纳税筹划的首要原则就是合法性。合法性是指纳税筹划使用的方法合法，方案实施过程合法，筹划结果合法。具体包含两方面的含义：守法和不违法。守法是指遵守法律规定，按照法律法规的要求进行经济活动；不违法是指纳税人的涉税行为不在法律法规规定禁止的范围之内，即利用法律的漏洞和缺陷进行筹划。守法是按法律的规定行事，不违法虽然没有按法律的规定行事，但没有触犯法律。从广义上讲，守法和不违法都是合法的。

2. 预先性

纳税筹划是在纳税义务发生之前对涉税事项所做的规划和安排。

在经济活动中，纳税义务通常具有滞后性。企业在交易行为发生之后才产生货物和劳务纳税义务，在收益实现或分配之后才产生所得税纳税义务，在财产取得之后才发生财产税纳税义务等，这就为纳税人在纳税义务发生之前进行事先筹划提供了可能性。如果纳税义务已经发生，纳税人再通过种种手段减少应纳税款，则属于违法行为。

【案例】

联想并购 IBM 全球 PC 业务的纳税筹划

2004 年 12 月 8 日，联想集团以总价 12.5 亿美元收购了 IBM 的全球 PC 业务，联想集团为什么要采用“6.5 亿美元现金+6 亿美元联想股票”的支付方式？背后隐含着怎样的策略呢？

一个很重要的问题——税收，事实上，在任何一场并购案中，并购企业在选择并购目标及其出资方式前都需要进行纳税筹划，设计最优的成本结构。并购企业在出资方式上往往是在满足多方需求的利益平衡状况下，计算出税负成本最低、对企业最有利的一种方式。利润高的企业，通过并购有累计亏损的企业，可用目标企业的亏损冲减盈利企业的利润，避免或减少纳税。

联想 2003/2004 财年财务报告，除利息、税项、折旧及摊销前经营溢利达到港币 11.25 亿元。2005 年 1 月，IBM 向美国证交会提交的文件显示，其上月（2004 年 12 月）卖给联想集团的个人电脑业务持续亏损已达三年半之久，累计亏损额近 10 亿美元。

企业因负债而产生的利息费用可以抵减当期利润，从而减少所得税支出。因此，并购企业在进行并购所需资金的融资规划时，可以结合企业本身的财务杠杆强度，通过负债融资的方式筹集并购所需资金，提高整体负债水平，以获得更大的利息挡税效应。

联想集团除支付 12.5 亿美元的收购费用之外，还将 IBM 的 PC 业务的 5 亿美元负债转入自己账户，通过使用尚未动用的举债能力，产生税负利得，达到合理避税的目的。

3. 普遍性

各个税种的税制要素都有差别，这就给纳税人提供了纳税筹划的机会；每个纳税人的具体情况也有差别，都可以对自己的业务、自己的身份等进行筹划。

4. 目的性

纳税筹划的目的是纳税人通过筹划活动，在取得节税收益的同时实现企业价值最大化。主要表现在两个方面：一是选择低税负，低税负就意味着低税收成本，低税收成本又意味着高回报。二是延迟纳税，纳税期推后，有时可减轻税收负担，有时可降低资本成本，不论是哪一种，其结果都是税收支出的节约。

总而言之，纳税筹划的目的是少缴税或晚缴税，以此来达到税款支付的节约。

5. 专业性

纳税人在进行纳税筹划时，需要筹划者具备一定的专业水平。一个纳税筹划方案能否成功，取决于筹划者对财税、法律、审计等知识的掌握程度。在社会化大生产、全球经济日趋一体化、国际经贸业务日益频繁、经济规模越来越大、各国税制越来越复杂的情况下，要进行成功的纳税筹划，筹划者既要熟悉国内、国际的税收法律，又要对本国和他国的产业政策、投资政策、税法调整方向等有一定的理解和把握，因此，仅靠纳税人自身进行纳税筹划已经显得力不从心，需要聘请专门的人员和机构来为纳税人进行纳税筹划。因而作为现代服务业的税务代理、税务咨询机构便应运而生。现在世界上许多国家，尤其是发达国家的税务师事务所、会计师事务所、律师事务所纷纷开展了有关纳税筹划的咨询业务，充分说明纳税筹划在向专业化方向发展。

纳税筹划的专业性一方面要求纳税筹划人员要具有税收、会计、法律等方面的专业知识；另一方面许多企业自身进行纳税筹划成本太高或风险太大，建议依靠专业的税务咨询公司进行。

6. 经济性

纳税筹划不仅是决策活动，也是管理活动，管理是有成本的。纳税筹划成本包括三方面内容：一是筹划成本，在设计筹划方案时要投入人力，有时需要聘请外部专家，甚至直接购买筹划方案，这些都需要付出一定的代价。二是实施成本，纳税人在落实筹划方案时，也要支付相关的费用，如增设新机构，改变原有业务流程等。三是风险成本，纳税筹划一旦失败，可能会遭受一定的经济损失或受到税务部门的制裁和处罚。如果纳税筹划带来的收益不足以弥补纳税筹划的成本，筹划工作就劳而无功了。因此，纳税筹划时要考虑成本收益关系，坚持经济性原则。

7. 风险性

由于纳税筹划是在纳税义务发生之前进行的，这就使未来的结果带有一定的不确定性：国家宏观经济形势的变化会使得纳税人的经营行为达不到预期的效果；国家税收政策的调整会使得本来的最优方案变成次优方案；纳税人对税收政策理解不透也会面临违法及纳税调整的风险。

三、纳税筹划的意义

纳税筹划对于政府和纳税人都有重要意义。

（一）政府纳税筹划效应

1. 有利于提高国家宏观经济政策的运行效果

税收是国家实现其宏观经济政策的重要手段。在其他政策措施既定的情况下，政府会充分利用税收来实现自己的政策目标。然而，国家税收政策以及实施措施的运用能否达到预期的效果，主要取决于纳税人是否对这些政策措施作出行为反应，以及对这些政策措施的主动利用程度。如果政府对税收实施了周密筹划且制定了有效的税收政策，但由于其他政策的影响，这些政策信息不能正常地传导给纳税人，或政策措施力度不足以改变纳税人的行为，纳税人不予理睬或没有对其做出行为反应，政府预期的政策目标就无法实现。从这个意义上讲，纳税筹划主体即纳税人是政府实施宏观调控的微观基础。

因此，政府如果期望通过运用税收政策实现其宏观政策目标，不仅要注意措施的力度，而且要确保政策信息能够快速传导给纳税人，并影响其行为。企业进行纳税筹划，正是对这些政策信息主动接收并能动地加以运用的过程，是纳税人按照国家宏观政策的要求对自身行为进行的调整，其结果必然有助于国家宏观政策目标的实现。可以看出，纳税筹划是纳税人实现其自身价值最大化的重要手段，也是国家政策意图转化为纳税人行为的具体形式，是国家宏观调控目标得以实现的微观载体。纳税筹划活动可以协调企业微观经济决策和政府宏观经济政策，从而提高宏观税收政策的运行效果。政府要实现其税收政策目标，就应加大纳税筹划的宣传力度，鼓励纳税人进行纳税筹划活动，树立纳税筹划的新观念。在此情况下，国家出台的税收政策措施必须具有科学性，实施的法律制度必须具有可操作性。只有这样，实施后才能产生积极作用，否则会适得其反。

2. 有利于促进国家税收政策及法规的健全和完善

纳税人进行纳税筹划是对国家税收法规及政策的一种反射行为，也是对国家税收政策导向的正确性、有效性以及国家现行税收法规完善程度的一个检验器。企业的纳税筹划方案可以反映出税收政策导向的实施效果及税收法规存在的问题，国家可以以此作为将来制定有关税收政策、完善现行税收法规的重要依据，从而使国家税收法制建设迈向更高层次。

3. 有利于优化产业结构、增强国际竞争力

企业纳税筹划是利用税基及税率的差异，达到减轻税负的目的。而在税法中，税基及税率的差异是国家利用税收杠杆进行宏观调控的重要工具，通过税收宏观调控以引导纳税人的筹资、投资、消费等行为，从而达到调整国民经济结构和生产力布局的目的。虽然纳税人主要为了减轻自身税负，但客观上遵从了国家调控目标，使产业结构更加优化、生产力布局更加合理。

4. 有利于发挥税收调节经济的杠杆作用

在市场经济条件下，追求经济效益最大化是企业经营的基本目标。企业通过精打细算，在税法允许的范围内减少税款支出，提高自身经济效益，增强市场竞争能力，从而达到最佳经营效果。由于企业具有强烈的节税愿望，国家才有可能利用税收杠杆调节纳税人的行为，实现税收宏观调控和管理的职能。通常纳税人的纳税筹划与国家税收杠杆作用是共存的。

当前，我国要加强宏观调控职能、进一步加快建立市场经济体制，就要充分利用纳税人纳税筹划这一特点，使国家政策通过税收杠杆更快、更好地贯彻到经济活动中。所以要正确认识纳税筹划，对纳税人进行正确引导，使纳税筹划发挥调节经济的辅助作用，为国家宏观调控政策的顺利实施打下坚实的基础。

5. 有利于资源、收入的合理配置与分配

收入的合理分配有利于提高劳动者的潜能和工作积极性，从而提高经济效率。我国地域辽阔，各地经济发展极不均衡，收入差距较大。这种差距表现在两个方面：一是不同地区之间收入总额的差距；二是个人收入之间的差距。国家为了整体经济的协调发展，制定了一系列税收优惠政策，纳税筹划有利于国家税收优惠政策效果的实现，有利于收入的合理分配，有利于增加各级政府的财政收入。企业按照税收政策和税收制度进行纳税筹划，符合国家税收法规的立法意图，能使税收政策目标得以实现。纳税筹划与税收调节往往是共存的，是国家税收政策信息的发出与反馈的统一。国家为了实现产业政策和其他政策目标，发挥税收对市场主体行为的引导作用，有意使税负在不同产业、不同产品、不同地区间有所区别。如果纳税人的行为选择符合税法规定和政府意图，不但可以减轻纳税人的负担，还可以促进落后产业或地区的资源合理配置，创造出更多税源、扩大税基，从而增加财政收入。同时，当纳税筹划方案使纳税人相对税收负担减轻时，由于企业生产发展或经营规模扩大，税收绝对额仍会上升，从国家角度来看，税收收入最终会增加。因此，纳税筹划不仅有利于国家财政收入的增加，也有利于减轻纳税人的税负。

6. 有利于降低征纳双方的交易成本

制度经济学家美国人康芒斯将“生产”活动确定为人与自然的活动，将“交易”活动确定

为人与人之间的活动。“生产”活动和“交易”活动共同构成了人类的全部经济活动。同时，康芒斯将交易分为三种类型：买卖交易、管理交易和限额交易。买卖交易即平等人之间的交换关系；管理交易即上下级之间的交换关系；限额交易即政府与个人的交换关系。政府为公民提供保护和公共服务，公民向政府纳税，实质上是一种交易活动。市场上交易双方不但要保护自己的利益，还要随时提防对方机会主义的行为。因此，交易活动必然产生交易费用。政府与纳税人之间的交易成本，表现为征税成本和纳税成本。

征税成本指政府在税收征收管理活动中所发生的各项费用与支出。纳税成本指纳税人在按照税法规定办理纳税事务过程中所发生的费用。政府征税成本主要包括征管人员的薪酬、征管设备的配置、征管过程中税收制度的运行费用等。纳税筹划使国家对税收征收管理的各项制度的选择和安排更加科学、合理，从而降低税收的交易成本。企业实施各个纳税筹划方案也将纳税成本进行了量化，可减少企业的纳税时间和物化劳动，降低税务稽查频率，提高税收行政效率。

（二）纳税人纳税筹划效应

1. 有利于提高纳税人的纳税意识，抑制偷逃税等违法行为

由于纳税筹划是通过合法手段进行的，纳税人不仅要熟悉税收法律条款，而且要领会税收立法意图和国家宏观调控的目标。因此，纳税人必须具备较高的法制观念和自觉的纳税意识。纳税人都希望减轻税负，如果有合法方法可以选择，自然不会做违法之事。纳税筹划的存在和发展为纳税人节约税收开支提供了合法的渠道，这就在客观上降低了企业自身“偷、欠、骗、抗”税等税收违法行为发生的可能性。

纳税人纳税意识强主要表现在：财务会计账证表依法设置，齐全规范；按有关规定办理工商登记、税务登记手续；及时、足额地申报缴纳各种税款；主动配合税务机关的纳税检查；接受税务机关的行政处罚等。

现在，进行纳税筹划活动的企业多是纳税意识较高的大、中型企业，这些企业纳税一般比较规范，相当一部分还是纳税先进单位。

2. 有助于实现纳税人财务利益最大化

纳税筹划可以减少纳税人的税收成本，还可以防止纳税人陷入税法陷阱。税法陷阱是税法漏洞的对称。税法陷阱是指纳税人一旦大意或无意识地落入规定的范围，将要付出更多税款的税收法规条款。税法漏洞的存在给纳税人提供了避税的机会，而税法陷阱的存在又让纳税人不得不小心，否则会落入税务当局设置的看似漏洞、实为陷阱的圈套中。纳税人一旦落入税法陷阱，就要缴纳更多的税款，直接影响纳税人的正常收益。纳税筹划可以防止纳税人陷入税法陷阱，不错缴税、不多缴税，有利于纳税人财务收益的最大化。

3. 有助于提高企业的经营管理水平与会计管理水平

影响纳税人税负的因素是多方面的，这就决定了纳税筹划是一种高智商的增值活动。纳税人要进行纳税筹划，必须任用高素质、高水平的管理人才，这就为企业提高管理水平奠定了良好的基础。同时，随着企业管理水平的提升，纳税人的收入和利润必然增加，从而使纳税人有了持续发展的活力，竞争力增强。

资金、成本、利润是企业经营管理和会计管理的三大要素，纳税筹划就是为了实现资金、成本、利润的最优组合，从而提高企业的经营管理水平的经济行为。企业进行纳税筹划离不开会计，会计人员既要熟知会计法、会计准则、会计制度，也要熟知税法。当会计

处理方法与税法要求不一致时，应能够依据税法正确进行纳税调整，正确计算应纳税额，有利于提高企业的会计管理水平，发挥会计的多重功能。

【知识链接】

纳税筹划使企业管理更规范——资产损失申报和税收优惠事项备案

作为企业所得税税基管理的两大核心业务，资产损失申报和税收优惠事项备案直接关系到全年企税的纳税调整额。

《国税总局关于企税税收优惠管理问题的补充通知》规定，“对需要事先向税务机关备案而未按规定备案的，纳税人不得享受税收优惠；经税务机关审核不符合税收优惠条件的，税务机关应书面通知纳税人不得享受税收优惠”；《企业资产损失所得税税前扣除管理办法》规定，“企业发生的资产损失，应按规定的程序和要求向主管税务机关申报后方能在税前扣除；未经申报的损失，不得在税前扣除。”

无论是税收优惠的审批事项或备案事项，还是资产损失的清单申报和专项申报事项，均属于汇算清缴前必经的程序。

4. 有利于维护纳税人的合法权益

市场经济是法制经济，对于任何市场经济的主体而言，权利与义务总是相伴而生。纳税人在市场经济中应承担纳税义务，同时也拥有相应的权利。目前，很多纳税人由于对税法研究不透、不熟悉税法，导致涉税经济活动尚不优化、税收优惠政策尚未用足、用好等问题。某些纳税人一方面想尽办法偷税、漏税，另一方面却又缴了不需要缴的税，这样既损害了国家利益，又损害了自身的经济利益。纳税筹划通过对纳税人涉税活动的深入研究、合法操作，可以减少纳税人的税收成本，引导其改变不恰当的纳税行为，维护其合法权益。

5. 有利于企业财务决策科学化

财务决策是企业财务管理的内容之一，决策失误将给企业带来巨大灾难。纳税筹划有助于企业增强财务预测、财务计划和财务决策的科学性。企业在进行一项理财活动之前，应对其未来的收益、成本、风险进行预测，并运用专门方法从各种备选方案中选择最优方案，据以编制各项财务计划。由于纳税义务具有滞后性，企业理财活动具有多样性，这就为企业事先进行纳税筹划提供了可能。企业的财务预测、财务计划和财务决策应适应税收政策的导向，充分考虑税收因素对未来财务管理的影响，从而更全面地评价各种方案的优劣，合理安排自己的理财活动，以获取更多的经济利益。例如通过纳税筹划使企业晚缴税、少缴税，可以减少现金流出，延缓现金流出。

纳税筹划还有利于增强企业的偿债能力。企业偿还债务既可以用货币资金偿付，也可以用非现金资产抵付。纳税支出具有刚性特点，在持续经营状况下，企业应按照税法的有关规定用货币资金上缴。当企业货币资金不足而又一时无法融通资金时，就可能受到税务机关的处罚，损害自身形象和利益。如果企业能进行恰当的纳税筹划，合理安排税金支出，灵活调度现金流量，就可避免出现现金短缺影响偿债能力。

第二节　纳税筹划的分类与原则

一、纳税筹划的分类

（一）按纳税筹划主体不同进行分类

分为国家纳税筹划和纳税人纳税筹划，纳税人纳税筹划又分为法人纳税筹划和自然人纳税筹划两大类。

1. 国家筹划

国家筹划是指国家为实现其税收的基本职能，在制定税收政策和设计税收制度之前，通过充分策划和论证，选择最佳实施方案为其获取最大效益的行为。政府作为纳税筹划的主体，目前还不为人们所接受，因为在众多的纳税筹划研究成果中，还没有它的席位。但是国家作为纳税筹划的主体又是客观存在的，且历史悠久。国家进行纳税筹划的原因与客观依据需要从税收的基本职能上面进行分析。税收具有组织财政收入、调节经济和监督经济运行三大职能，这三大职能的实现，不是税收自身可以完成的，只有国家不以个人意志为转移地去进行研究和筹划，才能得以实现。政府为了对税收进行筹划，设立了许多专业机构，这些机构的费用由财政资金支付，如我国财政系统和税务系统设立的专门从事财政、税收研究工作的研究所。

国家实施纳税筹划与纳税人相比是宏观的，其目的是为了国家的整体利益。政府实施纳税筹划主要围绕税收的基本职能来进行，从经济学角度而言，政府进行纳税筹划仍然是以最大效益为目的，但其效益的衡量标准又是多方面的。第一，税收三大职能之首的收入职能，是国家取得财政收入的主要来源，如果税收政策制定或制度设计不切实际，财政收入就很难得到保证，收支就不能平衡，政府职能也难以实现。因此，在制定税收政策和设计税收制度之前就必须进行周密的筹划。第二，税收调节经济的职能，这是政府进行纳税筹划的关键所在。税收作为调节宏观经济的重要杠杆，如何才能达到预期目标？在税收政策、法规制度实施之前，也必须进行周密的筹划。例如，20 世纪 90 年代初期，我国通货膨胀严重，投资规模不断扩大，国家为了控制通货膨胀水平，开征了固定资产投资方向调节税，当时起到了很好的效果。至 20 世纪 90 年代末期，我国经济又进入了需求不足的状态，国家为了刺激消费、扩大内需，停止了固定资产投资方向调节税的征收。第三，税收的监督职能，是国家对经济运行情况、对纳税人的收支情况进行监督的有效手段。税收监督职能是相对经济而言的，政府取得税收收入是按预先确定的征税对象、征税依据和征收比例来实现的。如果征税依据不真实，税收收入将会受到影响。政府为了不使税收收入流失，就必须预先制定有效的监控措施和实施方案对纳税人进行监督。如目前实行的税务登记制度、账簿建立及财务、会计处理办法的备案制度、纳税申报制度、发票管理制度等，都是多年来一直实施的有效监督手段。

2. 纳税人纳税筹划

纳税人纳税筹划是指负有纳税义务的单位和个人在税收法规允许的范围内，通过合法手段实施最佳经营方案和纳税方案，从而获得减税或收入最大化的经济活动安排。纳税人进行的纳税筹划与政府相比是微观的。在市场经济体制下，纳税人是市场的主体，实行独立核算、自负盈亏，其一定时期内生产经营的收入总额扣除其支出总额就是经营成果。缴纳税款是纳税人支出的重要组成部分，因此，纳税人纳税筹划需求更多、收益更多。

在纳税筹划活动中，无论是国家进行筹划，还是纳税人或民间专业机构进行筹划，都离不开筹划当事人。纳税筹划当事人可能是某个自然人，也可能是一个部门或其他经济组织。从纳税筹划的受益程度来划分，可把纳税筹划当事人划分为内部筹划人和外部筹划人。内部筹划人是指筹划主体内部的筹划人员，其份内工作就是为其主体服务，如政府设立的研究所中的工作人员、企业内部的财务人员或主管企业的税务人员等。外部筹划人是指非纳税筹划主体的工作人员，如我国的税务师事务所、会计师事务所、税收咨询公司、律师事务所等。

从经济效益而言，由内部筹划人进行纳税筹划，其优点是筹划人经常处于筹划活动中，熟悉内部情况，筹划效率较高。比如企业内部纳税筹划人员深知本企业存在的问题和财务运行状况，可以随时随地对企业纳税筹划方案进行修正，并可对纳税筹划运行中的实施方案进行控制和调整。但其最大缺点是内部设立专业人员筹划成本较高，所以一般只有政府和大型企业才会考虑由内部的纳税筹划人员来进行纳税筹划工作，而中小企业几乎都是由外部筹划人来代理纳税筹划工作。

由外部筹划人进行纳税筹划，其优点是筹划受益主体无须长期支付内部专业人员的各种费用，筹划成本相对较低；而且外部纳税筹划专业人员经验往往更为丰富，能满足筹划主体的各种要求，制定出较为满意的整体纳税筹划计划并指导实施。其缺点是一般只能解决筹划主体纳税筹划的整体方案的筹划，解决比较复杂和重要的问题，而不能及时处理纳税筹划活动中随时出现的日常问题，如大型跨国企业在生产经营中经常遇到这类问题。

（二）按纳税筹划范围大小的不同进行分类——分为整体纳税筹划和专项纳税筹划。

1. 专项纳税筹划

专项纳税筹划是指针对纳税人某项或几项生产经营或投资理财决策活动或某税种或几个税种进行的专门项目的纳税筹划。专项纳税筹划的针对性强，目标具体，难度相对较小，成本也相对较低，效果比较明显。

2. 整体纳税筹划

整体纳税筹划也叫综合纳税筹划，是指纳税人对生产经营、投资理财等涉税活动进行的全面整体的纳税筹划，目的是为了长期获取利益最大化。一般而言，大中型企业生产经营规模大，运营情况比较复杂，涉税事项也多，财务规划任务重，整体纳税筹划具有特殊重要的意义。

综合纳税筹划包含纵向综合和横向综合。纵向综合的筹划，筹划方案在短期内不但没有明显的收益，还可能产生损失。如政府要实施税收的杠杆作用时，对某些地区、某些纳税人或个别征税对象实施的减税、免税政策，在短时期内税收收入一定有所减少，但这种减少是为长期获取最大收益而必需付出的代价。对纳税人而言，实施纳税综合筹划主要是从经营的最终目标来考核，有时也从本单位税收支出总量来考虑，纳税人进行的纳税综合筹划，往往表现在多个税种之间，称为横向综合筹划。

整体纳税筹划具有“两大”、“两高”的特点，即难度大、风险大，成本高、收益高。目前我国纳税筹划尚处在初期阶段，整体纳税筹划从业人员的业务素质水平不高，能胜任这项工作的人较少，还不能满足企业整体纳税筹划的需要。

（三）按纳税筹划税种的不同进行分类——税种筹划

一国的税收制度一般由多个税种构成，纳税筹划的成果最终要体现在具体税种中。所以，纳税筹划可以按税种展开，如增值税、消费税、关税等流转税的纳税筹划，企业所得税、个人所得税等所得税税种的纳税筹划，房产税、车船税等财产税的纳税筹划，资源税的纳税筹划，契税、印花税等行为目的税的纳税筹划等等。

税种性质不同，纳税筹划的途径、方法也不同，所以，按税种进行纳税筹划的特点是可针对税制的具体规定逐条逐项展开，内容清晰、实用性强。但是，由于纳税人的经营活动或投资决策往往要涉及多个税种，不同投资、经营活动不仅涉及的税种不同，围绕具体税种进行纳税筹划在实践中难以掌握要领，操作有一定难度。

对具体税种进行纳税筹划主要取决于两个因素：一是特定税种在经济活动中的地位和作用，对纳税人经营决策有重大影响的税种是纳税筹划的重点所在，因为纳税筹划也有成本问题，进行纳税筹划也要进行成本与收益的比较。一般增值税、企业所得税是每个企业纳税筹划的重点。二是税种自身的弹性大小，税种性质不同，税负弹性大小也不同，税负弹性大的税种，纳税筹划弹性也大。就这一点而言，所得税和财产税的性质特点决定了其本身的税负弹性较大，它们往往成为纳税人进行纳税筹划的重点。

（四）按纳税筹划环节的不同为标准进行分类——环节筹划

按纳税筹划环节的不同，纳税筹划可分为企业组织形式的纳税筹划、投资决策的纳税筹划、融资方式的纳税筹划、经营策略的纳税筹划、产销决策的纳税筹划、成本费用核算的纳税筹划、利润分配的纳税筹划等。

1. 企业组织形式的纳税筹划

（1）企业主要以公司形式和合伙企业形式存在。公司形式相对于合伙企业在所得税方面存在双重或多重征税问题，即公司首先要缴纳企业所得税，股东从公司分得的股息还要征收个人所得税。合伙企业一般不具有独立的法人地位，不需要缴纳企业所得税，合伙人缴纳个人所得税就可以了。如果仅从这个角度考虑，容易对纳税筹划产生误导，认为成立合伙企业合适。但是，首先，虽然公司形式存在重复征税问题，但各国公司所得税制中都采取了一些措施，在很大程度上减轻了重复征税的程度，如股息的归集抵免、降低企业所得税税率及降低对股东征税的税率等。其次，公司的税后利润也并不是马上就形成对股东的征税，除非公司每期都立即把它的税后利润作为股息支付出去。相反，合伙企业的利润一经产生就要直接反映在合伙人当期的税收申报表上。再次，在大多数国家，合伙企业不具有独立的法人资格，会影响它对税收协定待遇的享有权，而且它也无法享受政府对公司提供的各种税收优惠。最后，合伙企业的非税成本大于公司，如组织形式不如公司灵活、合伙人负有无限责任、合伙份额不能自由转让、不能通过资本市场筹集资本扩大生产经营等。所以，对较大规模的组织来讲，合伙企业不是最佳的选择。

（2）母子公司和总分公司的选择。在公司组织形式的选择中，还存在公司本身的组织结构的纳税筹划问题。在法律形式上，公司组织结构可划分为母子公司结构和总分公司结构。当一个公司进行跨国或跨地区投资经营时，通常做法是在该国或该地区设立从属机构，这些机构的形式有子公司、分公司和常设机构三种。子公司对应母公司，分公司对应总公司，而常设机构是国际税收协定中的专用名词，是指一个企业进行全部或部分经营活动的固定场所，它的范围通常包括分支机构、管理机构、办事处、工厂、车间、作业场所、建筑工地等。子公司是指那些被另一家公司有效控制的下属公司或母公司直接和间接控制的一系列公司中的一家公司。在法律上，子公司本身是一个独立的法人实体，有独立的公司名称、章程，并独立编制财务报表。而分公司则不同，分公司不具备独立法人实体资格，多是作为公司的派出机构或分支机构而存在，没有独立的经营管理权，不独立编制财务报表，其收支反映在总公司的报表上。在国际税收中，分公司或分支机构往往与“常设机构”成为同义词。由于法律地位不同，子公司和分公司的税收待遇有很大不同。

2. 企业融资纳税筹划

围绕筹资方式进行纳税筹划既涉及投资问题，也涉及企业的资本结构问题。不同的筹资方式涉及不同的税收待遇及税收利益。按筹资资金性质，企业筹资可分为权益融资和债务融资。债务融资在税收方面的利益表现为企业债务支出的利息，可以从应税所得中扣除，从而减少应纳税所得额；而股票融资则不享有此项待遇，利润留存和利润分配均不得从企业应税所得中扣除。因此，债务融资相对于权益融资能产生一定的节税效果，并能提高权益资本收益率。

3. 企业投资纳税筹划

投资是投资者为了获得一定的收益而进行的购买或投入行为。按购买的内容分类，有实物投资和金融投资；按投资后是否参与经营活动，分为直接投资和间接投资。如果不考虑投资后的具体经营活动，仅从投资行为本身考虑，影响投资者投资决策的主要是企业所得税。从理论上讲，税收从资本的边际报酬率和资本的边际使用成本两个方面影响投资决策。对投资的收益征税会使税后的投资报酬率下降，从而对公司的投资产生抑制效应。而企业所得税规定允许对某些资本成本项目进行扣除或抵扣使纳税人得到节约税款的好处，实际降低了资本的使用成本。可扣除的资本成本项目包括利息、折旧以及投资税收抵免。利息和折旧属于税前扣除，而投资税收抵免属于税后对应纳税额的冲抵。所以，在进行投资纳税筹划时，首先要考虑有哪些折旧政策，可否进行投资税收抵免。此外，还应考虑：各国所得税制为降低投资风险，普遍规定了亏损结转条款，这些条款具体内容有无可供纳税人选择的余地；对资本利得的征税有无优惠；长期投资和短期投资有无区别；政府在投资的不同地区、不同形式、不同项目之间有无区别对待的政策等。

4. 企业资产重组纳税筹划

资产重组是指通过改变资产形态和数量的比例，调整不同资产的组合结构，以实现股东利益最大化。资产重组形式有并购、股权重组、资产收购、分立等。在纳税筹划上，最主要的是合并、股权重组、资产收购，通常又称为并购。并购是指并购方通过证券交易或资产收购等方式获得目标企业所有权和控制权的产权交易活动。并购包括合并和收购，其中，合并可分为吸收合并和新设合并，收购包括资产收购和股权收购。从并购方企业的角度考虑，并购也是一种投资活动。并购交易中可能涉及的税收利益有：税收优惠的继承；可折旧资产的市场价值高于账面价值；为并购进行融资引起利息支出节税效应的产生；将正常收益转为资本利得。

由于不同环节的决策目标十分具体而又不尽相同，相应的税收政策及相关政策的规定较多且差别也较大，这就给环节纳税筹划留下较为广阔的空间和余地，只要筹划得当，都有机会获得一定的税收利益。因此，环节纳税筹划在企业纳税筹划中受到高度重视，成为企业纳税筹划的重点。

（五）以纳税筹划地域范围为标准进行分类，可分为国内纳税筹划和国际纳税筹划。

1. 国内纳税筹划

国内纳税筹划是指在一国税收管辖权下，纳税筹划主体利用本国的税收政策和税收法律规定谋取税收利益的活动。国家根据自己的国情利用税收政策引导和促进国内经济发展，协调地区经济差异；纳税人则利用税收法规的差异性和税法缺陷，采用合法或不违法的手段减轻税收负担。由于纳税筹划是在遵守或不违背税法的前提下预先进行的筹划，因而要使筹划成功，筹划当事人就必须对经济发展状况和税收法规有着透彻的研究和理解，同时纳税筹划的成功实行还有赖于实施人有清晰的思路和对技术的熟练掌握。

2. 国际纳税筹划

国际纳税筹划是指税收主体为了使自己在全球的税收负担最小化或获取利益最大化而进行的合法的筹划活动。国际纳税筹划的主体主要是跨国纳税人，有时也包括一国政府。

跨国纳税人的国际纳税筹划，具体讲就是跨国纳税人在国际税收大环境下，利用各国税收法规的差异和国际税收协定的不完善之处，寻找合法的方法来减轻税收负担，实现其税收总支出最小化。这些税收包括跨国纳税人经营活动所在国的当地税收，也包括本国的企业所得税。

一国政府进行国际纳税筹划主要表现在两个方面：第一，一国政府在设计本国税收制度之前要充分比较和借鉴国外的先进税收制度，如何使本国的税收制度在国际上成为最有效的制度，从而吸引各国资本流入。也就是说，一国政府在制定本国税收制度时，不仅要考虑本国的实际情况，还要考虑其他国家情况，尤其是国际经济一体化快速发展的今天，将各国税收制度及实际情况纳入本国设计税收制度前的筹划范围就非常必要。第二，一国政府在国际上遇到特殊情况时，如何采取最优的税收方案予以应对，以获取国际间的最大收益，也必须进行纳税筹划。比如一国政府针对某一特定国家实施的报复性关税、反倾销税与反补贴税等。

二、纳税筹划的原则

合理又合法是纳税筹划的基本要求。

（一）守法性原则

纳税人进行纳税筹划必须以税收法律为准绳，这是纳税筹划最重要的原则。税法是纳税主体和征税主体的税收行为准则，纳税人只有严格按照税法规定履行纳税义务，才能享有其应有的权利，才能保证其所设计的经济活动和纳税方案为税务部门所认可，否则会受到相应的处罚并承担相应的法律责任。这一原则具体表现在纳税筹划采取的方式应符合现行税后法律、法规，与税法的立法导向一致。

（二）预见性原则

1. 对纳税人自身经济活动的预见

纳税筹划的本质是回避纳税义务和纳税风险，也就是说，纳税筹划要在是否承担纳税义务、何时承担纳税义务或者如何承担纳税义务等方面作出选择。企业从成立时就已经成为了潜在的纳税义务人，一旦发生涉税活动，便成为现实的纳税义务人。纳税筹划的关键就是在企业尚未发生现实的纳税义务之前，对如何回避纳税义务和纳税风险以及如何承担纳税义务的方式和时间等方面进行规划和运作，以便取得纳税上的利益。如果经济业务已经发生，纳税义务已成为现实，再谈纳税筹划已没有任何意义。

2. 对外部筹划环境的预见

纳税筹划实质是通过事先安排生产经营活动来安排纳税义务的发生。企业自身的经营活动在变，企业外部的经营环境也在变，尤其是国家的税收法规的变化对纳税筹划的影响更大，所以纳税筹划方案不可能一成不变、永远有效。

当企业内外因素发生变化的时候，纳税筹划方案必须适时进行调整，甚至推翻重新设计。但有些筹划方案的调整又不是随意进行的，比如方案中包含的某些会计政策和会计处理方法，并不能随意变更，要符合会计准则的规定才可以变更。因此，在设计纳税筹划方案时，必须对企业自身的发展情况以及国家有关税收法律法规的改革方向有足够的预测和估计，使其具有一定的前瞻性，能够适应内外部条件变化的需要。例如：欲成立一企业从事商品批发，增值率较高，作为增值税的小规模纳税人比一般纳税人纳税要少，因此在成立时应选择小规模纳税人，如果规模较大不能成为小规模纳税人，可分别成立几个小企业，决不能等企业注册登记成立后再去工商局和税务局变更。

（三）整体性原则

整体性原则是指纳税人进行纳税筹划必须考虑其整体利益。一方面，纳税筹划不能只注重个别税种税负的降低，不能只注重某一个纳税期限内税款的少缴或不缴。而要着眼于纳税人长期整体税负的减轻。另一方面，也不能仅仅着眼于税收政策的选择，而要着眼于企业总体的管理决策，并与企业的发展战略结合起来，只有这样才能真正实现企业整体利益最大化的目标。还有，也不能仅考虑纳税筹划的收益，还要考虑相应的纳税筹划风险，在节税收益与节税风险之间综合权衡、妥善选择纳税筹划方案。

【案例】

厂长为何否决财务部门的筹划方案？

某工厂原系增值税小规模纳税人，2005年度生产销售产值达120万元，按规定应申请认定为一般纳税人。2006年年初，该厂在申报一般纳税人时，财务科向厂长提出了一个筹划方案：尽快将价值约7万元的库存原料——矿石退给供货企业，待取得一般纳税人资格后再购回。理由是原来取得的是普通发票，而退货重购则可以取得增值税专用发票，能抵扣税款。该方案当天就被厂长否决。

思考：厂长为什么否决这一方案？

分析：按有关规定：货物退回必须将货物运送到供货企业，如果仅以普通发票换取专用发票，实际未退回货物，将受到税务处罚。而矿石的运费又比较高，所以厂长不同意该方案。同时，矿石价格波动较大，如果处于涨价状态，退货对该工厂不利；如果处于降价状态，卖方不会同意退货。

（四）成本效益原则

纳税筹划不仅是决策活动，也是管理活动，管理是有成本的。纳税筹划成本是企业因进行税务筹划而增加的成本。从筹划过程来看，纳税筹划成本包括筹划成本、实施成本、风险成本等三方面内容。从筹划成本的发生情况来看，纳税筹划成本包括显性成本和隐性成本。显性成本是在税务筹划中实际发生的相关费用；如货币成本。隐性成本是纳税人因采用税务筹划方案而放弃的潜在利益，是一种机会成本。企业在进行纳税筹划时，更应该关注。纳税筹划的成本主要包括时间成本、人力成本、心理成本、货币成本、风险成本等。

纳税筹划收益是企业进行纳税筹划而获得的各种利益。包括绝对收益和相对收益。绝对收益即纳税的绝对额减少。相对收益指纳税总额不减少但推迟纳税义务，就取得了递延纳税额的时间价值，从而取得相对收益。纳税筹划收益包括节税金额、避免行政处罚、建立良好的企业信誉、现金流量收益、企业整体管理水平和核算水平的提高而使企业增加的收益。

在设计筹划方案时，必须对成本和收益进行仔细计算和权衡，只有收益大于成本时该方案才可行。

【案例】某修理修配企业，年应纳增值税的不含税劳务收入为80万元，会计核算制度比较健全，符合作为一般纳税人的条件，适用17%增值税税率。该企业准予从销项税额中抵扣的进项税额较少，只占销项税额的10%。

纳税筹划收益：因为修理修配购进项目比较少，增值率较高，按小规模纳税人身份认定税负较轻，所以将该企业分设成两个修理修配企业，各自作为独立核算单位。假设一分为二后的两个单位年不含税劳务收入均为40万元，则合并前企业应纳增值税额为12.24万元（80×17%−80×17%×10%），分立后只需缴纳增值税2.4万元（80×3%），税负大大降低。

纳税筹划成本：为了获得某种税收上的收益，分设或合并是很多纳税筹划方案中提到的一种常用方法，但事实上分设或合并这种筹划思路会引起大量的非税成本，从而影响方案的有效性。

以上面案例为例：

（1）分设会引起大量的组织协调成本。分设两个修理修配企业，需要大量的企业内部组织结构变革和协调工作，与此同时，筹建新的修理企业需要投入筹建成本、分设后的两个企业间物质和信息的交流成本、监管两个企业的监督成本和相关管理和控制的成本等都会相继增加。

（2）机会成本。分设的方案虽具有税收优势，但同时也舍弃了很多的非税优势，比如原有的修理修配企业与分设后的企业相比在零配件购进、会计核算、人力资源的运用上都更具有规模经济优势。

（3）沉没成本。人的理性总是有限的，而市场环境复杂多变。分设方案在执行过程中可能会因为无法预料的原因导致失败，筹划方案一旦失败，会引起企业无法弥补的沉没成本。

（五）适时调整原则

纳税筹划是一门科学，有规律可循。但是，一般的规律并不能代替一切，不论多么成功的纳税筹划方案，都是一定历史条件下的产物，不是在任何地方、任何时间、任何条件下都适用的。纳税筹划是否违法，究竟何为违法，何为不违法，这完全取决于一个国家的具体法律。随着地点的变化，纳税人从一个国家到另一个国家，其具体法律关系是不同的；随着时间推移，国家的法律也会发生变化。纳税人面对的具体的国家法律法规不同，其行为性质也会因此而不同。由此可见，任何纳税筹划方案都是在一定地区、一定时间、一定法律法规等环境条件下，以一定的经济活动为背景制定的，具有较强的针对性和时效性，一成不变的纳税筹划方案终将妨碍企业财务管理目标的实现，损害企业股东的权益。所以，纳税人如果想长久地获得税收等经济利益的最大化，就必须密切关注税法变化，做到因人制宜、因地制宜、因时制宜，根据国家税收法律环境的变化，及时修订或调整纳税筹划方案，使之符合国家税收政策法令的规定。

第三节　纳税筹划的目标与形式

一、纳税筹划的目标

（一）基本目标和总体目标

概括来说，纳税筹划的基本目标（核心目标）就是减轻税收负担、争取税后利润最大化，达到纳税合理化或纳税最优化。其外在表现是纳税最少、纳税最晚，即实现“经济纳税”。纳税合理化即从长期看，在合法的前提下，企业所承担的税负最有利于实现企业战略目标和财务管理目标。

纳税筹划的总体目标：实现企业价值最大化，服从、服务于企业的理财目标。

（二）具体目标

纳税筹划可以在两个层面上进行：一是在企业目前既定的组织结构和经营条件下，在日常经营活动中，通过对收入、资产、费用等的会计确认、计量和记录方法的选择，以及企业投资、融资活动的筹划，实现减轻税负、提高盈利水平的目标；二是利用税法及相关法律、法规，通过企业兼并重组等方式，达到减轻税负，增加企业营运资金和实现资本扩张的目的。

为实现纳税筹划的基本目标，可以将纳税筹划目标细化，具体有以下三方面：

1. 正确履行纳税义务

正确履行纳税义务是纳税筹划的最低目标，也是基础目标。只有正确履行纳税义务，才能规避纳税风险、规避任何法定纳税义务之外的纳税成本或纳税损失的发生，避免因涉税而造成的名誉损失，做到诚信纳税。税收具有强制性，如果偏离了纳税遵从，企业将面临涉税风险。因此，纳税人应做到纳税遵从，即依法进行税务登记，依法建账并进行发票、账证管理，依法申报纳税，在不超过税法规定的期限内缴纳该缴的税款。纳税人必须及时、正确、全面地掌握所涉税境的税法，尽可能避免纳税风险导致的机会成本的发生，努力实现涉税低风险。

2. 降低纳税成本

纳税人为履行纳税义务，必然会发生相应的纳税成本。纳税成本包括直接纳税成本和间接纳税成本。前者是纳税人为履行纳税义务而付出的人力、物力和财力，后者是纳税人在履行纳税义务过程中所承受的精神负担、心理压力等。直接纳税成本容易确认和计量，间接纳税成本则需要估算或测算。税制公平，纳税人的心理就比较平衡；税收负担若在纳税人的承受能力之内，其心理压力就小；税收征管越透明、越公正，纳税人对税收的恐惧感也越小。纳税成本的降低，除了与纳税人的专业水平、纳税意识等主观因素有关，还与税制是否合理、征管人员素质、征管手段、征管方式等有直接关系。应该看到，纳税人纳税成本的降低会使企业利润增加，从而增加应纳税所得额；对税务机关来说，增加了税收收入，降低了征管成本，达到了双赢。没有纳税人纳税成本的降低，也就没有税收征管成本的降低。

3. 税收负担最低化与税后收益最大化

企业财务管理的直接目标是实现税负最小化及税后利润最大化。纳税筹划是企业财务管理的重要组成内容。减轻税负必须是在纳税人整体收益增长的前提下才有实际意义，即减轻税负是为了实现税后收益最大化。因此，当实施某项纳税筹划使税收负担最低化与其税后收益最大化呈正相关时，税收负担最低化就是纳税筹划的最高目标。当实施某项纳税筹划使税收负担最低化与其税后收益最大化呈负相关时，纳税筹划的目标应该以企业的财务目标为其最终目标，即纳税筹划要服从、服务于企业的财务目标。从这个角度来说，税收负担最低化是手段而不是目的。

在企业经营中如何实现税负最低、收益最大，是一项复杂的系统工程。需要事先对企业的涉税事项进行总体运筹和安排，在法律规定、国际惯例、道德规范和经营管理需要之间寻求平衡，争取实现涉税零风险下的企业税后收益最大化。纳税筹划不能只考虑个别税种应纳税额的多少，不能单纯以眼前税负的高低作为判断标准，而应以企业的整体利益和长远利益作为判断标准。因此，企业可能会选择税负较高而税后收益最大的方案。在考虑货币的时间价值时，如果适用超额累进税率，还要考虑边际税率因素，因为边际税率的改变可能会抵消货币时间价值的作用。

税负最低化目标更多的是从经济观点而非税收角度来谋划和安排，纳税筹划的焦点是现金流量、资源的综合利用收益、纳税人所得的最大化等。

4. 实现涉税零风险

涉税零风险是指纳税人账目清楚，纳税申报正确，缴纳税款及时、足额，不会出现任何关于税收方面的处罚，即在税收方面没有任何风险，或风险极小可以忽略不计的一种状态。

涉税风险一般包括经济风险、法律风险、心理风险、权力税风险。经济风险是指纳税人如果多交了税，虽然可以在法律上免除违法责任与风险，但是其自身利益却会受到损害，承担经济受损的风险。导致企业多交税的情况有：①了解税收信息不够，对税收政策不够理解；②财务人员对一些税法公式理解不透，导致多交税；③“权力税”的存在，导致企业有可能因税务局的硬性规定而多交税；④企业主观目的上想多交税，比如上市公司为达到上市、配发股票的目的而刻意多交税，或企业领导为实现个人政绩而多交税等。

法律风险是指纳税人如果为了减轻税负而选择逃税，虽可达到少交税的目的，但是却由此要承担可能造成的法律风险，最终遭到法律的惩罚。

心理风险是指纳税人逃税在承担法律风险的同时，还要承受由此所造成的心理负担。

“权力税”风险。在目前我国税收管理体制尚不完善、人治重于法治的情况下，也就使“权力税”有了存在的条件。一些企业为了达到少交税的目的，通过寻租行为，利用关系为自己少交税服务。在这种情况下，“权力税”是一种违法的偷逃税行为，要为此承担法律风险和心理风险，而且寻租成本高昂，与其这样，不如通过实施纳税筹划合理减轻税负，而且避免了涉税风险，即涉税零风险。

实现涉税零风险可以避免发生不必要的经济损失；可以避免发生不必要的名誉损失；企业通过加强管理实现涉税零风险，可以使企业账目更加清楚，管理更加有条不紊，更利于企业的健康发展，更利于企业的生产经营活动。实现涉税零风险，企业精神成本小。

纳税筹划的这些具体目标不是截然分开的，不同企业可以有不同的具体目标，同一企业在同一时期可能有几种具体目标，其不同时期的具体目标也可能有所不同、有所侧重。

【案例】每个公司的车辆都要加油，为什么很多情况下取得的发票都是普通发票，而没有取得增值税专用发票，使单位多交增值税呢？

筹划思路：一家管理严格的单位的做法：由财务人员到石油公司买油票，取得增值税专用发票，财务人员把油票发给司机，车辆凭油票加油，这样就轻而易举地取得了专用发票，从而为公司节省了17%的增值税。

二、纳税筹划的形式

广义的纳税筹划分为四种形式：节税筹划、避税筹划、税负转嫁筹划和涉税零风险筹划。

（一）节税筹划

1. 节税筹划的含义

节税筹划是指纳税人在不违背税法立法精神的前提下，充分利用税法中的一系列税收优惠政策，通过对筹资活动、投资活动以及经营活动的巧妙安排，达到少交税或不交税的目的。节税筹划是在企业不违背法律本身且不违背法律立法精神的前提下进行的，筹划活动本身及其后果与税法本意相一致，有利于税法的普及和推广，从而使政府更加有效地利用税法来进行宏观调控，是符合国家宏观经济政策尤其是税收政策导向的，是政府提倡的行为。

2. 节税筹划的特征

（1）合法性。节税筹划的依据是现行的税收法律、法规和政策，也是纳税筹划的前提。

（2）政策导向性。纳税人通过节税筹划最大限度地利用税法中固有的优惠政策来享受税收利益，其结果正是各个税种的税收制度优惠政策所要引导的，因此节税本身正是优惠政策借以实现宏观调控目的的载体。节税筹划与避税筹划最大区别在于避税是违背立法精神的，而节税是顺应立法精神的。

（3）筹划性。节税和避税一样，需要纳税人充分了解现行税法知识和财务知识，事先结合企业全方位的投资和经营活动，进行合理、合法的筹划。

（二）避税筹划

1. 避税筹划的含义

避税筹划是指纳税人利用税法漏洞或者缺陷，通过对经营及财务活动的精心安排，以期达到纳税负担最小的经济行为。由于避税筹划形式上不违法，实质上违背立法意图和立法精神，不符合政府的政策导向和意图，是政府所不提倡的，风险性较大，是一种短期行为，最终难以实现企业价值最大化的目标。

避税筹划成功意味着行为主体找到了法律漏洞与缺陷，促使国家弥补漏洞与缺陷，客观上促使税法逐步得到完善健全。从这种程度上讲，避税筹划又有助于社会经济的进步与发展。

2. 避税筹划的特征

（1）非违法性。偷税、逃税是违法的，节税是合法的，而避税处于违法与合法之间，具有“非违法”性质。

（2）策划性。逃税属于低素质纳税人的所为，而避税者往往素质较高，通过对现行税法的了解甚至研究，找出其中的漏洞，加以巧妙安排，这就是所谓的策划性。

（3）权利性。避税筹划实质上就是纳税人在履行应尽法律义务的前提下，运用税法赋予的权利，保护既得利益的手段。避税并没有、也不会、也不能不履行法律规定的义务，避税不是对法定义务的抵制和对抗。

（4）规范性。避税者的行为较规范，往往是依据税法的漏洞展开的。

（5）短暂性。随着国家税制的完善及征管漏洞的减少，避税筹划的空间会日益狭小。

【案例】王先生在天津有一套普通住房，已购买 1 年 10 个月。他在北京找到一份薪水不错的工作。打算卖掉天津的房子。从增值税方面他应如何筹划呢？

分析：2016 年 3 月 24 日，财政部和国税总局公布了全面推行营改增试点的实施办法。对于个人二手房交易，采取过渡政策办法，具体内容为：个人将购买不足 2 年的住房对外销售的，按照 5%的征收率全额缴纳增值税；个人将购买 2 年以上（含 2 年）的住房对外销售的，免征增值税。上述政策适用于北京市、上海市、广州市和深圳市之外的地区。个人将购买不足 2 年的住房对外销售的，按照 5%的征收率全额缴纳增值税；个人将购买 2 年以上（含 2 年）的非普通住房对外销售的，以销售收入减去购买住房价款后的差额按照 5%的征收率缴纳增值税；个人将购买 2 年以上（含 2 年）的普通住房对外销售的，免征增值税。上述政策仅适用于北京市、上海市、广州市和深圳市。王先生的住房在天津，只要满 2 年转让就可以免征增值税。所以王先生可以和买方协商先租住两个月，等满 2 年时再缴纳买房款并办理过户手续。

（三）利用价格手段进行税负转嫁筹划

1. 税负转嫁的含义

税负转嫁筹划是指纳税人为了达到减轻税负的目的，通过价格的调整和变动（提高商品销售价格或压低购进价格），将税负转嫁给他人（购买者或供应者）承担的经济行为。税负转嫁导致纳税人与负税人分离，纳税人是法律意义上的纳税主体，负税人是经济上的承担主体，而国家的税收收入并不受到影响，国家一般对税负转嫁持中立态度。

2. 税负转嫁的内容

（1）前转嫁：纳税人通过交易活动，将税款附加在价格之上，顺着价格运动方向向前转给购买者负担。

（2）后转嫁：纳税人通过压低购进商品（劳务）价格，将其缴纳的税款冲抵价格的一部分，逆着运动方向，向后转移给销售者负担。

（3）散转嫁：纳税人将其缴纳的一部分前转嫁，一部分后转嫁，使其税负不归于一人，而是分散给多人负担，属于纳税人分别向卖方和买方的转嫁。

（4）消转：消转是指纳税人用降低课税品成本的办法使税负在新增利润中求得抵补的转嫁方式。即纳税人在不提高售价的前提下，以改进生产技术、提高工作效率、节约原材料、降低生产成本，从而将所缴纳的税款在所增利润中求得补偿。因为它既不是提高价格的前转，也不是压低价格的后转，而是通过改善经营管理、提高劳动生产率等措施降低成本增加利润，使税负从中得到抵消，所以称之为消转。有合法消转和非法消转两种形式。前者指采用改进技术、节约原材料等方法，从而降低成本求得补偿；后者指采用降低工资、增加工时、增大劳动强度等方法，从而降低成本求得补偿。采用第二种形式一般遭到雇员的反对，所以纳税人一般采用第一种形式。但消转要具备一定的条件，如生产成本能递减、商品销量能扩大、生产技术与方法有发展与改善的余地、物价有上涨趋势以及税负不重等。

3. 税负转嫁的规律

（1）物价自由浮动是前提。税负转嫁涉及到课税商品价格的构成问题，税负转嫁后存在于经济交易之中，通过价格变动实现。课税不会导致课税商品价格的提高，也就没有转嫁的可能，税负由卖方自己负担。课税以后，若价格增高，税负便有转嫁的条件。若价格增加少于税额，则税负由买卖双方共同承担；若价格增加多于税额，则不仅税负转嫁，卖方还可以获得额外收益。因此可以说，没有价格自由波动，就不存在税负转嫁。

（2）商品供求弹性是约束。税负转嫁方向与供需弹性方向相反。需求弹性越大，税负越向供给者转嫁；供给弹性越大，税负越向需求者转嫁。此即为税负转嫁的一般法则。

（3）税负转嫁与成本变动规律。在成本固定、递增和递减三种场合，税负转嫁有不同规则。成本固定的商品，所课之税有全部转嫁买方的可能；成本递增商品，所课之税转嫁于买方的金额可能少于所课税款额；成本递减商品，不仅所课之税可以完全转嫁给买方，还可获得多于税额的价格利益。

（四）实现涉税零风险

涉税零风险是指纳税人努力做到账目清楚，纳税申报正确，缴纳税款及时、足额，使其一般不会出现关于税收方面的处罚，即在税收方面没有任何风险，或风险极小可以忽略不计的一种状态。无风险等于收益。

涉税零风险筹划有利于形成良好的税收征纳环境，促进经济和社会和谐发展，因此政府对此非常提倡。

三、偷(逃)税、漏税、抗税、骗税与纳税筹划的区别

偷(逃)税是指纳税人以不缴或者少缴税款为目的，采取各种不公开的手段，隐瞒真实情况，欺骗税务机关的行为。漏税是指纳税人由于不知道或者不熟悉税法的有关规定，或者是由于工作中粗心大意和财务制度不健全而无意识地不缴税或少缴税。也就是说，纳税人主观上不存在不缴税或少缴税的意图，只是由于过失或疏忽没有缴税或少缴税。抗税，指纳税人以暴力、威胁等手段拒不缴纳税款的行为。拒绝接受税务机关检查，威胁、围攻、殴打税务人员等行为，也属于抗税。骗税是指利用非法手段骗取国家退税款的行为，主要是骗取出口产品的增值税退税款的行为。

偷(逃)税、漏税、抗税、骗税与纳税筹划的区别体现在以下几个方面：

1. 性质不同

纳税筹划是在正确履行纳税义务的前提下进行的，它的特点是合法或不违法，而偷(逃)、漏、抗、骗税是通过非法手段将应税行为变为非应税行为，从而直接逃避纳税人自身的应税责任，是一种违法甚至犯罪行为，应该受到法律的制裁。

2. 使用的手段不同

纳税筹划采取公开或相对公开的手段，不需要进行修饰和掩盖，以理财为手段来实现企业的财务目标。偷(逃)、漏、骗税采用隐蔽的手段达到少交税款的目的，具有欺诈性；抗税采用暴力、威胁的手段，恶意触犯法律，必将受到法律的严惩。

3. 承担责任不同

纳税筹划既然是一种合法或不违法行为，原则上不会承担法律责任，并理应受到国家法律的保护和认可。偷(逃)、漏、骗、抗税是一种违法行为，一经查实，除要给予一定比例的经济处罚外，还要视情节轻重，决定是否追究刑事责任。

4. 政府的态度不同

偷(逃)、漏、抗、骗税行为具有故意性、欺诈性、违法性等特征，使国家税收遭受严重损失。政府对其持坚决反对和抵制态度，并对此类行为有专门的处罚规定。而对纳税筹划，政府一般持鼓励和支持态度。虽然对于避税筹划，政府持不提倡态度，但是相对于偷(逃)、漏、抗、骗税行为来说，政府对其态度要宽松很多。节税、避税、税负转嫁、涉税零风险、逃漏抗骗税比较见表 2-1。

表 2-1　节税、避税、税负转嫁、涉税零风险、逃漏抗骗税比较

类别 比较点	节税筹划	避税筹划	税负转嫁筹划	涉税零风险筹划	逃税、漏税、抗税、骗税
法律性质	合法	非违法	纯经济活动	合法	违法
政府态度	倡导	反对	不干预	鼓励	制裁处罚
风险性	低	较高	多因素风险	零风险	高
实施手段	税收优惠或其他	税法漏洞	调整产品价格	正确申报及时足额纳税	种种非法手段
立法意图	遵循	违背	不相关	顺应	违反
经济影响	促进经济良性发展	影响、破坏市场规则	有利于企业竞争	有利于形成良好税收征纳环境	违背公平竞争规则、破坏经济秩序

四、逃税、避税和纳税筹划的比较

逃税、避税和纳税筹划的综合比较见表2-2。

表2-2　逃税、避税和纳税筹划的综合比较

项　目	逃　税	避　税	纳税筹划
合法性	违法	不违法	合法
实施时点	纳税义务发生后	纳税义务发生中	纳税义务发生前
收效	高风险，并可能高损失	获取短期收益	获取长期的巨大收益
	税收收益	税收收益	税收收益、综合收益
	对微观有利	对微观有利	对微观有利
	对宏观无利	对宏观无利	对宏观有利
政府态度	打击，严惩	反避税	保护和鼓励
节税额	可能巨大	较小	巨大
未来趋势	前景不好	前景不好	大势所趋

第四节　纳税筹划的基本前提与实施条件

一、纳税筹划的前提条件

纳税筹划作为纳税人经营管理决策的一个组成部分，是对多种纳税方案的选择，除了本身需要对诸多条件和因素进行衡量选择外，进行纳税筹划决策并付诸实施还需具备一定的条件。

（一）纳税筹划的外部条件

1. 对纳税人权利的确立和保护

在市场经济中，成本和收益存在的直接对称性决定了权利和义务的统一性，税收也不例外。当纳税人履行了依法纳税的义务后，纳税人除了有权享受政府提供的公共物品和劳务的好处及享有对政府的监督约束权外，在税收的征纳过程中，还享有知情权、公正权、申诉权、保密权、筹划权、代理权等。尽管各国的税收法律对纳税人权利具体规定有所不同，但都无一例外地对这一权利以各种法律给予了明确和强化。对纳税人权利的承认、确定和保护是进行纳税筹划的基本条件，特别是知情权和筹划权。纳税人有权利知道税收各项法规及其变动，了解税务机关的税务执行程序，只有这样，纳税人才能在法律允许的范围内对自己的税收事务做出必要的安排。

纳税筹划是纳税人应有的一项基本权利。纳税人在法律允许或不违反税法的前提下，有从事经济活动、获取收益的权利，有选择生存与发展、兼并与破产的权利；纳税筹划所取得的收益应属合法收益；承认纳税人的纳税筹划权是法制文明的体现。

2. 成熟的市场经济环境和健全的法制

成熟的市场经济环境是纳税人进行纳税筹划的另一个外部条件，在成熟的市场经济条件下，纳税人具备独立的经济利益，并且自由地进行经营行为的选择，经济利益的独立化并追求自身利益的最大化是纳税人开展纳税筹划的动力所在，而纳税人经营行为的自主化是开展纳税筹划的前提，只有在这一前提下，纳税人才能够根据国家的税收法规，自主地安排投资、经营、筹资、投资等活动，对纳税方案进行优化选择，实施纳税筹划。纳税筹划的产生与发展还要求有一个全面和透明的法制环境。只有这样，纳税人的各项权利、义务才能得到法律上的明确和保障。

（二）纳税筹划的内部条件

纳税人要制定出合法、合理、有利的纳税筹划方案，并使其顺利实施，自身还需具备一些必要的条件。

1. 全面了解并熟悉税收法律法规及相关法律法规

纳税筹划是纳税人为追求自身利益最大化，针对税收法律法规的规定，对财务管理及经营管理活动进行的计划安排。所以，纳税人应该对税收法律法规及相关法律法规有全面的了解和研究，不仅要研究税法对各税种纳税人的每一项制度性规定，还要研究与企业经营活动相关的各项法律法规，如会计方面的法律法规、外汇管理方面的法规等。不仅要熟悉本国的法律法规，还要熟悉并理解外国的税收法律及相关法律法规。只有这样，才能准确地把握合法与非法的界限，从总体上确保自己的经营活动和相关纳税行为在法律框架内进行。不仅要熟悉现行税收法律法规，还要研究税收政策的调整变动及对税收法律法规的影响，这样才能保证纳税筹划方案能收到切实的节税效果，降低纳税风险。

2. 全面了解企业的基本情况

纳税筹划的针对性很强，必须要求针对本企业的情况来具体设计方案。所以，进行纳税筹划方案的设计，必须全面掌握和了解企业的基本情况。一是企业的主要经营业务和生产经营特点。不同的生产经营业务和不同的生产组织方式有不同的会计核算要求和纳税特点。二是企业的财务和纳税状况。纳税筹划的目的要合法、合理地减少纳税支出，只有全面和详细地了解企业的财务及纳税状况，才能制定出合理的纳税筹划方案。三是企业的发展战略和投资意向。企业的发展战略决定了企业的投资意向，不同的投资项目或方案适用不同的税收待遇，不同程度地影响企业的发展成本。

二、纳税筹划的行为动因

（一）纳税筹划的主观动因

经济利益的驱动是纳税人进行纳税筹划最根本的内在动力。

任何纳税筹划行为，其产生的根本原因是经济利益的驱动，即经济主体为追求自身经济利益最大化而进行的行为。众所周知，利润等于收入减去成本再减去税收，在收入不变的情况下，降低企业或个人的费用成本及税收支出，可以获取更大的经济利益。税收作为生产经营活动的支出项目，越少越好，无论它怎样公正合理，都是纳税人直接经济利益的一种损失，企业有时宁可冒险也要进行纳税筹划。

（二）纳税筹划的客观条件

从国内来讲，纳税人进行纳税筹划的客观条件主要有以下五点：

1. 纳税人定义上的可变通性

一是该纳税人确实转变了经营内容，过去是某税种的纳税人，现在成为了另一种税的纳税人；二是形式的转换，纳税人通过某种合法手段使其在形式上不属于某税种的纳税义务人；三是该纳税人通过合法手段转变了内容和形式，使纳税人无须缴纳该种税。

在纳税人方面，还有一个税种的选择问题。一般地讲，公司生产或经营什么项目和产品，就应该缴纳什么样的税收，这是没有什么选择余地的，但是有的情况可以例外。像一个组织可以在缴纳企业所得税还是个人所得税上做出选择。

【案例】王刚承包经营一家集体企业。该企业将全部资产租赁给王刚使用，王刚每年上缴租赁费10万元，租赁后的经营成果全部归王刚个人所有。王刚应如何利用不同的企业性质进行筹划?

分析：对企、事业单位的承包、承租所得的征税规定为：①个人对企事业单位承包、承租经营后，工商登记改变为个体工商户的。这类承包、承租经营所得，实际上属于个体工商户的生产、经营所得，应按个体工商户的生产、经营所得项目征收个人所得税，不再征收企业所得税。②个人对企事业单位承包、承租经营后，工商登记仍为企业的，不论其分配方式如何，均应先按照企业所得税的有关规定缴纳企业所得税。然后根据承包、承租经营者按合同(协议)规定取得的所得，依照《个人所得税法》的有关规定缴纳个人所得税。

王刚如果仍使用原集体企业的执照，按税法规定，经营所得应先交纳企业所得税，然后再按对企事业单位的承包、承租所得交纳个人所得税。如果王刚将原企业的工商登记变为个体工商户，则只按个体户的生产经营所得交纳个人所得税，不缴纳企业所得税。

【知识链接】

避免成为法定纳税人的方法

企业内部设立的一些内部组织或附属组织，不属于纳税人。不具有独立法人资格的分公司或分支机构也不是企业所得税的纳税人，但具备独立法人资格的子公司则属于企业所得税的纳税人。

2. 课税对象金额上的可调整性

税额的计算关键取决于两个因素：一是课税对象金额，二是适用税率。纳税人在既定税率的前提下，由课税对象金额派生的计税依据愈小，税额也就愈小。为此，纳税人想方设法尽量调整课税对象金额使税基变小。

【案例】甲、乙是经营范围相同的两家公司，甲公司因经营不善，连年亏损，甲公司有允许在以后年度弥补的亏损2000万元，而乙公司没有可以弥补的亏损，年应纳税所得额为5000万元。假设所得税税率为25%。

分析：从税收的角度讲，亏损企业将成为并购的首选目标公司，因为并购亏损企业的亏损可以抵减并购企业当年甚至以后年度的应纳税所得额，乙公司通过并购甲公司可以减少企业所得税的计税依据，从而减少当年甚至以后年度的企业所得税应纳税额。当然，并购亏损企业对并购方来讲肯定是有利可图的，但应特别注意，在并购亏损企业时，还要考虑并购后可能带来业绩下降的消极影响以及资金流不畅造成的“整体贫血”，防止并购企业被拖入经营困境。

3. 税率上的差异性

纳税的多少和计税依据有关，也与税率有关。当课税对象金额一定时，税率越高税额越多，税率越低税额越少。税率与税额的这种密切关系诱发纳税人尽可能避开高税率，寻求低税率。

税制中不同税种有不同税率，同一税种中不同税项也有不同税率，“一税一率”和“一目一率”上的差异性，使纳税人减轻税负成为可能。

【案例】某女记者从《足球》报跳槽到《体坛周报》，传闻三个月收入150万元，也即平均每月50万元。问题：该记者与报社如何签订聘用合同可以使税后收入最大化?

分析：

(1) 假如她被当作报社职工对待，则其收入为工资薪金收入，个人所得税税率45%。

(2) 假如她被当作兼职专栏作家，则其收入为劳务报酬收入，个人所得税税率40%。

(3) 假如报社聘任她为报社特约撰稿人，收入属于稿酬所得，个人所得税税率14%。

显然，该记者应选择第三种形式即作为报社的特约撰稿人，这样适用的个人所得税税率最低。

4. 税收优惠是纳税筹划的温床

税收优惠是国家税制的重要组成部分，是政府为达到一定的政治、社会和经济目的而对纳税人实行的税收鼓励。税收鼓励反映了政府行为，它是通过政策导向影响人们的生产与消费偏好来实现的，所以也是国家调控经济的重要杠杆。

税收优惠对节税潜力的影响表现为：税收优惠的范围越广、差别越大、方式越多、内容越丰富，则纳税人纳税筹划的活动空间越广阔，节税的潜力也就越大。税收优惠筹划的关键是：纳税人应积极寻找合适的优惠政策并把它运用到纳税实践中，在一些情况下甚至要创造条件去享受优惠政策，降低税收负担。

【案例】八方建设集团公司是一家以从事建筑施工为主的工程施工企业，自 2008 年起，从传统的商品房建筑装修逐渐转向国家重点扶持的公共基础设施项目，主要是港口、机场、铁路、公路、水利等项目的工程施工。

分析：《中华人民共和国企业所得税法》第二十七条规定：企业的下列所得，可以免征、减征企业所得税：(一)从事农、林、牧、渔业项目的所得；(二)从事国家重点扶持的公共基础设施项目投资经营的所得；(三)从事符合条件的环境保护、节能节水项目的所得；(四)符合条件的技术转让所得。

《中华人民共和国企业所得税法实施条例》第八十七条规定：企业从事国家重点扶持的公共基础设施项目的投资经营的所得，自项目取得第一笔生产经营收入所属纳税年度起，第一年至第三年免征企业所得税，第四年至第六年减半征收企业所得税。

八方建设集团公司 2008 年起所从事的公共基础设施的建设施工业务所获得的收入，就可以享受企业所得税“三免三减半”优惠政策，即 2008 年、2009 年、2010 年免征企业所得税，2011 年、2012 年、2013 年减半征收企业所得税。这一税收优惠可以为企业节约大笔税款。

5. 会计政策的可选择性为纳税筹划提供了可能

我国会计政策分为强制性会计政策和非强制性会计政策。强制性会计政策没有选择性，纳税筹划可以利用非强制性会计政策的下面选择来进行纳税筹划。

会计政策的选择包括经济业务初次发生时的选择和由于客观环境的变化而变更原会计政策，转而采用新的会计政策。由于客观环境的变化而变更会计政策的情况有两种：一是法律、法规要求企业变更；二是企业认为变更会计政策能向会计信息使用者提供更可靠、更相关的会计信息。由此可见，由于客观环境的变化而变更会计政策的情况比较少，所以企业在经济业务初次发生时选择会计政策对以后的应纳税额至关重要。例如：企业发出存货的计价方法有先进先出法、月末一次加权平均法、移动加权平均法、个别计价法等，企业可以从中选择一种方法进行应用。利用发出存货的计价方法进行纳税筹划的规律如表 2-3 所示。

表 2-3 利用存货发出计价方法的选择进行筹划

项　　目	纳税筹划方案		
价格变动规律	物价上涨	物价下跌	物价波动
存货计价方法	加权平均法	先进先出法	加权平均法

【案例】假设在物价持续上涨情况下，某企业三月份的购销情况如下：月初存货结存 10 万千克，单价 3 元。3 月 5 日购进 40 万千克货物，单价 4 元。3 月 10 日购进 60 万千克货物，单价 5 元，销售 100 万千克货物，单价 5.5 元。3 月 20 日购进 65 万千克货物，单价 6 元，售出 50 万千克，单价 7 元。

要求：用除个别计价法外的其他三种计价方法计算企业的利润。

方案一：采用先进先出法

销售成本＝10×3+40×4+50×5+10×5+40×6＝730（元）

销售收入＝100×5.5+50×7＝900（元）

销售利润＝900－730＝170（元）

方案二：采用月末一次加权平均法：

存货平均单价＝（30+160+300+390）÷175＝5.03（元）

销售成本＝5.03×150＝754.3（元）

销售收入＝900（元）

销售利润＝900－754.3＝145.7（元）

方案三：采用移动平均法：

3月10日结存存货单价＝（3×10+40×4+60×5）÷110＝4.45（元）

3月20日结存存货单价＝（44.5+390）÷（10+65）＝5.79（元）

销售成本＝100×4.45+50×5.79＝445+289.5＝734.5（元）

销售收入＝900（元）

销售利润＝900－734.5＝165.5（元）

结论：在进货价格呈上升趋势时，最佳方案是月末一次加权平均法，可以平衡由物价上涨带来的成本费用的增加。物价呈下降趋势时，最佳方案是采用先进先出法，如电子产品，由于产品更新换代快，价格逐渐下降，选择先进先出法对企业有利。

三、国际纳税筹划的客观原因

各个国家税收制度的差异是导致国际纳税筹划的客观原因。

1. 纳税人概念的不同

各国确定纳税人一般按属人主义原则或属地主义原则。有的国家以一个人作为一国居民必须在其居住国纳税；有的以一个人如果是该国公民就必须在该国纳税；有的以一个人拥有来源于一国境内的所得或财产就必须在来源国纳税。由于各国属地主义和属人主义上的差别以及同是属地或属人原则，但在具体规定上存在差别，这就为国际纳税筹划带来了大量机会。

2. 课税程度和方式在各国间存在差异

绝大多数国家对企业和个人经营所得都要征收所得税，但对财产转让所得则不同，有的国家征税，有的国家不征税。同样是所得税，各国也存在差别，有的国家税率高、税负重，有的国家税率低税负轻，甚至有些国家或地区尤其是避税地根本就不征所得税。这些都为国际纳税筹划创造了机会。

3. 税率上存在差异

各国税率上的差异使得跨国公司通常在法律允许的范围内将利润从高税率地区向低税率地区转移，成为国际纳税筹划的重要手段之一。

4. 税基上的差异

各国对每个税种的计税依据规定存在差异。例如所得税的计税依据是应纳税所得额，在计算应纳税所得额时，各国对各种扣除项目规定存在差异，税收优惠也存在差异。这些都为国际纳税筹划创造了空间。

5. 避免国际双重征税方法上的差异

国际双重征税是指两个或两个以上国家在同一时期内，对参与经济活动的同一纳税人或不同纳税人的同一课税对象或税源，征收相同或类似的税收。在跨国公司大量发展以后，母公司、子公司以及多层子公司独立经济实体之间的重叠征税，在一定条件下也视为国际双重征税。国际双重征税一般可分为法律意义上的国际双重征税和经济意义上的国际双重征税。

为消除国际双重征税，各国使用的方法不同，较为普遍的是抵免法和豁免法。抵免法是指居住国政府按照居民纳税人来源于国内外的全部所得计算应纳税额，但允许纳税人从应纳税额中抵免已在收入来源国缴纳的全部或部分税款。豁免法是指居住国政府对本国居民来源于境外并已向来源国政府缴税的所得免于征税的方法。在使用豁免法时，可能产生国际纳税筹划机会。

除此以外，各国使用反避税方法上的差异、税法有效实施上的差异以及其他非税收方面法律上的差异都会给纳税人进行国际纳税筹划提供一定的条件，这也是国际纳税筹划之所以产生的重要客观原因。

四、纳税筹划环境

（一）依法治税的社会环境

税收法律法规是征纳双方的行为规范，规定了征纳双方的行为空间。纳税人可以通过纳税筹划，选择在这个既定的活动空间内，争取最大的经济利益。如果行为空间不确定，无法可依或有法不依，纳税筹划就失去了存在的前提条件。当前我国税收法制建设中存在的问题主要有：

1. 税收立法工作很不规范

目前，在我国税收实体法体系中，只有企业所得税、个人所得税、车船税三个税种执行全国人大或常委会制定的税收法律，其他很多税种的税收法规是以国务院制定的暂行条例形式存在，如增值税、消费税等。虽然国务院根据全国人民代表大会及其常委会授权制定，这些暂行条例的法律效力高于行政法规，但仍然不是正式的税收法律，税收刚性不足。

2. 税收法规难以真正落到实处

在税收执法工作中，不严格执法或法律操作难度大等情况使得税收法规难以真正落实。原因有：有的税收法律、法规对所规范事项表述不明确，可操作性差，致使基层税务机关难以严格执法。其次，有些地方政府地方保护主义思想严重，存在以权代法、以权压法的做法。再次，个别税务干部经受不住金钱利益考验，置党纪国法于不顾，以权谋私，影响税法的严肃性。

要使纳税筹划活动顺利进行，必须有规范的法律和合格的执法者做保证。

（二）纳税筹划人员应具备专业技能和道德素养

纳税筹划要求从业人员知识水平高、业务技能强，没有相应的业务能力很难胜任工作。纳税筹划人员应当具备的技能如下：

1. 理解和深刻把握国家税收法律的规定，洞悉法律待完善之处

纳税筹划人员的知识构成中最基本的一点就是对税法的理解，理解不单是指对法律条文内容的记忆，更多的是理解税法的立法精神以及现行税法未来的变化趋势，同时要将各项税法规定用于解决实际问题。

2. 熟悉会计制度规定，特别是纳税会计处理规定

税收制度与会计制度密不可分，应纳税额的计算及核算是财务核算的重要组成部分，任何纳税筹划方案的实施最终都要以资金运动的形式反映在账簿上。纳税筹划人员应充分理解会计原则、会计假设、具体的业务核算和处理方法，以及会计、税法规定存在的差异及调整方法。

3. 具备一定的财务管理知识

财务管理是组织财务活动、处理财务关系的一项管理活动，管理对象是资金的循环和周转，管理内容是筹资、投资、营运资金和利润分配。纳税筹划贯穿于资金运动的全过程，纳税筹划人员对财务管理中有关资金时间价值等重要理念和技术分析方法必须理解和把握，才有可能做好纳税筹划工作。

4. 了解与税法相关的其他经济法律规定

与税法有关的其他经济法律包括公司法、破产法、金融法等。纳税筹划人员除了要熟悉税法外，对与企业运行相关的法律程序和法律规定也应当了解。纳税筹划贯穿企业从设立到终止的全过程，纳税筹划人员若不懂企业的设立、组织形式、内部管理制度等相关法律规范，就不可能顺利从事纳税筹划工作。

5. 广泛、深入理解国际税收协定原则和精神

熟悉与纳税筹划有关的外国税收制度和国际税收协定的原则和精神，也是纳税筹划人员应具备的知识之一。

6. 具有较高的道德素养

纳税筹划人员能否成功有效地进行纳税筹划，除了取决于个人是否具备专业知识水平和实际操作能力外，还取决于其职业道德素养的高低。纳税筹划人员必须遵守职业道德规范，否则，不但难以达到筹划目的，还可能把筹划主体引入涉嫌违法的泥潭。纳税筹划人员职业道德规范可以由行业协会来制定，还可以由国家统一规定。

（三）真实信息环境

信息是进行纳税筹划活动的前提和依据。纳税筹划的核心就是筹划主体从自身的状况及所处的理财环境出发，寻找能够达到筹划主体理财目标的各种纳税方案；通过对这些方案进行分析、比较、择优，最后付诸实施，并在实施过程中，根据获得的更完全的信息对所发现的问题进行再修正、再实施。企业所获得的信息精度越高，信息的利用价值越大，纳税筹划方案也就越有实用性，越有可能成功。目前，纳税人获取信息渠道众多，信息杂而乱的现状难以解决，所以纳税筹划人员必须具有甄别信息的能力。

第五节　纳税筹划的基本步骤

纳税筹划可以由纳税人自己进行，也可委托税务代理人进行，但其基本步骤大致如下：

一、明确纳税筹划的目的与要求

纳税筹划可以在企业的生产经营活动、投资理财活动中进行，也可在企业全面、整体决策时进行。虽然从总体上来说纳税筹划是以节税或税后利润最大化为目的，但具体到某一环节、某一项目都有其特定的目的和要求，如有的企业为了扩大生产经营规模，计划设立

分支机构。如何在分支机构的设立中获得税收利益，这就是纳税筹划目的，企业纳税筹划的要求就是作出分支机构的设置方案。再如，有的企业计划进行技术改造，纳税筹划目的就是在购置机器设备问题上怎样获得税收利益。对于纳税筹划的目标，各个企业也有不同的选择或认同，有的企业以节税为目的，只追求减轻税负；有的企业主张在追求企业价值最大化的基础上减轻税负。因此，对于纳税筹划目标不同的企业，纳税筹划的方案设计也就不同。

所以，无论是分项目筹划还是整体筹划，作为纳税筹划人员只有明确需求主体的筹划目的和要求，才能准确、充分地运用现行税收法律法规设计纳税筹划方案，实现纳税筹划预期目标。

二、收集信息

（一）收集外部信息

1. 广泛收集有关法律法规，深刻理解法律精神

广泛收集有关法律法规，由于纳税筹划的内容涉及企业生产经营活动的各个方面，要做到有效运用纳税筹划策略，不仅要熟悉税法，还要熟悉会计法、公司法、合同法、证券法等法律法规。只有这样才能从总体上确保纳税筹划不违法，为纳税筹划活动构建一个安全的环境。由于税收法规经常随着经济情况的变动或配合国家政策而修正，修正频率比其他法律要频繁，因此纳税筹划人员不仅要收集新出台的法律法规，对于税法修正的内容或趋势，也应密切关注并及时对纳税筹划方案进行调整，使纳税筹划合法。

深刻理解法律精神，掌握政策尺度，是纳税筹划一项重要的前期工作。不论是作为中介服务机构的外部纳税筹划人，还是作为纳税人的内部纳税筹划人，在准备进行纳税筹划之前，首先应学习和掌握国家税法精神。国际上一些较大的会计师事务所，就是通过在不同国家建立合伙制的会计师事务所的网络，分别收集和研究各有关国家的税收法律的最新精神，并通过交换和委托调查，用较低的成本在全球范围内进行纳税筹划。

2. 体会法律和主管部门对纳税活动“合法与不违法”的界定

法律条文的权威性不容置疑，但税法的执法实践也对纳税人的纳税有着切实的引导作用。所以，全面了解税务机关对“合法与不违法”的法律解释和执法实践，是另一项重要的纳税筹划前期工作。纳税筹划是要合法和合理地节税，任何国家都从法律上保护合法和合理的事物和行为。同时，不同国家对“合法与不违法”的法律解释也是不同的。有些国家执法偏于宽松，没有明确禁止的即为不违法；有些国家执法偏于严格，主要侧重于法律规定应该如何处理。世界上还没有一本权威书籍可以真正给“合法与不违法”下一个全球都适用的定义，因此纳税筹划人员只能根据法律条文和法律实践做出判断。

就我国的税法执法环境来看，欠缺可行的税法总原则，法律规定在操作上也有某些欠缺，税务机关有相当大的自由裁量权，所以熟悉税收执法环境非常重要，如果只根据法律条文进行纳税筹划，效果可能大打折扣。

在实践中，辨别一项行为属于纳税筹划行为还是偷税行为，需要税务机关的认定。因此纳税人在进行纳税筹划时，除必须熟悉税法外，还必须进一步了解税务部门，从征税者的角度认识该纳税筹划行为的可能性。

（二）了解纳税人的有关信息

1. 了解企业组织形式

不同企业组织形式涉及的税种、纳税金额、申报纳税方式等往往有所不同，所以了解

企业的组织形式可以对不同企业制定有针对性的纳税筹划方案。我国的纳税人组织形式有个人独资企业、合伙制企业和公司制企业，此外还有个体工商户、自然人等。企业的组织形式不同和内部机构差异对纳税影响相当大。此外，企业内部机构的组成和设置也要了解，内部机构设置齐全，相互协作意识强烈，有利于筹划方案的成功实施。

2. 了解企业财务状况

企业纳税筹划是要合法地节减税收，所以了解企业的财务状况是基础。财务会计报告反映的是企业财务状况和资金运动的全貌，而纳税本身则是资金流出企业的过程。只有全面、详细地了解企业的真实财务状况，才能制定出适合企业的节税计划。

3. 了解企业的投资意向

有些投资项目可以享受税收优惠，而不同规模的投资额有时又会有不同的税收优惠。投资额与企业规模又有很大的关系，对不同规模的企业税收待遇和优惠政策有时也不同。我国税法对一些投资方向有税收引导，高新技术领域、公共基础设施领域等都可以享受税收优惠。了解企业的投资意向后，可以结合产业优惠政策对其提出纳税筹划建议。

4. 了解企业对风险的态度

不同风格的企业领导者对节税风险的态度是不同的。开拓型领导人往往愿意冒更大的风险节减税收，稳健型企业领导人则往往希望在风险最小的情况下节减税收。节税与风险并存，节税越多的方案往往也是风险越大的方案，两者的权衡取决于多种因素。了解企业尤其是领导人对风险的态度，可以制定出更符合企业要求的纳税筹划方案。

5. 了解企业的纳税历史

了解企业以前和现在的税收缴纳情况，对制定企业未来的纳税筹划计划会有很大帮助。如果企业曾经被税务部门处罚过，筹划难度就比较大，应该为这些企业找出财税漏洞，防患于未然。

三、纳税筹划方案设计与选择

（一）制定纳税筹划草案

制定纳税筹划草案的过程实际上就是一个操作过程，包括以下内容：

1. 分析纳税人业务背景，选择节税方法

对具体纳税人要进行具体分析，如分析纳税人所处的行业、主要业务应缴纳哪种流转税、是否享受税收优惠政策等。根据纳税人所从事的业务和业务收入、业务费用的收支渠道确定可行的节税方法。在选择各种节税方法的同时，可借鉴与其行业、业务有相同背景的个案，以提高节税效果。

2. 进行法律可行性分析

在制定节税方案的同时，汇集纳税需要依据的法律法规，避免陷入法律纠纷。有把握不准的税法问题，可向税务机关或律师进行咨询。

3. 应纳税额的计算

不同的纳税筹划方案制定出来后，应分别计算应纳税额，同时也要提出会计处理方法。

4. 因素变动分析

对影响纳税筹划节税效果的内部因素将来可能会发生的变动进行分析，并提出应对措施，降低内部因素变动风险。

5. 敏感分析

对影响税收计划实施的外部条件可能发生变化而引起纳税筹划节税效果变化的敏感程度进行分析，以防止外部因素变化产生的风险。

（二）纳税筹划方案设计与选择

纳税筹划草案确定后，就要制定正式纳税筹划方案。纳税筹划人员在制定纳税筹划方案时，往往会根据将来可能发生的多种情况制定出多个纳税筹划方案，方案制定出来以后，就要对方案进行筛选，确定一个最优方案。筛选时主要考虑纳税人的偏好，根据其偏好再考虑以下因素：选择短期内节税更多或在比较长的一段时间内股东能够得到更大财务利益的纳税筹划方案；选择成本更低或成本可能较高而节税效果更好的纳税筹划方案；选择实施起来更便利或技术较复杂、风险也较小的方案。

在选择筹划方案时，纳税筹划人员有必要向纳税人说明各种方案的利弊得失及可能产生的风险，并提出本人的选择建议，征求纳税人的意见。

四、纳税筹划方案的实施与监控

1. 纳税筹划方案的实施

对于一个纳税筹划方案，仅仅设计出来还没有达到最终目的，必须要真正实施才能体现出方案的效益。一般而言，企业应当按照纳税筹划方案设计的思路、方法和步骤着手进行实施活动。在这个过程中，如果是接受委托项目，根据双方的约定，纳税筹划人员可以协助企业办理相关手续，对生产经营过程进行指导。方案实施过程中，筹划者要进行纳税筹划方案实施跟踪管理。纳税筹划人员要定期关注企业税收缴纳信息，当有信息表明纳税人没有按纳税筹划设计方案执行时，应给予提示，指出可能产生的后果；当有信息表明纳税筹划方案有误时，应判断是否改变纳税筹划计划；当税收政策等外部因素发生变化时，也应及时给纳税人一定的提示。特殊情况下，纳税人因为纳税与税务机关发生法律纠纷，纳税筹划人员应按法律规定或业务委托及时介入，帮助纳税人渡过纠纷难关。如果出现对纳税人不利的法律后果，纳税筹划人员一是接受教训，二是在订有赔偿条款且责任归纳税筹划人一方时，应赔偿纳税人因此受到的损失。

2. 纳税筹划方案的监控

企业财务部门应对采取筹划方案后取得的财务收益进行记录，如果方案实施遇阻或目标不能实现时，应及时对纳税筹划方案进行修正或调整。方案实施结束后，要将预期效果与实际效果对比并采取相应措施。开展纳税筹划方案绩效评估。通过评估，及时找出纳税活动存在的问题或不适应的地方，以降低企业税收活动风险，维持企业的良好形象。

第六节　纳税筹划风险管理

一、纳税筹划风险的含义

纳税筹划风险指企业在进行纳税筹划时，因各种不确定因素的存在，导致纳税筹划方案失败、纳税筹划目标落空、偷税等违法行为认定等而发生的各种损失的可能性。

纳税筹划是一项系统工程，其在给纳税人带来节税收益的同时也蕴含着许多风险。如果无视这些风险，任其发生而不加以防范，势必有悖纳税筹划的初衷，其结果可能是以节税开始，却以遭受损失告终。

二、纳税筹划风险的特征

1. 客观性

纳税筹划风险客观存在，不可避免，伴随企业生产经营过程的始终，但存在一定的规律，只要把握了这种规律，可以降低纳税筹划风险。

2. 复杂性

由于纳税筹划风险的形成原因、形成过程、表现形式等存在复杂性，其导致的结果也比较复杂。

3. 可评估性

虽然纳税筹划风险具有复杂性，但风险可能造成损失的大小和损失发生的可能性可以参照经验数据、借助数理技术手段加以分析估算，具有一定的可评估性、可度量性。

4. 损失与收益的对立统一性

风险可以带来损失，也可以带来收益，损失与收益对立存在。纳税筹划方案追求收益，但方案风险太大则会带来损失。

三、纳税筹划风险产生的原因

1. 方案设计导致的风险

纳税筹划方案设计合理与否与筹划人员的认知水平和业务素质息息相关。如果筹划人员对税收、管理、财务、会计、法律等方面的政策及相关业务熟悉，筹划方案成功的可能性就高；相反，失败的可能性就高。目前，纳税筹划在我国还处于起步阶段，既懂得相关知识又具有实践经验的专业性人员很少，企业有时错误地设计筹划方案，不仅节税不成，反而可能演变为偷税，从而引发风险。

2. 方案操作导致的风险

纳税筹划方案涉及企业的采购、生产、投资、筹资、销售等各项活动，这需要企业认真操作、严格实施，需要企业内部各个部门密切配合、相互协作。纳税筹划方案操作成功的概率与纳税人的管理水平、员工业务素质成正比。

3. 方案实施条件发生变化导致的风险

（1）企业自身条件的变化。企业要获取某项税收利益，必须使企业的生产经营活动符合所选择的税收政策，而这往往制约着企业经营的灵活性。一旦企业的经营活动发生变化，企业就会失去享受税收优惠和税收利益的必要特征和条件，导致筹划结果与企业主观预期发生偏离。

（2）企业外部条件的变化。纳税筹划是事前筹划，每一项筹划方案从最初的项目选择到最终实施都需要一个过程，而在此期间，如果税收政策发生变化，就有可能使得依据原税收政策设计的筹划方案，由合法方案变成不合法方案，或者由合理方案变为不合理方案。此外，国内经济的波动、全球经济的波动、自然灾害等企业外部条件的变化，也会导致设计好的筹划方案无法实施，并由此给企业带来损失。

4. 税务行政执法偏差导致的风险

纳税筹划方案需要得到税务行政执法部门的确认。首先，税收法律、法规的不完善导致税收政策执行偏差。多数税收制度一般只对有关税收的基本面做出相应规定，存在具体税收条款设置不完善，无法涵盖所有的税收事项的缺陷。或者税法实施客观情况已经发生了变化，但税法尚未做出相应调整。其次，税法对具体的税收事项常留有一定的弹性空间，在一定范围内，税务机关拥有自由裁量权，这就为税收政策的执行偏差提供了可能性。再次，行政执法人员的素质参差不齐也是导致税收政策执行偏差的一个不可忽视的因素。因此，企业开展纳税筹划经常会遇到来自基层税务机关的观念冲突与行为障碍，有时即使是真正的纳税筹划行为，也有可能被税务人员认定为偷税。

5. 成本超过收益导致的风险

纳税筹划的收益是纳税筹划人员凭借自身掌握的各种知识、综合运用各种税收政策开展纳税筹划活动而给企业带来的未来经济利益的流入。尽管纳税筹划风险客观存在，但越来越多的企业接受、重视并开展纳税筹划活动，以实现减轻企业税收负担的目的。这是因为纳税筹划在给企业带来风险的同时，也使企业获得一定的收益。

但是，任何一项经营决策都需要设计与实施成本，纳税筹划也不例外。与纳税筹划相关的成本有筹划方案设计成本、办税成本、税务代理成本、培训学习成本、税收滞纳金、罚款和额外税收负担等几个方面的成本支出。进行纳税筹划，也应遵循成本收益原则。由于有些成本和收益是预期估算值，无法准确度量。方案制定时，测算的收益大于成本，最终实施的结果成本却超出了收益。如有的筹划方案可能会使某个税种的税负减轻，但因为影响其他税种的税负而使整体税负增加。还有的筹划方案虽然可以节省税款支出，却增加了非税支出，如企业注册费、机构设置费等，从而使企业整体利益受损。当筹划成本超过收益时，会导致纳税筹划风险。

四、纳税筹划风险类型

由于纳税筹划是在经济活动发生之前做出的决策，而税收法规具有时效性，再加上经营环境及其他因素错综复杂，纳税筹划的结果不确定性极强。

1. 政策风险

政策风险包括政策选择风险和政策变化风险。政策选择风险是指政策选择失误风险。这种风险的产生是由于筹划人员对政策精神认识不足、理解不透彻、把握不准所致。也就是说，筹划人员自己认为采取的行为符合国家的政策精神，但实际上违反了国家的税收法律法规。政策变化风险是由政策时效的不确定性引起的风险。一方面，为了适应市场经济的发展，体现国家的产业政策，及时调整经济结构，一国的税收政策不可能固定不变，总要随着经济形势的发展做出相应的调整变更，对现行的税收法律、法规进行及时补充和修订，不断废除旧政策，同时适时推出新政策。另一方面，对于税收政策法规中的缺陷和漏洞，政府会不断地对税收法律法规进行补充、修订和完善，这必然会增加纳税筹划特别是中长期纳税筹划的风险，应该引起广大纳税人的关注和重视。从这个意义上讲，政府的税收政策总是具有不定期或相对较短的时效性。这些规定的不断变化，可能造成因税率下调而未能跟上多缴纳税款；也可能造成因税率上调而未能跟上少缴纳税款，从而被税务机关罚款或上缴税收滞纳金。因此，政策风险可能对纳税人的纳税筹划，特别是中长期纳税筹划产生较大影响。

2. 经营风险

纳税筹划是一种合理合法的预先谋划行为，具有较强的计划性和前瞻性。实践证明，纳税人预期经济活动的变化对纳税筹划的效果有较大影响，有时还会直接导致纳税筹划失败。实际上，纳税筹划的过程就是对税收政策的差异进行选择的过程，但无论何种差异均应建立在一定的前提和条件下，即纳税人日后的生产经营活动必须符合所选税收政策要求的特殊性。这些特殊性在给纳税筹划提供可能性的同时，也对纳税人某一方面的经营活动、经营范围、经营地点、经营期限等造成了约束，从而影响纳税人经营活动本身的灵活性。如果项目投资后经济活动本身发生变化或对项目预期经济活动的判断失误，就可能失去享受税收优惠的必要条件，不仅无法达到减轻税负的目的，还可能加重税负。

正常情况下，纳税人的生产经营活动并非一成不变，如果有变化，就应随着变化和纳税人战略管理目标的要求进行相应的调整。

3. 方案执行风险

纳税筹划的固有特点是与法规共舞，即纳税筹划经常是在税收法规规定的边缘操作，以帮助纳税人实现利益最大化。但是，我国税收立法体制层次多，立法技术有待完善，法规内容存在很多模糊之处，法规之间还有一些冲突或摩擦，即使是专业人士有时也难以准确把握，这就给纳税人的纳税筹划带来了很大的操作风险。从实践来看，操作风险包括三方面内容：一是对有关税收优惠政策运用和执行不到位而产生的风险，如招收残疾人想加倍扣除工资以减少企业所得税的缴纳，但绝对数和相对数不符合规定最后不能享受优惠待遇。二是在系统性纳税筹划过程中对税收政策的整体性把握不够，形成了纳税筹划的综合运用风险，如在纳税人兼并重组过程中，就涉及多种税收优惠的操作问题。三是在筹划方案执行过程中，因相关部门和人员配合与协作不到位而产生的风险。

4. 执法风险

纳税筹划方案需要税务行政执法部门的确认才能实施，这一确认过程客观上存在税务行政执法偏差，可能产生纳税筹划失败的风险。因为我国税法对具体的税收事项常留有一定的弹性空间，在一定范围内税务机关拥有自由裁量权，再加上税务行政执法人员的素质参差不齐，这些都客观上为税收政策执行偏差提供了可能性。也就是说，即使是合法的纳税筹划行为，结果也可能因税务行政执法偏差而导致纳税筹划方案在实务中根本行不通，从而使筹划方案成为一纸空文或者被视为偷税或恶意避税而被查处。这样，不但得不到节税的受益，反而会加重税收成本，产生纳税筹划失败的风险。

五、纳税筹划风险的防范措施

（一）树立正确筹划观，确立风险意识、建立风险预警机制

每一个纳税筹划主体都应树立正确筹划观，即正确区分违法与合法的界限，对于违法方案要立即放弃。

无论是从事纳税筹划的专业人员还是接受纳税筹划的纳税人，都应当正视风险的客观存在，并在纳税人的生产经营过程和涉税事务中始终保持对纳税筹划风险的警惕性，不要以为筹划方案经过专家、学者根据纳税人本身的经营活动拟定的，就一定是合理、合法和可行的，就肯定不会出现筹划失败的现象。应当意识到，由于目的特殊性和纳税人经营环境的多变性、复杂性，纳税筹划的风险是无时不在的，应该给予足够的重视。然而，从纳

税筹划的时效性看，仅仅意识到风险的存在还远远不够。各相关纳税人还应当充分利用现代先进的网络设备，建立一套科学、快捷的纳税筹划预警系统，对纳税筹划过程中存在的潜在风险进行实时监控，一旦发现风险立即向筹划人员或经营者示警。

（二）贯彻成本效益原则

纳税筹划的成本包括筹划过程中的各种支出，以及筹划不成功可能带来的损失。纳税筹划的收益包括税负的直接减少以及企业管理水平的提高等间接收益。企业要想实现价值最大化，就要综合考虑纳税筹划的成本(显性成本和隐性成本)和收益(直接收益和间接收益)，选择出最优的筹划方案。最优方案不一定是税负最轻的方案，而是企业总体利益最大的方案。同时，纳税筹划应从企业的整体着眼，不能局限于个别税种的税负，也不能仅仅着眼于节税。要注意各税种之间此消彼长的相互关联关系，防止因个别税负降低而导致整体税负的增加，同时注意税收利益并不是企业的全部经济利益，因而要避免因税负的减少而带来的隐性成本超过收益，造成企业总体利益的下降。

（三）建立健全企业纳税筹划系统

1. 提高纳税筹划人员素质

纳税筹划是一项集税收、财务、会计、法律等各方面专业知识为一体的高层次组织活动，纳税筹划人员必须具有全面的专业知识和丰富的实践经验，不仅对税收政策有较高的理解能力，还要精通会计、法律甚至金融、贸易、保险、工商等方面的知识。因此提高企业涉税人员的素质是防范纳税筹划风险、提高纳税筹划有效性的重要基础。企业要利用多种渠道，帮助企业涉税人员加强税收法律法规和各项税收业务政策的学习，提高专业知识和业务操作能力。同时，筹划人员处于国家利益和企业利益的交点，应认识到自己肩负着为企业创造税收收益和严格遵守税法的双重责任，作出符合法律规定的纳税筹划行为。

2. 加强企业信息管理

一个符合企业目标的纳税筹划方案要以特定信息的收集为前提。首先是税收环境的信息，包括筹划主体的经营活动涉及的各个税种，这些税种的具体规定、税收优惠、彼此之间的关联性，以及税收征纳程序、行政复议、诉讼和赔偿等行政制度。其次是政府的行为信息，包括政府对纳税筹划中可能涉及的避税活动的态度、政府反避税的主要法规和措施以及政府反避税的运作规程等。第三是政策变化的信息，政策的不断调整决定了纳税筹划是一个动态过程，在实施过程中，应注意分析环境中发生变化的因素及产生的影响，从而对筹划方案作出及时调整，以消除可能的负面影响。

3. 建立风险评估和监控体系

建立有效的风险评估和监控机制，有利于公司决策者进行纳税筹划方案的比较和改进，从而不断完善符合公司总体发展目标的纳税筹划方案。该系统应配置经验丰富的专业人员，对企业经营状况、行业趋势、纳税情况、财务状况等等进行综合评估，并建立监控和预警机制，及时识别和认定纳税筹划风险。

4. 利用专业化服务降低风险

我国市场经济的发展和税收法律制度的不断健全，在加大纳税筹划的不确定性和风险的同时，也促进了税务代理行业专业化程度的提高。纳税筹划是一门综合性很强的学科，企业限于自身专业知识、办税能力等因素的制约，有必要聘请专业的税务代理机构进行纳税筹划和纳税指导，提高纳税筹划的可靠性和权威性，降低纳税筹划的风险。

（四）加强与税务部门的沟通和协调，营造良好的税企关系

如果筹划方案不能被税务机关认可，就会失去纳税筹划应有的收益。因此纳税人加强与当地税务机关的联系和沟通，充分了解当地税务征管的工作程序和具体要求，及时获取相关信息，争取在税法的理解上与税务机关取得一致，得到税务机关的认同，并保持筹划方案相对的灵活性，随着国家税收相关政策、法规和预期经济活动的变化而随时调整，趋利避害，适时更新筹划内容，也是防范纳税筹划风险的必要手段之一。

六、纳税筹划风险案例分析

【案例】W公司有一处闲置的房产欲对外出租，该公司已与X公司达成合意，以每年租金120万元将房屋租与X公司作仓库储存电子产品。因考虑到税收问题，W公司为其租赁行为进行了纳税筹划，如表2-4所示(注：W公司闲置房产原值800万元，其所在地规定：从价计征房产税的扣除比例为30%。出租不动产增值税由W公司负担)。

表2-4　筹划前后纳税额及净收益比较

项　　目	筹划前	筹划后
方案	两公司签订《租赁合同》，每年租金120万元，租期一年	两公司签订《仓储合同》，年仓储费用为120万元，W公司需雇佣2名仓库保管员，年薪共6万元
增值税	120×5%＝6(万元)	
城建税及教费附	6×12%＝0.72(万元)	
房产税	120×12%＝14.4(万元)	800×70%×1.2%＝6.72(万元)
印花税	120×1‰＝0.12(万元)	120×1‰＝0.12(万元)
企业所得税	(120-0.72-14.4-0.12)×25%＝26.19(万元)	(120-6.72-0.12-6)×25%＝26.79(万元)
税金合计	47.43万元	33.63万元
净收益	120-47.43＝72.57(万元)	120-33.63-6＝80.37(万元)

根据纳税情况及净收益，W公司选择了仓储方案。

分析：W公司“租赁变仓储”纳税筹划后增加的涉诉风险：根据《合同法》及相关法律规定，租赁合同中出租人和仓储合同中保管人的法律义务不尽相同，W公司如和X公司签订《仓储合同》，除了要承担提供符合用益状态之房屋、对房屋进行修缮等与租赁合同相同的法定义务外，还将承担以下仓储合同特有的法律义务：

(1)按照约定接受交付仓储物的义务。我国《合同法》第384条规定了保管人的验收义务：“保管人应当按照约定对入库仓储物进行验收。保管人验收时发现入库仓储物与约定不符合的，应当及时通知存货人。保管人验收后，发现仓储物的品种、数量、质量不符合约定的，保管人应当承担损害赔偿责任。”根据上述规定，W公司仓库保管员应对X公司交送储存的电子产品的品名、规格、数量、外包装等进行检验与核查，以确定其处于适于保管的良好状态。如果经验收后，仓储电子产品在各方面都符合约定的，其后出现的各种瑕疵都应由W公司承担。该法定义务意味着W公司可能因验收过程不当而对入库前仓储物的瑕疵承担赔偿责任，从而陷入诉讼。

(2)给付仓单的义务。《合同法》第385条规定：“存货人交付仓储物的，保管人应当给付仓单。”第386条规定：“保管人应当在仓单上签字或者盖章。仓单包括下列事项：①存货人的名称或者姓名和住所；②仓储物的品种、数量、质量、包装、件数和标记；③仓储物的损耗标准；④储存场所；⑤储存期间；⑥仓储费；⑦仓储物已经办理保险的，其保险金额、期间以及保险人的名称；⑧填发人、填发地和填发日期”。仓单是仓储保管人在收到仓储物时向存货人签发的表示已经收到一定数量的仓储物，并以此来代表相应的财产所有权利的法律文书。因此，W公司应在收取X公司仓储物后制作仓单交付X公司，W公司因此而可能产生的法律风险有：聘用的保管员误填仓单项目或者填仓单过程中舞弊而引发诉讼。

（3）妥善保管仓储物的义务。《合同法》第394条规定："储存期间，因保管人保管不善造成仓储物毁损、灭失的，保管人应当承担损害赔偿责任。"W公司接受的X公司仓储物为电子产品，此类保管物因体积小、价值高，失窃的可能性较高，而且电子产品在存储过程中防震荡、防潮等要求均较高，因此，W公司保管过程中稍有疏漏即可能承担保管物损害赔偿责任。

（4）异状通知义务。《合同法》第389条规定了保管人的异状通知义务："保管人对入库仓储物发现有变质或者其他损坏的，应当及时通知存货人或者仓单持有人。"依此规定W公司在对仓储物验收入库后，则应尽善良管理人的义务，以足够谨慎的态度对仓储物进行监督检查。如果在仓储物储存过程中发现仓储物有变质或其他损坏，或有发生此种变质或损坏的危险时，应及时通知X公司，使其及时知道损坏的发生，从而尽早采取相应措施，避免出现更大的损失。

（5）返还仓储物的义务。仓储合同约定的保管期限届满，或者因其他事由中止合同时，保管人应将储存的原物返还给存货人或仓单持有人，不得无故扣押仓储物。关于仓储期间，《合同法》第391条规定："当事人对储存期间没有约定或者约定不明确的，存货人或者仓单持有人可以随时提取仓储物，保管人也可以随时要求存货人或者仓单持有人提取仓储物，但应当给予必要的准备时间。"在返还仓储物的过程中，W公司可能由于保管员错发、漏发、多发货物或取货时间协调等原因令双方产生纠纷，从而遭受诉讼。

综上，W公司虽然因"租赁变仓储"筹划而节省了13.83万元的税后收益，但同时也因上述方案大大增加了产生法律纠纷、引发诉讼的法律风险。

如考虑增加的种种可能引发诉讼的风险成本，W公司的决策者是否会再采纳这节省十三万多元的纳税筹划方案呢？

第七节　纳税筹划的基本类型

从广义上讲，纳税人税收负担的降低有两种表现形式：一种是纳税人应缴纳税款绝对数额的减少；一种是应缴纳税款的绝对数并没有减少，但是由于其他税收要素的变化，使纳税人获得了其他的可以用货币度量的经济利益。前者称为绝对纳税筹划，后者称为相对纳税筹划。

一、绝对纳税筹划

1. 绝对纳税筹划的含义

绝对纳税筹划是指纳税人或其代理人在遵守税收法律法规的前提下，通过对企业或个人涉税事项的预先安排，使纳税人应缴纳税款的绝对数额有所减少的一种理财行为。

2. 实现纳税绝对数减少的方法

纳税人实现纳税绝对数减少的方法有：争取享受税收优惠；同一税种存在多个税率时，争取适用较低的税率；所得税税种争取更多的税前扣除；符合退税条件时争取更多的退税额等。

3. 绝对纳税筹划举例

【案例】某公司是一个年不含税销售额保持在80万元左右的商业企业，现在销售额上升到200万元。公司年不含税外购货物为150万元左右，如果企业作为小规模纳税人的增值税适用税率是3%，申请成为一般纳税人的增值税适用税率是17%，企业可供选择的纳税方案分析如下：

方案一：小规模纳税人

应纳增值税税额$=200\div(1+3\%)\times3\%=5.83$（万元）

方案二：一般纳税人

应纳增值税额=200÷(1+17%)×17%-150×17%=3.6(万元)

两方案比较，方案二比方案一节减税收2.23万元。因此，纳税人应该健全财务和会计核算制度，申请成为一般纳税人。

【案例】一个老人拥有财产2000万元，他有一个儿子、一个孙子。他的儿子和孙子都已经很富有。这个国家的遗产税税率为50%。如果这个老人的儿子继承了财产后，没有减少也没有增加财产值，然后遗赠给老人的孙子，孙子继承了财产后也没有减少和增加财产值，在他去世时再遗赠给他的子女，那么在不进行纳税筹划情况下，这个老人的财产所负担的遗产税计算分析如下：

三个环节遗产税总额=2000×50%+1000×50%+500×50%=1750(万元)

如果老人考虑到其儿子已经很富有，采用节税方案，把其财产直接遗赠给其孙子，这个老人的财产可以少纳一次税，其纳税绝对总额和间接节减的纳税绝对总额计算如下：

纳税绝对额=2000×50%+1000×50%=1500(万元)

间接节减纳税绝对额=1750-1500=250(万元)

【案例】某集团的A公司和B公司是关联企业，A公司的所得税税率为25%，B公司的所得税税率为15%，A为B提供零件，由B加工后出售给第三方客户。假设在该业务上，A和B的合计税前利润是1亿元。

要求：分析A、B企业利用转让定价交易产生的绝对纳税筹划收益。

分析：

方案一：假设目前A的税前利润为6000万元，B的税前利润为4000万元。

A公司应纳所得税=6000×25%=1500(万元)

B公司应纳所得税=4000×15%=600(万元)

合计纳税2100万元。

方案二：降低A向B的售价，A的税前利润为4000万元，B的税前利润为6000万元。

A公司应纳所得税=4000×25%=1000(万元)

B公司应纳所得税=6000×15%=900(万元)

结论：方案二合计纳税1900万元，比方案一纳税绝对额少了200万元。但是要注意，利用关联交易转让定价要充分考虑税法中反避税条款的限制。

二、相对纳税筹划

1. 相对纳税筹划的含义

相对纳税筹划是指纳税人应缴纳税款的绝对数额并没有减少，但是由于其他税收要素的变化，使纳税人获得了其他形式的利益，使纳税总额相对减少。最典型的相对纳税筹划形式，是利用纳税义务发生时间的向后推移，使纳税人获得一定数量的货币时间价值。还有另一种形式是降低涉税风险。

2. 货币时间价值

对于纳税人而言，如果通过纳税筹划方案的实施，使本应在今年缴纳的税款推迟到明年，就获得了相对纳税筹划收益。

3. 降低涉税风险

降低涉税风险的最理想状态是实现涉税零风险。运用恰当的纳税方案实现涉税零风险，避免涉税损失的出现，也是纳税筹划的重要形式。作为税收制度管理的对象，现代社会的经济结构和企业经营方式都日趋多样化，税法对经济行为的解释能力受到极大的挑战。当纳税人面对既定的税法，可能会发生法律运用上的困惑：如何按照税法界定自己的经济行为和纳税义务？自己的理解是否与税务执法部门相一致？能否正确处理这些关系是企业降低涉税风险的重要途径之一。

涉税零风险有以下几方面好处：一是可以避免不必要的经济损失，避免非主观的逃避缴纳税款行为，避免缴纳税收滞纳金、罚款，可视为获得了相对收益。二是可以使企业建立良好的信誉，形成一项无形资产，提高社会地位。三是可以提高企业的财务管理水平，使企业做到内部账目清晰、成本核算便利、纳税申报规范合理，降低管理成本。

4. 相对纳税筹划常用方法

相对纳税筹划通常使用的手段有：推迟实现应税收入或所得；提前列支扣除项目。

【案例】某高科技企业进口一条生产线，安装完毕后，固定资产原值为 20 万元，会计制度规定预计使用年限为 5~8 年，预计净残值为 8000 元，采用直线法计提折旧。假定该企业资金成本为 10%。

要求：分析该企业按 5 年和 8 年计提固定资产折旧产生的相对纳税筹划收益。

分析：

该企业如按 8 年计提折旧：

年固定资产折旧额 =（200000−8000）÷8 = 24000（元）

年节约所得税 = 24000×25% = 6000（元）

折旧额抵税现值 = 6000×（P/A，10%，8）= 32009.4（元）

该企业如按 5 年计提折旧：

年固定资产折旧额 =（200000−8000）÷5 = 38400（元）

年节约所得税 = 38400×25% = 9600 元

折旧额抵税现值 = 9600×（P/A，10%，5）= 36391.68（元）

结论：尽管折旧期限改变，但并未影响到企业所得税税负的总和。考虑到资金的时间价值，采用较短的折旧年限折旧，对企业更有利。

第八节　纳税筹划的基本技术手段

一、利用税制要素筹划

税制要素包括纳税人、征税对象、税基、税率、纳税环节、纳税期限和纳税地点等。每个税制构成要素都会对企业应纳税额产生或大或小的影响，因此，通过分析研究每个税种的要素规定，找出纳税筹划空间，是一种常用的纳税筹划方法。

（一）征税范围筹划

每个税种对征税范围都有明确的界定，征税范围筹划就是反其道而行之，合理安排企业的经济行为和业务内容及纳税事项，避免进入某个税种的征税范围，就可以合理规避税收支出，甚至彻底免除纳税义务。例如，我们现行消费税的征税范围比较窄，仅对 15 类特殊的消费品征税。企业在进行投资决策时，可以选择不属于应税消费品的产业，而是选择在流转税和企业所得税方面有税收优惠政策的产品进行投资。实际上，有许多高档消费品并没有被列入消费税征税范围，在市场前景看好的情况下，企业也可以选择这类项目投资，以规避消费税。

（二）税基筹划

税基筹划是指纳税人通过缩小税基来减轻税收负担甚至免除纳税义务。税基是计税的依据，是影响税负的直接因素。各个税种对税基的规定也存在很大差异，税基筹划存在筹划空间。税基是计税的基数，在适用税率一定的条件下，税额的大小与税基大小成正比。税基越小，纳税人负有的纳税义务越轻。

税基筹划一般从两方面操作：一是控制和安排税基的实现时间，有递延实现、均衡实现、即期实现等。二是实现税基最小化。

1. 税基递延实现

在税基总量不变的情况下，如果税基合法递延实现，在一般情况下可使纳税义务递延，这就等于取得了资金的时间价值，取得了无息贷款，节约融资成本；在通货膨胀的情况下，税基递延等于降低了实际应纳税额；在适用累进税率的情况下，一是通过收入和费用在不同时期的安排，降低每期的收入和所得，把较高的边际税率转换为较低的边际税率，有时可以防止税率的爬升；二是在国家减税周期内，通过推迟收入和所得，使企业适用较低税率。

税基递延实现的方法一是推迟收入的确认；二是尽早确认费用。推迟收入确认既涉及流转税，又涉及所得税，有两种基本方法：一是合理安排生产经营活动，如合理安排交货时间、结算时间、销售方式等，推迟营业收入实现的时间，从而推迟税款的缴纳。二是合理安排公司财务，这主要是指在会计上通过合理安排确认营业收入实现的时间来推迟税款的缴纳，或者说合理安排营业收入的入账时间以推迟税款的缴纳。在会计上，确认商品销售收入的方法有收款法、销售法和生产法。一般情况下，从生产完成到产品发出到收到货款，中间都有一定的时间间隔。与销售法和生产法相比，收款法不仅更符合谨慎性原则，而且推迟了营业收入的确认。劳务收入的确认有完成合同法、完工百分比法两种基本方法。从税收的角度看，完成合同法比完工百分比法更有利，因为它推迟了收入的确认。

尽早确认费用只涉及所得税。从税收角度看，费用确认的基本原则是“就早不就晚”。具体来讲，对于费用确认，应遵循如下原则：凡是直接能进营业成本、期间费用和损失的不进生产成本，凡是能进成本的不进资产，能预提的不待摊，能多提的就多提，能快摊的就快摊。

2. 税基均衡实现

税基总量不变，税基在各纳税期之间均衡实现，在有免征额或税前扣除定额的情况下，可实现免征额或者税前扣除的最大化；在有起征点且收入较少的情况下，有时可以实现起征点的最大化；在适用累进税率的情况下，可实现边际税率的最小化。采用一定的方法分散税基能够使税基均衡实现。如个人所得税中的劳务报酬项目，如果纳税人将本应属于一次的劳务报酬收入分为两次或多次，就可以增加扣除数额使收入均衡，从而降低适用税率，减少应纳税额。

【案例】假设某公司转让技术，与A客户签订协议，共取得技术转让所得800万元。

要求：分析该技术转让所得应如何确认才能使该公司缴纳的企业所得税最少呢？

分析：企业所得税税法规定，一个纳税年度内，居民企业技术转让所得不超过500万元的部分，免征企业所得税，超过500万元的部分，减半征收企业所得税。

方案一：与A客户的协议确认为一次性转让并收取800万元。

应纳税额 $=(800-500)\times25\%\times50\%=37.5$（万元）

方案二：与A客户的协议确认为分期转让，第一年收取400万元，第二年收取400万元。

按税法规定，每个纳税年度的转让所得都没有超过500万元，不需要缴纳企业所得税，应纳税额为0。

所以，该公司应采用方案二。

3. 税基即期实现

税基总量不变，税基合法提前实现。税基即期实现一般在纳税人处于减免税期间时使用，这样可以实现减免税的最大化。

【案例】假设某公司享受自开业之日起所得税免征 2 年的待遇。预计 4 年内应纳税所得额总共 100 万元。假设该公司能通过费用摊销等手段合法地控制应纳税所得额。

要求：分析该公司应采用下列哪种方案？

分析：假设四年内所得额 100 万元有以下三种实现方式：

方案一：应纳税所得额第一年实现 50 万元，第二年实现 50 万元，第三年、第四年都为 0 万元。

$\sum T1=50\times0\%+50\times0\%+0\times25\%+0\times25\%=0$（万元）

方案二：应纳税所得额第一年实现 20 万元，第二年实现 20 万元，第三年、第四年都为 30 万元。

$\sum T2=20\times0\%+20\times0\%+30\times25\%+30\times25\%=15$（万元）

方案三：应纳税所得额第一年实现 0 万元，第二年实现 0 万元，第三年、第四年都为 50 万元。

$\sum T3=0\times0\%+0\times0\%+50\times25\%+50\times25\%=25$（万元）

结论：显然，方案一因为将应纳税所得额更多地实现在免税期，因而缴纳的税款最少。

4. 税基最小化

税基总量合法减少，可以减少纳税或者避免多纳税。所得税、消费税纳税筹划时经常使用这种方法。

【案例】某国有企业连同厂房、设备一起出租给一个民营企业，双方谈定厂房连同设备一年的租金是 1000 万元，然后双方签订了一份租赁合同。租赁合同大致内容是：甲方是国有企业，乙方是民营企业，甲方同意将厂房连同设备租给乙方，乙方支付厂房和设备租金一年 1000 万元，签订合同后，乙方先付一半的租金，年底再付另一半租金。

要求：税法规定对出租房屋征收房产税，出租设备不征收房产税。分析甲企业应如何和乙企业签订租赁合同。

分析：如果甲方按照该合同，将厂房连同设备一起出租，甲方要缴纳的房产税为 1000 万元乘以 12%，即 120 万元房产税；还要缴纳增值税等其他税种。从纳税筹划的角度来看，该合同没有充分考虑税收税法的规定。

纳税筹划思路：为使房产税的税基最小化，建议甲方将合同改为两个合同：厂房出租合同和设备出租合同。甲方以每年 200 万元的租金出租厂房，而出租设备的租金为每年 800 万元，虽然两项租金合计仍为 1000 万元，但最终纳税总额却因将合同改变随之发生明显的改变。因为设备出租不涉及 12% 的房产税。厂房作为不动产出租，甲方缴纳的房产税为 200 万元乘以 12%，即 24 万元；缴纳的增值税等其他税基本不变，这样甲方就节省房产税 96 万元（120 万元减掉 24 万元）。这就是一个合同改为两个合同使得税基变小的魅力。

因此，企业在签订类似的租赁合同时，应当充分了解税务规定，把不涉及某一税种的内容分开，就能合法地达到节税效果。

（三）税率筹划

税率筹划指纳税人通过降低适用税率的方式来减轻税收负担。税率是税收制度的一个重要因素，也是决定纳税人税负高低的主要因素之一。一般情况下，税率低，应纳税额少，税后利益就多；但是税率低，不一定等于税后利益最大化。所以对税率进行纳税筹划，可以寻求税后利益最大化的最低税负点或最佳税负点。

税率筹划要达到两个目标：一是尽量寻求税率最低化。统一税种对不同征税对象实行不同税率政策，分析差异原因及对税后利益的影响，寻求实现税后利益最大化的最低税负点或最佳税负点。如增值税一般纳税人适用17%、13%的税率，小规模纳税人适用3%的征收率，根据税率差异对纳税人身份进行筹划，可以寻求最佳税负点。二是尽量寻求税率差异的稳定性和长期性。一般情况下，税率差异具有一定的确定性，如政局稳定的国家税率差异就比政局动荡的国家税率差异更具稳定性，政策制度稳健的国家税率差异就比政策制度多变的国家税率差异更具长期性。纳税人在合法和合理的情况下，应尽量寻求税率差异的稳定性和长期性。

对税率进行筹划，可以从比例税率、累进税率、定额税率三方面进行。

1. 筹划比例税率

比例税率是指对同一征税对象，不分数额大小，规定相同的征收比例。我国的增值税、企业所得税、房产税等采用的是比例税率。

【案例】A公司打算进行5000万元的投资，有两个投资方向：一是投入一个一般行业，预计年赢利200万元，企业所得税税率是25%；另一个投资方向是政府鼓励投资的行业，相对经营成本稍高，年赢利190万元，但企业所得税税率是15%。经过简单计算就可得出投资选择结论。

投资一般行业税后利润为：200-200×25%=150(万元)

投资税收优惠行业税后利润为：180-180×15%=153(万元)

在考虑税收优惠因素后，应选择有税率税收优惠的行业进行投资。

2. 筹划累进税率

在累进税率的情况下，通过改变税基，从而影响其适用税率，以达到税务筹划的目的。个人所得税的部分项目、土地增值税等采用累进税率，可以采用这种方法。

3. 筹划定额税率

定额税率是指按照征税对象确定的计算单位，直接规定一个固定的税额。目前采用定额税率的主要有车船税、资源税、消费税中的黄酒、啤酒、成品油等。由于定额税率从量计征，与价值没有直接关系，所以，减轻税负的首选方法是提升产品档次，提高定额税率产品的单位销售价格。售价提高而单位税额不变，纳税人的利润就会提高。

（四）充分利用税收优惠政策筹划

国家为了支持某个行业或针对某一特殊时期，经常出台一些税收优惠政策。鼓励性税收政策是一定时期国家的税收导向，纳税人可以充分利用，合理筹划，降低税收负担。这些税收优惠政策有：一是国家出于经济发展总体策略和产业政策需要，在税收制度中设置的优惠条款，尤其是对投资提供的优惠，如加速折旧、投资抵免、差别税率、专项免税、亏损结转等。二是国家之间签订的税收协定中所规定的税收优惠，目的是协调税收利益分配，避免国际重复征税。纳税人可以合法地利用这些税收优惠，在国内国际投资经营中减轻或避免税收负担。

利用税收优惠政策进行纳税筹划，是纳税人最常用、最简单、最安全的筹划方法。

1. 税收优惠形式

（1）减税。即依据税法规定减除纳税义务人一部分应纳税款。它是对某些纳税人进行扶持或照顾，以减轻其税收负担的一种特殊规定。一般分为法定减税、特定减税和临时减税三种方式。

（2）免税。即对某些特殊纳税人免征某种（或某几种）税收的全部税款。一般分为法定免税、特定免税和临时免税三种方式。

（3）延期纳税。是对纳税人应纳税款的部分或全部税款的缴纳期限适当延长的一种特殊规定。

（4）出口退税。为了扩大出口贸易，增强出口货物在国际市场上的竞争力，按国际惯例对企业已经出口的产品退还在出口前各环节缴纳的国内流转税(主要是增值税和消费税)税款。

（5）再投资退税。即对特定的投资者将取得的利润再投资于本企业或新办企业时，退还已纳税款。

（6）即征即退。即对按税法规定缴纳的税款，由税务机关在征税时部分或全部退还纳税人。与出口退税先征后退、投资退税一并属于退税的范畴，其实质是一种特殊方式的免税和减税。目前，中国采取即征即退政策仅限于缴纳增值税的个别纳税人。

（7）先征后返。即对按税法规定缴纳的税款，由税务机关征收入库后，再由税务机关或财政部门按规定程序给予部分或全部退税或返还已纳税款，属于退税范畴，其实质也是一种特定方式的免税或减免规定。目前，中国采取先征后返的办法主要适用于缴纳流转税和企业所得税的纳税人。

（8）税收抵免。即对纳税人来源于国内外的全部所得或财产课征所得税时，允许以其在国外缴纳的所得税或财产税税款抵免应纳税额，是解决国际间所得或财产重复课税的一种措施。税收抵免是世界各国的一种通行做法。

（9）投资抵免。即政府对纳税人在境内的鼓励性投资项目允许按投资额的多少抵免部分或全部应纳所得税额。实行投资抵免是政府鼓励企业投资、促进经济结构和产业结构调整、加快企业技术改造步伐、推动产品升级换代、提高企业经济效益和市场竞争力的一种政策措施，是世界各国普遍采取的一种税收优惠政策。从 1999 年开始，中国政府开始对技术改造国产设备实施投资抵免政策。

（10）起征点。即对征税对象开始征税的起点规定一定的数额。征税对象达到起征点的就全额征税，未达到起征点的不征税。税法对某些税种规定了起征点。确定起征点，主要是为了照顾经营规模小、收入少的纳税人所采取的税收优惠。

（11）免征额。即按一定标准从课税对象全部数额中扣除一定的数额，扣除部分不征税，只对超过的部分征税。

（12）加速折旧。即按税法规定对缴纳所得税的纳税人，准予采取缩短折旧年限或利用加速折旧法提取折旧、提高折旧率的办法，加快折旧速度，减少当期应纳税所得额。如固定资产按年数总和法、双倍余额递减法提取折旧。

2. 利用税收优惠政策进行纳税筹划需要注意的问题

（1）应以符合国家的宏观调控目标为前提。税收优惠体现了国家的宏观调控目标，纳税人只有顺应国家政策意图进行纳税筹划，才能够保证纳税筹划的效果。从本质上讲，税收优惠与财政支出的性质一样，属于国家宏观调控的成本。为使支出产生最大效益，国家必然进行严格限制。因此，纳税人在利用税收优惠政策进行纳税筹划之前，必须正确领会税收优惠政策的意图，尽量使纳税筹划方案符合国家的政策意图。

（2）应及时掌握税法的最新动态。税收优惠政策变动比较频繁，当原有的税收优惠政策到期或不复存在时，应及时调整筹划方案，按规定申报纳税；当新的税收优惠政策出台后，应及时了解有关政策的具体规定及相关的认定标准，争取获得税收优惠待遇。

（3）税收优惠政策灵活运用。能够灵活运用税收优惠政策是纳税人纳税筹划水平的重要体现。在及时、全面了解税收优惠政策的基础上，进行信息分析，寻找与自身生产经营行为相适应的优惠政策，然后应用到纳税筹划方案中。

（4）注意利用税收优惠政策进行纳税筹划的现实障碍。虽然税收优惠政策对纳税筹划具有重要价值，但现实中也存在纳税人由于种种原因不能享受优惠政策的情况。比如资格认定和备案登记程序繁琐，使得企业享受优惠政策付出的成本与优惠所得不成正比；还有相关优惠政策操作性不强，影响其实际效果。

二、企业组织形式筹划方法

组织形式及产权关系决定着企业边界及资源配置方式，不同组织形式及产权关系的选择，将极大地影响企业的经营、理财与税收，尤其是税收待遇的差别。因此，适应税制变化和税收政策的调整，适时变化组织形式，可以合理降低或免除税收负担。企业组织形式筹划主要包括分支机构筹划、合并筹划和分立筹划。

1. 分支机构筹划方法

企业对外扩张延伸时，是采取总分机构形式还是母子公司形式，在很大程度上会影响企业的税收负担。分公司不具备独立法人资格，可以与总部合并纳税，而子公司是独立法人，必须依法独立纳税。分支机构筹划主要考虑三方面因素：一是分支机构初期经营盈亏情况，是否需要与总部合并纳税；二是分支机构适用税率的区域优势及税收待遇情况；三是分支机构的利润分配形式及风险责任划分。

如果企业只在国内范围经营，子公司作为独立核算的实体要独立申报纳税，它与母公司的交易要确认营业收入，计算缴纳相关税收，包括所得税和财产税等直接税，也包括增值税、消费税等流转税。当存在地区差别税率的情况下，如子公司所在地税率低于母公司所在地税率时，子公司利润可以用于扩大发展而不进行分配，从而避免补税。而分公司由于不是独立法人，不独立编制财务报表，不作为独立的纳税实体，其盈亏反映在总公司当期的财务报表中，形成总公司当期的纳税义务或冲抵总公司当期的盈利。总公司与分公司之间商品、财产、劳务、资本的转移属于公司内部交易，不涉及所有权变动，一般不形成纳税义务。

如果企业跨国经营，母子公司与总分公司之间的税收差异表现在：子公司作为独立的法人实体，在所在国被视为居民纳税人，通常要承担与该国其他居民纳税人一样的全面纳税义务。母公司所在国的税法对子公司没有约束力，只是就母公司从子公司分得的股息征收所得税，除非他们的所在国之间缔结的税收协定有特别规定。由于分公司不作为独立的法人实体，在所在国被视为非居民纳税人，其产生的利润和亏损要与总公司合并计算，在总公司所在国纳税。同时，分公司经营所在国要对归属于分公司本身的收入征税，且分公司和总公司之间支付的利息、特许权使用费一般不能作为费用扣除，一是子公司所在国要就子公司向母公司支付的股息、利息、特许权使用费征收预提所得税，而分公司则可避免这些税。但当东道国的适用税率低于居住国时，子公司的累积利润可以得到递延纳税的好处，而分公司则享受不到这些税收利益。二是子公司作为独立法人，可享受所在国政府提供的各项税收优惠，而分公司因为在东道国无独立法人资格而无法享受当地政府为子公司提供的税收优惠和其他投资鼓励，而且在转让定价方面也会遇到更多的困难。但分公司可以不公布或少公布一些财务资料，财务成本相对较低。由此可见，子公司和分公司在税收方面各有优劣，选择哪种形式应结合当地的税收法律规定预先测定税负水平，同时还要注意各国在消除重复征税上所采取的方法。

2. 合并筹划方法

合并筹划方法是指企业利用并购及资产重组等手段，改变其组织形式及股权关系，实现税负降低的筹划方法。不论企业合并出于何种动机，合理的纳税筹划不仅影响企业并购成本与纳税，甚至决定企业的生死存亡。

合并筹划方法一般用于以下方面：一是并购、重组后的企业可以进入新的领域、新的行业，税收待遇自然不同；二是并购有大量亏损的企业，可以盈亏抵补，实现低成本扩张；三是企业合并可以实现关联性企业或上下游企业流通环节的减少，合理规避流转税和印花税；四是企业合并可能改变纳税主体性质，例如企业可能因为合并而由小微企业变成普通企业，从而税收待遇改变。

3. 分立筹划方法

企业利用分立手段，由一个企业变为两个企业或多个企业，可以有效改变组织形式、降低整体税负。企业分立可以使财产和所得在两个或多个纳税主体之间进行分割，一方面可以发挥专业分工优势，促进生产能力提高，另一方面可以有效开展纳税筹划，减轻企业税负。分立筹划方法一般用于以下方面：一是企业分立为多个纳税主体，可以形成有关联关系的企业群，实施集团化管理和系统化筹划；二是企业分立可以将兼营业务中的低税率业务或零税率业务独立出来，合理节税；三是企业分立使适用累进税率的纳税主体分化成两个或多个适用低税率的纳税主体；四是分立可以增加一道流通环节，有利于增值税、消费税税款抵扣及转让定价策略的运用。

【案例】某企业属于工业企业，资产总额2000万元，员工70人，2015年度实现应纳税所得额40万元。则适用企业所得税税率25%，应纳企业所得税为40×25%＝10(万元)。

要求：为该企业进行企业所得税纳税筹划。

分析：该企业总资产总额、员工人数方面都符合小微企业的条件，唯一不符合的就是年应纳税所得额。理论上该企业适用分立筹划方法，如将该企业一分为二，两个企业年应纳税所得额为20万元，则适用20%的税率，而且按所得额的50%计算纳税。两个企业共应纳企业所得税＝20×50%×20%×2＝4(万元)，分立后少缴纳企业所得税6万元。

4. 公司与合伙企业的选择

合伙企业是由几个或更多个人联合起来经营的，它不同于某个个人开办的单人业主制企业，也不同于所有权和经营权分离的公司。合伙企业是依据合同或协议组织起来的，结构很不稳定。

合伙企业中每一合伙人对整个合伙企业所欠债务负有无限责任，这同公司制中股东对公司债务承担有限责任是明显不同的。合伙企业由于有一定规模效益，向外筹资比单人业主制企业便利一些，但不如公司制企业。

我国合伙企业相当多，合伙企业不具有独立的法人地位，不缴纳企业所得税，其投资者要缴纳个人所得税。而公司是独立法人，需要缴纳企业所得税。纳税筹划时在进行公司与合伙企业形式的选择时要注意以下几点：一是认真分析国家对合伙企业的法律界定和税收规定，并从法律地位、经营和筹资便利、税基、税率、税收待遇等因素上进行综合分析和比较，因为综合税负是各种因素作用的结果，不能只考虑一种因素，以偏概全。二是在比较税收利益时，不能只看名义上的差别，更要看实际税负的差别。比如每个合伙人所得额适用税率的高低，如果成立公司每年税后利润分配与否对税负的影响要进行考虑。

【本章小结】

纳税筹划是纳税人为维护自身权益，在尊重税法、遵守税法的前提下，在纳税行为发生之前，对经营活动进行事先规划和安排，以控制涉税风险，实现纳税最小化、企业价值最大化的一种经济行为。它属于财务管理范畴，最终目标是实现企业价值最大化。广义的纳税筹划包括节税筹划、避税筹划、税负转嫁筹划和涉税零风险筹划。纳税筹划通常针对征税范围、税基、税率、税收优惠政策、企业组织形式等进行。纳税筹划在取得绝对和相对收益的同时也会发生一定的成本，进行纳税筹划时要进行综合权衡，并且要注意防范纳税筹划风险。

【课后练习题】

一、判断题

1. 纳税筹划的基本目标就是实现纳税最少、纳税最晚。（　　）
2. 企业不可能选择税负较高而税后收益最大的方案。（　　）
3. 同一企业在同一时期只能选择一个纳税筹划具体目标。（　　）
4. 定额税率一般适用于从价定率征收的税种。（　　）
5. 避税是一种违法行为。（　　）
6. 纳税筹划能将企业一定时期的税负减至零。（　　）
7. 流转税纳税人与负税人一致，税负一般不能转嫁。（　　）
8. 纳税人与负税人一致的税种，称为直接税。（　　）
9. 纳税人将增加的消费税税负通过提高销售价格解决，这属于税负转嫁筹划。（　　）
10. 某国决定对咖啡课以重税，消费者以喝茶代替喝咖啡，这属于避税纳税筹划。（　　）

二、问答题

1. 纳税筹划的基本前提是什么？
2. 纳税筹划的客观条件有哪些？
3. 相对节税通常采用的方法有哪些？
4. 税基筹划是否总是追求最晚纳税呢？
5. 纳税筹划的意义是什么？
6. 纳税筹划的特征有哪些？

三、案例分析题

某大型酒业集团生产某品牌特醇粮食白酒，成本价 37 元/瓶，售价 80 元/瓶。消费税税负很重。该集团消费税纳税筹划方案如下：集团公司单设独立核算的酒业销售公司，由酒厂将该品牌白酒以 18 元/瓶的价格全部销售给酒业销售公司，再由酒业公司以 80 元/瓶的价格对外销售。这样消费税计税依据就由 80 元降到了 18 元。

要求：分析该纳税筹划方案的风险。

第三章　增值税纳税筹划

【学习目标与要求】

本章主要介绍增值税各项税制要素的规定以及增值税的纳税筹划方法。通过本章内容的学习，要理解增值税纳税人的分类标准及税收差别，学会增值税一般纳税人和小规模纳税人筹划的基本方法，增值税税率的差别，利用税率进行纳税筹划的方法，利用减税免税规定进行筹划的方法；利用起征点进行纳税筹划的方法；掌握增值税应纳税额的计算方法；销项税额的筹划方式、进项税额的筹划方式。

【重点难点】

重点：一般纳税人与小规模纳税人无差别平衡点增值率筹划法。

不同销售方式的纳税筹划。

兼营不同税率产品的纳税筹划方法；农产品生产和加工的筹划方法。

难点：采购货物时购进渠道的选择。

农产品生产和加工的筹划方法。

【引导案例】

书店增值税纳税筹划

某书店属于增值税一般纳税人，除销售一般图书外，还从事免税项目古旧图书的销售。2016 年，该书店共实现销售额 100 万元(不含增值税)，其中进项税额为 6 万元(均属于购入一般图书进项税额)。经内部核算，该书店免税项目的销售额为 30 万元。由于财务管理原因，该书店未能准确划分应税项目和免税项目的销售额。按照书店的销售情况，当年缴纳的增值税为 100 ×13%-6=7(万元)。

那么，该书店的涉税行为是否符合在合法范围内纳税最少的利润最大化目标呢？经分析，该书店经营的古旧图书属于增值税免税项目，在企业未对该项目销售额与一般图书销售额进行分别核算时，该项目销售额不能享受应有的免税待遇，一并计算缴纳了增值税。另外，一般图书销售的增值率比较高，若按一般纳税人计税方法纳税，所缴纳的增值税较多。如果该书店将销售古旧图书的业务分离出来，设立独立的书店，并且实现独立核算，则结果是：第一，新成立的专门销售古旧图书的书店可以享受免税待遇；第二，分立后，销售一般图书的书店年销售额未达到 80 万元，可以作为小规模纳税人经营并计缴增值税，全年应缴纳增值税(100-30)×3%=2.1(万元)。

由此可见，做出上述调整后，该书店每年可少缴增值税 4.9 万元。企业这种根据增值税税法的相关规定，对自身组织形式、生产经营方式及核算方式做出调整，从而减少增值税税款缴纳的做法就是增值税纳税筹划。

案例来源：www. docin. com

第一节　增 值 税 法

一、增值税法律制度

增值税是对纳税人销售货物或者提供劳务过程中实现的增值额征收的一种税。自 1954 年在法国率先推行以来，截至 2011 年 3 月，世界上约有 171 个国家和地区实行了增值税。

我国于1979年引进增值税并开始试点。1984年9月18日，国务院发布了《中华人民共和国增值税条例(草案)》，标志着增值税作为一个法定的独立税种在我国正式建立。1993年12月13日，国务院颁布《中华人民共和国增值税暂行条例》，12月25日，财政部印发了《中华人民共和国增值税暂行条例实施细则》，自1994年1月1日起施行。随着我国增值税转型改革在全国范围内推开，国务院于2008年11月5日修订并重新公布了《中华人民共和国增值税暂行条例》，12月18日，财政部和国家税务总局也相应印发修订后的《中华人民共和国增值税暂行条例实施细则》，自2009年1月1日起施行。为了进一步完善增值税制，消除重复征税，促进经济结构优化，国务院常务会议决定自2012年1月1日起，在上海市开展交通运输业和部分现代服务业营业税改征增值税试点，随后试点范围逐步扩大，自2013年8月1日起试点范围扩大至全国。2014年1月1日，铁路运输和邮政业纳入试点范围；2014年6月1日，电信业纳入试点范围；2016年5月1日，“营改增”试点范围扩大到建筑业、房地产业、金融业和生活服务业，并按规定将所有企业新增不动产所含增值税纳入抵扣范围，降低所有行业税负。至此，我国营改增试点已全部完成。

增值税已经成为中国最主要的税种之一，2011年国内增值税收入占税收总收入的比重为27%，2012年该比重为26.2%，2013年为26.1%，2014年为25.9%。“营改增”后增值税征税范围更加扩大，所以增值税是我国当之无愧的第一大税种。

增值税由国家税务局负责征收，税收收入中75%为中央财政收入，25%为地方收入。由营业税改征的增值税全部属地方财政收入。进口环节的增值税由海关负责征收，税收收入全部为中央财政收入。

二、增值税的类型

按纳税人购入固定资产已纳税款的处理方式，世界各国实行的增值税可分为生产型、收入型、消费型三种类型，如表3-1所示。

表3-1　不同类型增值税的区别

类　型	税务处理	采纳情况
生产型增值税	不得抵扣固定资产的进项税额	很少采用，我国开始征收增值税时采用
收入型增值税	分期抵扣固定资产的进项税额	几乎不采用
消费型增值税	购入时一次性抵扣固定资产的进项税额	很多国家采用，我国2009年1月1日改为消费型增值税

三、增值税的特点

(1) 不重复征税。这主要体现在增值税只是对生产过程中纳税人创造的增值额进行征税，也就是只对货物或劳务销售额中没有征过税的那部分增值额征税，对销售额中属于转移过来的、以前环节已征过税的那部分销售额则不再征税。流转环节多少不影响税负，能够保持税收中性。

(2) 税基广阔，具有征收的普遍性和连续性。无论是从横向看还是从纵向看，增值税都有着广阔的税基。从生产经营的横向关系看，无论工业、商业或者规定的劳务服务活动，只要有增值收入就要纳税；从生产经营的纵向关系看，每一货物无论经过多少生产经营环节，都要按各道环节上发生的增值额逐次征税。从这一角度来说，增值税可以为国家取得稳定、及时的财政收入。

（3）税收负担由商品、劳务和服务的最终消费者承担。由于采用税款抵扣制，商品流通中各环节的经营者作为纳税人购进货物时随同购进货物的价款向销售方支付进项税额，销售时随同销售产品的价款向购买方收取销项税额，再将销项税额扣除进项税额的差额作为应纳税额上缴给政府，这样，在流转过程中纳税人本身并不承担增值税税款。税款抵扣环节环环相连，随着各环节交易活动的进行，增值税税负具有逐环节向前推移的特点，作为纳税人的生产经营者并不是增值税的真正负担者，只有最终消费者才是全部税款的负担者。

（4）凭票管理，凭票抵扣。为了保证税款抵扣制度的实施，税务部门很大程度上通过增值税发票对纳税人的交易进行管理。根据规定，发生交易行为时销售方应该开具增值税发票给购买方，发票上注明货物的价款、税款及价税合计数，销售方凭发票上价税合计的金额收取货款，而购买方凭发票上注明的税款在计算当期应纳税额时进行抵扣。在实际操作中，税务部门对发票的开具和使用是严格进行管理的，购买方取得发票抵扣联应当经过税务部门的认证才能够进行抵扣。

（5）对不同经营规模的纳税人，采取不同的计税方法。相对于其他税种来说，增值税一个很明显的特点是将纳税人分类管理，现行增值税按照销售额大小和会计核算健全与否将纳税人划分为两类：一类为一般纳税人，采用购进扣税法计税；另一类是小规模纳税人，采用征收率的特殊办法征收，这样，既有利于增值税制度的推行，又有利于简化征收，强化征管，尤其是使基层税务机关能够集中较多的力量加强对大中型企业的纳税和管理，抓好收入重点。

（6）价外计税，价税分离。在商品交易过程中销售方向购买方收取的款项应该包括货物本身的价款和转移出去的税额(即销项税额)，所以有“含税销售额”和“不含税销售额”之称，含税不含税，主要是指含不含向购买方收取的增值税税额。增值税以不含税销售额为计税依据，即计税价格不包含其本身的税额，税收负担明确，这一点与以含税价格为计税依据的其他流转税税种是完全不同的。一般开具的增值税专用发票都会分别标明货物的价款和增值税税款，但在商品零售环节，价款和税款未分开标明，这主要是考虑群众的消费心理，并未改变增值税价外税性质。

四、增值税的征税范围

（一）一般规定

增值税征税范围包括在中国境内销售货物，提供劳务，进口货物。

（1）销售或进口货物。销售货物，是指有偿转让货物的所有权。货物，指有形动产，含电力、热力、气体在内。有偿，是指从购买方取得货币、货物或其他经济利益。

（2）提供加工、修理修配劳务。加工是指受托加工货物，即委托方提供原料及主要材料，受托方按照委托方的要求制造货物并收取加工费的业务，加工后的货物所有权仍属于委托者，即通常所说的委托加工业务。修理修配是指受托对损伤和丧失功能的货物进行修复，使其恢复原状和功能的业务。

（3）进口货物。是指申报进入中国海关境内的货物。我国增值税法规定，只要是报关进口的应税货物，均属于增值税的征税范围，除享受免税政策外，还必须在进口环节缴纳增值税。

（4）提供应税服务——营改增范围。提供应税服务是指在境内有偿提供应税服务，但不包括非营业活动中提供的应税服务。非营业活动是指：①非企业性单位按照法律和行政法规的规定，为履行国家行政管理和公共服务职能收取政府性基金或者行政事业性收费的活动；②单位或个体工商户聘用的员工为本单位或雇主提供应税服务；③单位或个体工商户为员工提供应税服务；④财政部和国家税务总局规定的其他情形。

在境内提供应税服务，是指应税服务提供方或者接受方在境内。下列情形不属于在境内提供应税服务：①境外单位或者个人向境内单位或者个人提供完全在境外消费的应税服务；②境外单位或者个人向境内单位或者个人出租完全在境外使用的有形动产；③财政部和国家税务总局规定的其他情形。

营改增劳务具体规定如下：

（1）交通运输业。陆路运输服务、水路运输服务、航空运输服务和管道运输服务。远洋运输的程租、期租；航空运输的湿租；出租车公司向使用本公司自有出租车的出租车司机收取的管理费用按照交通运输业征收增值税。

（2）部分现代服务业。具体包括7项：①物流辅助服务。包括航空服务（含航空培训）、港口码头服务（含港口设施经营人收取的港口设施保安费）、货运客运场站服务、打捞救助服务、货物运输代理服务、代理报关服务、仓储服务、装卸搬运服务和收派服务。②有形动产租赁。包括有形动产融资租赁和有形动产经营性租赁；不动产租赁2016年5月1日起营改增。远洋运输的光租业务、航空运输的干租业务，属于有形动产经营性租赁。③研发和技术服务。包括研发服务、技术转让服务、技术咨询服务、合同能源管理服务、工程勘察勘探服务。技术转让服务，是指转让专利或者非专利技术的所有权或者使用权的业务活动。④信息技术服务。包括软件服务、电路设计及测试服务、信息系统服务和业务流程管理服务。⑤文化创意服务。包括设计服务、商标和著作权转让服务（含商誉转让）、知识产权服务、广告服务（含广告代理）和会议展览服务。⑥鉴证咨询服务。包括认证服务、鉴证服务（含资产评估、环境评估、房地产土地评估、建筑图纸审核等）和咨询服务（含代理记账、翻译服务）。⑦广播影视服务。包括广播影视节目（作品）的制作服务、发行服务和播映（含放映）服务。

（3）邮政业。包括邮政普遍服务、邮政特殊服务和其他邮政服务（邮册等邮品销售、邮政代理等）。不包括邮政储蓄业务，邮政储蓄业务按照金融保险业税目征收营业税。

（4）电信业。电信业包括基础电信服务和增值电信服务。基础电信服务指利用固网、移动网、卫星、互联网提供语音通话服务的业务活动，以及出租或者出售带宽、波长等网络元素的业务活动。增值电信服务指利用固网、移动网、卫星、互联网、有线电视网络提供短信和彩信服务、电子数据和信息的传输及应用服务、互联网接入服务等业务活动。卫星电视信号落地转接服务，按照增值电信服务计算缴纳增值税。

（5）建筑业。

（6）房地产业。

（7）金融业。

（8）生活服务业。

【例题·多选题】根据我国现行增值税的规定，纳税人下列行为应当缴纳增值税的有（　　）。

A 销售电力产品　　B. 加工服装　　C. 修理机器设备　　D. 销售房屋

分析：随着营改增的进行，货物和劳务都要缴纳增值税，所以正确答案为ABCD。

【例题・多选题】下列应税行为中，应该按照6%的税率征收增值税的是(　　)。

A. 会议展览服务　　B. 装卸搬运服务　　C. 远洋运输的光租业务　D. 航空运输的湿租

分析：选项C，属于有形动产租赁服务，税率17%；选项D，属于交通运输业，税率11%。所以正确答案为AB。

(二) 征税范围具体规定

单位或个体工商户的下列行为，视同销售货物：

(1) 将货物交付其他单位或者个人代销——代销中的委托方；

(2) 销售代销货物——代销中的受托方，包括：①按实际售价计算销项税额；取得委托方增值税专用发票，可以抵扣进项税额；②受托方收取的代销手续费，应按“服务业”税目5%的税率征收营业税。

【例题・计算题】某商场系增值税一般纳税人，为甲公司代销货物。本月实现不含增值税销售收入120000元，已经收到甲公司开的增值税专用发票，注明价款100000元，增值税税款17000元。该商场代销业务应纳增值税是多少？

分析：

增值税销项税额 = 120000×17% = 20400(元)

进项税额17000元

应纳增值税 = 20400－17000 = 3400(元)

(3) 设有两个以上机构并实行统一核算的纳税人，将货物从一个机构移送其他机构用于销售，但相关机构设在同一县(市)的除外。“用于销售”，是指受货机构发生以下情形之一的经营行为：

向购货方开具发票；向购货方收取款项。未发生上述两项情形的，则应由总机构统一缴纳增值税。如收货机构只就部分货物向购买方开具发票或收取货款，则应区别不同情况计算并分别向总机构所在地或分支机构所在地纳税。

(4) 将自产、委托加工的货物用于非增值税应税项目；

(5) 将自产、委托加工的货物用于集体福利或者个人消费(注意：个人消费包括纳税人的交际应酬消费)；

(6) 将自产、委托加工或购进的货物作为投资，提供给其他单位或者个体工商户；

(7)将自产、委托加工或购进的货物分配给股东或者投资者；

(8)将自产、委托加工或购进的货物无偿赠送其他单位或者个人。

(9)向其他单位或者个人无偿提供交通运输业、邮政业和部分现代服务业服务，但以公益活动为目的或者以社会公众为对象的除外。

(4)～(8)项视同销售行为总结见表3-2。

表3-2　不同用途货物的税务处理

货物类型	用途	税务处理
自产、委托加工的货物	用于非增值税应税项目；集体福利或个人消费；投资；分配；无偿赠送	视同销售，所涉及的购进货物的进项税额，符合规定可以抵扣
购买的货物	用于非增值税应税项目；集体福利或个人消费(含交际应酬消费)	不视同销售，所涉及的进项税额不得抵扣；已抵扣的，作进项税转出处理
	投资；分配；无偿赠送	视同销售，所涉及的购进货物的进项税额，符合规定可以抵扣

注意：

将自产、委托加工的货物用于交际应酬，应视同销售，其原材料的进项税额允许抵扣；将购进的货物用于交际应酬，无需视同销售，其进项税额不得抵扣，已经抵扣的，做转出处理。

【例题·多选题】根据增值税规定，下列行为应视同销售货物征收增值税的有（　　）。

A. 将外购的货物用于捐赠灾区　　B. 将外购的服装作为春节福利发给企业员工

C 将委托加工收回的卷烟用于赠送客户　　D. 将新研发的玩具交付某商场代为销售

分析：B 属于进行税额不许抵扣的项目，所以正确答案为 ACD。

【例题·多选题】下列各项中，应视同销售货物征收增值税的是（　　）。

A. 将自产摩托车作为福利发给职工　　B. 将自产钢材用于修建厂房

C 将自产机器设备用于生产服装　　D. 将购进的轿车分配给股东

分析：C 不视同销售，因为属于将自产货物用于增值税应税项目。所以正确答案为 ABD。

【例题·多选题】下列各项中属于视同销售行为应当计算销项税额的有（　　）。

A. 以物易物业务　　B. 将货物交付他人代销

C 将购买的货物无偿赠送他人　　D. 用自产货物抵偿债务

分析：选项 A、D 属于特殊销售行为，不是视同销售行为。所以正确答案为 BC。

五、纳税人与扣缴义务人

（一）纳税人

在中国境内销售货物、提供劳务、进口货物的单位和个人，为增值税的纳税人。

单位以承包、承租、挂靠方式经营的，承包人、承租人、挂靠人（以下统称承包人）以发包人、出租人、被挂靠人（以下统称发包人）名义对外经营并由发包人承担相关法律责任的，以该发包人为纳税人。否则，以承包人为纳税人。

（二）扣缴义务人

中国境外的单位或者个人在境内提供应税劳务和应税服务，在境内未设有经营机构的，以其境内代理人为扣缴义务人；在境内没有代理人的，以购买方为扣缴义务人。例如境外机构将设备、飞机等出租给境内单位使用，如果境外机构在境内设有经营机构，该机构作为纳税人；如果未设经营机构，其境内代理人作为扣缴义务人；在境内没有代理人的，境内承租方作为扣缴义务人。

（三）一般纳税人及小规模纳税人的认定标准

根据纳税人的经营规模以及会计核算健全程度的不同，增值税的纳税人可划分为小规模纳税人和一般纳税人，见表 3-3。

表 3-3　小规模纳税人和一般纳税人的认定标准

企业类型	小规模纳税人（会计核算不健全）	一般纳税人（会计核算健全）
1. 生产企业（含加工、修理修配企业）	年应税销售额 50 万元以下	50 万元以上
2. 提供应税服务（营改增）	年应税销售额 500 万元以下	500 万元以上
3. 其他企业（流通企业）	年应税销售额 80 万元以下	80 万元以上
4. 年应税销售额超过小规模纳税人标准的其他个人	按小规模纳税人纳税	—
5. 非企业性单位，不经常发生应税行为的单位和个体工商户，旅店业和餐饮业纳税人销售非现场消费的食品	可选择按小规模纳税人纳税	—

下列纳税人不属于一般纳税人：年应税销售额未超过小规模纳税人标准的企业；个人(除个体经营者以外的其他个人)；非企业性单位；不经常发生增值税应税行为的企业。

增值税一般纳税人资格实行登记制，登记事项由增值税纳税人向其主管税务机关办理。纳税人年应税销售额超过财政部、国家税务总局规定标准，且符合有关政策规定，选择按小规模纳税人纳税人的，应当向主管税务机关提交书面说明。个体工商户以外的其他个人年应税销售额超过规定标准的，不需要向主管税务机关提交书面说明。除财政部、国家税务总局另有规定外，纳税人自其选择的一般纳税人资格生效之日起，按照增值税一般计税方法计算应纳税额，并按照规定领用增值税专用发票。除国家税务总局另有规定外，纳税人一经认定为一般纳税人后，不得转为小规模纳税人。年应税销售额未超过小规模纳税人标准以及新开业的纳税人，可以向主管税务机关申请一般纳税人资格认定。

注意：年应税销售额是指纳税人在连续不超过 12 个月的经营期内累计应征增值税销售额，包括纳税申报销售额、稽查查补销售额、纳税评估调整销售额、税务机关代开发票销售额和免税销售额。其中稽查查补销售额和纳税评估调整销售额计入查补税款申报当月的销售额，不计入税款所属期销售额。

【例题·多选题】以下各项中，应计入增值税一般纳税人认定标准的“年应税销售额”的有(　　)。

A. 免税销售额　　B. 稽查查补销售额

C 纳税评估调整销售额　　D. 税务机关代开发票销售额

分析：年应税销售额是指纳税人在连续不超过 12 个月的经营期内累计应征增值税销售额，包括纳税申报销售额、稽查查补销售额、纳税评估调整销售额、税务机关代开发票销售额和免税销售额。所以正确答案为 ABCD。

【知识链接】

增值税一般纳税人资格由认定制改为登记制

从 2015 年 4 月 1 日起，企业办理增值税一般纳税人资格认定，国税机关不再实行行政审批制，而改为登记制。

为贯彻国务院取消和调整行政审批项目事项的决定精神，近日，国家税务总局发布公告，明确规定一般纳税人资格实行登记制，在具体登记程序中取消了税务机关审批环节，主管税务机关在对纳税人递交的登记资料信息进行核对确认后，纳税人即可取得一般纳税人资格。同时，简化办事程序：一是简化了纳税人需要提供的资料，纳税人只需携带税务登记证件、填写登记表格，就可以办理一般纳税人登记事项。二是简化前置条件，对年应税销售额未超过规定标准的纳税人，暂停执行“有固定的生产经营场所”的条件。三是简化税务机关办事流程，取消了实地查验环节，受理纳税人登记资料后，如果《增值税一般纳税人资格登记表》信息与征管系统中的税务登记信息比对信息一致，视为符合填列要求，一般予以当场办结。

此外，除财政部、国家税务总局另有规定外，纳税人还可以自行选择一般纳税人资格生效日期，并按有关规定领用增值税专用发票，认定管理制度更加人性化。

六、税率

(一) 基本税率 17%

一般纳税人销售或进口货物，提供应税劳务和应税服务，除低税率适用范围外，一律为 17%。

(二) 13%的低税率

(1) 生活必需品类。包括：粮食、食用植物油(包括橄榄油)；鲜奶、符合国标规定的巴氏杀菌乳和灭菌乳(调制乳17%);食用盐;自来水、暖气、冷气、热水、煤气、石油液化气、天然气、沼气和居民用煤炭制品等。

(2)文化用品类。包括图书、报纸、杂志、音像制品和电子出版物。

(3)农业生产资料类。包括饲料、化肥、农机(不含农机零部件)、农药、农膜,但有机肥免税。

(4)(初级)农产品。指种植业、养殖业、林业、牧业、水产业生产的各种植物、动物的初级产品。包括:干姜、姜黄的增值税适用税率为13%;纳税人销售自产人工合成牛胚胎免征增值税;麦芽、复合胶、人发、肉桂油、桉油、香茅油、淀粉应适用17%的增值税税率。

(5)其他。如二甲醚、密集型拷房设备、频振式杀虫灯、自动虫情测报灯、粘虫板等。

(三)11%的低税率,适用项目如表3-4所示

(四)6%的低税率,适用项目如表3-4所示

表3-4 适用11%税率和6%税率的行业

<table>
<tr><td colspan="2">交通运输业</td><td>11%</td></tr>
<tr><td colspan="2">邮政业</td><td>11%</td></tr>
<tr><td>电信业</td><td>基础电信服务</td><td>11%</td></tr>
<tr><td></td><td>增值电信服务</td><td>6%</td></tr>
<tr><td>部分现代服务业</td><td>有形动产租赁</td><td>17%</td></tr>
<tr><td></td><td>物流辅助服务</td><td rowspan="6">6%</td></tr>
<tr><td></td><td>研发和技术服务</td></tr>
<tr><td></td><td>信息技术服务</td></tr>
<tr><td></td><td>文化创意服务</td></tr>
<tr><td></td><td>鉴证咨询服务</td></tr>
<tr><td></td><td>广播影视服务</td></tr>
<tr><td colspan="2">建筑业</td><td>11%</td></tr>
<tr><td colspan="2">房地产业</td><td>11%</td></tr>
<tr><td colspan="2">金融业</td><td>6%</td></tr>
<tr><td colspan="2">生活服务业</td><td>6%</td></tr>
</table>

适用税率规定:纳税人兼营不同税率的货物或者劳务,应分别核算不同税率项目的收入,否则从高适用税率。

【例题·单选题】根据增值税规定,下列产品适用13%低税率的是( )。

A. 酸奶　　B. 鱼罐头　　C. 茶饮料　　D. 玉米胚芽

分析:玉米胚芽属于初级农产品,适用13%的增值税税率。酸奶、鱼罐头、茶饮料都适用17%的增值税税率。所以正确答案为D。

【例题·单选题】下列各项业务所取得的收入中,应按6%的税率征收增值税的有( )。

A. 搬家公司从事的搬家业务　　B. 航空公司从事的干租业务

C 远洋运输公司从事的光租业务　　D. 远洋运输公司从事的程租业务

『正确答案』A

（五）零税率（除国务院另有规定外）

（1）纳税人出口货物。

（2）境内单位和个人提供的国际运输服务，并取得相应的经营许可证。在境内载运旅客或者货物出境；在境外载运旅客或者货物入境；在境外载运旅客或者货物。注意：航天运输服务参照国际运输服务。

（3）境内单位和个人向境外单位提供的研发服务。

（4）境内单位和个人向境外单位提供设计服务，不包括对境内不动产提供的设计服务。

（5）境内的单位和个人提供的往返港澳台的交通运输服务以及在港澳台提供的交通运输服务，并取得相应的许可证。

（6）境内单位和个人提供程租、期租、湿租服务时，如果租赁的交通工具用于国际运输服务和港澳台运输服务。

放弃适用零税率的规定：境内的单位和个人提供适用增值税零税率应税服务的，可以放弃适用增值税零税率，选择免税或按规定缴纳增值税。放弃适用增值税零税率后，36个月内不得再申请适用增值税零税率。零税率的具体实施见表3-5。

表3-5　零税率的具体实施

纳税人计税方法	类型	实施零税率的具体方法
简易计税方法的		免征增值税
一般计税办法的	生产企业	免抵退税
	外贸企业外购研发服务和设计服务出口	免退税
	外贸企业自己开发的研发服务和设计服务出口	免抵退税

七、征收率

（一）一般规定

小规模纳税人一律适用3%的征收率。

（二）国务院及有关部门的规定

自2014年7月1日起，将6%和4%的增值税征收率统一调整为3%。

1. 销售自己使用过的固定资产

一般纳税人销售使用过的固定资产税务处理如表3-6所示。

表3-6　一般纳税人销售使用过的固定资产税务处理

分　类	税务处理	税额计算
销售使用过的、已抵扣进项税额的固定资产	按适用税率征收增值税	销项税额＝含税售价/（1＋17%或13%）×17%或13%
销售使用过的、不得抵扣且未抵扣进项税额的固定资产； 销售旧货	依照3%征收率减按2%征收增值税	应纳税额＝含税售价/（1+3%）×2%
销售自己使用过除固定资产外的物品	按适用税率征税	

销售使用过的、已抵扣进项税额的固定资产，按适用税率征收增值税。前提条件为购

入时为增值税一般纳税人；销售自产转为自用未按视同销售计算销项税额的固定资产；销售属于准予抵扣进项税额，因未取得有效增值税扣税凭证而未及时抵扣进项税额的固定资产。

销售使用过的、不得抵扣且未抵扣进项税额的固定资产，依照3%征收率减按2%征收增值税。销售增值税转型前购进的固定资产；销售增值税转型前资产转为自用的并按视同销售计算销项税额的固定资产；销售纳税人为小规模纳税人时购进或自产转为自用并计算缴纳增值税的固定资产；销售纳税人增值税选择简易计税时购进或自产转为自用并计算缴纳增值税的固定资产；销售纳税人"营改增"前购进的固定资产；销售2013年8月1日前购进的自用的应征消费税的摩托车、汽车或游艇；销售专用于职工福利、个人消费或非增值税应税项目而未抵扣进项税额的固定资产。

小规模纳税人和个人销售自己使用过的固定资产的税务处理见表3-7。

表3-7　小规模纳税人和个人销售自己使用过的固定资产的税务处理

分　类	税务处理	
销售自己使用过的固定资产和旧货	减按2%的征收率征收增值税	应纳税额=含税销售额/(1+3%)×2%
个人销售自己使用过的物品	免增值税	
备注：纳税人发生固定资产视同销售行为，对已使用过的固定资产无法确定销售额的，以固定资产净值为销售额		

【例题·单选题】某交通运输公司系一般纳税人。2015年1月16日销售一辆运输用卡车，取得销售收入60000元，该卡车为2011年5月购入，则该项销售行为应纳增值税为(　　)。

A. 0元　　B. 1153.85元　　C. 1165.05元　　D. 1200元

分析：应纳增值税=60000÷(1+3%)×2%=1165.05(元)。

【例题·单选题】某企业为增值税一般纳税人，2015年3月该企业销售旧设备一台，取得含税收入70.2万元，该设备2009年购进时取得了增值税专用发票，注明价款75万元，已抵扣进项税额。该企业销售此设备应纳增值税(　　)万元。

A. 0　　B. 1.2　　C. 2.4　　D. 10.2

分析：该销售行为按照适用税率征收增值税。应纳增值税=70.2/1.17×17%=10.2(万元)

【例题·单选题】某副食品商店为增值税小规模纳税人，2016年8月销售副食品取得含税销售额66950元，销售自己使用过的固定资产取得含税销售额17098元。该商店应缴纳的增值税为(　　)。

A. 2282元　　B. 2291.96元　　C. 2448元　　D. 2477.88元

分析：应缴纳的增值税=66950÷(1+3%)×3%+17098÷(1+3%)×2%=1950+332=2282(元)。

2. 其他规定

(1) 一般纳税人销售自产的下列货物，可选择按3%征收率计算纳税：

① 县级及县级以下小型水力发电单位生产的电力；

② 建筑用和生产建筑材料所用的砂、土、石料；

③ 以自己采掘的砂、土、石料或其它矿物连续生产的砖、瓦、石灰(不含黏土实心砖、瓦)；

④ 用微生物、微生物代谢产物、动物毒素、人或动物的血液或组织制成的生物制品；

⑤ 自来水；对属于一般纳税人的自来水公司销售自来水按简易办法依照3%征收率征收增值税，不得抵扣其购进自来水取得增值税扣税凭证上注明的增值税税款；

⑥ 商品混凝土(仅限于以水泥为原料生产的水泥混凝土)；

⑦ 属于增值税一般纳税人的单采血浆站销售非临床用人体血液，可依 3%征收率计算应纳税额，但不得对外开具增值税专用发票；也可按照销项税额抵扣进项税额的办法依照增值税适用税率计算应纳税额。

一般纳税人选择简易办法计算缴纳增值税后，36 个月内不得变更。

（2）暂按 3%征收率计算纳税包括：①寄售商店代销寄售物品（包括居民个人寄售的物品在内）；②典当业销售死当物品 ；③经国务院或国务院授权机关批准的免税商店零售的免税品。

【例题·多选题】根据现行政策，下列项目适用 13%税率的有（　　）。

A. 销售干姜　　B. 苗圃销售自种花卉　　C. 销售音像制品　　D. 销售麦芽

分析：苗圃销售自种花卉免征增值税；销售麦芽适用 17%税率，所以正确答案为 AC。

【例题·多选题】增值税一般纳税人销售自产的下列货物，可选择按照简易办法依照 3%征收率计算缴纳增值税的有（　　）。

A. 用购买的石料生产的石灰　　B. 用动物毒素制成的生物制品

C 以水泥为原料生产的水泥混凝土　　D. 县级以下小型水力发电站生产的电力

分析：以自己采掘的石料生产的石灰，可按 3%计税；用购买的石料生产的石灰不能依照 3%的征收率计征增值税，因此，选项 A 不正确，正确答案为 BCD。

八、一般计税方法应纳税额的计算

增值税的计税方法有三种，见表 3-8。

表 3-8　增值税计税方法

类　型	适用范围	应纳税额
一般计税方法	一般纳税人	当期销项税额-当期进项税额
简易计税方法	小规模纳税人、一般纳税人特定	当期销售额×征收率
扣缴计税方法	境外单位或个人在境内提供应税劳务，在境内未设有经营机构的	接受方支付的价款÷(1+税率)×税率

下边先介绍一般计税方法，也称购进扣税法，计算公式为：应纳税额=当期销项税额-当期进项税额=当期销售额×适用税率-当期进项税额。当期销项税额的计算方法如下：

（一）销项税额的计算

销项税额=销售额×税率

1. 一般销售方式下的销售额

销售货物或提供劳务时向对方收取的全部价款和价外费用，不含销项税额（因为增值税是价外税）。价外费用，包括价外向购买方收取的手续费、补贴、基金、集资费、返还利润、奖励费、违约金、滞纳金、延期付款利息、赔偿金、代收款项、代垫款项、包装费、包装物租金、储备费、优质费、运输装卸费以及其他各种性质的价外收费。上述价外费用无论其会计制度如何核算，均应并入销售额计算销项税额。

下列项目不包括在销售额内（因为确实没有形成销售方的收入，收取款项时不应该开具纳税人的发票）：受托加工应征消费税的消费品所代收代缴的消费税；同时符合两项条件的代垫运费；同时符合三项条件代为收取的政府性基金或者行政事业性收费；销售货物的同时代办保险等而向购买方收取的保险费，以及向购买方收取的代购买方缴纳的车辆购置税、车辆牌照费。

其他价外费用，无论会计制度上如何核算，均应并入销售额计算应纳税额。销售额以人民币计算，纳税人以人民币以外的货币结算销售额的，应当折合成人民币计算。折合率可以选择销售额发生当天或当月 1 日的人民币汇率中间价。确定后 12 个月内不得变更。

【例题·单选题】汽车销售公司销售小轿车时一并向购买方收取的下列款项中，应作为价外费用计算增值税销项税额的是(　　)。

A. 收取的小轿车改装费　　B. 因代办保险收取的保险费

C. 因代办牌照收取的车辆牌照费　　D. 因代办缴税收取的车辆购置税税款

分析：销售货物的同时代办保险等而向购买方收取的保险费，以及向购买方收取的代购买方缴纳的车辆购置税、车辆牌照费，不属于价外费用。所以正确答案为 A。

2. 不含税销售额

(不含税)销售额=含税销售额÷(1+6%、11%、13%或 17%)

价格是否含增值税的判断：发票——普通发票销售额含税；行业——零售行业销售额含税；业务——价外费用含税。

【例题·单选题】某航空公司为增值税一般纳税人并具有国际运输经营资质，2014 年 6 月购进飞机配件取得的增值税专用发票上注明价款 650 万元、税额 110.5 万元；开展航空服务开具普通发票取得的含税收入包括国内运输收入 1387.5 万元、国际运输收入 288.6 万元、飞机清洗消毒收入 127.2 万元。该公司 6 月应缴纳的增值税为(　　)。

A. 34.2 万元　　B. 50.54 万元　　C. 62.8 万元　　D. 68.21 万元

分析：国际运输服务，适用增值税零税率；飞机清洗消毒服务属于物流辅助服务，税率为 6%。该公司 6 月应缴纳的增值税=1387.5÷(1+11%)×11%+127.2÷(1+6%)×6%−110.5=34.2(万元)，所以正确答案为 A。

3. 特殊销售方式下的销售额

(1) 折扣销售(商业折扣)。商业折扣又称价格折扣，是指销货方为鼓励购买者多买而给予的价格折让，即购买越多，价格折扣越多。税法规定：纳税人采取折扣方式销售货物：销售额和折扣额在同一张发票上的“金额”栏分别注明的，可按折扣后的销售额征收增值税。否则，折扣额不得从销售额中减除

【例题】产品不含税售价 100 元/件，购买 10 件以上 8 折优惠。一次销售 10 件，销售额和折扣额在同一张发票上的“金额”栏分别注明。请计算其销项税额。

答案：销项税额=100×10×80%×17%=136(元)。

注意：实物折扣，按视同销售中“无偿赠送”处理。

【例题】某企业采用买五送一的方式销售货物，单件产品不含税售价 245 元。计算销项税额。

答案：销项税额=245×6×17%=249.9(元)。

(2) 销售折扣(现金折扣)。现金折扣是指销货方为鼓励买方在一定期限内早日付款，而给予的一种折让优惠。税法规定：不得从销售额中减除现金折扣额。现金折扣计入财务费用账户。

【例题】销售价款 500 万元，购货方及时付款，给予 5%的折扣，实收 475 万元。请计算销项税额。

答案：销项税额=500×17%=85(万元)。

(3) 销售退回或折让。一般纳税人因销货退回或销售折让而退还给购买方的增值税税额，应从发生退货或折让当期的销项税额中扣减。

一般纳税人销售货物或者应税劳务，开具增值税专用发票后，发生销售货物退回或者

折让、开票有误等情形，应按国家税务总局的规定开具红字增值税专用发票。未按规定开具红字增值税专用发票的，增值税额不得从销项税额中扣减。

(4) 以旧换新。纳税人采取以旧换新方式销售货物：一般货物，按新货物同期销售价格确定销售额，不得扣减旧货物的收购价格。金银首饰，可按销售方实际收取的不含增值税的全部价款征收增值税。

【例题·计算题】某首饰商城为增值税一般纳税人，2016 年 5 月发生以下业务：

采取“以旧换新”方式向消费者销售金项链 2000 条，新项链每条零售价 0.25 万元，旧项链每条作价 0.22 万元，每条项链取得差价款 0.03 万元。

分析：应纳增值税 = 2000×0.03÷(1+17%)×17% = 8.72(万元)

应纳消费税 = 2000×0.03÷(1+17%)×5% = 2.56(万元)

(5) 还本销售。还本销售是指纳税人在销售货物后，到一定期限将货款一次或分次退还给购货方全部或部分价款的一种销售方式，实际上是一种筹资。纳税人采取还本销售方式销售货物，销售额就是货物销售价格，不得从销售额中扣减还本支出。

(6) 以物易物。以物易物是一种较为特殊的购销活动，是指购销双方不是以货币结算，而是以同等价款的货物相互结算，实现货物购销的一种方式。以物易物双方均作购销处理。在以物易物活动中，应分别开具合法的票据。如收到的货物未取得相应票据，不得抵扣进项税额。

【例题】甲企业为机器设备生产企业，乙企业为钢材生产企业，现在甲企业将市场售价为 50 万元的机器设备换取乙企业售价为 50 万元的钢材。双方各自向对方开具增值税专用发票。

分析：甲企业：销项税额——8.5 万元；进项税额——8.5 万元

乙企业：销项税额——8.5 万元；进项税额——8.5 万元

(7) 直销方式销售。直销企业先将货物销售给直销员，直销员再将货物销售给消费者的，直销企业的销售额为其向直销员收取的全部价款和价外费用。直销员将货物销售给消费者时，应按照现行规定缴纳增值税。直销企业通过直销员向消费者销售货物，直接向消费者收取货款，直销企业的销售额为其向消费者收取的全部价款和价外费用。

4. 包装物押金

一般货物，包括：①如单独记账核算，时间在 1 年以内，又未逾期的，不并入销售额征税。②因逾期(1 年为限)未收回包装物不再退还的押金，应并入销售额征税。

征税时注意：①逾期包装物押金为含税收入，需换算成不含税价再并入销售额；②税率为所包装货物适用税率。

销售除啤酒、黄酒外的其他酒类产品而收取的包装物押金，无论是否返还以及会计上如何核算，均应并入当期销售额征税。

【例题·计算题】某饮料厂为一般纳税人。2016 年 3 月 10 日向某小卖部销售果汁饮料，开具普通发票上注明金额 16500 元；同时收取单独核算的包装物押金 1000 元，计算该饮料厂 3 月份应确认的销项税额。

分析：销项税额 = 16500÷(1+17%)×17% = 2397.44(元)

【例题·计算题】某白酒厂为一般纳税人，2015 年 4 月 1 日向某小卖部销售白酒，开具普通发票上注明金额 16500 元；同时收取单独核算的包装物押金 1000 元，计算此业务酒厂 4 月份应确认的销项税额。

分析：销项税额=(16500+1000)÷(1+17%)×17%=2542.74(元)

5. 兼营行为销售额的确定

纳税人兼营不同税率的货物或应税劳务，应当分别核算不同税率货物或者应税劳务的销售额；未分别核算销售额的，从高适用税率。

6. 营改增计税依据的规定

(1) 差额计税的规定。

① 融资租赁企业。经中国人民银行、银监会和商务部批准从事融资租赁业务的试点纳税人有形动产融资性售后回租服务，以收取的全部价款和价外费用，扣除向承租方收取的有形动产价款本金，以及对外支付的借款利息(包括外汇借款和人民币借款利息)、发行债券利息后的余额为销售额。其他有形动产融资租赁服务，以收取的全部价款和价外费用，扣除支付的借款利息(包括外汇借款和人民币借款利息)、发行债券利息、保险费、安装费和车辆购置税后的余额为销售额。

② 客运场站服务。试点纳税人中的一般纳税人提供的客运场站服务，以其取得的全部价款和价外费用，扣除支付给承运方运费后的余额为销售额，其从承运方取得的增值税专用发票注明的增值税，不得抵扣。

③ 知识产权代理服务、货物运输代理服务、代理报关服务。试点纳税人提供知识产权代理服务、货物运输代理服务和代理报关服务，以其取得的全部价款和价外费用，扣除向委托方收取并代为支付的政府性基金或者行政事业性收费后的余额为销售额。

向委托方收取的政府性基金或者行政事业性收费，不得开具增值税专用发票。

试点纳税人提供的国际货运代理服务免增值税。

(2) 航空运输企业的销售额，不包括代收的机场建设费和代售其他航空运输企业客票而代收转付的价款。

(3) 在建筑服务领域，一般纳税人以清包工方式提供的建筑服务、为甲供工程提供的建筑服务、为合同开工日期在 2016 年 4 月 30 日前的建筑工程老项目提供的建筑服务等，都可以选择适用简易计税方法计税。

(4) 对销售不动产，则明确一般纳税人销售其 2016 年 4 月 30 日前取得(不含自建)的不动产，可选择适用简易计税方法，以取得的全部价款和价外费用减去该项不动产购置原价或者取得不动产时的作价后的余额为销售额，按照 5%的征收率计算应纳税额。

(5) 其他个人销售其取得(不含自建)的不动产(不含其购买的住房)，应以取得的全部价款和价外费用减去该项不动产购置原价或者取得不动产时的作价后的余额为销售额，按照 5%的征收率计算应纳税额。个人出租住房，应按照 5%的征收率减按 1.5%计算应纳税额。

【例题·多选题】下列(　　)可以差额计算增值税的销售额。

A. 有形动产经营租赁　　B. 客运场站服务　　C. 知识产权代理服务　　D. 货物运输代理服务

分析：选项 A，有形动产融资租赁可以差额计税，但是经营租赁不可以差额计税；其他选项都可以按照差额计税。所以正确答案为 BCD。

7. 视同销售行为销售额的确定

视同销售行为一般不以资金的形式反映出来，因而会出现无销售额的情况。在此情况下，主管税务机关有权按照下列顺序核定其销售额：按纳税人最近时期同类货物或同类应税服务平均价格；按其他纳税人最近时期同类货物或同类应税服务平均价格；按组成计税价格，见表 3-9。

表 3-9　组成计税价格的计算方法

类型	组成计税价格
只征增值税的项目	成本×(1+成本利润率)
既征增值税，又征消费税的项目	成本×(1+成本利润率)+消费税　或[成本×(1+成本利润率)]÷(1-消费税税率)

应注意：核算的顺序；组成计税价格的应用；售价明显偏低无正当理由也按上述顺序确定销售额。

【例题·计算题】某糕点厂为增值税一般纳税人，9 月份将自产的月饼 400 盒分发给本企业职工。每盒月饼成本价 90 元。

（1）如果产品不含税售价 158 元，如何确定销售额？

（2）如果为新产品，无产品售价，成本利润率为 10%。如何确定销售额？

分析：(1)产品不含税售价 158 元

销售额 = 400×158 = 63200(元)

（2）无产品售价

销售额 = 400×90×(1+10%) = 39600(元)

【例题·多选题】下列关于增值税销售额的说法，错误的有(　　)。

A. 纳税人为销售货物而出租出借包装物收取的押金，单独记账核算的，一律不并入销售额征税，对逾期收取的包装物押金，均并入销售额征收增值税。

B. 销售货物收取的包装物租金，应该并入销售额征收增值税。

C. 采取还本销售方式销售货物，其销售额就是货物的销售价格，不得从销售额中减除还本支出。

D. 销售折扣可以从销售额中减除。

分析：选项 A，对于除黄酒、啤酒外的包装物押金，无论是否返还以及会计上如何核算，均应并入当期销售额征税；选项 D，销售折扣不得从销售额中减除现金折扣额。所以答案为 AD。

（二）准予抵扣的进项税额

在开具增值税专用发票的情况下，销售方收取的销项税额就是购买方支付的进项税额。准予从销项税额中抵扣的进项税额有四项(1、2、4 为以票抵税，3 为计算抵税)

（1）从销售方或提供方取得的增值税专用发票上注明的增值税额。增值税专用发票包括货物运输业增值税专用发票、税控机动车销售统一发票；增值税专用发票应在开具之日起 180 日内到税务机关办理认证。

（2）从海关取得的海关进口增值税专用缴款书上注明的增值税额。从 2013 年 7 月 1 日起全国范围内：先比对、后抵扣，应在开具之日起 180 日进行比对。进口货物向境外实际支付的货款低于进口报关价格的差额部分以及从境外供应商取得的退还或返还的资金，不作进项税额转出处理。

（3）购进农产品，除取得增值税专用发票或海关进口增值税专用缴款书外，按照农产品收购发票或者销售发票上注明的农产品买价和 13%的扣除率计算的进项税额。

① 四种购进渠道的税务处理，见表 3-10。

表 3-10　四种渠道购进农产品的处理方法

	扣税凭证	进项税额	采购成本	进项税额转出
从国外进口	海关进口增值税专用缴款书	扣税凭证上注明的增值税额	不含增值税的购入价格	采购成本×13%
从农产品流通企业购入	增值税专用发票			
从农场、农民合作社处购入	农产品销售发票	买价×13%	买价×87%	采购成本/(1-13%)×13%
从农民处购入	农产品收购发票			

② 购进烟叶可以抵扣的进项税额。买价包括价款和烟叶税：

烟叶收购金额=收购价款×(1+10%)(注意：10%为价外补贴)

应纳烟叶税税额=收购金额×20%

烟叶进项税额=(收购金额+烟叶税)×13%

购进烟叶可抵扣进项税额=收购价款×(1+10%)×(1+20%)×13%

③ 核定扣除。自 2012 年 7 月 1 日起，以购进农产品为原料生产销售液体乳及乳制品、酒及酒精、植物油的增值税一般纳税人，纳入农产品增值税进项税额核定扣除试点范围。

2013 年 9 月 1 日起，各省、自治区、直辖市、计划单列市税务部门可商同级财政部门，结合地区实际，选择部分行业开展核定扣除试点工作。

【例题·计算题】一般纳税人从农民手中购进免税农产品，收购发票上注明买价 80000 元，为运输该批货物支付运费，取得货物运输业增值税专用发票，上面注明运费 1000 元，增值税 110 元。计算允许抵扣的进项税额和采购成本。

分析：

进项税额=80000×13%+110=10510(元)

采购成本= 80000×(1-13%)+1000=70600(元)

【例题·单选题】某卷烟厂 2016 年 6 月收购烟叶生产卷烟，收购发票上注明价款 50 万元，并向烟叶生产者支付了价外补贴。该卷烟厂 6 月份收购烟叶可抵扣的进项税额为(　　)。

A. 6.5 万元　　B. 7.15 万元　　C. 8.58 万元　　D. 8.86 万元

分析：可抵扣进项税额=收购价款×(1+10%)×(1+20%)×13%=50×(1+10%)×(1+20%)×13%=8.58(万元)，所以正确答案为 C。

(4) 接受境外提供的应税服务。

接受境外单位或者个人提供的应税服务，从税务机关或者境内代理人取得的解缴税款的中华人民共和国税收缴款凭证(以下称税收缴款凭证)上注明的增值税额。

(三) 不得从销项税额中抵扣的进项税额

(1) 纳税人购进货物或应税劳务，取得的增值税扣税凭证不符合法律、行政法规或者国务院税务主管部门有关规定的，其进项税额不允许从销项税额中抵扣。扣税凭证包括增值税专用发票、海关进口增值税专用缴款书、农产品收购发票与销售发票、从税务机关或境内代理人取得的解缴税款的税收缴款凭证。

(2) 没有销项税额的。

(3) 不得抵扣的进项税额。

① 用于简易计税方法计税项目、免征增值税项目、集体福利或者个人消费的购进货物、接受加工修理修配劳务或者应税服务，包括：涉及的固定资产、专利技术、非专利技术、商誉、商标、著作权、有形动产租赁，仅指专用于上述项目的固定资产、专利技术、非专利技术、商誉、商标、著作权、有形动产租赁。不包括既用于增值税应税项目(不含免征增值税项目)也用于非增值税应税项目、免征增值税项目、集体福利或个人消费的固定资产、专利技术、非专利技术、商誉、商标、著作权、有形动产租赁。个人消费包括纳税人的交际应酬消费，外购货物用于交际应酬，其进项税额不得抵扣。

② 非正常损失的购进货物及相关的应税劳务；

③ 非正常损失的在产品、产成品所耗用的购进货物或者应税劳务；

非正常损失，是指因管理不善造成被盗、丢失、霉烂变质的损失，以及被执法部门依法没收或者强令自行销毁的货物。注意：对于资产损失，增值税与企业所得税处理不同。对于增值税，非正常损失货物不得抵扣的进项税额需做进项税额转出处理；对于企业所得税，可将转出的进项税额计入企业的损失，经专项申报后在应纳税所得额中扣除。

④ 国务院财政、税务主管部门规定的纳税人自用消费品；

⑤ 上述①~④项规定的货物的运输费用和销售免税货物的运输费用；

⑥ 一般纳税人按照简易办法征收增值税的，不得抵扣进项税额；

⑦ 一般纳税人兼营免税项目或者非增值税应税劳务而无法划分不得抵扣的进项税额的——按下列公式计算不得抵扣的进项税额：

不得抵扣的进项税额=当月无法划分的全部进项税额×当月免税项目销售额、非增值税应税劳务营业额合计÷当月全部销售额、营业额合计

注意事项：自 2013 年 8 月 1 日起，增值税一般纳税人自用的应征消费税的摩托车、汽车、游艇，其进项税额准予从销项税额中抵扣。

⑧ 有下列情形之一者，应按销售额依照增值税税率计算应纳税额，不得抵扣进项税额，也不得使用增值税专用发票：

第一，一般纳税人会计核算不健全，或者不能够提供准确税务资料的；

第二，除年应税销售额超过小规模纳税人标准按小规模纳税人纳税的个人，以及选择按小规模纳税人纳税的非企业性单位、不经常发生应税行为的企业外，纳税人销售额超过小规模纳税人标准，未申请办理一般纳税人认定手续的。

⑨ 接受的旅客运输服务。

【例题·单选题】下列行为中，涉及的进项税额不得从销项税额中抵扣的是(　　)。

A. 将外购的货物用于本单位集体福利　　B. 将外购的货物分配给股东和投资者

C. 将外购的货物无偿赠送给其他个人　　D. 将外购的货物作为投资提供给其他单位

分析：将外购的货物用于本单位集体福利不得抵扣进项税额，所以正确答案为 A。

【例题·单选题】一般纳税人发生的下列经济业务均取得了增值税专用发票，其注明的增值税额允许从当期销项税额中抵扣的情形是(　　)。

A. 用于交际应酬的外购礼品　　B. 购买的办公用品

C. 购买制造车间中央空调系统　　D. 从小规模纳税人处购买的用于集体福利的物品

分析：外购货物用于非增值税应税项目、集体福利或者个人消费的，其进项税额不得抵扣，所以选项 A、C、D 不得抵扣进项税额，正确答案为 B。

(四) 计算应纳税额的时间限定

1. 计算销项税额的时间限定

不同销售方式计算销项税额的时间见表 3-11。

表 3-11　不同销售方式计算销项税额的时间

销售方式	销项税额计算时间	特殊情况
直接收款	不论货物是否发出，均为收到销售款或者取得索取销售款凭据的当天。	纳税人生产经营活动中采取直接收款方式销售货物，已将货物移送对方并暂估销售收入入账，但既未取得销售款或取得索取销售款凭据也未开具销售发票的，其增值税纳税义务发生时间为取得销售款或取得索取销售款凭据的当天；先开具发票的，为开具发票的当天。
托收承付和委托银行收款	为发出货物并办妥托收手续的当天	
赊销和分期收款	为书面合同约定的收款日期的当天，无书面合同的或者书面合同没有约定收款日期的，为货物发出的当天	
预收货款	为货物发出的当天	生产销售生产工期超过 12 个月的大型机械设备、船舶、飞机等货物，为收到预收款或者书面合同约定的收款日期当天
委托他人代销货物	收到代销单位的代销清单、收到全部或者部分货款的当天、发出代销货物满 180 天的当天三者中较早一方	
其他视同销售行为	货物移送的当天	
提供应税劳务	提供劳务同时收讫销售款或者取得索取销售款的凭据的当天	
进口货物	报关进口当天	
	先开具发票的，为开具发票的当天	

2. 计算销项税额的时间限定——营改增

(1) 纳税人提供应税服务并收讫销售款项或者取得索取销售款项凭据的当天；

(2) 纳税人提供有形动产租赁服务采取预收款方式的，其纳税义务发生时间为收到预收款的当天；

(3) 增值税扣缴义务发生时间为纳税人增值税纳税义务发生的当天。

3. 进项税额抵扣的时间限定——180 天

(1) 增值税专用发票、货物运输业增值税专用发票、税控机动车销售统一发票

开具之日起 180 日内到税务机关办理认证，并在认证通过的次月申报期内申报抵扣

(2) 海关进口增值税专用缴款书

2013 年 7 月 1 日起，“先比对、后抵扣”——应在开具之日起 180 日内向主管税务机关申请稽核比对

(五) 计算应纳税额时进项税额不足抵扣的处理

一般纳税人当期销项税额小于进项税额，未抵扣完的进项税额可以结转下期继续抵扣。

（六）扣减发生期进项税额的规定

纳税人已经抵扣了进项税额，但由于购进货物用途的改变或其他原因，进项税额又不能抵扣，就要进行进项税额转出处理。

1. 原抵扣进项税额转出

（1）以票抵税（增值税专用发票、海关进口增值税专用缴款书、税收缴款凭证）的购进项目，按下列公式计算：

进项税额转出数=采购成本×税率（17%、13%、11%、6%）

（2）计算抵税。用收购发票或销售发票抵扣进项税额的农产品，应按下列公式计算：

进项税额转出数=农产品采购成本÷（1-13%）×13%

【例题·计算题】某超市2015年4月末盘点时，发现由于管理不善库存的外购蛋糕、面包15万元（含运输费用0.93万元）发生霉烂变质。

分析：损失蛋糕、面包应转出的进项税额=（15-0.93）×17%+0.93×11%=2.49（万元）。

【例题2】某企业由于管理不善被盗，损失了一批小麦，该批小麦系从农民手中购进，账面成本为86500元（包括运费成本640元）。

分析：进项税额转出=（86500-640）÷（1-13%）×13%+640×11%

=12900.06（元）

2. 按当期实际成本计算应扣减的进项税额

无法准确确定该项进项税额的，按当期实际成本计算应扣减的进项税额。

进项税额转出数额=当期实际成本×税率

当期实际成本=买价+运费+保险费+其他有关费用

3. 利用公式计算进项税额转出

不得抵扣的进项税额=当月无法划分的全部进项税额×免税、非应税项目销售额/当月全部销售额

【例题·单选题】某制药厂为增值税一般纳税人，3月份销售应税药品取得含税收入117万元，销售免税药品50万元，当月购入生产用原材料一批，取得增值税专用发票上注明税款8.5万元，应税药品与免税药品无法划分耗料情况，则该制药厂当月应纳增值税为（　　）。

A. 17万元　　B. 11.33万元　　C. 10.20万元　　D. 8.5万元

分析：不得抵扣的进项税额=8.5×50/150=2.83（万元），应纳税额=117/1.17×17%-（8.5-2.83）=11.33（万元），所以正确答案为B。

（七）销货退回或折让的税务处理

1. 销售方或提供方

因销售货物退回或者折让、应税服务中止或折让而退还给购买方的增值税额，应从发生退回或者折让当期的销项税额中扣减。

2. 购买方

发生应税服务中止、购进货物退回、折让而收回的增值税额，应从当期的进项税额中扣减——如未扣减，造成不纳税或者少纳税的，认定为偷税行为。

（八）向供货方取得返还收入的税务处理

（1）对商业企业向供货方收取的与商品销售量、销售额挂钩的各种返还收入，按平销返利行为的有关规定冲减当期进项税额。

当期应冲减进项税金=当期取得的返还资金÷（1+所购货物适用增值税税率）×所购货物适用增值税税率

（2）对商业企业向供货方收取的与商品销售量、销售额无必然联系，且商业企业向供货方提供一定劳务的收入，按收费的具体名目征收增值税。

【例题·多选题】某商场(增值税一般纳税人)与其供货企业达成协议，按销售量挂钩进行平销返利。5月向供货方购进商品取得税控增值税专用发票，注明价款120万元、进项税额20.4万元并通过主管税务机关认证，当月按平价全部销售，月末供货方向该商场支付返利4.8万元。下列该项业务的处理符合有关规定的有(　　)。

A. 商场应按120万元计算确定销项税额　　B. 商场应按124.8万元计算销项税额

C. 商场当月应抵扣的进项税额为20.4万元　　D. 商场当月应抵扣的进项税额为19.7万元

分析：当期应冲减进项税额=4.8÷(1+17%)×17%=0.70(万元)，当期可抵扣进项税额=20.4-0.7=19.7(万元)，所以正确答案为AD。

【例题·单选题】某配件厂为增值税一般纳税人，2015年3月采用分期收款方式销售配件，合同约定不含税销售额150万元，当月应收取60%的货款。由于购货方资金周转困难，本月实际收到货款50万元，配件厂按照实际收款额开具了增值税专用发票。当月厂房装修，购进中央空调，取得增值税专用发票，注明价款10万元。当月该配件厂应纳增值税(　　)万元。

A. 3.6　　B. 5.1　　C. 13.6　　D. 15.3

分析：应纳增值税=150×60%×17%=15.3(万元)，所以答案为D。

【例题·计算题】某生产企业为增值税一般纳税人，适用增值税税率17%，2015年2月份的有关生产经营业务如下(假设相关票据均符合税法的规定)：

(1) 销售甲产品给某大商场，开具增值税专用发票，取得不含税销售额80万元；另外，取得销售甲产品的送货运输费收入5.85万元(含增值税价格，与销售货物不能分开)。问题：计算销售甲产品的销项税额。

分析：销售甲产品的销项税额=80×17%+5.85÷(1+17%)×17%=14.45(万元)

(2) 销售乙产品，开具普通发票，取得含税销售额29.25万元。问题：计算销售乙产品的销项税额。

分析：销售乙产品的销项税额=29.25÷(1+17%)×17%=4.25(万元)

(3) 将试制的一批应税新产品用于本企业基建工程；成本价为20万元，国家税务总局规定的成本利润率为10%，该新产品无同类产品市场销售价格。问题：计算自用新产品的销项税额。

分析：自用新产品的销项税额=20×(1+10%)×17%=3.74(万元)

(4) 销售2013年10月份购进作为固定资产使用过的进口摩托车5辆，开具增值税专用发票，上面注明取得销售额每辆1万元。问题：计算销售使用过的摩托车应纳税额。

分析：销售使用过的摩托车应纳税额=1×17%×5=0.85(万元)

(5) 购进货物取得增值税专用发票，注明支付的货款60万元，进项税额10.2万元，另外支付购货的运输费用6万元(不含税价)，取得运输公司开具的货物运输业增值税专用发票。问题：计算外购货物应抵扣的进项税额

分析：外购货物应抵扣的进项税额=10.2+6×11%=10.86(万元)

(6) 向农业生产者购进免税农产品一批，支付收购价30万元，支付给运输单位的运费5万元(不含税价)，取得相关的合法票据。本月下旬将购进的农产品的20%用于本企业职工福利。问题：计算外购免税农产品应抵扣的进项税额。计算该企业2月份合计应缴纳的增值税额。

分析：外购免税农产品应抵扣的进项税额=(30×13%+5×11%)×(1-20%)=3.56(万元)

该企业2月份应缴纳的增值税额=14.45+4.25+3.74+0.85-10.86-3.56=8.87(万元)

九、简易计税方法应纳税额计算

增值税小规模纳税人采用简易计税方法，一般纳税人在特殊情况下也采用简易计税方法计算应纳税额。

应纳税额＝（不含税）销售额×征收率3%

1. 销售额

指不含增值税税额、含价外费用的销售额。

（不含税）销售额＝含税销售额÷（1+3%）

2. 销售使用过的固定资产和旧货

＝含税销售额÷（1+3%）×2%。

【例题·单选题】某汽修厂为增值税小规模纳税人，2016年12月取得修理收入为60000元；处置使用过的举升机一台，取得收入5000元。汽修厂12月份应缴纳增值税（　　）。

A. 1747.57元　　B. 1844.66元　　C. 1893.20元　　D. 1980.58元

分析：应缴纳的增值税＝60000÷（1+3%）×3%+5000÷（1+3%）×2%＝1844.66（元）。所以正确答案为B。

【例题·单选题】某商店为小规模纳税人，2016年3月份购进各种零配件价值5000元，销售方开具的增值税专用发票上注明的税额是850元。该商店当月普通发票上的销售额为80000元，另外销售糕点的零售额为8050元，该商店当月应纳增值税税额（　　）元。

A. 3386.54　　B. 3350　　C. 2564.56　　D. 1714.56

分析：应纳税额＝（80000+8050）÷（1+3%）×3%＝2564.56（元）。所以正确答案为C。

【例题·单选题】某食品厂为增值税小规模纳税人，2015年3月购进一批模具，取得的增值税普通发票注明金额4000元；以赊销方式销售一批饼干，货已发出，开具了增值税普通发票，金额60000元，截至当月底收到50000元货款。当月该食品厂应纳增值税（　　）元。

A. 776.31　　B. 1067.57　　C. 1456.31　　D. 1747.57

分析：应纳增值税＝60000÷（1+3%）×3%＝1747.57（元）。所以正确答案为D。

十、混业经营

混业经营是指纳税人生产或销售不同税率的货物，或者既销售货物又提供应税劳务和应税服务。纳税人应分别核算适用不同税率或征收率的销售额，分别计算应纳税额；未分别核算销售额的，从高适用税率或征收率。

十一、进口货物征税

1. 征税范围

申报进入我国海关境内的货物，均应缴纳增值税。

2. 纳税人

进口货物的收货人或办理报关手续的单位和个人。

3. 进口货物应纳税额的计算

纳税人进口货物，无论是一般纳税人还是小规模纳税人，均按照组成计税价格和适用税率（13%或17%）计算应纳税额，不得抵扣任何税额（仅指进口环节增值税本身）。

进口应纳增值税＝组成计税价格×税率

组成计税价格＝关税完税价格+关税（+消费税）

注意：纳税人进口货物取得的合法海关完税凭证，是计算增值税进项税额的唯一依据，其价格差额部分以及从境外供应商取得的退还或返还的资金，不作进项税额转出处理。

进口货物应纳税款的计算顺序如下：

（1）确定关税完税价格

关税完税价格（到岸价格）= 货价+货物运抵我国关境输入地点起卸前的包装费、保险费和其他劳务费

（2）缴纳关税；

（3）如属于消费税征税范围，计算缴纳消费税；

（4）缴纳增值税。

【例题 · 计算题】某商场 10 月进口货物一批。该批货物在国外的买价 40 万元，另该批货物运抵我国海关前发生的包装费、运输费、保险费等共计 20 万元。货物报关后，商场按规定缴纳了进口环节的增值税并取得了海关开具的完税凭证。假定该批进口货物在国内全部销售，取得不含税销售额 80 万元。假定货物进口关税税率 15%，增值税税率 17%。请按下列顺序回答问题：

问题 1：计算关税的组成计税价格。

分析：关税的组成计税价格 = 40+20 = 60（万元）

问题 2：计算进口环节应纳的进口关税。

分析：应缴纳进口关税 = 60×15% = 9（万元）

问题 3：计算进口环节应纳增值税的组成计税价格。

分析：进口环节应纳增值税的组成计税价格 = 60+9 = 69（万元）

问题 4：计算进口环节应缴纳增值税的税额。

分析：进口环节应缴纳增值税的税额 = 69×17% = 11.73（万元）

问题 5：计算国内销售环节的销项税额。

分析：国内销售环节的销项税额 = 80×17% = 13.6（万元）

问题 6：计算国内销售环节应缴纳增值税税额。

分析：国内销售环节应缴纳增值税税额 = 13.6−11.73 = 1.87（万元）

4. 进口货物的税收管理

进口货物的纳税义务发生时间为报关进口当天；纳税地点为进口货物报关地海关；纳税期限为海关填发税款缴款书之日起 15 日内。进口货物的增值税由海关代征。

十二、税收优惠

（一）《增值税暂行条例》及其实施细则规定的免税项目

（1）农业生产者销售的自产农产品；农业，是指种植业、养殖业、林业、牧业、水产业。农业生产者，包括从事农业生产的单位和个人。农业生产者销售的自产农产品，是指直接从事植物的种植、收割和动物的饲养、捕捞的单位和个人销售的自产农产品。农产品是指初级农产品，具体范围由财政部、国家税务总局确定。

对农业生产者销售的外购农产品，以及单位和个人外购农产品生产、加工后销售的仍然属于规定范围的农业产品，不属于免税的范围，应按规定的税率征收增值税。

纳税人采用“公司+农户”经营模式从事畜禽饲养，纳税人回收再销售畜禽，属于农业生产者销售自产农产品。

（2）避孕药品和用具；

（3）古旧图书：指向社会收购的古书和旧书；

（4）直接用于科学研究、科学试验和教学的进口仪器、设备；

（5）外国政府、国际组织无偿援助的进口物资和设备；

(6) 由残疾人的组织直接进口供残疾人专用的物品；

(7) 销售的自己使用过的物品。自己使用过的物品，是指其他个人自己使用过的物品。

除上述规定外，增值税的免税、减税项目由国务院规定，任何地区、部门均不得规定免税、减税项目。

(二) 财政部、国家税务总局规定的其他征免税项目

1. 资源综合利用及其他产品的增值税政策

(1) 对销售下列自产货物实行免征增值税：再生水；以废旧轮胎为全部生产原料生产的胶粉；翻新轮胎；生产原料中掺兑废渣比例不低于 30% 的特定建材产品；以建(构)筑物废物、煤矸石为原料生产的建筑砂石骨料。

(2) 对污水处理劳务、垃圾处理、污泥处理处置劳务免征增值税。

(3) 主要的即征即退政策。

对销售下列自产货物实行增值税即征即退政策：以工业废气为原料生产的高纯度二氧化碳产品；以垃圾为燃料生产的电力或者热力；以煤炭开采过程中伴生的舍弃物油母页岩为原料生产的页岩油；以废旧沥青混凝土为原料生产的再生沥青混凝土；采用旋窑法工艺生产的水泥(包括水泥熟料)或者外购水泥熟料采用研磨工艺生产的水泥，水泥生产原料中搀兑废渣比例不低于 30%；利用工业生产过程中生产的余热、余压生产的电力或热力；以人发为原料生产的档发。

(4) 主要的即征即退 80% 政策。以三剩物(采伐剩余物、造材剩余物、加工剩余物)、次小薪材和农作物秸秆等 3 类农林剩余物为原料生产的木(竹、秸秆)纤维板、木(竹、秸秆)刨花板等。

(5) 销售下列自产货物实现的增值税实行即征即退 50% 的政策：自 2013 年 10 月 1 日至 2015 年 12 月 31 日，对纳税人销售自产的利用太阳能生产的电力产品；以煤矸石、煤泥、石煤、油母页岩为燃料生产的电力和热力；利用风力生产的电力；部分新型墙体材料产品。

(6) 先征后退。对销售自产的综合利用生物柴油实行增值税先征后退政策。

注意：对增值税一般纳税人生产的黏土实心砖、瓦，一律按适用税率征收增值税，不得采用简易办法征收增值税。

2. 免征蔬菜和部分鲜活肉蛋产品流通环节增值税

(1) 自 2012 年 1 月 1 日起，对从事蔬菜批发、零售的纳税人销售的蔬菜免征增值税；各种蔬菜罐头不属于免税范围。

(2) 自 2012 年 10 月 1 日起，对从事农产品批发、零售的纳税人销售的部分鲜活肉蛋产品免征增值税，具体见表 3-12。

表 3-12 免征增值税的鲜活肉蛋产品

名称	具体内容
鲜活肉产品	猪、牛、羊、鸡、鸭、鹅及其整块或者分割的鲜肉、冷藏或者冷冻肉，内脏、头、尾、骨、蹄、翅、爪等组织。
鲜活蛋产品	鸡蛋、鸭蛋、鹅蛋，包括鲜蛋、冷藏蛋以及对其进行破壳分离的蛋液、蛋黄和蛋壳。

3. 粕类产品征免增值税问题

豆粕属于征收增值税的饲料产品；除豆粕以外的其他粕类饲料产品，均免征增值税。

4. 制种行业增值税政策

制种行业在下列生产经营模式下生产销售种子，属于农业生产者销售自产农产品，免征增值税：

（1）制种企业利用自有土地或承租土地，雇用农户或雇工进行种子繁育，再经烘干、脱粒、风筛等深加工后销售种子；

（2）制种企业提供亲本种子委托农户繁育并从农户手中收回，再经烘干、脱粒、风筛等深加工后销售种子。

5. 有机肥产品免征增值税

自 2008 年 6 月 1 日起，纳税人生产销售和批发、零售有机肥产品免征增值税。

6. 债转股原企业免征增值税政策

按债转股企业与金融资产管理公司签订的债转股协议，债转股原企业将货物资产作为投资提供给债转股新公司的，免征增值税。

7. 节能服务公司免征增值税

节能服务公司实施符合条件的合同能源管理项目，将项目中的增值税应税货物转让给用能企业，暂免征收增值税。

8. 小微企业免税规定

增值税小规模纳税人，月销售额不超过 3 万元(含 3 万元，下同)的，免征收增值税；其中，以 1 个季度为纳税期限的增值税小规模纳税人，季度销售额不超过 9 万元的，免征增值税。增值税小规模纳税人月销售额不超过 3 万元(按季纳税 9 万元)的，当期因代开增值税专用发票(含货物运输业增值税专用发票)已经缴纳的税款，在专用发票全部联次追回或者按规定开具红字专用发票后，可以向主管税务机关申请退还。

9. 关于延续文化宣传增值税的优惠政策

在 2017 年年底以前，对宣传文化事业增值税和营业税优惠政策作适当调整后延续。

10. 对电影产业的税收优惠政策

对电影制片企业销售电影拷贝(含数字拷贝)、转让版权取得的收入，电影发行企业取得的电影发行收入，电影放映企业在农村的电影放映收入，自 2014 年 1 月 1 日起至 2018 年 12 月 31 日免征增值税。

11. 跨境应税行为适用增值税零税率或免税政策

12. 租赁企业进口飞机有关税收政策

自 2014 年 1 月 1 日起，租赁企业一般贸易项下进口飞机并租给国内航空公司使用的，享受与国内航空公司进口飞机同等税收优惠政策，即进口空载重量在 25 吨以上的飞机减按 5%征收进口环节增值税。

【例题 · 多选题】根据增值税规定，下列各项免征流通环节增值税的有(　　)。

A. 蔬菜　　B. 水果　　C. 鲜奶　　D. 鲜鸡蛋

分析：自 2012 年 1 月 1 日起，免征蔬菜流通环节的增值税；自 2012 年 10 月 1 日起，免征部分鲜活肉蛋产品流通环节的增值税。目前没有免征水果和鲜奶流通环节增值税的规定。所以正确答案为 AD。

（三）营业税改征增值税试点过渡政策的规定

1. 免征增值税的项目

（1）个人转让著作权；

（2）残疾人个人提供应税服务；

（3）航空公司提供飞机播洒农药服务；

（4）试点纳税人提供技术转让、技术开发和与之相关的技术咨询、技术服务；

（5）符合条件的节能服务公司实施合同能源管理项目中提供的应税服务；

（6）自 2014 年 1 月 1 日至 2018 年 12 月 31 日，试点纳税人提供的离岸服务外包业务；

（7）台湾航运公司从事海峡两岸海上直航业务在大陆取得的运输收入；

（8）台湾航空公司从事海峡两岸空中直航业务在大陆取得的运输收入；

（9）美国 ABS 船级社在非营利宗旨不变、中国船级社在美国享受同等免税待遇的前提下，在中国境内提供的船检服务；

（10）随军家属就业、军队转业干部就业、城镇退役士兵就业、失业人员就业——期限性减免税；

（11）试点纳税人提供的国际货物运输代理服务；

（12）世界银行贷款粮食流通项目投产后的应税服务；

（13）中国邮政集团公司及其所属邮政企业提供的邮政普遍服务和邮政特殊服务；

（14）自 2014 年 1 月 1 日至 2015 年 12 月 31 日，中国邮政集团公司及其所属邮政企业为中国邮政速递物流股份有限公司及其子公司（含各级分支机构）代办速递、物流、国际包裹、快递包裹以及礼仪业务等速递物流类业务取得的代理收入，以及为金融机构代办金融保险业务取得的代理收入；

（15）青藏铁路公司提供的铁路运输服务；

（16）境内单位和个人向境外单位提供电信业服务。

2. *即征即退政策*

（1）对安置残疾人的单位，按单位实际安置残疾人的人数，限额即征即退增值税或减征营业税的办法；限额：每人每年 3.5 万元；

（2）试点纳税人中的一般纳税人提供管道运输服务，对其增值税实际税负超过 3%的部分实行增值税即征即退政策；

（3）经中国人民银行、银监会或者商务部批准从事融资租赁业务的试点纳税人中的一般纳税人，提供有形动产融资租赁服务，对其增值税实际税负超过 3%的部分实行增值税即征即退政策；

（4）对属于增值税一般纳税人的动漫企业销售其自主开发生产的动漫软件，按 17%的税率征收增值税后，对其增值税实际税负超过 3%的部分，实行即征即退政策。

（四）增值税起征点的规定

起征点的适用范围限于个人，不适用于认定为一般纳税人的个体工商户。

起征点的幅度规定如下：销售货物的，为月销售额 5000～20000 元；销售应税劳务的，为月销售额 5000～20000 元；按次纳税的，为每次（日）销售额 300～500 元；

应税服务的起征点：按期纳税的：为月销售额 5000～20000 元；按次纳税的，为每次（日）销售额 300～500 元。

上述销售额，为不含增值税的销售额。

（五）其他有关减免税规定

（1）纳税人兼营减、免税项目的，应当分开核算减免税项目的销售额；未分别核算销售额的，不得免税、减税；

（2）纳税人提供应税服务同时适用免税和零税率规定的，优先适用零税率；

（3）纳税人放弃免税权（重要，可以作为纳税筹划点）

① 纳税人销售货物或者应税劳务适用免税规定的，可以放弃免税。放弃免税后，36 个月内不得再申请免税；

增值税纳税人放弃免税权的原因：销售方放弃免税权，购买方可以抵扣进项税额。

② 放弃免税权应以书面形式提交放弃免税权声明，报主管税务机关备案；

③ 放弃免税权的纳税人符合一般纳税人认定条件尚未认定为增值税一般纳税人的，应当按现行规定认定为增值税一般纳税人，其销售的货物或劳务可开具增值税专用发票；

④ 如放弃，需全部放弃，不得部分放弃；

⑤ 纳税人在免税期内购进用于免税项目的货物或者应税劳务所取得的增值税扣税凭证，一律不得抵扣。

【例题·单选题】下列各项中，符合增值税纳税人放弃免税权有关规定的是(　　)。

A. 纳税人可以根据不同的销售对象选择部分货物放弃免税权

B. 纳税人应以书面形式提出放弃免税申请，报主管税务机关审批

C. 纳税人自税务机关受理其放弃免税声明的当月起 12 个月内不得申请免税

D. 符合条件但尚未认定为增值税一般纳税人的纳税人放弃免税权，应当认定为一般纳税人

分析：正确答案为 D。

十三、纳税义务发生时间

纳税人不同销售方式下纳税义务发生时间的具体规定如表 3-13 所示。

表 3-13　不同销售方式的纳税义务发生时间

销售方式	纳税义务发生时间
直接收款	不论货物是否发出，均为收到销售款或者取得索取销售款凭据的当天 纳税人生产经营活动中采取直接收款方式销售货物，已将货物移送对方并暂估销售收入入账，但既未取得销售款或取得索取销售款凭据也未开具销售发票的，其增值税纳税义务发生时间为取得销售款或取得索取销售款凭据的当天；先开具发票的，为开具发票的当天
托收承付和 委托银行收款	为发出货物并办妥托收手续的当天
赊销和分期收款	为书面合同约定的收款日期的当天，无书面合同的或者书面合同没有约定收款日期的，为货物发出的当天
预收货款	为货物发出的当天，但生产销售生产工期超过 12 个月的大型机械设备、船舶、飞机等货物，为收到预收款或者书面合同约定的收款日期的当天 提供有形动产租赁服务采取预收款方式的，其纳税义务发生时间为收到预收款的当天
委托他人代销货物	收到代销单位的代销清单、收到全部或者部分货款的当天、发出代销货物满 180 天的当天三者中较早一方
其他视同销售行为	货物移送的当天
提供应税劳务	为提供劳务同时收讫销售款或者取得索取销售款的凭据的当天
进口货物	报关进口当天
特殊情况	先开具发票的，为开具发票的当天。 扣缴义务发生时间为纳税人增值税纳税义务发生的当天。

【例题·多选题】下列关于纳税义务发生时间的表述中正确的有(　　)。

A. 企业采取预收货款方式销售货物的，其纳税义务的发生时间为收到货款的当天

B. 企业采取预收货款方式销售货物的，其纳税义务的发生时间为货物发出的当天

C. 纳税人提供有形动产租赁服务采取预收款方式的，其纳税义务发生时间为收到预收款的当天

D. 先开具发票的，其纳税义务的发生时间为开具发票的当天

分析：选项A，企业采取预收货款方式销售货物的，其纳税义务的发生时间为货物发出的当天。所以正确答案为BCD。

十四、纳税期限

纳税期限分别为1日、3日、5日、10日、15日、1个月或1个季度。纳税人以1个月或者1个季度为一期纳税的，期满之日起15日内申报纳税。以1日、3日、5日、10日或者15日为1个纳税期的，自期满之日起5日内预缴税款，于次月1日起15日内申报纳税并结清上月应纳税款。

纳税人进口货物，应当自海关填发海关进口增值税专用缴款书之日起15日内缴纳税款。

十五、纳税地点

固定业户，在机构所在地纳税。

总机构和分支机构不在同一县(市)的，应当分别向各自所在地主管税务机关申报纳税；经批准，可由总机构汇总向总机构所在地申报纳税。

纳税人到外县(市)销售货物的，应向其机构所在地主管税务机关申请开具外出经营活动税收管理证明，向机构所在地申报纳税；未开具证明的，应当向销售地或者劳务发生地的主管税务机关申报纳税。未向销售地或者劳务发生地的主管税务机关申报纳税的，由其机构所在地的主管税务机关补征税款。

非固定业户，在销售地或劳务发生地纳税，未在销售地或劳务发生地纳税的，应由其机构所在地或居住地的主管税务机关补征税款。

进口货物，向报关地海关申报纳税。

扣缴义务人，向机构所在地或居住地主管税务机关申报缴纳其扣缴的税款。

十六、增值税专用发票的使用及管理

(一) 专用发票的联次

专用发票由基本联次或基本联次附加其他联次构成，基本联次为三联：发票联、抵扣联和记账联。其他联次用途，由一般纳税人确定。

货物运输业增值税专用发票分为三联票和六联票。

(二) 专用发票的开票限额

最高开票限额是指单份专用发票或货运专票开具的销售额(不含税销售额)合计数不得达到的上限额度。最高开票限额由一般纳税人申请，区县税务机关依法审批。

(三) 专用发票领购和使用

一般纳税人凭《发票领购簿》、IC卡和经办人身份证明领购专用发票。一般纳税人有下

列情形之一的，不得领购开具专用发票：

（1）会计核算不健全，不能向税务机关准确提供增值税销项税额、进项税额、应纳税额数据及其他有关增值税税务资料的。

（2）有《税收征管法》规定的税收违法行为，拒不接受税务机关处理的。

（3）有下列行为之一，经税务机关责令限期改正而仍未改正的：①虚开增值税专用发票；②私自印制专用发票；③向税务机关以外的单位和个人买取专用发票；④借用他人专用发票；⑤未按规定开具专用发票；⑥未按规定保管专用发票和专用设备；⑦未按规定申请办理防伪税控系统变更发行；⑧未按规定接受税务机关检查。

【例题·多选题】对以下（　　）行为经税务机关责令限期改正而仍未改正者不得领购使用增值税专用发票。

A. 不能向税务机关准确提供有关增值税计税资料者

B. 未按规定开具增值税专用发票

C. 未按规定接受税务机关检查的

D. 销售的货物全部属于免税项目的

分析：选项A和选项D是直接不得领购增值税专用发票，不属于经税务机关责令限期改正而未改正才不得领购增值税专用发票的情形。所以正确答案为BC。

（四）专用发票的开具范围

（1）一般纳税人销售货物或提供应税劳务和应税服务，应向购买方开具专用发票。

（2）商业企业一般纳税人零售的烟、酒、食品、服装、鞋帽（不包括劳保专用部分）、化妆品等消费品不得开具专用发票。

（3）增值税小规模纳税人需要开具专用发票的，可向主管税务机关申请代开。

（4）销售免税货物不得开具专用发票，另有规定除外。

（五）专用发票开具要求

（1）项目齐全，与实际交易相符。

（2）字迹清楚，不得压线、错格。

（3）发票联和抵扣联加盖财务专用章或者发票专用章。

（4）按照增值税纳税义务的发生时间开具。

（六）开具专用发票后发生退货或开票有误的处理

由购买方或销售方向主管税务机关填报《开具红字增值税专用发票申请单》，税务机关审核确认后出具通知单，凭通知单开具红字增值税专用发票。

（七）专用发票不得抵扣进项税额的规定

1. 不得或暂时不得作为增值税进项税额抵扣凭证的规定

不得或暂时不得作为增值税进项税额抵扣凭证的规定见表3-14。

表3-14　不得或暂时不得作为增值税进项税额抵扣凭证的规定

项目	具体情形	税务处理
不得作为增值税进项税额的抵扣凭证	无法认证	税务机关退还原件，购买方可要求销售方重新开具专用发票
	纳税人识别号认证不符	
	专用发票代码、号码认证不符	

续表

项目	具体情形	税务处理
暂不得作为增值税进项税额的抵扣凭证	重复认证	税务机关扣留原件，查明原因，分别情况进行处理
	密文有误	
	认证不符	
	列为失控专用发票	

2. 丢失已开具专用发票的发票联和抵扣联的处理

（1）丢失已开具专用发票的发票联和抵扣联

① 如果丢失前已认证相符的。购买方凭销售方提供的相应专用发票记账联复印件及销售方所在地主管税务机关出具的《丢失增值税专用发票已报税证明单》，经购买方主管税务机关审核同意后，可作为增值税进项税额的抵扣凭证

② 如果丢失前未认证的。购买方凭销售方提供的相应专用发票记账联复印件到主管税务机关进行认证，认证相符的凭该专用发票记账联复印件及销售方所在地主管税务机关出具的《丢失增值税专用发票已报税证明单》，经购买方主管税务机关审核同意后，可作为增值税进项税额的抵扣凭证

（2）一般纳税人丢失已开具专用发票的抵扣联

① 如果丢失前已认证相符，可使用专用发票发票联复印件留存备查。

② 如果丢失前未认证，可使用专用发票发票联到主管税务机关认证，专用发票发票联复印件留存备查。

（3）一般纳税人丢失已开具专用发票的发票联

可将专用发票抵扣联作为记账凭证，专用发票抵扣联复印件留存备查。

（八）加强增值税专用发票的管理

（1）对被盗、丢失增值税专用发票处理，处 1 万元以下罚款；并可视具体情况，对丢失专用发票的纳税人在一定期限内(最长不得超过半年)停止领购专用发票。对遗失的专用发票，如发现非法代开、虚开问题的，该纳税人承担偷税、骗税的连带责任。在中国税务报上刊登“遗失声明”。

（2）对代开、虚开增值税专用发票的处理，一律按票面所列货物的适用税率全额征补税款；纳税人取得代开、虚开的增值税专用发票，不得作为增值税合法有效的扣税凭证抵扣其进项税额；构成犯罪的，追究刑事责任。

（3）纳税人善意取得虚开的增值税专用发票处理

对购货方不以偷税或者骗取出口退税论处。纳税人取得虚开的增值税专用发票，不得作为增值税合法有效的扣税凭证抵扣其进项税额。

如能重新取得合法、有效的专用发票，准许其抵扣进项税款。

第二节　增值税纳税人的纳税筹划

一、增值税纳税筹划常用策略

对于一般纳税人来讲，应纳增值税额=销项税额-进项税额，为了达到少缴税、晚缴税

的目的，对于销项税额，应越小、越晚越好，对于进项税额，应越大、越早抵扣越好，所以筹划思路应从这两方面出发。

（1）降低销售额。降低销售额可以使销项税额小一些。

（2）利用不同结算方式延迟纳税。这种方法可以达到晚缴税的目的。

（3）利用不同采购渠道加大进项税额抵扣。

（4）在 180 日内安排进项税额抵扣时间，合理安排进项税额的抵扣时间可以使各个纳税期限的应纳税额更加均衡，也可避免超期认证从而丧失抵扣机会。

（5）区分可抵扣与不可抵扣项目，尽量少发生不可抵扣项目。

（6）进项税额能否抵扣不确定时实行先抵扣，确定不能抵扣时再做进项税额转出。

二、一般纳税人与小规模纳税人身份的纳税筹划

（一）一般纳税人与小规模纳税人的区别

一般纳税人与小规模纳税人的区别见表 3-15。

表 3-15　一般纳税人与小规模纳税人的区别

项目	一般纳税人	小规模纳税人
经营规模	一年内纳税与免税增值税货物销售额超过小规模纳税人标准	一年内纳税与免税增值税货物销售额，工业、劳务 50 万元以下；商业 80 万元以下
会计核算水平	要求较严，能正确核算应纳税额，准确提供纳税资料	要求一般
税率	13%或 17%	征收率 3%
进项税额抵扣	可抵扣	不可抵扣
计税公式	应纳税额＝销项税额－进项税额	应纳税额＝不含税销售额×征收率(3%)
使用专用发票	销货可自购自填、使用开具税率是 13%或 17%发票	销货只可由税局代开 3%的增值税专用发票

（二）引导案例

判断以下两种购销情况下，不同身份的纳税人税负大小：

情况一：某纳税人当期购进不含税价格 500 元的原材料，加工成不含税价格为 1000 元的产品。

情况二：某纳税人当期购进不含税价格 900 元的原材料，加工成不含税价格为 1000 元的产品。

项目	作为一般纳税人应纳税额	作为小规模纳税人应纳税额	结论
情况一	1000×17%－500 ×17%＝85 元	1000×3%＝30 元	增值率高，作为小规模纳税人税负轻；增值率低，作为一般纳税人税负轻
情况二	1000×17%－900 ×17%＝17 元	1000×3%＝30 元	

企业为了减轻增值税税负，可以事先从不同角度计算两类纳税人的税负平衡点，通过税负平衡点，就可以合理合法地选择税负较轻的纳税人身份，这种方法就是增值率判断法。

（三）增值率判断法

1. 适用 17%税率的一般纳税人

应纳税额＝当期销项税额－当期进项税额

＝不含税销售额×17%－可抵扣进项的购入品金额×17%

如增值率=(不含税销售额-可抵扣进项的购入品金额)/不含税销售额

则应纳税额 =不含税销售额×17%×增值率

2. 小规模纳税人

应纳税额=不含税销售额×3%

3. 两种不同身份的纳税人的应纳税额相等时

不含税销售额×17%×增值率=销售收入×3%，由此可得到无差别平衡点的增值率，增值率=3%÷17%=17.65%

4. 结论

当一般纳税人税率为17%，小规模纳税人增值率等于17.65%时，两种身份的纳税人税收负担相同，纳税人的身份不会对税收负担产生影响；如增值率低于17.65%，那么，上式的右边会大于左边，小规模纳税人的税负重于一般纳税人；如增值率高于17.65%，则上式的左边会大于右边，一般纳税人税负重于小规模纳税人。无差别平衡点的增值率见表3-16。

表3-16 无差别平衡点的增值率

一般纳税人销货税率	一般纳税人进货税率	小规模纳税人征收率	不含税无差别平衡点增值率	含税无差别平衡点增值率
17%	17%	3%	17.65%	20.05%
13%	13%	3%	23.08%	25.32%

结论：纳税人实际增值率等于无差别平衡点增值率，一般纳税人与小规模纳税人税负相同。纳税人实际增值率超过无差别平衡点增值率，选择小规模纳税人比较有利。纳税人实际增值率低于无差别平衡点增值率，选择一般模纳税人比较有利。

【例题】某电子产品厂年不含税销售额为120万元，会计核算制度比较健全，被认定为增值税一般纳税人，适用17%增值税税率，由于该厂产品有自己的专利技术，因此增值率较高，大约为40%，同时，由于其可抵扣进项税额的购入品金额较小，大约占不含税销售额的60%。该厂应怎样进行增值税纳税人身份的纳税筹划？

分析：按一般纳税人纳税：应纳税额=120×17%-120×60%×17%=7.14(万元)

由于增值率为40%，大于无差别平衡点的增值率(17.65%)，因此，选择作为小规模纳税人比较有利。但是该企业现在已经是一般纳税人，且年销售额较大，改为小规模纳税人只能把原企业注销，重新成立三个独立核算的企业，每个年销售额都在50万元以下，符合小规模纳税人的标准。分设后应纳税额为120×3%=3.6万元，所以，该电子产品厂应选择按小规模纳税人纳税，这样可节税3.54万元。

【例题】某保健品生产企业是增值税一般纳税人，增值税税率17%，其产品主要通过在各地设立的销售公司对外销售，这些销售公司均为小规模纳税人，增值税征收率为3%。该生产企业年含税销售收入为1170万元，年进项税额为50万元。各个销售公司销售收入合计1236万元。

要求：分析销售公司作为一般纳税人还是小规模纳税人合适？

分析：

生产企业应纳税额=1170÷(1+17%)×17%-50=120(万元)

销售公司共应纳税=1236÷(1+3%)×3%=36(万元)

共纳税=120+36=156(万元)

销售公司增值率=(1200-1000)÷1200=16.67%，小于无差别平衡点的增值率(17.65%)，因此，选择作为一般纳税人比较有利。

筹划思路：合并各地的销售公司，使其成为一般纳税人。

则销售公司应纳税额=1200×17%-170=34(万元)

共纳税=120+34=154(万元)

结论：由于销售公司加价较低，增值率较低，合并作为一般纳税人能够节税。

（四）一般纳税人与小规模纳税人身份转化方法及需要考虑的因素

1. 转化方法

一般纳税人转化为小规模纳税人，采取分立或先注销再重新成立企业的方法。

小规模纳税人转化为一般纳税人，采取挂靠、联合或自身扩大规模的方法。

2. 身份转化需考虑的因素

（1）增值率因素：小规模纳税人，增值率与税收负担成反比；一般纳税人，增值率与税收负担成正比。

（2）产品销售对象：销售给一般纳税人，应选择一般纳税人身份，无筹划空间；销售给小规模纳税人，两种纳税人都可，有筹划空间。

（3）身份转化成本：如果转化成本大于节税收益，则应采取不转换的策略。

三、营改增纳税人身份的纳税筹划

（一）一般纳税人和小规模纳税人的选择

税法规定：应税服务年销售额超过500万元的纳税人为一般纳税人，未超过500万元的纳税人为小规模纳税人。

500万元的计算标准为纳税人在连续不超过12个月的经营期限内提供服务累计取得的销售额，包括减、免税销售额和提供境外服务的销售额。

筹划思路：营改增纳税人适用何种纳税人身份更有利，不能一概而论，需结合企业的资产、营业收入等财务状况具体判定，如果适用小规模纳税人更有利，可以通过分立、分拆等方式降低年销售额，适用3%的简易征收方法。也可采用增值率判断法进行身份筹划。

【例题】某运输公司主要经营货物的运输，符合申请一般纳税人的条件。年营业收入为600万元，“营改增”之后面临身份的选择。

分析：在营业收入相同的情况下，企业税负的大小取决于增值率的高低。

一般纳税人应纳税额=营业收入600万×11%×增值率

小规模纳税人应纳税额=营业收入600万×3%

当营业收入600万×11%×增值率=营业收入600万×3%时，

增值率平衡点=3%÷11%×100%=27.27%

结论：当该公司的增值率低于27.27%时，应申请作为一般纳税人；当增值率高于27.27%时，应选择作为小规模纳税人。

【例题】某交通运输企业，2016年实现含税销售额412万元，与其相关的外购油料等货物不含税金额为160万元，进项税额为27.2万元，其他费用为100万元。如果企业作为增值税小规模纳税人适用3%的征收率计算缴纳增值税，不得抵扣进项税额。如果作为增值税一般纳税人适用11%税率计算增值税销项税额，但同时可以抵扣进项税额。该企业适用的城市维护建设税税率为7%、教育费附加征收率为3%、地方教育费附加征收率为2%，企业所得税税率为25%。该企业个别纳税筹划方案如下：

方案一：作为增值税小规模纳税人

应缴纳增值税=412÷(1+3%)×3%=12(万元)

应缴纳城建税和教育费附加=12×(7%+3%+2%)=1.44(万元)

应缴纳企业所得税 = [412÷(1+3%)−160−27.2−100−1.44]×25% = 24.6(万元)

税后净收益 = 412÷(1+3%)−160−27.2−100−1.44−24.6 = 73.8(万元)

方案二：作为增值税一般纳税人

应缴纳增值税 = 412÷(1+11%)×11%−27.2 = 13.63(万元)

应缴纳城建税和教育费附加 = 13.63×(7%+3%+2%) = 1.64(万元)

应缴纳企业所得税 = [412÷(1+11%)−160−100−1.64]×25% = 27.38(万元)

税后净收益 = 412÷(1+11%)−160−100−1.64−27.38 = 82.15(万元)

结论：由于交通运输业属于营改增试点征税范围，一般纳税人和小规模纳税人的认定标准为年不含税销售额500万元，通过上述对各税种应纳税额的计算和税后净收益的比较可以看出，该企业选择作为增值税一般纳税人比较合适，所以该企业应扩大收入至500万元，争取作为增值税一般纳税人。

（二）集团业务流程再造

增值税较营业税的一大优势就是可避免重复征税，有利于行业的细分化和专业化发展，提高生产效率。企业集团可以通过将部分服务进行外包，做自己最为擅长的领域。

例如："营改增"后，企业选择委托运输还是使用自营车辆运输，可测算二者的税负差异。非独立核算的自营运输队车辆运输耗用的油料、配件及正常修理费用支出等项目，按照17%的增值税税率抵扣，而委托运输企业发生的运费可以按照按照11%的税率进行抵扣，企业集团可根据实际测算结果，进行调整优化。

第三节　增值税销项税额和进项税额的纳税筹划

一、销项税额的纳税筹划

（一）销售方式的纳税筹划

销项税额的纳税筹划，应考虑销售方式的纳税筹划和结算方式的纳税筹划。企业在采用各种销售方式时，应考虑不同销售方式对企业税收利益的影响。根据前边介绍的不同销售方式下增值税计税依据的规定，可以进行销售方式的选择和筹划。

【例题】某纳税人与客户签订的购销合同总金额为10万元，合同中约定的付款期为30天。如对方在20天内付款，将给予对方2%的销售折扣2000元。

要求：分析该企业这种做法是否可行，可以采用何种方式进行纳税筹划。

分析：由于企业采用的是销售折扣方式，税法规定折扣额不能从销售额中扣除。如果对方在20天内付款，企业也应按照10万元的销售额计算销项税额，销项税额为1.7万元。销项税额的计税依据和实际收款额不符。

筹划方式：将销售折扣转化为折扣销售。企业主动降低该批货物的价格，将合同金额降低为9.8万元，相当于给予对方2%折扣之后的金额。同时在合同中规定：对方企业如果超过20天付款就要加收2000元延期付款违约金。

20天内付款：销项税额 = 98000×17% = 16660元

20天后付款：销项税额 = (98000+2000/1.17)×17% = 16950.6元

结论：这样做既能达到督促买方及早付款的目的，又能达到实际收款额和销项税额计税依据的一致。

【例题】一家生产销售天然矿泉水的企业，为鼓励代理商，给予对方优惠折扣政策如下：年销量在100万瓶以下的，每瓶享受0.2元的折扣；年销量在100万～500万瓶，每瓶享受0.22元的折扣；年销量在500万瓶以上的，每瓶享受0.25元的折扣。该矿泉水公司现行做法：平时按每瓶1元的单价给代理商开具增值税专用发票，年底每个代理商的总销量确定后，再一次性结算给代理商的折扣，单独开具红字发票。

要求：分析该企业的做法是否可取，可以采用何种方法进行纳税筹划。

分析：根据税法规定，采取折扣销售的，销售额和折扣额开在一张发票上，折扣额可扣；开在两张发票上，折扣额不能从销售额中扣除。该公司这种做法增大了销项税额，不可取。

筹划方案：观察该公司现行做法，每个代理商都可得到每瓶 0.2 元的折扣，这部分折扣额可以开在专用发票上。另外该公司可在年初预估折扣率(按最低折扣率或上一年每家代理商的实际销售量)，销售当时把折扣额开在专用发票上。以后每一笔销售发票上都根据预估折扣率确定折扣额。年底再与代理商进行清算，即使有需要单独开具红字增值税专用发票的，折扣额较小对销项税额的影响也比较有限。

【例题】北京某综合商场为有限责任公司，经营各种商品，为一般纳税人，增值税税率 17%，企业所得税采取查账征收方式，企业所得税税率 25%，城建税及教育费附加征收率分别为 7%和 3%。为吸引顾客，2016 年末商场准备采取促销方式进行销售。公司财务经理认为有四种促销方式可供选择：①采取商业折扣(或折扣销售)方式，让利 20%(打八折)，即：原价为 100 元的商品，按 80 元销售，开票价为 80 元；②返还 20%的购物券，即按原价销售，但返还 20%的购物券；③按原价销售，但返还 20%的现金；④加量不加价的组合销售方式，即按原价销售，返还 20%的商品。

为便于筹划，假设该商场每销售原价 100 元的商品，企业所得税前可以扣除的工资和其他费用为 6 元，销售利润率为 30%，该商场当月销售了原价为 20000 元(含税价)的商品。为遵循纳税筹划的全面性原则，需要考虑城建税和教育费附加、个人所得税等税种。对该商场来说，选择哪种促销方式最有利呢？

方案一：采取让利 20%的促销方式

该方案属于打折销售行为，卖出商品在原价的基础上打折 20%，且销售发票直接按打折后的价格开具，可按折扣后的销售额征收增值税。企业所得税法规定的收入与增值税条例规定的销售额是相同的。即含税销售额为 16000 元[20000×(1-20%)]，其他工资和费用为 1200 元(20000×6%)。该促销方式不涉及个人所得税问题。该方案税负和税后利润计算如下：

应交增值税＝销项税额－进项税额＝16000÷(1+17%)×17%－20000×(1-30%)÷(1+17%)×17%＝290.60(元)

应交城建税及教育费附加＝290.60×(3%+7%)＝29.06(元)

应交企业所得税＝[16000÷(1+17%)－20000×(1-30%)÷(1+17%)－1200－29.06]×25%＝120.09(元)

现金净流量＝16000÷(1+17%)－20000×(1-30%)÷(1+17%)－1200－29.06－120.09

＝360.25(元)

方案二：采取返券 20%的促销方式

该方案中，购买 20000 元的商品，返还 4000 元的购物券，用这些购物券可以购买商场的其他商品。当然，购物券并不能任意购买任何商品。因此，存在有些顾客没有使用完这些购物券的情况，也存在用完购物券又加现金购买商品的情况。该商场无法统计这些情况发生的概率，假设 4000 元的购物券消费者只使用了一半。此方案下销售 20000 元的商品必定开具销售发票 20000 元。以“买一赠一”、购物返券、购物积分等方式组合销售货物的行为，不属于无偿赠送行为，赠送的商品和积分不应视同销售，该赠送品的价款不应作为销售额计算增值税。在本案例中，销售 20000 元的商品再送 4000 元的购物券，只能以 20000 元的含税销售额计算销项税额，即为：20000÷(1+17%)×17%＝2905.98(元)。而进项税额应按实际售出商品和赠送商品的购进价合计来计算，22000×(1-30%)÷(1+17%)×17%＝2237.61(元)。

企业所得税法对以“买一赠一”等方式组合销售的规定很明确。企业以“买一赠一”等方式组合销售本企业商品的，不属于捐赠，应将总销售金额按各项商品公允价值的比例来分摊确认各项的销售收入。因此，销售 20000 元商品同时返还 4000 元购物券(实际得到 2000 元商品)的行为，相当于“买一赠一”方式。在本案中，其含税销售额为 20000 元，销售收入应确认为 17094.02 元[20000÷(1+17%)]，同时，销售商品和赠送商品的购进成本应根据会计上的配比原则计算销售成本：22000×(1-30%)÷(1+17%)＝13162.39(元)。

该促销方式下，企业不涉及个人所得税问题。该方案的税负和税后利润计算如下：

应交增值税=销项税额-进项税额=20000÷(1+17%)×17%-22000×(1-30%)÷(1+17%)×17%=668.38(元)

应交城建税及教育费附加=668.38×(3%+7%)=66.84(元)

应交企业所得税=[20000÷(1+17%)-22000×(1-30%)÷(1+17%)-1200-66.84]×25%=666.20(元)

现金净流量=20000÷(1+17%)-22000×(1-30%)÷(1+17%)-1200-66.84-666.20
=1998.58(元)

方案三：采取返还20%现金的促销方式

在本方案中，销售20000元的商品应确认含税销售额20000元。企业所得税法和增值税条例对销售额的规定是一致的。根据企业所得税法的规定，返还的4000元现金不属于无偿捐赠，更不属于公益性捐赠，不能在税前扣除。该方案税负和税后利润计算如下：

应交增值税=销项税额-进项税额=20000÷(1+17%)×17%-20000×(1-30%)÷(1+17%)×17%=871.80(元)

应交城建税及教育费附加=871.80×(3%+7%)=87.18(元)

应交企业所得税=[20000÷(1+17%)-20000×(1-30%)÷(1+17%)-1200-87.18]×25%=960.26(元)

现金净流量=20000÷(1+17%)-20000×(1-30%)÷(1+17%)-1200-87.18-960.26-4000
=-1119.23(元)

方案四：采取加量不加价的组合销售方式

该方案下买20000的商品赠送4000元商品，《增值税条例》和《企业所得税法》对销售额的规定是一致的，性质上属于“买一赠一”，计算方法同方案二，含税销售额为17094.02元[20000÷(1+17%)]，同时，销售商品和赠送商品的购进成本应根据会计上的配比原则合计计算销售成本，并计算进项税额。该方案税负和税后利润计算如下：

应交增值税=销项税额-进项税额=20000÷(1+17%)×17%-24000×(1-30%)÷(1+17%)×17%=464.90(元)

应交城建税及教育费附加=464.90×(3%+7%)=46.50(元)

应交企业所得税=[20000÷(1+17%)-24000×(1-30%)÷(1+17%)-1200-46.50]×25%=372.14(元)

现金净流量=20000÷(1+17%)-24000×(1-30%)÷(1+17%)-1200-46.50-372.14
=1116.40(元)

结论：比较可知，方案二作为最优方案，现金净流量最大。次优方案应该是方案四，方案三是最差的方案。根据纳税筹划的一般原则，企业应选择最适合自己的方案，而不是最优的方案。企业对方案的选择需考虑多方面的因素，不仅考虑自身的利益最大化，还应兼顾顾客的心理等因素作出正确的决定。

（二）结算方式的纳税筹划

1. 筹划思路

结算方式与纳税义务发生时间紧密相关，采取有利于本企业的结算方式，能够推迟纳税时间，获得纳税期的递延。

（1）尽量避免采用托收承付和委托收款结算方式(销售方未收到货款就先交增值税，丧失了资金的时间价值)。

（2）最理想的结算方式是预收货款和直接收款方式。

（3）不能及时收到货款时，采取赊销或分期收款结算方式。

（4）委托代销时，尽量分期收到货款或代销清单。

2. 筹划举例

（1）赊销、分期收款销售：签定合同有技巧。税法规定：采取赊销、分期收款方式销售的，纳税义务发生时间为合同约定的收款日期当天。

【例题】某企业增值税纳税期限为一个月，1月份采用分期收款方式发生一笔销售6万元，合同中收款时间的约定有两种方案，如下表所示。

方案一	收款时间	1月31日	2月28日	3月31日
	收款数额	2万元	2万元	2万元
方案二	收款时间	2月1日	3月1日	4月1日
	收款数额	2万元	2万元	2万元

要求：分析该企业应选择哪种收款时间。

分析：方案一中，每月末收款2万元，即每月末要计算相应的销项税额。方案二与方案一相比，下月初收款2万元，销项税额的计算要比方案一晚一个月，即税款支出要晚一个月，能够达到晚缴税的目的。所以该企业应选择方案二，即在签订销售合同时，把收款时间约定在下月初，收款时间相差一天，但税款支出要晚一个月。

（2）预收货款方式销售：发货时间要安排。税法规定：采取预收货款方式销售，纳税义务发生时间为发出货物的当天，所以可通过安排发货时间来均衡各月或各季度的收入。

【例题】某企业增值税纳税期限为一个月，3月30日采取预收款方式销售一批货物20万元。

要求：分析该企业3月31日发货和4月1日发货对应纳税额的影响。

分析：如果3月31日发货：3月份需要计算销项税额20×17%=3.4万元。

如果4月1日发货：3.4万元的销项税额需要计入4月份。

结论：虽然发货时间相差一天，但纳税义务晚发生一个月，所以单位采用预收货款方式销售时，发货时间越晚纳税义务发生时间越晚。

（3）委托代销：收到代销清单或代销款时间要安排。税法规定：采取委托代销方式销售，纳税义务发生时间为收到受托方代销清单或全部或部分货款的当天。所以企业应和受托方协商好送代销清单或货款的时间，以此来安排各个纳税期限的销项税额。

（4）尽量不采用托收承付、委托收款方式销售。

【例题】A企业与B企业在3月1日签订了一份购销合同，A企业向B企业销售某种型号推土机，总价值2000万元，双方合同规定采取委托银行收款方式结算价税款。A企业于3月6日向B企业发货，并到当地某银行办理了托收手续。4月15日，B企业收到A企业的全部推土机，对其进行技术检测后，认为不符合合同要求，拒绝付款，并将全部推土机退回，双方产生了合同纠纷。

要求：分析该笔业务对A企业增值税税额的影响。

分析：采取委托收款方式销售货物，其销售额的确认时间为发出货物并办妥托收手续的当天。因此，A企业在3月6日发货并办妥了托收手续，在未收到货款的情况下，纳税义务已经发生，应当确认并垫付销项税额340万元，4月15日前缴纳3月份的增值税。4月15日发生退货，虽然这笔税款可以在退货发生的当期销项税额中抵扣，但这种抵扣与以前的垫付是有一定时间间隔的，相当于企业占用了一部分资金用于无回报的投资，对于资金比较紧张的企业而言，无疑是一种损失。

结论：建议A企业慎重选择结算方式，比如采取赊销或分期收款方式，这样就无需提前垫付税款了。

二、进项税额的纳税筹划

（一）购进渠道的纳税筹划

企业采购货物的来源主要有两个：一是增值税一般纳税人；二是增值税小规模纳税人。从一般纳税人采购可以取得增值税专用发票以抵扣进项税额，从小规模纳税人采购，可能取得增值税专用发票，因为我国增值税法规定：小规模纳税人自身不得开具增值税专用发票，但小规模纳税人可以向主管税务机关申请为其代开专用发票。

【引导案例】

假设某商贸公司采购一批商品，进价为200万元(含增值税)，销售价格为240万元(含增值税)。在选择采购对象时，有以下三种选择：

方案一：选择一般纳税人为供应商

应纳税额＝240÷1.17×17%－200÷1.17×17%＝5.81(万元)

方案二：选择可开具增值税专用发票的小规模纳税人为供应商

应纳税额＝240÷1.17×17%－200÷1.03×3%＝29.05(万元)

方案三：选择不能开具增值税专用发票的小规模纳税人为供应商

应纳税额＝240÷1.17×17%＝34.87(万元)

分析：从一般纳税人处采购增值税的应纳税额较少，通常选择一般纳税人作为采购对象。上边案例中是假设从一般纳税人采购和小规模纳税人采购价格相同。但实际中小规模纳税人为了留住客户，往往在价格上给予一定程度的优惠。

从小规模纳税人处采购，多大的价格折扣幅度才能弥补无专用发票抵扣带来的损失呢？可以计算价格优惠临界点进行采购渠道的选择。

(1) 从小规模纳税人索取的是增值税专用发票。假定纳税人的含税销售额为S，适用的增值税税率为T_0，从一般纳税人购货的含税购进额为P，适用的增值税税率为T_1，在采购价格临界点从小规模纳税人购进货物的含税额与从一般纳税人购进货物的含税额的比率为Rc，小规模纳税人适用的税率为T_2。因生产加工费用与原材料的来源关系不大，所以纳税人收益为不含税销售收入扣除不含税购进成本的差，则：

从一般纳税人索取专用发票的收益$=S\div(1+T_0)-P\div(1+T_1)$

从小规模纳税人索取专用发票的收益$=S\div(1+T_0)-(P\times Rc)\div(1+T_2)$

当两者的收益相等时：

$S\div(1+T_0)-P\div(1+T_1)=S\div(1+T_0)-(P\times Rc)\div(1+T_2)$

推导出：$Rc=(1+T_2)\div(1+T_1)\times100\%$

(2) 从小规模纳税人索取的是增值税普通发票

从一般纳税人索取专用发票的收益$=S\div(1+T_0)-P\div(1+T_1)$

从小规模纳税人索取增值税普通发票的收益$=S\div(1+T_0)-P\times Rc$

当两者的收益相等时：

$S\div(1+T_0)-P\div(1+T_1)=S\div(1+T_0)-P\times Rc$

推导出：$Rc=1\div(1+T_1)\times100\%$

(3) 结论。采购价格临界点的比率Rc，仅与供应商的增值税税率(即T_1、T_2)有关，与纳税人的增值税税率(T_0)、纳税人的含税销售额(S)无关。纳税人选择供应方的身份策略是：首先，纳税人计算从小规模纳税人处购进货物的含税额与从一般纳税人处购进货物的含税额的实际比率R；然后比较实际比率R和在采购价格临界点的比率Rc的大小：当$R<Rc$时，选择小规模纳税人作为供应商；当$R>Rc$时，选择一般纳税人作为供应商；若$R=Rc$，两者的收益相同，应当从其他角度考虑选择供应商。总之，从采购定价而言，纳税人如果选择小规模纳税人作为供应商时，其货物含税价格应当略低于或等于一般纳税人货物含税价格的Rc倍。价格优惠临界点见下表。

一般纳税人的抵扣率	小规模纳税人的抵扣率	价格优惠临界点(含税)
17%	3%	88.03%
17%	0	85.47%
13%	3%	91.15%
13%	0	88.5%

【例题】某厨具公司为增值税一般纳税人，适用17%的增值税税率。外购钢材的报价：一般纳税人开专用发票，含税价5万元/吨。小规模纳税人由税务所代开3%的专用发票，含税价45000元/吨。

要求：帮助厨具公司作出购货渠道的决策。

分析：4.5÷5=90%，高于价格折让临界点88.03%，所以该厨具公司应选择从一般纳税人处采购。

（二）进项税先抵扣后转出的纳税筹划

企业购进货物用于集体福利或个人消费，进项税额不许抵扣，购进时用途明确的，增值税直接计入购入货物的成本。购进时用途尚不明确的，应先抵扣进项税额，待以后改变用途时再做进项税额转出，可以获取延期纳税的好处，也可避免未使用完的货物再销售时错过抵扣期限导致进项税额不能抵扣的损失。

【例题】甲企业是一家大型石油生产企业，下设医院、食堂、宿舍等众多非独立核算部门，2016年1月初该企业购进生产用材料一批，价值为936万元(含税)，准备用于上述非独立核算部门使用。截至2016年6月底上述非独立核算部门累计共领用价值为585万元(含税)的材料，剩余的351万元(含税)的材料该企业非独立核算部门不再需要，准备对外销售，但已超过180天的抵扣期限，导致无法抵扣进项税。

要求：为该企业进行纳税筹划。

【筹划思路】甲企业51万元的进项税额由于超过了抵扣期限而不能抵扣。所以建议其实行先抵扣后转出的做法。企业对于购买的准备用于集体福利或个人消费的材料，可先抵扣进项税，然后在改变用途时，再将进项税转出，从而避免因该材料未使用完而超过抵扣期限给企业带来的不必要损失。

对甲企业的建议：于2016年1月在购买材料时先认证抵扣进项税，以后用于集体福利和个人消费时(改变用途)，再将进项税转出。2016年1月可抵扣的进项税=936÷1.17×0.17=136(万元)，2016年1~6月非独立核算部门领用材料时，累计转出进项税=585÷1.17×0.17=85(万元)，甲企业实际抵扣进项税=136-85=51(万元)。

（三）区分可抵扣与不可抵扣进项税项目

每个企业都想使自己能够抵扣的进项税额大一些，所以在实际中应明确区分可以抵扣和不可抵扣的进项税额项目，争取使可以抵扣的进项税额大一些。

例如：企业购入的车辆用于运营，其进项税额可以抵扣，用于公司员工班车等福利则不予抵扣。两者共用，则可全额抵扣。

再如：办公室装修费用进项税不可抵扣，但随装修一同采购的办公桌椅可通过单独签订合同的方式来获取专用发票，所以要避免与整体装修合同混淆在一起。

第四节　增值税税率的纳税筹划

我国现行增值税一般纳税人适用的税率有三个档次：标准税率17%、低税率13%和适用于出口货物的零税率，另外，营改增纳税人适用6%、11%、17%的税率。由于不同业务、不同货物适用不同的税率，所以纳税人在财务核算时一定要做到分别核算不同税率的货物或应税劳务的销售额，这样才不会增加税负。

纳税人涉及不同税率的经营业务应做到“分别核算”，具体体现于合同条款、原始票据及账务核算三方面的一致性。即业务合同要按不同业务分别明确收费标准；按业务类型分别开具发票；按适用税率分别计算税额，很显然，缺少任一环节都将使企业面临从高适用税率的税务风险。

【例题】某公司属于增值税一般纳税人，2016年4月生产机电产品销售额为360万元，其中农机销售额为100万元。企业当月可抵扣的进项税额为50万元。

要求：计算企业对不同税率的货物分别核算和未分别核算的情况下的增值税应纳税额。

分析：税法规定：兼营不同税率的增值税货物，应分别核算，否则从高适用税率。兼营增值税的应税项目和免税项目，应分别核算应税项目和免税项目的销售额，否则不予免税。该企业销售的货物中，农机适用13%的税率，其他货物适用17%的税率。

若农机销售额未分别核算，则：应纳增值税额=360×17%-50=11.2(万元)

若农机销售额单独核算，则应纳增值税额=260×17%+100×13%-50=7.2(万元)

结论：该企业应选择单独核算农机的销售额。

【例题】某化工厂为增值税一般纳税人，主要以聚氯乙烯为原材料生产塑料盆和农用塑料薄膜。当月塑料盆含税销售额为150万元，塑料薄膜的含税销售额为80万元。当月购进聚氯乙烯的增值税专用发票注明价款60万元，税款为10.2万元。

要求：为该企业进行纳税筹划。

分析：根据税法规定，下列货物免征增值税：①农膜；②批发和零售的种子、种苗、化肥、农药、农机。

注意：根据增值税相关法规的规定，农膜、农药、化肥等农业生产物资属于13%低税率范围的货物，但是国家为了扶持农业发展，减轻农民生产负担，又对其作了免税的规定。其中，农膜生产销售免税，农机、农药、化肥批发和零售环节免税(注意免税环节)。

该化工厂生产的农膜属于免税产品，其他产品属于应税产品。

未分别核算应税项目和免税项目的销售额时：

应纳增值税=(150+80)÷1.17×17%-10.2=23.22(万元)

分别核算应税项目和免税项目的销售额时：

应纳增值税=150÷1.17×17%-10.2×150÷(150+80)=15.14(万元)

结论：该企业应分别核算塑料盆和农用塑料薄膜的销售额。

【例题】《营改增试点方案》中对物流业设置“交通运输服务”、“物流辅助服务”两类应税服务项目，税率分别为11%和6%，一个物流企业没有分开核算这两类业务，它适用的税率是多少？纳税影响如何？

分析：根据对兼营业务征税的规定，如果没有分开核算不同税率业务的收入，就要统一按高税率即11%征收增值税，从而使该物流企业多缴纳税款。

第五节　增值税税收优惠的纳税筹划

纳税人应该熟悉增值税的各种税收优惠政策的适用条件和具体规定，然后积极创造条件使自身能够享受减免税政策。比如：对纳税人提供技术转让、技术开发和与之相关的技术咨询、技术服务(统称“四技服务”)取得的收入，免征增值税。企业在条件许可时可以提供四技服务。

一、利用减免税税收优惠政策进行纳税筹划

【例题】北方水泥厂以旋窑工艺生产水泥等建材产品，其原料中普遍掺有20%的粉煤灰。由于其原料大多来源于直接开采和工业废渣，无法取得增值税专用发票，因此无法抵扣进项税额，税负较高。

要求：为该水泥厂进行纳税筹划。

筹划宝典：企业财务人员通过分析增值税税收优惠政策得知，对企业生产的原料中掺有不低于30%的粉煤灰、煤矿石、石煤、烧煤锅炉的炉底渣的建材产品，实行免征增值税或即征即退的政策。该企业技术部门遂进行技术攻关，在配料比例中将粉煤灰、煤矿石和炉底渣的含量提高到30%以上，同时保证产品的性能不受影响。这样就节约了增值税、城建税及教育费附加等税费，获得了较高的节税效益。

二、农业初级产品生产及再加工企业的纳税筹划

税法规定：农业生产者销售的初级农产品免税，一般纳税人购进农产品，如不能取得法定扣税凭证，可以按照农产品收购发票或者销售发票上注明的买价和13%的扣除率计算进项税额加以抵扣。

对于有些农产品生产和加工企业来讲，其增值率较高导致增值税税负往往也较高，需要采取分立的方式进行纳税筹划。

【例题】某市牛奶公司饲养奶牛并生产牛奶，将产出的新鲜牛奶进行加工制成奶制品，再将奶制品销售给各大商业公司或直接通过销售网络销售给居民。奶制品的增值税税率适用17%。该公司进项税额主要包括两部分：一是向农民个人收购的草料部分可以抵扣13%的进项税额；二是公司购买饲料、水费、电费和修理用配件等按规定可以抵扣进项税额。与销项税额相比，这两部分进项税额数额较小，致使公司的增值税税负较高。

要求：请帮助该公司进行纳税筹划降低增值税税负。

分析：该牛奶公司属于增值率较高的行业，增值税税负较重。要把税负降下来，必须从客观实际情况分析，其税负高的原因主要在于公司的进项税额太低，因此，公司进行纳税筹划的关键在于如何增加进项税额。围绕进项税额，公司应采取以下筹划方案：公司将整个生产流程分成饲养场和牛奶制品加工厂两部分。饲养场和奶制品加工厂均实行独立核算。分立后，饲养场属于农产品生产单位，按规定可以免征增值税，奶制品加工厂从饲养场购入的牛奶可以抵扣13%的进项税额。

将公司实施筹划方案前后有关数据对比如下：

实施纳税筹划前：假定2016年度从农民生产者手中购入的草料金额为100万元，允许抵扣的进项税额为13万元，其他水电费、修理用配件等进项税额为8万元，全年奶制品销售收入为500万元。

应缴增值税＝500×17%－(13+8)＝64(万元)

增值税税负率＝64÷500＝12.8%

实施纳税筹划后：饲养场免征增值税，假定饲养场销售给奶制品厂的鲜奶售价为400万元，水电费、修理用配件等进项税额两个企业各负担4万元，其他资料不变，则奶制品厂应纳的增值税情况为：

应交增值税＝500×17%－(400×13%+4)＝29(万元)

增值税税负率＝29÷500＝5.8%

结论：纳税筹划方案实施后比实施前节省增值税税额35万元，增值税税负率降低了7%。

总结：不但牛奶厂存在这类问题，对于一个既从事农业初级产品生产，又对初级产品进行加工的企业，都存在这类问题。所以，当初级产品的生产达到一定规模时，应当分设农场与农产品加工厂两个具有独立法人资格的企业，并且通过合理转让定价，使农产品加工厂能够抵扣的进项税额多一些，从而实现税收利益及经济利益最大化。

【例题】农村的一些农户在田头、地角栽种了大量速生材，已进入砍伐期。一些农户直接出售原木，价格每立方米100元，另一些农户则不满足廉价出售原木，自己对原木进行深加工成薄板等再出售。假设

加工1立方米原木需要耗用电力、人力8元，因此其出售价最低为108元。但这个价格没有企业愿意收购，深加工以后的原木只能以比未加工的原木更低的价格出售。

要求：分析其中的原因并提出纳税筹划方案。

分析：原木属于免税农产品，一般纳税人收购后可以抵扣13%的税款。一般纳税人收购100元的原木成本实际为100×(1-13%)=87(元)。

而深加工的木材不属于免税农产品，农民需缴纳增值税，而且通常不能给买方一般纳税人开具专用发票，则一般纳税人不能抵扣进项税，108元购进实际成本也为108元。

筹划方案：农民销售原木(100元)给一般纳税人，一般纳税人再雇用农民加工，每立方米支付8元的加工费。既增加了农民的收入，又不会影响进项税额的抵扣。

三、增值税起征点的纳税筹划

(一) 税法规定

由于起征点只适用于个人，而小微企业单独规定了起征点，即至2017年12月31日，月收入3万元(季收入9万元)以下的，免交增值税。所以绝大多数个人都适用小微企业的起征点规定。

(二) 起征点筹划方法

起征点的征税规定：纳税人销售额未达到起征点的，免征增值税；达到起征点的，全额征收增值税。可以看出，起征点这种税收优惠只照顾销售额未达到起征点的纳税人，所以，非常有必要进行纳税筹划。

1. 控制收入的增加额

由于起征点的规定，小规模纳税人(个体工商户、个人)并不是销售收入越多所赚取的利润就越多，因为一旦销售额超过起征点就要对所取得的全部销售额征收增值税及附加税费。

用公式说明收益相等时的超过起征点的销售额和等于起征点的销售额之间的关系，假设城建税税率7%，教育费附加3%，地方教育费附加2%。

收益无差别公式：

$$s \times r = S \times r - S \div (1 + T) \times T \times 1.12$$

式中：s为起征点；r为销售净利率；S为大于起征点时的销售额；T为征收率3%。

解收益无差别公式，可以得出$S=r\div(r-0.03262)s$

即当纳税人收入超过起征点时，收入必须超过收益无差别公式中的S时，纳税人的收益才能增加。

【例题】张某经营一家农产品销售店，2016年8月取得销售收入29000元(当地税务机关规定的起征点为30000元)，由于市场行情看好，张某扩大销售额至36000元，但其收益不增反降，试分析其原因。假定张某销售净利率为10%。

分析：由收益无差别公式得：

$30000\times10\%=S\times10\%-S\div(1+3\%)\times3\% \times1.12$

$S=44523.6$(元)

由此可以看出，当收入增长幅度低于1000元时，即收入增长后仍不超过起征点时，收益会随着收入的增加而增加，一旦收入超过起征点，只有当收入达到或超过44523.6元时才可取得与30000元的销售收入相等的收益，只有销售收入突破这个点时的收益相对于30000元的销售额才是有利的，否则就不应该使销售额超过起征点。即30000~44523.6元之间是收入禁区。

2. 分立

【例题】吴某经营一家摩托车修配店(当地税务机关规定的起征点为30000元),每月的收入总额在40000~50000元之间,假设该行业的利润率为20%,该月取得劳务收入50000元,暂不考虑其他附加税费。吴某应如何进行纳税筹划?

分析:方案一:按现状经营

应纳增值税=50000÷1.03×3%=1456.31(元)

应纳城建税及教育费附加=1456.31×(7%+3%+2%)=174.76(元)

方案二:将修理店一分为二

则每家修理店的收入均不超过30000元,由于没有达到规定的起征点,可免交增值税、城建税、教育费附加等各种税款。

结论:当纳税人的销售额超过起征点较多时,就不能采用控制收入的方式进行筹划,建议采用分立的方式进行纳税筹划。

四、小微企业利用税收优惠纳税筹划

(一)税法规定

从2014年10月1日至2017年年底,月销售额不超过3万元的小微企业、个体工商户和其他个人暂免征收增值税,城建税、教育费附加也有相应优惠,具体如表3-17所示。

表3-17 不同规模小微企业的税收政策

类别	第一类	第二类	第三类
规模	季收入≤9万元	季收入9万~30万元	季收入>30万元
增值税	免	3%	3%
城建税	免征	增值税税额的7%	增值税税额的7%
教育费附加	免征	免征〔财税2016〔12〕〕	增值税税额的3%
地方教育费附加	免征	免征	增值税税额的2%

(二)筹划方法:各季收入控制在起征点以下

设企业销售利润率为10%,季收入超过起征点时收入为X。当收入等于起征点和超过起征点两者税前利润相等时,$X\times10\% - X\times3\%\times(7\%+3\%+2\%) = 90000\times10\%$,解得$X=93361$元,即季收入在90000~93361元之间利润反而低于90000元时。根据起征点的这种特性,小微企业必须采取措施均衡各季收入,把收入控制在起征点以下。具体筹划方法如下:

1. 赊销、分期收款销售:签定合同有技巧

税法规定:采取赊销、分期收款方式销售的,纳税义务发生时间为合同约定的收款日期当天。

【例题】一笔销售6万元,分期收款方式销售。合同中收款时间的约定有两种方案,如下表所示:

方案一	收款时间	1月10日	1月31日	4月10日
	收款数额	3万元	2万元	1万元
方案二	收款时间	1月10日	4月10日	7月10日
	收款数额	2万元	2万元	2万元

分析：方案一中，一季度收款5万元，二季度收款1万元，很可能导致一季度收入超过9万元而全额纳税的结果。方案二与方案一相比，收入均衡分布在三个季度，这样安排就能够确保各季度收入均衡。

2. 预收货款方式销售：发货时间要安排

税法规定：采取预收货款方式销售，纳税义务发生时间为发出货物的当天，所以可通过安排发货时间来均衡各月或各季度的收入。

【例题】A企业当季已实现收入85000元，3月30日采取预收款方式销售一批货物2万元。要求：分析该企业3月31日发货和4月1日发货对应纳税额的影响。

分析：如果3月31日发货：当季收入105000元，超过起征点9万元，需要全额纳税。

应纳增值税及城建税=105000×3%×(1+7%)=3370.5(元)

如果4月1日发货：当季收入85000元，未超过起征点，不需要纳税。

应纳增值税及城建税=0

3. 委托代销：收到代销清单或代销款时间要安排

税法规定：采取委托代销方式销售，纳税义务发生时间为收到受托方代销清单或全部或部分货款的当天。

所以小微企业应和受托方协商好送代销清单或货款的时间，以此来均衡各月或各季度的收入。

五、出口退税的纳税筹划

生产企业有两种出口方式：有出口经营权的可自营出口，没有出口经营权的可通过外贸企业代理出口。通过这两种方式出口货物都可以免税并退税，但获得的退税额不同，所以生产企业可以通过自营出口与委托代理出口筹划来减轻税负。

【例题】某生产企业从国内采购原材料，生产产品全部用于出口。2015年自营出口产品价格为200万元，当年可抵扣的进项税额为20万元，适用17%增值税税率，上期期末无留抵税额。

要求：分析当出口退税率分别为17%和15%时企业应选择自营出口还是委托代理出口。

分析：当出口退税率为17%时：

(1) 自营出口

免抵退税额=出口货物离岸价×人民币外汇牌价×出口货物退税率-免抵退税抵减额=200×17%-0=34(万元)

当期期末应纳税额=当期内销货物销项税额-(全部进项税额-免抵退税不得免征和抵扣税额)=0-(20-0)=-20(万元)，即期末留抵税额为20万元。

因为期末留抵税额≤当期免抵退税额，所以当期应退税额=当期期末留抵税额，该企业应收的出口退税额为20万元。

(2) 委托代理出口：该企业通过外贸企业出口，生产企业将产品以200万元(含税)出售给外贸企业，外贸企业再以同样价格出口。

生产企业应纳增值税=200÷(1+17%)×17%-20=9.06(万元)

外贸企业应收出口退税额=200÷(1+17%)×17%=29.06(万元)

两企业合计获得退税额=29.09-9.06=20(万元)

结论：在退税率与征税率相同的情况下，企业选择自营出口或委托代理出口，两者税负相同。

当出口退税率为15%时：

(1) 自营出口

免抵退税额=出口货物离岸价×人民币外汇牌价×出口货物退税率-免抵退税抵减额=200×15%-0=30(万元)

免抵退税不得免征和抵扣税额=出口货物离岸价×人民币外汇牌价×(出口货物征税率-出口货物退税率)-免抵退税不得免征和抵扣税额抵减额=200×(17%-15%)-0=4(万元)

当期期末应纳税额=当期内销货物销项税额-(全部进项税额-免抵退税不得免征和抵扣税额)=0-(20-4)=-16(万元)，即期末留抵税额为16万元。

因为期末留抵税额≤当期免抵退税额，所以当期应退税额=当期期末留抵税额，该企业应收的出口退税额为16万元。

(2) 委托代理出口：该企业通过外贸企业出口，生产企业将产品以200万元(含税)出售给外贸企业，外贸企业再以同样价格出口。

生产企业应纳增值税=200÷(1+17%)×17%-20=9.06(万元)

外贸企业应收出口退税额=200÷(1+17%)×15%=25.64(万元)

两企业合计获得退税额=25.64-9.06=16.58(万元)

比自营出口多获得退税额0.58万元。

结论：在退税率小于征税率的情况下，企业选择委托代理出口获得的退税额较多，选择委托代理出口有利于减轻增值税税负。

六、利用放弃免税权进行纳税筹划

税法规定：纳税人销售货物或应税劳务适用免税规定的，可以放弃免税，按规定缴纳增值税。放弃免税后，36个月内不得再申请免税。纳税人可以利用这一点规定自主选择放弃免税或享受免税来进行纳税筹划。

【例题】A公司为一蔬菜批发公司，2015年4月从农民手中收购蔬菜50000斤，购进价格为1元/斤，开具了农产品收购发票。目前A公司享受免税待遇，将蔬菜以1.2元/斤价格销售给食品厂。如果A公司放弃免税待遇，以不含增值税售价1.1元/斤、增值税0.143元/斤的价格将蔬菜销售给食品厂，并向其开具增值税专用发票。请问是否可行?

	享受免税待遇		放弃免税待遇	
	A公司	食品厂	A公司	食品厂
增值税	应纳0	进项0	0.143×50000-0.13×50000=650	进项7150
销售收入	60000		50000×1.1=55000	
采购成本	50000	60000	50000×(1-13%)=43500	55000
城建及附加	0		78	
利润	10000		11422	

结论：从上表可以看出，A公司放弃免税待遇后，利润比享受免税待遇多出1422元，所以A公司可以选择放弃免税待遇。

【本章小结】

增值税是对纳税人销售货物或者提供劳务过程中实现的增值额征收的一种税，是我国最主要的流转税，随着营改增税制改革的进行，其重要性日益提高。2009年1月1日起，我国开始实行消费型增值税。增值税的纳税人分为一般纳税人和小规模纳税人两类，适用不同的税率，实行不同的征税方法。增值税纳税筹划可以从纳税人的身份、税收优惠政策、纳税义务发生时间等方面进行，一般纳税人重点针对销项税额、进项税额进行筹划。

【课后练习题】

一、单项选择题

1. 下列关于增值税纳税人的认定及管理的说法中，表述不正确的是(　　)。

A. 增值税纳税人年应税销售额(不包括免税销售额)超过小规模纳税人标准的，除另有规定外，应当向主管税务机关申请一般纳税人资格认定

B. 非企业性单位、不经常发生应税行为的企业，可以选择按小规模纳税人纳税

C. 一般纳税人资格认定的权限，在县(市、区)国家税务局或者同级别的税务分局

D. 从事货物生产或提供应税劳务的纳税人，年应税销售额在50万元以上，可以认定为增值税一般纳税人

2. 根据增值税的有关规定，下列增值税一般纳税人，不可以按3%征收率计算纳税的是(　　)。

A. 以自己采掘的砂、土、石料或其他矿物连续生产的砖、瓦、石灰

B. 黏土实心砖、瓦

C. 建筑用和生产建筑材料所用的砂、土、石料

D. 用人或动物的血液或组织制成的生物制品

3. 下列不属于13%低税率范围的是(　　)。

A. 粮食　　B. 图书　　C. 化肥　　D. 煤炭

4. 按照最新政策规定，下列关于增值税放弃免税权的陈述正确的是(　　)。

A. 生产和销售免征增值税货物或劳务的纳税人要求放弃免税权，纳税人自提交备案资料的当月起，按现行规定计算缴纳增值税

B. 放弃免税权的纳税人符合一般纳税人认定条件尚未认定为增值税一般纳税人的，应按照现行规定认定为增值税一般纳税人

C. 纳税人自税务机关受理纳税人放弃免税权声明的当月起36个月内不得申请免税

D. 纳税人可以根据不同的销售对象选择部分货物或劳务放弃免税权

5. 某工艺品厂为增值税一般纳税人，2016年12月2日销售给甲企业200套工艺品，每套不含税价格600元。由于部分工艺品存在瑕疵，该工艺品厂给予甲企业15%的销售折让，已开具红字专用发票。为了鼓励甲企业及时付款，该工艺品厂提出2/20，n/30的付款条件，甲企业于当月15日付款。该工艺品厂此项业务的销项税额为(　　)元。

A. 16993.20　　B. 17340.00　　C. 19992.00　　D. 20400.00

6. 某增值税一般纳税人购进玉米一批，支付给某农业开发基地收购价款10000元，取得普通发票，并支付不含税运费3000元，取得货运企业开具的增值税专用发票，验收入库后，因管理不善损失1/5，则该项业务准予抵扣的进项税额为(　　)元。

A. 1304　　B. 1158.75　　C. 1510　　D. 1525

7. 下列项目所包含的进项税额，不得从销项税额中抵扣的是(　　)。

A. 生产过程中出现的报废产品　　B. 用于返修产品修理的易损零配件

C. 生产企业用于经营管理的办公用品　　D. 生产免税药品耗用的外购材料

8. 某制药厂(增值税一般纳税人)3月份销售抗生素药品取得含税收入117万元，销售免税药品50万元(不含税)，当月购入生产用原材料一批，取得增值税专用发票上注明税款6.8万元，抗生素药品与免税药品无法划分耗料情况，则该制药厂当月应纳增值税为(　　)万元。

A. 14.73　　B. 12.47　　C. 10.20　　D. 17.86

9. 某食品厂为增值税小规模纳税人，2016年10月销售一批糕点，取得含税销售额40000元，经主管税务机关核准购进税控收款机一台，取得的增值税普通发票注明价款1800元。该食品厂当月应纳增值税(　　)元。

A. 903.51　　B. 111.05　　C. 1112.62　　D. 1165.05

10. 某化妆品生产企业，从国外进口一批化妆品香粉，关税完税价格为60000元，缴纳关税35000元。取得海关进口增值税专用缴款书当月已向税务机关申请并通过认证，化妆品消费税税率为30%，则该企业进口环节应缴纳的增值税为(　　)元。

A. 18071.56　　B. 15810.43　　C. 23000.00　　D. 23071.43

11. 下列结算方式中，以货物发出当天为增值税纳税义务发生时间的是(　　)。

A. 预收货款　　B. 赊销

C. 分期收款　　D. 将货物交付他人代销

12. 营业税改征增值税的一般纳税人提供交通运输业服务适用的税率是(　　)。

A. 6%　　B. 11%　　C. 17%　　D. 3%

13. 下列关于营业税改征增值税适用税率的表述，正确的是(　　)。

A. 单位和个人提供的国际运输服务，税率为零

B. 提供的交通运输业服务，税率为7%

C. 单位和个人向境外单位提供的研发服务，税率为6%

D. 提供有形动产租赁服务，税率为6%

14. 某小型商贸企业为辅导期增值税一般纳税人，2016年10月发生如下业务：购进商品取得增值税专用发票，注明价款87000元、增值税额14790元；从农民手中收购农产品，农产品收购发票注明价款30000元；销售商品一批，开具增值税专用发票，注明价款170000元、增值税额28900元；销售农产品取得含税销售额40000元；购进和销售货物支付运费取得货物运输业增值税专用发票，注明不含税金额7000元。取得的增值税专用发票均在当月通过认证并在当月抵扣。2013年10月该企业应纳增值税(　　)元。

A. 14041.77　　B. 14920.00　　C. 15531.97　　D. 2006.80

15. 某食品加工厂为增值税一般纳税人，2016年10月从某粮食购销企业购进粮食100吨，取得专用发票，注明价款150000元；从农民手中收购花生，收购凭证上注明收购价格为50000元，货已入库，支付不含税运输费用4000元，取得运输企业开具的增值税专用发票；将本期购进的粮食和花生的1/4发给职工作为福利。则本期可以抵扣的进项税为(　　)元。

A. 12628　　B. 19830　　C. 19720　　D. 19547

16. 下列不属于适用零税率的国际运输劳务的是(　　)。

A. 在境内载运旅客或者货物出境　　B. 在境外载运旅客或者货物入境

C. 在境外载运旅客或者货物　　D. 在境内载运旅客或者货物

17. 下列有关营改增中纳税义务发生时间和纳税地点的表述，错误的是(　　)。

A. 纳税人提供有形动产租赁服务采取预收款方式的，其纳税义务发生时间为收到预收款的当天

B. 纳税人发生视同提供应税服务的，其纳税义务发生时间为应税服务完成的当天

C. 扣缴义务人应当向其机构所在地或者居住地主管税务机关申报缴纳其扣缴的税款

D. 非固定业户应当向其机构所在地或者居住地主管税务机关申报纳税

18. 下列关于增值税专用发票的使用与管理的表述，不正确的是(　　)。

A. 向消费者个人提供应税服务，不得开具增值税专用发票

B. 增值税一般纳税人提供货物运输服务的，使用货物运输业增值税专用发票和普通发票

C. 一般纳税人提供其他增值税应税项目、免税项目或非增值税应税项目的，可以使用货运专票

D. 增值税专用发票实行最高开票限额管理

二、多项选择题

1. 下列表述中，不符合税法有关规定的有(　　)。

A. 纳税人采取还本销售货物的，可以从销售额中减除还本支出

B. 纳税人销售啤酒收取的包装物押金，应于包装物押金逾期时，并入销售额中征税

C. 以物易物方式销售货物，由多交付货物的一方以价差计算缴纳增值税

D. 纳税人采取以旧换新方式销售货物的，都应按照新货物的同期销售价格确定销售额

2. 下列行为，属于增值税视同销售的有(　　)。

A. 在同一个县(市)范围内设有两个机构并实行统一核算的纳税人，将货物从一个机构移送另一机构用于销售

B. 将委托加工收回的货物用于个人消费

C. 将自产货物作为股利分配给股东

D. 将外购的货物用于集体福利

3. 外购的货物发生下列用途，不可以抵扣进项税额的有(　　)。

A. 外购一批材料用于生产产品　　B. 外购的货物无偿赠送他人

C. 外购的产品由于管理不善被盗　　D. 外购的货物用于投资

E. 外购的货物用于集体福利

4. 下列货物，适用13%增值税税率的有(　　)。

A. 玉米胚芽　　B. 石油液化气　　C. 农机零部件　　D. 食用植物油

5. 下列适用3%征收率的行为有(　　)。

A. 寄售商店代销寄售物品　　B. 对水泥厂销售自产的混凝土应税货物

C. 典当业销售死当物品　　D. 自来水公司销售自来水

E. 县级及县级以下小型水力发电单位销售自产的电力

6. 下列关于增值税的纳税义务发生时间的陈述，正确的有(　　)。

A. 采取预收货款方式销售货物，为收到货款的当天

B. 采取托收承付和委托银行收款方式销售货物，为发出货物并办妥托收手续的当天

C. 采取直接收款方式销售货物，不论货物是否发出，均为收到销售额或取得索取销售额的凭据并将提货单交给买方的当天

D. 委托其他纳税人代销货物，为收到代销单位销售的代销清单或者收到全部或者部分货款或发出货物满180天的当天

E. 纳税人发生视同销售货物行为，为收讫销售款或者取得索取销售款的凭据的当天

7. 根据营改增相关规定，下列情形属于视同提供应税服务的有(　　)。

A. 某运输企业为地震灾区无偿提供公路运输服务

B. 某咨询公司为个人无偿提供技术咨询服务

C. 某动画公司聘用动画人才为本公司设计动画

D. 某单位为希望小学无偿提供《暖春》电影放映服务

E. 某运输公司为其他单位无偿提供交通运输服务

8. 下列项目属于营业税改征增值税行业的有(　　)。

A. 交通运输业　　B. 建筑业　　C. 餐饮服务　　D. 鉴证咨询服务

E. 广播影视服务

9. 纳税人提供的适用一般计税方法计税的应税服务，因发生下列(　　)情形而退还给购买方的增值税额，应当从当期销项税额中扣减的。

A. 应税服务中止　　B. 折让　　C. 销售折扣　　D. 折扣销售

E. 还本销售

10. 根据营改增相关规定，下列进项税额准予从销项税额中抵扣的有(　　)。

A. 购买汽车从4S店取得的税控机动车销售统一发票上注明的增值税额

B. 进口化妆品从海关取得的海关进口增值税专用缴款书上注明的增值税额

C. 收购农产品，按照农产品收购发票上注明的农产品买价和13%的扣除率计算的进项税额

D. 接受的旅客运输服务

E. 接受境外单位提供的交通运输服务，从税务机关取得的解缴税款的税收缴款凭证上注明的增值税额

11. 试点纳税人兼有不同税率或者征收率的销售货物、提供加工修理修配劳务或者应税服务的，应当分别核算适用不同税率或征收率的销售额，未分别核算销售额的，按照(　　)方法适用税率或征收率。

A. 兼有不同税率的销售货物、提供加工修理修配劳务或者应税服务的，从高适用税率

B. 兼有不同征收率的销售货物、提供加工修理修配劳务或者应税服务的，从高适用征收率

C. 兼有不同税率和征收率的销售货物、提供加工修理修配劳务或者应税服务的，从高适用税率

D. 兼有不同税率和征收率的销售货物、提供加工修理修配劳务或者应税服务的，按照各应税服务的税率和征收率分别计算

E. 兼有不同税率的销售货物、提供加工修理修配劳务或者应税服务的，从低适用税率

12. 下列关于营改增相关规定的表述不正确的有(　　)。

A. 营业税改征的增值税，由地方税务局负责征收

B. 某运输公司向消费者个人提供公路运输服务可以开具增值税专用发票

C. 扣缴义务人应当向其机构所在地或者居住地主管税务机关申报缴纳扣缴的税款

D. 某租赁公司提供汽车租赁服务采取预收款方式的，其纳税义务发生时间为收到预收款的当天

E. 某咨询公司为个人无偿提供技术咨询服务，其纳税义务发生时间为应税服务完成的当天

三、问答题

1. 不同销售方式下增值税计税依据是什么？

2. 一般纳税人采购货物时为抵扣税款，是否不考虑从小规模纳税人采购呢？

3. 什么情况下纳税人应选择增值税小规模纳税人呢？

4. 农业初级产品生产及再加工企业应如何进行增值税纳税筹划？

5. 起征点和免征额有何区别？

6. 兼营行为如何进行纳税筹划？

四、案例分析题

1. 某投资者2016年年初设立一工业企业，预计2014年应纳增值税销售额为80万元，会计核算制度比较健全，符合一般纳税人条件，适用增值税税率17%。但该企业准予从销项税额中抵扣的进项税额较少，只占销项税额的15%。若投资设立两个小规模纳税人企业，各自作为独立核算单位，则这两个小企业年应税销售额分别为45万元和35万元，适用3%的征收率。

要求：请分析该企业应设立成一般纳税人企业还是设立成两个小规模纳税人企业。

2. 甲公司属于增值税一般纳税人，2016年1月生产并销售机器设备900万元，适用17%的税率。同时又生产并销售农机收入100万元，适用13%的税率。当月进项税额共计70万元。甲公司未对机器设备销售额和农机销售额分别核算。

要求：请为该公司提出纳税筹划建议。

3. 甲商业企业作为一般纳税人，从A一般纳税人处采购价值2万元的物品，进项税额为3400元，若不含税销售价格为22000元。若甲企业从B小规模纳税人处采购时，采购价格为18000元，可取的由税务局代开的税率为3%的增值税专用发票，同样以22000元的价格出售。

要求：请从净利润的角度替甲企业选择购货对象。

4. 某食品有限公司经营范围为生产、销售冰淇淋、乳制品、营养小食品等。现行销售政策为：客户一次性购买冰淇淋达到100箱时(200元/箱)，再无偿赠送10箱。如果采用折扣销售政策，即一次性购买100箱时，单价给予10%折扣，且销售额和折扣额开在一张增值税专用发票上。

要求：以客户一次性购买100箱冰淇淋为例计算分析该公司应采用无偿赠送方案还是折扣销售方案。

5. 如某有机化肥生产企业为增值税一般纳税人，其生产的化肥一直享受增值税免税优惠。该企业所

生产的化肥全部作为原材料销售给其他化工企业(增值税一般纳税人)。每吨化肥的不含税售价为2500元、成本为1755元(含从“进项税额转出”转入的255元)。该企业生产化肥的原材料均从一般纳税人处采购并取得增值税专用发票。

要求：以一吨化肥为例分析化肥生产企业享受免税待遇和放弃免税待遇时的应纳增值税税额和利润。

五、计算题

甲商店为增值税一般纳税人，主要从事副食品批发、零售业务。2016年11月有关经营情况如下：

(1)向枣农收购一批红枣，农产品收购发票上注明买价60000元。该批红枣全部用于销售。

(2)销售烟酒商品取得含增值税价款4095000元，另收取食品袋价款2340元。

(3)将一批自制糕点作为职工福利，成本7020元。

已知：增值税税率为17%，成本利润率为10%，农产品收购发票通过认证。

要求：根据上述资料，分别计算下列问题：

1. 甲商店收购红枣的增值税进项税额。
2. 甲商店销售烟酒商品增值税销项税额。
3. 甲商店自制糕点增值税销项税额。

第四章　消费税纳税筹划

【学习目标与要求】

本章主要介绍消费税税制要素的规定及消费税的纳税筹划方法。通过学习本章内容，要了解消费税的特点，理解消费税纳税人、计税依据、征税环节等税法要素的规定，掌握消费税纳税人的筹划方法、消费税计税依据的筹划方法，了解消费税税率的筹划方法。

【重点难点】

重点：消费税征税环节的规定。

消费税纳税人的筹划方法。

难点：对消费品先销售后包装的筹划方法。

利用价格临界点进行消费税纳税筹划。

【引导案例】

高级手表的高税负

北京一家手表厂 2016 年 3 月新设计了一款高级手表，成本 7000 元，准备定价 1.1 万元(不含增值税)。当月就有买方订货 2000 块。厂长看了账目后，发现收益并没有想象中那么高，于是找来会计询问原因。会计把收益的计算演示如下：

应纳增值税 = 1.1×2000×17% = 374(万元)

应纳消费税 = 1.1×2000×20% = 440(万元)

应纳城建税及教育费附加 = (374+440)×(7%+3%+2%) = 97.68(万元)

实际收益 = (1.1−0.7)×2000−440−97.68 = 262.32(万元)

销售 2000 块手表，如果不考虑增值税，则要承担税负 537.68 万元，相当于一块手表要承担税负 2688.4 元，占了售价的 24.44%，税负太高。

如果你是该厂会计，根据消费税纳税筹划的相关知识，你会建议厂长怎么做？

案例来源：《辽宁法制报》，2012-5-4

第一节　消 费 税 法

一、消费税概述

消费税是对在我国境内生产、委托加工和进口《消费税暂行条例》规定的消费品的单位和个人，以及国务院确定的销售《消费税暂行条例》规定的消费品的其他单位和个人，按应税消费品的销售额或销售数量征收的一种流转税。

消费税法是国家制定的用以调整消费税征收与缴纳之间的权利与义务关系的法律规范。现行消费税的基本规范是 1993 年 12 月 13 日国务院颁布的《中华人民共和国消费税暂行条例》，同年 12 月 25 日，财政部发布了《中华人民共和国消费税暂行条例实施细则》，这两个法规、制度构成了我国现在消费税的基本法律制度。之后，财政部、国家税务总局又陆续发布了有关消费税方面的其他规章、制度，如 2006 年 3 月 20 日财政部、国家税务总局发布的《关于调整和完善消费税政策的通知》，该通知的主要内容是决定从 2006 年 4 月 1 日起，对消费税在税目和税率上进行重大调整，由原来的 11 个税目调整为 14 个税目。2009 年，为了配合增值税转型改革及修订《增值税暂行条例》的需要，对《消费税暂行条例》进行了修订。自 2014 年 12 月 1 日起，调整现行消费税政策，取消气缸容量 250 毫升（不含）以下的小排量摩托车消费税；取消汽车轮胎税目；取消车用含铅汽油消费税；取消酒精消费税。自 2015 年 2 月 1 日起，对电池、涂料征收消费税。

（一）消费税的特点

与其他流转税相比，消费税具有以下特点：

1. 征税对象具有选择性

消费税是具有非中性特征的选择性商品税，为了配合国家的经济政策，我国消费税在对货物普遍征收增值税的基础上，只选择少数特定消费品交叉征税，实行双重调节，使消费税的个别调节和增值税的普遍调节得到合理有效的配置。

实际上，我国消费税只是选择了 15 类特殊消费品、奢侈品、高能耗消费品和不可再生的稀缺资源消费品作为征税对象。实际负担消费税税款的消费者，一般都具有较高的收入和消费水平。

2. 征税环节具有单一性

除卷烟在生产和批发两个环节征税外，其余消费品只在生产销售环节、委托加工环节和进口环节的某一个环节征税。个别消费品在零售环节征税，如金银首饰。其他流通、消费环节不再征税，即通常所说的一次课税。这样既可减少纳税人数量，又可节约征收费用，能够更加直接地发挥消费税的双重调节作用。

3. 税率具有差别性

消费税一共有 15 个税目，每个税目下又规定了子目，对每个子目分别规定了高低不同的税率。这样设计具有灵活性，便于更好地发挥消费税调节消费结构和消费方向的作用。

4. 计征方法多样性

消费税是国际上广泛开征的税种，各国对大部分商品多采用从价定率征收方法，对少数价格不稳定或价格变化较大的商品实行从量定额的征收方法，我国也采用了这种方法。另外，我国对卷烟和白酒采取即从价定率又从量定额的复合计征方法。从价征收可以保证财政收入的稳定实现，从量征收使纳税人税负与市场价格不直接挂钩，不同纳税人的同量货物税负相同，有利于提高产品的附加值和产量。

5. 属于价内税

消费税是价内税，其税金包含在价格当中，计算简便，易于征收。消费税额会计上计入“营业税金及附加”，进入利润表，具有抵减企业所得税的作用。

6. 从价定率计征的消费品的计税依据和增值税计税依据相同

由于缴纳消费税的纳税人肯定要缴纳增值税，也就是在应税消费品销售时纳税人要同时缴纳增值税和消费税，所以把消费税设计成价内税，把增值税设计成价外税，两者计税依据相同，均为含消费税不含增值税的销售价款，方便纳税人理解这两个税种、计算和缴纳税款。

7. 无税收优惠

作为一种选择性征收的税种，消费税和增值税不同，无税收优惠规定。

(二)消费税的作用

1. 稳定税源，保证财政收入

消费税是价内税，税额的实现不受成本等因素的影响，消费税的应税品目大多属于使用广泛、消费量大、具有传统征收高税习惯的重点税源行业的商品，税源稳定、可靠。同时消费税按消费品的销售额或销售数量征税，使税收与应税消费品生产的增长趋势相适应，保证了财政收入的稳定增长。

2. 寓禁于征，优化资源配置

消费税对不可再生和替代的能源产品课税，可以保护稀缺资源的有效利用；对有害人类健康、社会秩序和生态环境的特殊消费品及高能耗、高档消费品征税，则可达到寓禁于征的目的。消费税通过对消费品课税，以消费需求拉动供给，使产业、产品结构得到优化，从而实现资源的优化配置，体现国家的产业政策。

3. 抑制超前消费，调整消费结构

改革开放以来，我国人民生活水平大幅度提高，但同时也容易导致消费膨胀和消费结构不合理等现象，这会影响社会稳定和经济发展。因此，在消费税立法过程中，对人们日常消费的基本生活用品和企业正常的生产消费品不征收消费税，只对目前属于奢侈品或超前消费的物品以及其他非基本生产用品征收消费税，以达到抑制超前消费和集团消费，引导合理消费，调整消费结构的目的。

4. 调节支付能力，缓解分配不公

个人生活水平或贫富状况很大程度体现在其支付能力上。而由于多种因素的制约，仅依靠个人所得税不可能完全实现税收的公平分配目标，也不可能有效缓解社会分配不公的问题。通过对某些奢侈品或特殊消费品征收消费税，使高收入者的高消费受到一定抑制，低收入者或消费基本生活用品的消费者则不负担消费税，支付能力不受影响。所以，开征消费税有利于配合个人所得税及其他有关税种进行调节，缓解目前存在的社会分配不公的矛盾。

二、纳税人、税目和税率

(一)纳税人

根据税法规定，凡在中华人民共和国境内生产、委托加工、进口、销售暂行条例规定的消费品的单位和个人，均为消费税的纳税义务人。

金银首饰消费税的纳税人，是指在我国境内从事商业零售金银首饰的单位和个人。委托加工(另有规定的除外)、委托代销金银首饰的，受托方是纳税人。卷烟的纳税人，是指在我国境内生产和批发卷烟的单位和个人。“境内”，是指应税消费品的起运地或所在地在境内。“单位”，是指国有企业、集体企业、私营企业、股份制企业、合伙企业、外商投资企业和其他企业、行政单位、事业单位、军事单位、社会团体及其他单位。“个人”，是指个体经营者和包括中国公民、外国公民在内的其他个人。

(二)征税对象和税目

1. 消费税的征税对象

消费税征税对象，是在我国境内生产、委托加工和进口的应税消费品。具体包括以下几个方面：

（1）生产销售的应税消费品；

（2）自产自用的应税消费品（用于连续生产应税消费品的除外）；

（3）委托加工的应税消费品；

（4）进口的应税消费品。

2. 消费税征税范围

消费税的征收范围，主要根据我国经济发展现状和现行消费政策，并考虑财政的需要加以确定。消费税选择部分消费品征收，按照列举的办法，选择的消费品大体可以分为以下几类：

（1）一些过度消费会对人类健康、社会秩序、生态环境等方面造成危害的特殊消费品：如烟、酒、鞭炮、焰火、电池、涂料等；

（2）奢侈品、非生活必需品：如贵重首饰、珠宝玉石、化妆品、高档手表、高尔夫球及球具、游艇等；

（3）高能耗及高档消费品：如小轿车、摩托车等；

（4）不可再生和替代的资源类消费品：如成品油、实木地板、木制一次性筷子等。

3. 消费税税目

按照《消费税暂行条例》规定，确定征收消费税的有烟、酒、化妆品等15个税目，有的税目还进一步划分成若干子目。

（1）烟。无论使用何种辅料，凡是以烟叶为原料加工生产的产品均属于烟，包括卷烟、雪茄烟和烟丝。

（2）酒。酒是酒精度在1度以上的各种酒类饮料；酒类包括粮食白酒、薯类白酒、黄酒、啤酒和其他酒。

（3）化妆品。包括各类美容、修饰类化妆品、高档护肤类化妆品和成套化妆品。美容、修饰类化妆品是指香水、香水精、香粉、口红、指甲油、胭脂、眉笔、唇笔、蓝眼油、眼睫毛和成套化妆品等。

（4）贵重首饰及珠宝玉石。包括金、银、珠宝首饰及珠宝玉石。

（5）鞭炮、焰火。体育上用的发令纸、鞭炮药引线，不按此征税。

（6）成品油。包括汽油、柴油、石脑油、溶剂油、航空煤油、润滑油、燃料油等7个子目。

（7）摩托车。包括气缸容量为250毫升的摩托车和气缸容量在250毫升（不含）以上的摩托车两种。对最大设计车速不超过50千米/小时，发动机气缸总工作容量不超过50毫升的三轮摩托车不征收消费税。

（8）小汽车。汽车是指由动力驱动，具有四个或四个以上车轮的非轨道承载的车辆。小汽车的征税范围包括含驾驶员座位在内最多不超过9个座位（含）的，在设计和技术特征上用于载运乘客和货物的各类乘用车；含驾驶员座位在内的座位数在10~23座（含23座）的在设计和技术特征上用于载运乘客和货物的各类中轻型商用客车。用排气量小于1.5升（含）的乘用车底盘（车架）改装、改制的车辆属于乘用车征收范围。用排气量大于1.5升（含）的乘用车底盘（车架）或中轻型商用客车底盘（车架）改装、改制的车辆属中轻型商用客车征收范围。电动汽车不属于本税目征税范围。沙滩车、雪地车、卡丁车、高尔夫车不属于消费税征税范围。

(9) 高尔夫球及球具。包括高尔夫球、高尔夫球杆、高尔夫球包(袋)。高尔夫球杆的杆头、杆身和握把属于本税目的征收范围。

(10) 高档手表。是指销售价格(不含增值税)每只在10000元(含)以上的各类手表。

(11) 游艇。包括艇身长度大于8米(含)小于90米(含),内置发动机,可以在水上移动,一般为私人或团体购置,主要用于水上运动和休闲娱乐等非牟利活动的各类机动艇。

(12) 木制一次性筷子。是指以木材为原料经过锯段、浸泡、旋切、刨切、烘干、筛选、打磨、倒角、包装等环节加工而成的各类一次性使用的筷子。本税目征收范围包括各种规格的木制一次性筷子。未经打磨、倒角的木制一次性筷子属于本税目征税范围。

(13) 实木地板。包括各类规格的实木地板、实木指接地板、实木复合地板及用于装饰墙壁、天棚的侧端面为榫、槽的实木装饰板,未经涂饰的素板属于本税目的征税范围。

(14) 电池。

(15) 涂料。

(三) 税率

消费税采用比例税率和定额税率两种形式,比例税率从3%~45%共10档,适用于大部分应税消费品,只有黄酒、啤酒、成品油采用定额税率。卷烟、白酒实行复合计税方式,同时适用比例税率和定额税率。消费税税目、税率如表4-1所示。

表4-1 消费税税目、税率表

税目	征收范围	计税单位	税率或税额
1. 烟			
(1) 卷烟			
定额税率		每标准箱	150元
比例税率		每标准条对外调拨价格在70(含)元以上的	56%
		每标准条对外调拨价格在70元以下的	36%
卷烟批发环节			11%加0.005元/支
(2) 雪茄烟			36%
(3) 烟丝			30%
2. 酒			
(1)白酒			
定额税率		每斤(500克)/500毫升	0.5元
比例税率			20%
(2)黄酒		吨	240元
(3)啤酒		每吨出厂价(含包装物及包装物押金)在3000(含3000)元以上的(不含增值税)	250元
		每吨出厂价在3000元以下的	220元
		娱乐业和饮食业自制的啤酒	250元
(4)其他酒			10%
3. 化妆品	含成套化妆品		30%

续表

税　　目	征收范围	计税单位	税率或税额
4. 贵重首饰及珠宝玉石 (1)金银首饰、铂金首饰和钻石及钻石饰品 (2)其他贵重首饰和珠宝玉石	包括各种金、银、珠宝首饰及珠宝玉石		5% 10%
5. 鞭炮、焰火			15%
6. 成品油 (1)汽油 (2)柴油 (3)石脑油 (4)溶剂油 (5)润滑油 (6)燃料油 (7)航空煤油		 升 升 升 升 升 升 升	 1.52元 1.2元 1.52元 1.52元 1.52元 1.2元 1.2元
7. 摩托车 (1)气缸排量在250毫升的 (2)气缸排量在250(不含)毫升以上			3% 10%
8. 小汽车 (1)乘用车 气缸排量在1.0升(含)以下 气缸排量在1.0~1.5升(含) 气缸排量在1.5~2.0升(含) 气缸排量在2.0~2.5升(含) 气缸排量在2.5~3.0升(含) 气缸排量在3.0~4.0升(含) 气缸排量在4.0升以上 (2)中轻型商用客车			 1% 3% 5% 9% 12% 25% 40% 5%
9. 高尔夫球及球具			10%
10. 高档手表			20%
11. 游艇			10%
12. 木制一次性筷子			5%
13. 实木地板			5%
14. 电池			4%
15. 涂料			4%

纳税人兼营不同税率的应税消费品，应分别核算不同税率应税消费品的销售额、销售数量，未分别核算销售额、销售数量，或者将不同税率的应税消费品组成成套消费品销售的，按高税率计税。例如：某酒厂既生产税率为20%的粮食白酒，又生产税率为10%的其他酒，如汽酒、药酒等，还生产白酒与其他小瓶装礼品套酒。按税法规定，该厂应分别计算不同税率两类酒的销售额，然后按各自适用的税率计税。但该厂没有分别核算，而是将

两类酒及礼品套酒取得的销售额混在一起计税。这样，混在一起的销售额就必须都按20%的高税率计税应纳消费税额，而不能按10%的低税率计算应纳税额。

三、应纳税额的计算

（一）从量定额计征法

从量定额计征法是按照应税消费品的计税数量和其适用的定额税率计算应纳税额。在15种应税消费品中，黄酒、啤酒、成品油按该方法计算消费税。此外，实行复合计税方法的卷烟、粮食白酒、薯类白酒，也要先征收一道从量定额税。

从量定额计征法应纳税额的计算公式为：

应纳税额=计税数量×定额税率

公式中的计税数量具体规定为：自产的应税消费品对外销售的，计税数量为应税消费品的销售数量；自产自用应税消费品的，其计税数量为应税消费品的移送使用数量；委托加工应税消费品的，其计税数量为纳税人收回的应税消费品数量；进口的应税消费品，其计税数量为海关核定的应税消费品的进口数量。

《消费税暂行条例》规定，实行从量定额征税时，黄酒、啤酒以吨为税额单位；成品油以升为税额单位。但是，在实际销售过程中，一些纳税人往往把“吨”和“升”这两个单位混用，为了规范这些消费品的计量单位，准确计算应纳税额，将计量单位的换算标准规定如下：

啤酒1吨=988升　黄酒1吨=962升汽油1吨=1388升

柴油1吨=1176升　石脑油1吨=1385升溶剂油1吨=1282升

润滑油1吨=1126升　燃料油1吨=1015升航空煤油1吨=1246升

【例题】某炼油厂某月销售汽油200吨，取得销售额88万元；销售柴油300吨，取得销售额95万元。另将自产的汽油10吨、柴油20吨用于本企业运输部门。汽油每吨的生产成本为2800元，柴油每吨的生产成本为1800元。要求计算该企业当月应纳的消费税。

分析：当月应纳消费税=(200+10)×1388×1.52+(300+20)×1176×1.2=443049.6+451584=894633.6(元)

（二）从价定率计征法

消费税是价内税，即以含消费税的价格作为计税依据，而征收消费税的消费品都属于征收增值税的货物，增值税是价外税，因此，消费税的计税价格和增值税是相同的，即二者均以含消费税不含增值税的价格作为计税价格。实行从价定率计征方法计算消费税的计算公式为：

应纳税额=计税金额×比例税率

下面分纳税人生产销售应税消费品、自产自用应税消费品、委托加工应税消费品、进口应税消费品这四种情况介绍如何计算消费税应纳税额。

1. 纳税人生产销售的应税消费品的计税依据

纳税人自产的应税消费品，在出厂销售时纳税。其计税金额为应税消费品的销售额。

（1）一般情况下应税销售额的确定

应税销售额是指纳税人销售应税消费品时向购买方收取的全部价款和价外费用。

其中的价外费用是指价格以外收取的基金、集资费、返还利润、补贴、违约金(延期付款利息)、手续费、包装费、优质费、包装物租金、储备费、运输装卸费、代收款项、代垫款项及其他各种性质的价外收费。但下列款项不属于价外费用：一是向购买方收取的销项税额。二是受托加工应征消费税的消费品代收代缴的消费税。三是同时符合以下两项条件的代垫运费，即运输部门把运费发票开给了购货方，并且纳税人将该发票转交给了购货方。其他价外费用，无论会计上如何核算，均应并入销售额计算征税。

（2）价税合并定价的应税销售额的确定

作为计税依据的销售额，不包括向购买方收取的增值税额。如果纳税人应税消费品的销售额中未扣除增值税税款或者因不得开具增值税专用发票而发生价款和增值税税款合并收取的，在计算消费税时，应换算为不含消费税的销售额，其换算公式为：

不含税的销售额=含税销售额÷(1+增值税税率或征收率)

【例题】某化妆品生产企业为增值税一般纳税人，2016 年 8 月销售化妆品一批，开具的增值税专用发票上注明的价款为 50 万元，增值税额为 8.5 万元。另外，还有一笔销售开具的是普通发票，价税合计金额为 4.68 万元。要求计算该企业 8 月份消费税的计税依据。

分析：该企业 8 月份消费税的计税依据=50+4.68÷(1+17%)=54(万元)

（3）包装物计税金额的确定

实行从价定率办法计算应纳税额的应税消费品连同包装物销售的，无论包装物是否单独计价，也无论会计上如何核算，均应并入应税消费品的销售额中征收消费税。如果包装物不作价随同产品销售，而是收取押金(酒类产品的包装物押金除外)，且单独核算又未过期的，此项押金则不应并入应税消费品的销售额征税。但对因逾期未收回的包装物不再退还的押金和已收取时间在 1 年以上的押金，应并入应税消费品的销售额，按照应税消费品的适用税率征收消费税。对既作价随同消费品销售，又另外收取的包装物押金，凡纳税人在规定的期限内不予退还的，均应并入应税消费品的销售额，按照应税消费品的适用税率征收消费税。

对酒类产品生产企业销售酒类产品(黄酒、啤酒除外)而收取的包装物押金，无论押金是否返还以及会计上如何核算，均需并入酒类产品的销售额中，依酒类产品的适用税率征收消费税。

应当注意的是，对增值税一般纳税人向购买方收取的价外费用和逾期包装物押金，应视同含增值税的收入，在征收消费税时需换算为不含税收入，然后再并入销售额计征消费税。

2. 纳税人自产自用的应税消费品的计税依据

所谓自产自用，就是纳税人生产应税消费品后，不是用于直接对外销售，而是用于自己连续生产应税消费品，或用于其他方面。用于连续生产应税消费品的，是指作为生产最终应税消费品的直接材料，并构成最终产品实体的应税消费品。用于其他方面，是指纳税人用于生产非应税消费品(指把自产的应税消费品用于生产应税消费品以外的产品)和在建工程、管理部门、非生产机构、提供劳务，以及用于馈赠、赞助、集资、广告、样品、职工福利、奖励等方面的应税消费品。

税法规定：纳税人自产自用的应税消费品，用于连续生产应税消费品的不纳税；凡用于其他方面的，于移送使用时纳税。例如：卷烟厂生产除烟丝，烟丝是应税消费品，卷烟厂用生产出的烟丝连续生产卷烟，这样，用于连续生产卷烟的烟丝就不缴纳消费税，只对生产的卷烟征收消费税。

纳税人自产自用的应税消费品，用于其他方面应当缴纳消费税的，其计税依据按照下列顺序确定：

（1）纳税人当月同类消费品的销售价格；

（2）纳税人最近时期同类消费品的销售价格；

（3）按组成计税价格计算，组成计税价格的计算公式为：

组成计税价格＝成本+利润+消费税

＝(成本+利润)÷(1−消费税税率)

＝成本×(1+成本利润率)÷(1−消费税税率)(普通消费品适用)

组成计税价格＝(成本+利润+自产自用数量×定额税率)÷(1−消费税税率)(卷烟、白酒适用)

公式中的成本是指应税消费品的生产成本，利润是指根据应税消费品的全国平均成本利润率计算的利润。应税消费品的全国平均成本利润率如表 4−2 所示。

表 4−2　应税消费品全国平均成本利润率

序号	种　类	成本利润率	序号	种　类	成本利润率
1	甲类卷烟	10%	11	摩托车	6%
2	乙类卷烟	5%	12	高尔夫球及球具	10%
3	雪茄烟	5%	13	高档手表	20%
4	烟丝	5%	14	游艇	10%
5	粮食白酒	10%	15	木制一次性筷子	5%
6	薯类白酒	5%	16	实木地板	5%
7	其他酒	5%	17	乘用车	8%
8	化妆品	5%	18	中轻型商用客车	5%
9	鞭炮、焰火	5%	19	电池	4%
10	贵重首饰及珠宝玉石	6%	20	涂料	7%

【例题】某化学用品厂将自己生产的一批化妆品发给职工，化妆品的成本为 9000 元，如果该批产品为新产品，没有同类产品销售价格，则采用组成计税价格作为计税依据：9000×(1+5%)÷(1−30%)＝13500(元)

3. 委托加工的应税消费品的计税依据

委托加工的应税消费品，是指由委托方提供原料和主要材料，受托方只收取加工费和代垫部分辅助材料加工的应税消费品。

税法规定：委托加工的应税消费品，由受托方在向委托方交货时代收代缴消费税。但是，纳税人委托个体经营者加工应税消费品的，一律于委托方收回后在委托方所在地缴纳消费税。委托加工的应税消费品的计税依据按照以下顺序确定：

（1）按照受托方同类消费品的销售价格计算纳税；

（2）没有同类消费品销售价格的，按照组成计税价格计算纳税。组成计税价格的计算公式为：

组成计税价格＝(材料成本+加工费)÷(1−消费税税率)(普通消费品适用)

组成计税价格＝(材料成本+加工费+委托加工数量×定额税率)÷(1−消费税税率)(卷烟、白酒适用)

材料成本是指委托方所提供的加工材料的实际成本，委托加工应税消费品的纳税人，必须在委托加工合同上如实注明(或以其他方式提供)材料成本，凡未提供材料成本的，受托方所在地主管税务机关有权核定其材料成本。加工费是指受托方加工应税消费品向委托方所收取的全部费用(包括代垫辅助材料的实际成本)。

【例题】某卷烟厂委托烟丝加工厂加工一批烟丝，提供材料 20 万元，支付加工费 8 万元，如果烟丝加工厂没有同类烟丝的销售价格，则计税依据采用组成计税价格，计算如下：

烟丝组成计税价格 = (20+8)÷(1−30%) = 40(万元)

烟丝加工厂代收代缴的消费税 = 40×30% = 12(万元)

纳税人将委托加工收回的应税消费品，用于连续生产应税消费品的，所纳税款准予按规定抵扣。纳税人将委托加工收回的应税消费品，以不高于受托方的计税价格出售的，为直接出售，不再缴纳消费税；委托方以高于受托方的计税价格出售的，不属于直接出售，需按照规定申报缴纳消费税，在计税时准予扣除受托方已代收代缴的消费税。

4. 进口应税消费品的计税依据

进口应税消费品，于报关进口时缴纳消费税，进口应税消费品的消费税由海关代征；进口应税消费品，由进口人或者其代理人向报关地海关申报纳税。

进口应税消费品的计税依据为海关核定的组成计税价格，其计算公式为：

组成计税价格 = (关税完税价格+关税)÷(1−消费税税率)(普通消费品适用)

组成计税价格 = (关税完税价格+关税+消费税定额税)÷(1−进口卷烟消费税适用比例税率)(卷烟、白酒适用)

【例题】某公司进口卷烟 8 箱，关税完税价格为 20 万元，关税 4 万元，适用消费税比例税率为 56%，定额税率为 150 元/箱。则组成计税价格为：

进口卷烟组成计税价格 = (20+4+8×0.015)÷(1−56%) = 54.82(万元)

应纳消费税 = 54.82×56%+8×0.015 = 30.82(万元)

(三) 复合计征法

现行消费税的征税范围中，只有卷烟、粮食白酒、薯类白酒采取复合计征。其基本计算公式为：

应纳税额 = 计税数量×定额税率+计税金额×比例税率

【例题】某卷烟生产企业，某月生产卷烟 100 标准箱，每标准条调拨价格为 75 元，按调拨价全部对外销售。要求：计算该卷烟厂应纳的消费税。(每标准箱为 250 条)

应纳税额 = 100×150+250×100×75×56% = 1065000(元)

(四) 外购(进口)已税消费品已纳税额的扣除

某些应税消费品是用外购已缴纳消费税的应税消费品连续生产出来的，如果对作为原材料的外购应税消费品已经缴纳的消费税，不允许从继续生产的应税消费品的应纳税额中扣除，就会造成重复征税，加重纳税人的负担。因此，税法规定，在对这些连续生产的应税消费品计税时，应按当期生产领用数量计算准予扣除的外购应税消费品已纳的消费税税款。扣除范围包括：

(1) 外购已税烟丝继续生产的卷烟；

(2) 外购已税化妆品原料继续生产的化妆品；

(3) 外购已税珠宝玉石继续生产的贵重首饰及珠宝、玉石；

(4) 外购已税鞭炮、焰火原料继续生产的鞭炮、焰火；

(5) 外购已税杆头、杆身和握把为原料生产的高尔夫球杆；

(6) 外购已税木制一次性筷子为原料生产的木制一次性筷子；

(7) 外购已税实木地板为原料生产的实木地板；

(8) 外购已税石脑油、润滑油、燃料油为原料生产的成品油；

(9) 外购已税汽油、柴油为原料生产的汽油、柴油。

当期准予扣除外购应税消费品已纳消费税税款的计算公式为：

当期准予扣除外购应税消费品已纳消费税税款=当期准予扣除的外购应税消费品买价×外购应税消费品适用税率

当期准予扣除的外购应税消费品买价=期初库存的外购应税消费品的买价+当期购进的应税消费品的买价-期末库存的外购应税消费品的买价

公式中外购已税消费品的买价是指购货发票上注明的销售额(不含增值税税额)。

需要注意的是，纳税人用外购的已税珠宝玉石生产的改在零售环节征收消费税的金银首饰(镶嵌首饰)，在计税时一律不得扣除外购珠宝玉石的已纳税款。

对自己不生产已税消费品，而只是购进上述应税消费品然后再销售出去的工业企业，其销售的化妆品、鞭炮焰火和珠宝玉石，凡不能构成最终消费品直接进入消费品市场，而需进一步生产加工的，应当征收消费税，同时允许扣除外购货物已纳的消费税。允许扣除已纳税款的应税消费品只限于从工业企业购进的应税消费品和进口环节已纳消费税的应税消费品，纳税人从商业企业购进应税消费品再销售出去，一律不许扣除外购货物的已纳消费税额。

【例题】某卷烟生产企业，2016 年 7 月初库存外购应税烟丝金额为 20 万元，当月又外购应税烟丝 50 万元(不含增值税)，月末库存烟丝金额 10 万元，其余全部用于生产卷烟。当月生产卷烟 100 标准箱，每条调拨价格为 55 元，按调拨价全部对外销售。要求：计算该卷烟厂当月应纳的消费税。

分析：卷烟应纳的消费税=100×150+100×250×55×36%=510000(元)

准予扣除的外购烟丝已纳的消费税税款=(20+50-10)×30%=18(万元)

该卷烟厂当月应纳的消费税=510000-180000=330000(元)

(五) 委托加工已税消费品的已纳税款的扣除

委托加工的应税消费品，因为受托方在交货时已代收代缴消费税，委托方收回后用于连续生产应税消费品的，其已纳税款准予按照规定从连续生产的应税消费品应纳消费税税额中扣除。按照国家税务总局的规定，下列连续生产的应税消费品准予从应纳消费税税额中，按当期生产领用数量计算扣除委托加工收回的应税消费品已纳消费税税款。扣除范围包括：

(1) 以委托加工收回的已税烟丝继续生产的卷烟；

(2) 以委托加工收回的已税化妆品原料生产的化妆品；

(3) 以委托加工收回的已税珠宝玉石原料生产的贵重首饰及珠宝、玉石；

(4) 以委托加工收回的已税鞭炮、焰火原料生产的鞭炮、焰火；

(5) 以委托加工收回的已税杆头、杆身和握把为原料生产的高尔夫球杆；

(6) 以委托加工收回的已税木制一次性筷子为原料生产的木制一次性筷子；

(7) 以委托加工收回的已税实木地板为原料生产的实木地板；

(8) 以委托加工收回的已税石脑油、润滑油、燃料油为原料生产的成品油；

（9）以委托加工收回的已税汽油、柴油为原料生产的汽油、柴油。

当期准予扣除的委托加工收回的应税消费品已纳消费税税款的计算公式为：

当期准予扣除的委托加工应税消费品已纳税款=期初库存的委托加工应税消费品已纳税款+当期收回的委托加工应税消费品已纳税款-期末库存的委托加工应税消费品已纳税款

需要注意的是，纳税人用委托加工收回的已税珠宝玉石生产的改在零售环节征收消费税的金银首饰，在计税时一律不得扣除委托加工收回的珠宝玉石的已纳消费税税款。

【例题】甲企业委托乙企业加工一批珠宝玉石，甲为乙提供原材料，受托加工合同上注明甲提供原材料的实际成本为7000元，支付乙企业加工费2000元，其中包括乙代垫的辅助材料500元。甲企业用收回的珠宝玉石的一半为原料，继续生产贵重珠宝并对外销售，取得不含增值税的销售额为10万元；另一半直接对外销售。要求：计算甲企业生产贵重首饰应纳的消费税。

乙企业代收代缴的消费税=[（7000+2000）÷（1-10%）]×10%=1000（元）

甲企业应纳的消费税=100000×10%-1000×1/2=9500（元）

四、征纳管理

（一）出口退（免）税

出口退免消费税与增值税最大的不同在于退税率，计算退还消费税的退税率为应税消费品所适用的消费税税率，即消费税的退税率与征税率相同；而计算退还增值税的退税率却不完全等于其征税率，需按规定的退税率计算退税额。企业应将不同消费税税率出口的应税消费品分开核算和申报，凡划分不清适用税率的，一律从低适用税率计算应退的消费税税额。

出口应税消费税退（免）消费税在政策上分为以下三种情况：

1. 出口免税并退税

适用这个政策的是：有出口经营权的外贸企业从生产企业购进应税消费品直接出口，以及外贸企业受其他外贸企业委托代理出口应税消费品。应退税额的计算有两种方法：

（1）适用从价定率征收消费税的应税消费品

应退消费税税额=出口货物的工厂销售额（不含增值税）×税率

（2）适用从量定额征收消费税的应税消费品

应退消费税税额=出口数量×单位税额

纳税人出口的应税消费品办理退税后，或者国外退货进口时予以免税的，报关出口者必须及时向其所在地主管税务机关申报补缴已退的消费税税款。

2. 出口免税但不退税

适用这个政策的是：有出口经营权的生产企业自营出口或生产企业委托外贸企业代理出口自产的应税消费品，依据其实际出口数量免征消费税，不予办理退还消费税。这里免征消费税是指对生产性企业按其实际出口数量免征生产环节的消费税。不予办理退还消费税是指因已免征生产环节的消费税，该应税消费品出口时，已不含有消费税，所以也无需再办理退还消费税了。

纳税人直接出口的应税消费品办理免税后发生退关或国外退货，进口时已予以免税的，经所在地主管税务机关批准，可暂不办理补税，待其转为国内销售时，再向其主管税务机关申报补缴消费税。

3. 出口不免税也不退税

适用这个政策的是：除生产企业、外贸企业外的其他企业，具体是指一般商贸企业，这类企业委托外贸企业代理出口应税消费品一律不予退(免)税。

(二) 纳税义务发生时间

消费税纳税义务发生时间，依货款结算方式或行为发生时间分别确定。

1. 纳税人销售的应税消费品的纳税义务发生时间

(1) 采取赊销和分期收款结算方式的，其纳税义务发生时间为销售合同规定的收款日期的当天；

(2) 采取预收货款结算方式的，其纳税义务发生时间为发出应税消费品的当天；

(3) 采取托收承付和委托收款方式销售的应税消费品，其纳税义务发生时间为发出应税消费品并办妥托收手续的当天；

(4) 纳税人采取其他结算方式的，其纳税义务发生时间为收讫销售额或取得索取销售额的凭据的当天。

2. 纳税人自产自用的应税消费品的纳税义务发生时间

纳税人自产自用的应税消费品应缴纳消费税时，其纳税义务发生时间为应税消费品移送使用的当天。

3. 纳税人委托加工的应税消费品的纳税义务发生时间

纳税人委托加工的应税消费品应缴纳消费税时。其纳税义务发生时间为纳税人提货的当天。

4. 纳税人进口的应税消费品的纳税义务发生时间

纳税人进口的应税消费品应缴纳消费税时，其纳税义务发生时间为报关进口的当天。

(三) 纳税期限

根据《消费税暂行条例》规定，消费税的纳税期限分别为 1 天、3 天、5 天、10 天、15 天、1 个月或者 1 个季度。纳税人的具体纳税期限，由主管税务机关根据纳税人应纳税额的大小分别核定，不能按规定期限纳税的，可以按次纳税。

纳税人以一个月或一个季度作为纳税期限的，自期满之日起 10 天内申报纳税；以 1 天、3 天、5 天、10 天、15 天作为纳税期限的，自期满之日起 5 天内预缴税款，次月前 10 天申报并结清上月应纳税款。

纳税人进口应税消费品时，应当自海关填发税款缴纳书之日起 15 日内缴纳税款。

(四) 纳税地点

(1) 纳税人销售的应税消费品，以及自产自用的应税消费品，除国家另有规定的外，应当向纳税人机构所在地主管税务机关申报纳税；

(2) 委托加工的应税消费品，除受托方为个体经营者外，由受托方向所在地主管税务机关解缴消费税税款；

(3) 进口的应税消费品，由进口人或者其代理人向报关地海关申报纳税；

(4) 纳税人到外县(市)销售或委托外县(市)代销自产应税消费品的，于应税消费品销售后，回纳税人核算地或所在地缴纳消费税。

(5) 纳税人的总结构与分支机构不在同一县(市)的，应在生产应税消费品的分支机构所在地缴纳消费税。但经国家税务总局及所属省国家税务局批准，纳税人分支机构应纳消费税税款也可由总机构汇总向总机构所在地主管税务机关缴纳。根据国家税务总局颁发的《消费税若干具体问题的规定》，对纳税人的总机构与分支机构不在同一省、自治区、直辖市的，如需改由总结构汇总在总机构所在地纳税的，须经国家税务总局批准；对纳税人的总机构与分支机构在同一省、自治区、直辖市内，而不在同一县(市)的，如需改由总机构汇总在总机构所在地纳税的，须经省级国家税务局批准。

(6) 纳税人销售的应税消费品，如因质量等原因由购买者退回时，经所在地主管税务机关审核批准后，可退还已征收的消费税税款，但不能自行直接抵减应纳税款。

【例题】某卷烟厂为增值税一般纳税人，2016 年 5 月发生如下经济业务：

(1) 进口卷烟 8 箱，支付给国外的货价为 160000 元，关税税率为 20%。

(2) 购进 A 种烟丝一批，取得增值税专用发票注明的价款为 100000 元，增值税 17000 元，供货方代垫运费 1000 元，款项已付，材料已验收入库。取得运费增值税专用发票上注明的增值税为 110 元；A 种烟丝本月有一半被生产甲、乙两种卷烟所耗用。

(3) 购进 B 种烟丝一批，取得的增值税专用发票注明的价款为 40000 元，增值税 6800 元，款项已付。

(4) 从农民手中收购一批烟叶，主管税务机关批准使用的收购凭证上注明的金额为 200000 元。

(5) 上月购入的 A 种烟丝因火灾损失 30000 元，等待处理。

(6) 以自己生产的卷烟 2 箱 30000 元(成本价)赠送友好单位。

(7) 销售自己生产的卷烟 6 箱，价款 150000 元，增值税款 25500 元。

(8) 将收购的烟叶 100000 元发往丙企业，委托丙企业加工烟丝，支付加工费 5000 元，增值税 850 元，丙企业无同类烟丝的销售价格。

(9) 将委托加工收回的烟丝直接出售，取得价款 150000 元，增值税 25500 元。

已知成本利润率为 10%，烟丝消费税税率为 30%，卷烟消费税定额税率为每箱(50000 支)150 元，比例税率为 56%。

要求：计算该卷烟厂本月应缴纳的消费税。

分析：(1) 进口卷烟应缴纳的消费税

定额消费税 = 150×8 = 1200(元)

进口卷烟消费税组成计税价格 = (160000+160000×20%+1200)÷(1−56%) = 439090.91(元)

进口卷烟应缴纳的消费税 = 439090.91×56%+1200 = 247090.91(元)

(2) 可以扣除的消费税 = 100000×30%×50% = 15000(元)

(3)、(4)、(5)笔业务涉及不到消费税的计算。

(6) 赠送卷烟应纳的消费税

定额消费税 = 2×150 = 300(元)

卷烟的组成计税价格 = [30000×(1+10%)+300]÷(1−56%) = 75681.82(元)

卷烟应纳的消费税 = 300+75681.82×56% = 42681.82(元)

(7) 销售卷烟应纳的消费税

150000×56%+150×6 = 84900(元)

(8) 丙企业代收代缴的消费税

(100000+5000)÷(1−30%)×30% = 45000(元)

(9) 第 9 笔业务委托加工收回时售价不高于受托方代收代缴消费税的计税依据，再出售时不用缴纳消费税。

该企业当月应缴纳的消费税合计 = 247090.91+42681.82+84900−15000 = 359672.73(元)

第二节　消费税纳税人的纳税筹划

一、消费税纳税筹划常用策略

(1) 企业合并。当纳税人用外购的、委托加工收回的已税消费品继续生产应税消费品且不需抵扣已纳消费税时，两个环节都要缴纳消费税但后一环节税率低时，采用企业合并方法可以减少应纳税额。

(2) 增加流转环节，设立独立的销售公司或门市部。通常独立核算的销售公司或门市部不是消费税的纳税人，采用这种方法可以降低消费税计税依据，减少应纳税额。

(3) 先销售后包装或成立独立的包装公司。采用这种方法消费税的计税依据中不包括包装费，降低了计税依据。

(4) 如包装物可以不随产品销售，采取收押金方式。

(5) 自产自用的特殊消费品，成本尽量降低。当自产自用消费品无同类货物销售价格时，应按组成计税价格作为计税依据，组成计税价格的高低取决于成本，成本计算时通过成本费用合理分摊方法使成本降低一些可减少消费税税额。

(6) 合理定价以适用较低税率。啤酒、高档手表、卷烟等消费品税率的规定都和价格有关，可以利用价格临界点合理定价以适用较低的税率。

(7) 推迟纳税义务发生时间。纳税人在条件许可时推迟纳税义务发生时间可达到晚缴税的目的，这和增值税的筹划一样。

二、消费税纳税人的纳税筹划

消费税纳税人可以采用企业合并的方法进行纳税筹划。

(1) 企业合并会使原来企业与企业之间的购销行为转变为企业内部的购销行为，而企业内部的购销行为不需要缴纳消费税。

(2) 如果后一环节的消费税税率较前一环节的消费税税率低，则通过企业合并，可直接减轻企业的消费税税负。

【例题】西南地区有两家大型酒厂A和B，都是独立核算的法人。A企业主要经营粮食白酒，以当地生产的大米和玉米为原料进行酿造，适用税率20%。B企业以A企业生产的粮食白酒为原料，生产系列药酒，适用税率10%。A企业每年要向B企业提供价值2000万元，即500万千克的粮食白酒。B企业每年药酒的销售额为5000万元。

要求：为A、B企业进行纳税筹划。

分析：现两个企业应缴纳消费税：

A企业 = 2000×20%+500×2×0.5 = 900(万元)

B企业 = 5000×10% = 500(万元)

纳税筹划方案：如A企业将B企业兼并，应纳消费税：

5000×10% = 500(万元)

结论：由于用外购的酒类产品继续生产酒类产品不许抵扣已纳的消费税，所以才有企业合并的方法可以从整体上减轻企业税负。

二、独立核算部门与非独立核算部门的筹划

税法规定：纳税人通过自设非独立核算门市部销售自产应税消费品，应按门市部对外销售额或销售数量计算征收消费税。而独立核算的门市部或销售子公司不缴纳消费税，只缴纳增值税。

【例题】某酒厂主要生产粮食白酒，产品销售给全国各地的批发商。同时本地的一些小批发商、商业零售户、酒店、消费者等每年也会直接到工厂购买白酒。根据历年的数据，这类销售每年大约7000箱(70000瓶，500克/瓶)。为方便消费者，也为提高企业的盈利水平，该厂在市区设立了非独立核算的门市部，酒厂按同类批发价800元/箱与门市部结算，门市部按880元/箱对外销售。

要求：为该酒厂进行纳税筹划。

分析：该门市部现在应纳消费税：

7000×880×20%+70000×0.5=1267000(元)

筹划方法：由设立非独立核算的门市部改为设立独立核算的门市部或销售公司。生产企业缴纳消费税，门市部或销售公司不缴消费税。纳税人发生改变，从而使消费税计税依据降低。

该企业应纳消费税：

7000×800×20%+70000×0.5=1155000(元)

结论：由非独立核算的门市部改为设立独立核算的门市部后，消费税节税112000元。

三、消费税纳税人筹划注意事项

(1) 企业合并方法只在特定情况下采用。

(2) 设立独立核算的门市部或销售子公司是常用情况，适用范围广泛。企业规模不大，通常设立独立核算的门市部；企业规模达到一定程度时，往往成立销售子公司。

第三节　消费税计税依据的纳税筹划

一、关联企业转让定价的纳税筹划

生产企业把消费品销售给独立核算的门市部或销售公司，生产企业交消费税，但独立核算门市部或销售公司不需要交消费税。采用这种方法进行纳税筹划时，要注意：企业与独立核算销售部门之间的产品转让定价要合理、有据。例如：国家税务总局规定：自2009年8月1日起，白酒生产企业销售给销售单位的白酒，生产企业销售价格不宜低于销售单位对外销售价格(不含增值税)的70%。否则，税务机关应核定消费税最低计税价格。

【例题】某企业小汽车的正常出厂价为115200元/辆，适用税率为5%。而该厂分设了独立核算的经销部，向经销部供货时价格定为88200元/辆，当月出厂小汽车200辆。

要求：分析企业通过设立独立核算的经销部节税多少。

分析：两种销售方式税负对比如下：

生产厂家直接销售，应纳消费税额为：

115200×200×5%=1152000(元)

由经销部销售，生产厂家应纳消费税额为：

88200×200×5%=882000(元)

由此，企业少纳消费税：1152000-882000=270000(元)

注意：关联企业利用转让定价进行纳税筹划，价格要控制在合理范围内，否则税务机关会要求调整计税价格。

二、包装物的纳税筹划

《消费税暂行条例》及其实施细则的规定：应税消费品连同包装物销售的，无论包装物是否单独计价，也不论在会计上如何核算，实行从价定率计算消费税部分，均应并入应税消费品的销售额征收消费税。

包装物纳税筹划技巧：先销售后包装或单独成立包装公司。

（一）先销售后包装

习惯上，工业企业销售产品，都采取“先包装后销售”的方式进行，包装物也缴纳消费税。如果改成“先销售后包装”方式，不仅可以大大降低消费税税负，而且增值税税负仍然保持不变。所以，“先销售后包装”是消费税筹划时的常用方法。

【例题】甲公司2016年10月销售给超市化妆品一批，取得销售收入25万元，其中包括价值22万元的化妆品和价值3万元的包装物，上述价格均为不含增值税的价格。则甲公司应纳消费税=250000×30%=75000元。

要求：分析甲公司应如何针对包装物进行消费税纳税筹划。

分析：筹划方案一：单独成立一家包装公司，以22万元的价格销售给包装公司，包装公司包装后销售给超市不需要缴纳消费税。

筹划方案二：先以22万元的价格销售给超市，由超市自行包装后销售。

甲公司应纳消费税=220000×30%=66000(元)

结论：这两种筹划方式都可以，实际要看哪种方式更容易采用再选用哪一种。

【例题】某日用化妆品厂，将生产的化妆品、护肤护发品、小工艺品等组成成套消费品销售。每套消费品由下列产品组成：化妆品包括一瓶香水(30元)、一瓶指甲油(10元)、一支口红(15元)；护肤护发品包括两瓶浴液(25元)、一瓶摩丝(8元)、一块香皂(2元)；化妆工具及小工艺品(10元)、塑料包装盒(5元)。化妆品消费税税率为30%。上述价格均不含税。该厂按照习惯做法，将产品包装后再销售给商家。

要求：分析该化妆品厂该做法对消费税税额的影响并进行纳税筹划。

分析：该化妆品厂进行成套消费品销售，但其中有很大一部分产品不属于消费税征税范围。税法规定成套消费品都要缴纳消费税，所以该企业相当于多缴纳了消费税。

现行做法应纳消费税=(30+10+15+25+8+2+10+5)×30%=31.5(元)

纳税筹划思路：若改变做法，将上述产品先分别销售给商家，再由商家包装后对外销售(注：实际操作中，只是换了个包装地点，并将产品分别开具发票，账务上分别核算销售收入即可)。

应纳消费税=(30+10+15)×30%=13.5(元)

结果：每套化妆品节税额为31.5-13.5=18(元)，建议消费税纳税人如果进行成套消费品销售，其中的产品应该都属于消费税征税品，否则就不要进行成套销售，避免多缴纳消费税。

（二）包装物押金的筹划

1. 包装物押金的征税规定

（1）连同应税消费品销售的包装物：无论包装物是否单独计价以及在会计上如何核算，均应并入应税消费品的销售额中缴纳消费税。

（2）包装物不作价随同产品销售，而是收取押金：押金不应并入应税消费品的销售额中征税，但对因逾期未收回的包装物不再退还的或者已收取的时间超过12个月的押金，应并入应税消费品的销售额，按照应税消费品的适用税率缴纳消费税。

(3) 既随应税消费品销售又收押金的包装物：押金暂不并入销售额征税，只对作价销售的包装物征收消费税，但纳税人在规定期限内没有退还的，均应并入应税消费品的销售额，按照应税消费品的适用税率缴纳消费税。

(4) 酒类产品包装物押金的特殊规定：对酒类产品生产企业销售酒类产品而收取的包装物押金，无论押金是否返还，会计上如何核算，均需并入酒类产品销售额中依酒类产品的适用税率征收消费税。而对销售啤酒、黄酒所收取的押金，按一般押金的规定处理。

2. 纳税筹划思路

企业如果想在包装物上节省消费税，应采取包装物不作价随同产品销售，而是收押金的方式，而且要使押金在规定时间内收回，则押金可不并入销售额计算缴纳消费税。

【例题】某高尔夫球具厂，属增值税一般纳税人，某月销售高尔夫球杆500个，每个球杆售价为5000元(不含增值税)，这批球杆耗用包装盒500只，每只包装盒售价20元(不含增值税)，球杆的消费税税率为10%。

要求：分析该高尔夫球具厂对包装盒如何处理才能最大限度地节税。

分析：

方法一：企业将包装盒作价连同球杆一并销售，包装盒应并入售价当中缴纳消费税。

$$应纳消费税=(5000\times500+20\times500)\times10\%=251000(元)$$

方法二：企业将包装盒不作价销售而是收取押金，每只包装盒收取20元的押金，则此项押金不应并入应税消费品的销售额计税消费税。

$$应纳消费税=5000\times500\times10\%=250000(元)$$

如包装盒在规定期限内(一般为1年)未收回，应将此项押金作为销售额纳税。由于收取的押金作为价外费用，应属含税的款项。

$应纳消费税=5000\times500\times10\%+20\times500\div1.17\times10\%=250854.7(元)$

结论：该高尔夫球具厂应采用收取押金的方式，即使一年后对方未返还包装物，企业要交税，但相当于得到了押金一年的无偿使用权。

三、自产自用消费品的纳税筹划

(一) 应税消费品特殊业务的纳税筹划

税法规定：纳税人自产的应税消费品用于换取生产资料和消费资料、投资入股或抵偿债务等方面，应当按照纳税人同类应税消费品的最高销售价格作为计税依据。

在实际操作中，当纳税人用应税消费品换取货物或者投资入股时，一般是按照双方的协议价或评估价确定的，而协议价往往是市场的平均价。如果按照同类应税消费品的最高销售价作为计税依据，显然会加重纳税人的负担。

筹划思路：如果产品能够顺利销售，采取先销售后入股(换货、抵债)的方式，能减轻税负。如果产品销路不畅，则应选取销售价格较稳定的消费品换取生产资料和消费资料、投资入股或抵偿债务。

【例题】某摩托车生产企业，当月对外销售同型号的摩托车时共有三种价格，以4000元的单价销售80辆，以4500元的单价销售16辆，以4800元的单价销售8辆。当月以32辆同型号的摩托车与甲企业换取原材料。双方按当月的加权平均销售价格确定摩托车的价格，摩托车消费税税率为10%。

要求：为该企业进行纳税筹划。

分析：由于该摩托车生产企业拿自产摩托车换取生产资料，应按同类应税消费品的最高销售价格作为计税依据。所以：

该企业纳税筹划前应纳消费税：4800×32×10% = 15360(元)

筹划思路：将这32辆摩托车按照当月的加权平均价销售后，再向对方购买原材料。

筹划后应纳消费税 = (4000×80+4500×16+4800×8)÷(80+16+8)×32×10% = 13243.07(元)

结果：企业减轻消费税税负2116.93元。

【案例】2016年8月2日，东城汽车厂以20辆小汽车向东风汽车出租公司投资入股。按双方协议：每辆汽车折价款16万元，每辆车生产成本8万元，正常售价为16万元，上月最高售价为17万元(不含增值税)。

要求：分析东城汽车厂这一做法符合纳税筹划精神吗？

分析：该汽车厂这种做法不可取。按照消费税相关规定，该汽车厂投资入股的20辆小汽车要按照17万元的最高销售价格计算消费税，投资协议上每辆车只折价16万元，造成消费税计税依据和投资额不一致的情况，建议该汽车厂先销售小汽车再以货币资金进行投资。

（二）其他自产自用消费品的纳税筹划

1. 计税依据的确定顺序

有同类消费品售价可供参考的，直接参考；无同类消费品售价可供参考的，按组成计税价格计算应缴纳的消费税。

2. 纳税筹划思路

用两种方法计算并比较应纳税额，然后再通过生产方式的安排选择有无同类消费品售价可供参考。

【例题】某酒厂将自产的薯类白酒15吨发给职工，薯类白酒的适用税率为20%，0.5元/斤。假设有以下两种情况：

(1) 当月以3888元/吨的价格外销750吨，以3930元/吨的价格外销150吨。则发给职工的15吨薯类白酒应纳消费税为：

当月薯类白酒平均销售价格：

(750×3888+150×3930)÷(750+150) = 3895(元/吨)

发给职工的15吨白酒应纳税额 = 15×1000×1+15×3895×20% = 26685(元)

(2) 如果该企业没有外销薯类白酒，经查每吨薯类白酒的成本为1982元，税法规定薯类白酒的全国平均成本利润率为5%，则该企业发给职工15吨薯类白酒应纳消费税额为：

每吨白酒组成计税价格 = (1982+1982×5%+1000)÷(1-20%) = 3851.38(元)

应纳税额 = 15×1000×1+15×3851.38×20% = 26554(元)

结论：按组成计税价格计算应纳税额即方案二纳税额较少。所以企业可单独生产福利产品，通过成本费用的计算与分摊，降低组价然后按组价计算纳税。

四、外购(委托加工收回)已税消费品用于连续生产的纳税筹划

税法规定：纳税人用外购的、进口的或委托加工收回的已税消费品生产应税消费品的，可以按生产领用数量扣除已税消费税的税款。但是，需要注意：

(1) 允许扣除的消费税只限于从工业企业购进的消费品已纳消费税。

(2) 购进已税消费品如取得普通发票，换算为不含税销售额一律按3%的征收率折算。

(3) 连续生产的应税消费品与已税消费品必须在同一个税目中，即必须是同类消费品才能抵税。

(4) 酒、小汽车、高档手表、游艇的已纳消费税不得扣除。

(5) 纳税人用委托加工收回的已税珠宝玉石生产的应在零售环节征收消费税的金银首

饰，不得扣除已纳消费税。

（6）企业以接受投资、赠予、抵债等方式取得的已税消费品，所含消费税不许扣除。

纳税筹划思路：小规模纳税人从一般纳税人购进消费品，由于不需要抵扣增值税，可要求对方开具增值税普通发票，这样可以扣除的消费税可以多一些。

一般纳税人从一般纳税人购进消费品，由于需要抵扣增值税，必须要求对方开具增值税专用发票，不能因为多扣除一些消费税而影响增值税进项税额的抵扣。

【例题】某卷烟生产企业为增值税小规模纳税人，2015 年 6 月从某烟丝生产企业购进应税消费品烟丝，支付价税合计 234016 元，消费税税率为 30%。

思考：该烟厂如何从取得发票的类型上进行消费税纳税筹划？

分析：买方为增值税小规模纳税人，购进烟丝无论取得增值税专用发票还是普通发票，不影响其增值税税负。但对可以扣除的消费税影响不同。

若取得普通发票，允许扣除的消费税为：

234016/1.03×30% = 68160（元）

若取得增值税专用发票，允许扣除的消费税为：

234016/1.17×30% = 60004.1（元）

结论：所以购买方应选择从卖方取得普通发票。即当小规模纳税人生产企业从一般纳税人购进已税消费品连续生产应税消费品时，应从对方取得普通发票。

【例题】某集团公司由甲公司和乙公司以及其他公司共同组成，甲公司生产玉石，卖给乙公司用于连续生产高档手表。甲公司玉石年销售额为 500 万元，乙公司高档手表年销售额为 5000 万元。玉石消费税税率为 10%，高档手表消费税税率为 20%。

要求：试分析如何进行纳税筹划才能减轻该集团公司的消费税税负？

分析：三个筹划方案：

方案一：维持现状。

甲公司应纳消费税：500×10% = 50（万元）

乙公司应纳消费税：5000×20% = 1000（万元）

注意：玉石和高档手表不属于同一税目，乙公司从甲公司购进的玉石已纳消费税不许扣除。

整个集团公司应纳消费税 1050 万元。

方案二：甲乙公司在交易时适当利用转让定价，适当降低中间产品——玉石的售价。

假定降价后，甲公司玉石年销售额为 400 万元。

甲公司应纳消费税：400×10% = 40（万元）

乙公司应纳消费税：5000×20% = 1000（万元）

集团公司整体消费税降低 10 万元，甲公司销售收入和利润下降，乙公司销售收入不变，利润上升，集团公司的销售收入和利润未变。

方案三：将甲公司和乙公司合并为一个独立核算的子公司。甲公司和乙公司转变成两个生产车间。由于中间产品玉石未销售，不缴纳消费税，只有高档手表缴纳消费税。集团公司整体应纳消费税：

5000×20% = 1000（万元）

该方案比方案一节税 50 万元，比方案二节税 40 万元，是较好的方案。

总结：纳税人在用已税消费品继续生产应税消费品，且两种消费品为不同企业生产、不属同一消费税税目时，通过企业合并或转让定价的方法，可以节约消费税支出。

五、进口应税消费品的纳税筹划

进口的应税消费品，实行从价定率办法计算应纳税额的，按照组成计税价格计算纳税。

组成计税价格＝(关税完税价格+关税)÷(1-费税税率)

实行从量计税办法计算应纳税额的，计税依据为进口应税消费品数量，该进口数量为海关核定的应税消费品进口征税数量。这里基本无筹划空间。

实行从价定率办法计算应纳税额的，计税依据为进口应税消费品的组成计税价格，即(关税完税价格+关税)/(1-消费税税率)。所以消费税筹划思路中关税完税价格是筹划的重点，纳税人应尽可能降低到岸价格以及其他组成关税完税价格的因素并获取海关认可。

第四节　消费税税率的纳税筹划

一、兼营不同税率应税消费品的纳税筹划

筹划思路：在企业的生产经营中，往往会发生同一企业生产不同税率的产品，并分别销售的情况。企业从降低自身税收负担的角度考虑，应严格将不同税率产品的销售额和销售数量分别核算，否则对全部产品统一适用高税率征税。

【例题】某酒厂本月生产并销售粮食白酒150吨，实现销售收入75万元，同时销售酒精50吨，实现销售收入10万元。按照规定，粮食白酒应在缴纳20%从价税的基础上再缴纳每千克1元的从量税，酒精不征收消费税。

要求：计算该企业未分别核算白酒和酒精的销售额和分别核算两种情况下应纳的消费税？

分析：方案一：两种产品未分别核算时——从高适用税率

该月应缴纳消费税＝(750000+100000)×20%+(150+50)×1000×1＝37(万元)

方案二：两种产品分别核算时——应税消费品白酒征税，非应税消费品酒精不征收。

应缴纳消费税＝750000×20%+150×1000×1＝30(万元)

结果：分别核算比未分别核算减少了7万元的税收负担。所以企业在日常经营过程中一定要严格执行将不同税率的消费品分别核算。

二、白酒税率的纳税筹划

在酒这一税目中，白酒的税负最重，黄酒、啤酒、其他酒的税负比白酒要轻很多。所以，企业可去酒的种类上进行纳税筹划。

【例题】某酒厂每月白酒销售量达40吨，不含税销售额为32万元。为减轻税负，财务经理建议将白酒继续加工成药酒后销售。加工后的售价可达到52万元。药酒消费税税率为10%。

要求：对该财务经理的纳税筹划建议进行分析并作出评价？

分析：该酒厂直接销售白酒时：应纳消费税＝32×20%+40×0.2×0.5＝10.40(万元)

把白酒加工成药酒后销售时：应纳消费税＝52×10%＝5.2(万元)

总结：由于药酒比白酒税率低，从纳税角度看该建议可行。但从企业经营战略看，必须在药酒销路可以时才可以采纳财务经理的建议。

三、白酒价格临界点筹划方法

由于消费税征税环节的单一性，白酒生产企业大都设立独立核算的门市部或销售公司，生产企业把白酒低价销售给销售公司，从而达到少交消费税的目的。但是2009年8月1日开始实施的《白酒消费税最低计税价格核定管理办法(试行)》规定：白酒生产企业销售给销

售单位的白酒，生产企业销售价格不宜低于销售单位对外销售价格(不含增值税)的70%。否则，税务机关应核定消费税最低计税价格。已核定最低计税价格的白酒，生产企业实际销售价格高于消费税最低计税价格的，按实际销售价格申报纳税；实际销售价格低于消费税最低计税价格的，按最低计税价格申报纳税。

在市场经济条件下，企业产品的价格弹性空间往往较大，所以在国家已经对利用关联企业转让定价避税进行了严格限制的前提下，白酒生产企业只能在弹性空间内利用价格差异来进行纳税筹划，在定价前和销售公司进行协调，使出厂价比销售公司对外销售价格的70%略高一些。

四、啤酒税率的纳税筹划——价格临界点纳税筹划

现行啤酒消费税税率：每吨啤酒出厂价格(含包装物及包装物押金，不含增值税)≥3000元，250元/吨；每吨啤酒出厂价格(含包装物及包装物押金，不含增值税)<3000元，220元/吨；娱乐业、饮食业自制啤酒，250元/吨。同时相关税法也规定：对销售除啤酒、黄酒所收取的包装物押金，按一般押金的规定处理，即销售啤酒、黄酒所收取的包装物押金，若单独核算，将不影响企业的增值税税负。但由于包装物押金要计入啤酒的出厂价格，有可能影响啤酒计征消费税的税率。所以啤酒厂家在定价时不要忽视包装物押金。这样就相当于对啤酒实行全额累进税率，出厂价3000元附近，啤酒厂税收负担变化较大，会出现税收负担的增加大于计税依据增加的不合理情况，所以在定价时要慎重。

下面测算啤酒的无差异价格临界点(即每吨价格高于3000元时的税后利润与每吨价格等于2999.99元时的税后利润相等时的价格)。设临界点的价格为X(由于其高于3000元，故适用250元的税率)，销售数量为Y，即：

应纳消费税$=250\times Y$

应纳增值税$=XY\times 17\%-$进项税额

应纳城建税及教育费附加$=[250\times Y+(X\times 17\%-$进项税额$)]\times(7\%+3\%+2\%)$

应纳企业所得税$=\{XY-$成本$-250\times Y-[250\times Y+(XY\times 17\%-$进项税额$)]\times(7\%+3\%+2\%)\}\times$所得税税率

税后利润$=\{XY-$成本$-250\times Y-[250\times Y+(XY\times 17\%-$进项税额$)]\times(7\%+3\%+2\%)\}\times(1-$所得税税率$)$ ①式

每吨价格等于2999.99元时税后利润为：

$\{2999.99Y-$成本$-220\times Y-[220\times Y+(2999.99Y\times 17\%)-$进项税额$]\times(7\%+3\%+2\%)\}\times(1-$所得税税率$)$ ②式

令①式与②式相等，则有：

$X=2999.99+32.93=3032.93$(元)

即：临界点的价格为3032.93元时，两者的税后利润相同。

当销售价格大于3032.93元时，纳税人才能获得节税利益。

当销售价格超过3000元但小于3032.93元时，纳税人取得的税后利润反而低于每吨价格为2999.99元时的税后利润，为提价的不可行区间。

【例题】某啤酒厂销售甲型啤酒40吨给某商场，开具增值税专用发票注明价款116000元，收取包装物押金5000元；销售乙型啤酒20吨给某饭店，开具普通发票取得收入64000元，收取包装物押金3000

元。应纳消费税分析如下：

甲型啤酒的出厂单价为：(116000+5000/1.17)÷40=3006.84(元)，出厂价大于临界点，所以应适用250元/吨的税率。

乙型啤酒的出厂单价为：(64000+3000)÷1.17÷20=2863.25(元)，出厂价小于临界点，所以应适用220元/吨的税率。

该啤酒厂应纳消费税：40×250+20×220=14400(元)

纳税筹划方案：该啤酒厂应纳的消费税可以这样筹划：由于甲型啤酒的出厂价在提价不可行区间内，所以应将甲型啤酒的出厂单价降低一些，使其适用低税率。更为明智的做法是把收取的单独核算的包装物押金降低一些，这样对企业的利润没有丝毫影响，却能够达到少交消费税的目的。

设销售甲型啤酒收取押金 X 元，$(116000+X\div1.17)\div40<3000$，得 $X<4680$。

如果将收取的押金降为4680元以下，甲型啤酒就适用220元/吨的低税率，则应缴消费税：40×220+20×220=11000元，这样一来就节税3400元。

结论：啤酒厂可以利用收取押金金额来把出厂价控制在3000元以内，从而适用低税率。

五、卷烟消费税税率——利用卷烟价格临界点进行纳税筹划

根据卷烟消费税税率的规定，卷烟调拨价格70元为临界点，在临界点附近，企业收入增加的金额将小于税收增加的金额，得不偿失，是企业提价的不可行区域或纳税禁区。当售价处于纳税禁区之内时，应采取降价措施，使售价摆脱纳税禁区，实现经济利益最大化。当售价处于纳税禁区之外时，售价越高，获得利益越大。

下面测算卷烟的无差异价格临界点(即每标准条调拨价格高于70元时的税后利润与每标准条调拨价格等于69.99元时的税后利润相等时的价格)。根据税法规定，设无差异价格临界点的价格为 X，增值税税率为17%，城建税的税率为7%时，可得：

X-成本-X×56%-从量税-[X×56%+从量税+(X×17%-进项税额)]×(7%+3%)=69.99-成本-69.99×36%-从量税-[69.99×36%+从量税+(69.99×17%-进项税额)]×(7%+3%+2%)

解得：X=114.47(元)

因此，当卷烟调拨价格在70~114.47元时，企业将销售价格降低至70元以下，消费税税率降低带给企业的利润增加将会弥补价格降低造成的损失。同理，当城建税税率为5%、1%时，可计算出临界点价格为111.95元和107.45元。

卷烟厂每标准条卷烟调拨价格提价的不可行区域，如下表所示。

序号	城建税税率	教育费附加率	地方教育费附加率	提价不可行区域
1	7%	3%	2%	70~114.47
2	5%	3%	2%	70~111.95
3	1%	3%	2%	70~107.45

【例题】某卷烟厂为增值税一般纳税人，2016年6月销售卷烟4000标准条，每条调拨价格为75元(不含增值税)，该烟厂位于市区，当月缴纳消费税及附加为：

(4000/250×150+75×4000×56%)×(1+7%+3%+2%)=190848(元)

如果考虑调拨价格和税率的临界点，把调拨价格降为68元，假设不考虑增值税。

则当月应纳消费税及附加为：

(4000/250×150+68×4000×36%)×(1+7%+3%+2%)=112358.4(元)

经过纳税筹划后：

企业收入减少：(75-68)×4000=28000(元)

消费税及附加减少：190848-112358.4=78489.6(元)

税后利润增加：78489.6-28000=50489.6(元)

由于税后利润增加，证明降价对企业是有利的。当然，如果企业生产的是高档卷烟，其价格远远高于临界点70元的价格，则为降低税负而调低价格到70元以下，结果往往得不偿失。比如企业生产卷烟的价格为150元/条，采取降低价格减轻税负的方式就不够妥当。

六、手表起征点的纳税筹划

税法规定：高档手表税率20%，非高档手表不征收消费税。高档手表是指销售价格(不含增值税)每只在10000元(含)以上的各类手表。

纳税筹划思路：10000元相当于手表的起征点，所以手表生产厂家要定价要谨慎，通常根据利润多少来决定定价高低。

【例题】甲企业是一家中高端手表生产企业，2016年生产并销售某一款中高档手表，每只手表的成本费用为5000元。

要求：为企业确定销售价格。

分析：手表的定价禁区：若手表定价9999.99元，则不交消费税，如果定价大于等于10000元，需交消费税。

设纳税平衡点定价为X，则：

$X-X\times20\%\times1.12=9999.99$

解得：$X=12886.59$(元)

即：甲企业要么定价低于1万元，获取免税待遇；要么定价高于12886.59元，使得增加的收入可以弥补多交的税费。

七、小汽车税率的纳税筹划

税法规定：小汽车根据气缸容量大小来设计税率，摩托车气缸容量(排气量，下同)为250毫升的，税率为3%；气缸容量在250毫升(不含)以上的，税率为10%。

纳税筹划思路：对于汽车、摩托车生产厂家来说，需要采用改进产品设计的方法来进行临界点纳税筹划。应加大技术研发力度，将本企业的应税小汽车或摩托车的气缸容量降低到临界点以下，多生产小排量、质量可靠、节能降耗的产品，从而能够适用较低的消费税税率，少交或不交消费税，降低产品价格，扩大销量最终提高利润。

【本章小结】

消费税是对在我国境内生产、委托加工和进口应税消费品的单位和个人，按应税消费品的销售额或销售数量征收的一种流转税。和增值税不同，它只对部分消费品实行特殊调节，除卷烟外，征税环节具有单一性。消费税纳税筹划非常重要，通常应从独立核算的门市部或销售子公司的设立、独立包装公司的设立等来降低计税依据、利用价格临界点从而适用低税率等方面来进行。这些纳税筹划方法在纳税人的实际经营过程中应用也比较普遍。

【课后练习题】

一、单项选择题

1. 企业发生的下列行为中，不需要缴纳消费税的是(　　)。

A. 用自产的应税消费品换取生产资料

B. 用自产的应税消费品支付代扣手续费

C. 把自产应税消费品用于继续生产应税消费品

D. 在销售数量之外另付给购货方自产的应税消费品作为奖励

2. 某啤酒厂销售 A 型啤酒 20 吨给副食品公司，开具税控专用发票收取价款 58000 元，收取包装物押金 3000 元；销售 B 型啤酒 10 吨给宾馆，开具普通发票收取 32760 元，收取包装物押金 1500 元。该啤酒厂应缴纳的消费税是(　　)。

A. 5000 元　　B. 6600 元　　C. 7200 元　　D. 7500 元

3. 下列各项中，不符合应税消费品销售数量规定的是(　　)。

A. 生产销售应税消费品的，为应税消费品的销售数量

B. 自产自用应税消费品的，为应税消费品的生产数量

C. 委托加工应税消费品的，为纳税人收回的应税消费品数量

D. 进口应税消费品的，为海关核定的应税消费品进口征税数量

4. 某汽车制造厂以自产小汽车 20 辆投资某广告公司取得 20%股份，双方确认价值 750 万元。该厂生产的同一型号的小汽车售价分别为 40 万元/辆、38 万元/辆、36 万元/辆，则用作投资入股的小汽车应缴纳的消费税为(　　)万元。(消费税税率为 5%，以上售价均为不含税价)

A. 30　　B. 35　　C. 40　　D. 0

5. 某酒厂 2015 年 11 月份生产一种新的粮食白酒，对外赞助 0.5 吨，已知该种白酒无同类产品出厂价，生产成本每吨 40000 元，成本利润率为 10%，粮食白酒定额税率为每斤 0.5 元，比例税率为 20%。计算该厂当月应缴纳的消费税为(　　)元。

A. 5675　　B. 5125　　C. 6125　　D. 6360

6. 纳税人委托个体经营者加工应税消费品，消费税应(　　)。

A. 由受托方代收代缴　　B. 由委托方在受托方所在地缴纳

C. 由委托方收回后在委托方所在地缴纳　　D. 由委托方在受托方或委托方所在地缴纳

7. 应税消费品价格明显偏低又无正当理由的，税务机关有权核定其计税价格。下列应税消费品应由国家税务总局核定计税价格的是(　　)。

A. 游艇　　B. 高尔夫球　　C. 高档手表　　D. 小汽车

8. 下列项目中，属于应征消费税的小汽车税目征收范围的是(　　)。

A. 电动汽车　　B. 高尔夫车

C. 中轻型商务客车　　D. 企业购进货车改装生产的商务车

9. 实行复合计税征税办法的产品是(　　)。

A. 石脑油　　B. 啤酒　　C. 粮食白酒　　D. 黄酒

10. 纳税人将应税消费品与非应税消费品以及适用税率不同的应税消费品组成成套消费品销售的，应按(　　)。

A. 应税消费品的平均税率计征　　B. 应税消费品的最高税率计征

C. 应税消费品的不同税率，分别计征　　D. 应税消费品的最低税率计征

11. 下列不缴纳消费税的有(　　)。

A. 烟　　B. 酒　　C. 鞭炮　　D. 茶

12. 下列不属于消费税纳税期限的有(　　)。

A. 1 天　　B. 3 天　　C. 一个季度　　D. 一年

13. 某化妆品公司于 2016 年 3 月将一批自制化妆品用于职工福利，该公司无同类消费品销售价格，该批产品成本为 10 万元，成本利润率为 5%，消费税税率 30%，该批产品应纳消费税税额为(　　)万元。

A. 4.5　　B. 4　　C. 3.5　　D. 5.5

14. 根据消费税法律制度规定，消费税纳税人以一个月为一期纳税的，其申报纳税的期限为自期满之

日起(　　)日内。

A. 5　　B. 10　　C. 15　　D. 30

15. 按征管权限来分，消费税属于(　　)。

A. 中央税　　B. 地方税　　C. 中央地方共享税　　D. 直接税

二、多项选择题

1. 下列单位中不属于消费税纳税人的有(　　)。

A. 生产销售应税消费品(金银首饰除外)的单位

B. 委托加工应税消费品的单位

C. 进口应税消费品(金银首饰除外)的单位

D. 受托加工应税消费品的单位

E. 批发粮食白酒的单位

2. 下列消费品移送使用时应缴纳消费税的有(　　)。

A. 将自产烟丝移送用于生产卷烟

B. 自产卷烟用于职工福利

C. 自产化妆品用作广告样品

D. 外购烟丝移送用于生产卷烟

3. 依据消费税的规定，下列应税消费品中，准予扣除外购已纳消费税的有(　　)。

A. 以已税烟丝为原料生产的卷烟

B. 以已税珍珠为原料生产的珍珠首饰

C. 以已税珠宝玉石为原料连续生产的金银首饰

D. 以已税润滑油为原料生产的润滑油

E. 以已税杆头、杆身和握把为原料生产的高尔夫球杆

4. 根据消费税现行政策的有关规定，下列说法正确的有(　　)。

A. 纳税人通过自设非独立核算门市部销售的自产应税消费品，应当按照门市部对外销售额或者销售数量计算征收消费税

B. 白酒生产企业销售给销售单位的白酒，生产企业消费税计税价格高于销售单位对外销售价格 60% 以上的，税务机关暂不核定消费税最低计税价格

C. 计算啤酒出厂价格时，包装物押金不计算在内

D. 卷烟在生产和批发环节计征消费税

5. 下列环节既征消费税又征增值税的有(　　)。

A. 卷烟的生产和批发环节

B. 金银首饰的生产和零售环节

C. 金银首饰的零售环节

D. 化妆品的生产环节

6. 下列货物销售征收消费税的有(　　)。

A. 汽车销售公司代销小汽车

B. 汽车修理厂销售汽车轮胎

C. 金店零售金银首饰

D. 化妆品生产企业出口化妆品

E. 手表厂生产销售高档手表

三、判断题

1. 消费税的纳税人肯定是增值税的纳税人。(　　)

2. 除进口货物外，消费税一律在生产者销售时纳税。(　　)

3. 实行复合计税方法的应税消费品有卷烟和粮食白酒。(　　)

4. 自产自用的应税消费品都要缴纳消费税。(　　)

5. 用外购的任何已税消费品继续生产应税消费品时，都可以按当期生产领用数量计算允许抵扣的已经缴纳的消费税。(　　)

6. 纳税人进口应税消费品，应向消费品到达口岸的税务机关申报缴纳消费税。(　　)

7. 委托加工的应税消费品，以受托的单位为消费税的纳税义务人。(　　)

四、问答题

1. 和增值税相比，消费税的特点有哪些？

2. 消费税纳税人为什么都单独成立自己的销售公司呢？

3. 从节约消费税角度，应税消费品应采取先销售后包装还是先包装后销售方式？

五、案例分析题

1. 某高尔夫球具生产企业 2015 年 7 月销售 1500 个高尔夫球杆，每个球杆 1000 元（含包装物价格 15 元），这批球杆应纳消费税 = 1500×1000×10% = 150000（元）。

要求：请从包装物的角度为该企业进行消费税纳税筹划。

2. 某汽车生产企业 2016 年 1 月以小汽车 50 辆对外投资，当月该小汽车的销售价格分别为 9 万元、9.5 万元、10 万元，适用消费税税率 10%。该企业应纳税消费税 = 10×50×10% = 50（万元）。

要求：请对这一行为进行纳税筹划。

3. 某白酒厂生产粮食白酒，适用消费税税率为 20%，不考虑定额消费税。其生产环节的正常销售价格为每箱 1000 元，应纳消费税为 200 元。如果该厂设立一个独立核算的经销部，该厂向经销部供货价格为每箱 800 元，则应纳消费税多少元？节税多少元？

4. 北京市某化工厂为增值税一般纳税人，其经营项目包括化妆品、护肤护发品、痱子粉、爽身粉和民用洗涤灵等日常用品。去年 2 月，该化工厂向一小规模纳税人销售化妆品 20 万元，痱子粉、爽身粉 5 万元，民用洗涤灵 10 万元，并开具普通发票，本月该厂各项进项税额为 3 万元，月末该厂财务人员申报应纳消费税为 6 万元，其计算方法如下：20×30% = 6（万元），应纳增值税为：（20+5+10）÷（1+17%）×17% - 3 = 2.1（万元）。该项销售业务共应纳税 8.1 万元。本月该厂生产上述各产品成本为 25 万元，由此企业本月经营亏损 0.65 万元。

要求：该厂财务人员对增值税和消费税的核算结果是否正确？该厂可以从哪些方面减轻消费税税负？

5. 某卷烟厂 2016 年 2 月为增进与客户的关系，赠送给客户自产的高级卷烟 5 箱，该厂同类产品的单位售价 80000 元；同时还将质量不合要求的自产乙级卷烟 10 箱分配给职工，该产品没有同类产品，其单位成本为 6820 元，成本利润率为 5%；另外在市场销售了 20 箱甲级卷烟，50000 元/箱。3 月该厂对市场销售的 20 箱卷烟申报纳税。4 月，该卷烟厂所在地税务机关接到举报称该厂偷税，进驻该厂检查。稽查人员在其账务处理中发现了两处营业外支出的产成品记录。税务人员据此提出用于营业外支出的应税消费品应该纳税。

要求：请分析该厂存在哪些纳税错误？正确应纳税额是多少？

6. 甲企业生产化妆品和护肤护发品。某年春节将至时，将自产的特制化妆品（不对外销售，无市场同类产品价格）作为福利发给职工，成本为 100 万元，成本利润率为 5%，消费税税率为 30%。

要求：计算其应纳消费税税额并提出纳税筹划方案。

第五章　企业所得税纳税筹划

【学习目标与要求】

本章主要介绍企业所得税税制要素的规定及纳税筹划方法。通过学习本章内容，要理解企业所得税纳税人和计税依据的基本规定，能够针对具体情况为纳税主体选择企业组织形式；能够从收入和扣除项目方面进行计税依据的纳税筹划。要掌握企业所得税税率的规定及筹划领域和税收优惠筹划的领域及方法，并能够在实际工作中运用。

【重点难点】

重点：企业所得税纳税人、税率、计税依据的基本规定。业务招待费、广告费、业务宣传费的纳税筹划思路；企业所得税税收优惠的基本规定。

难点：业务招待费、广告费、业务宣传费的筹划思路。公益性捐赠的筹划方法。小型微利企业的纳税筹划方法。

【引导案例】

购买技术成果还是委托开发

2015 年，甲公司因急需一项生产技术，自身不具备相应的研发力量。了解到某高校正准备进行相关技术开发。甲公司有两种方案选择：一是待该技术研发成功后以 200 万元购买；二是委托高校开发，签订委托开发合同，在技术开发成功后支付 200 万元开发费给该高校，甲公司即如约获得该技术的所有权。两种方案孰优孰劣呢?

分析：按照税法规定：企业购入的无形资产不适用加扣 50%的规定。而企业委托开发的研发费用，由委托方按照规定计算加计扣除，受托方不得再进行加计扣除。企业共同合作开发的项目，由合作各方就自身承担的研发费用分别按照规定计算加计扣除。所以该公司应选择委托开发方式。

案例来源：www. nsrjlb. com

第一节　企业所得税法

一、企业所得税法律制度及特点

（一）法律制度

企业所得税是对我国境内的企业和其他取得收入的组织的生产经营所得和其他所得征收的一种税。我国现行企业所得税是以 2007 年 3 月 16 日第十届全国人大第五次会议审议通过并于 2008 年 1 月 1 日起施行的《中华人民共和国企业所得税法》，以及国务院 2007 年 12 月 28 日通过的《中华人民共和国企业所得税法实施条例》为法律依据的。随后国家财政、税务主管部门又制定了一系列部门规章和规范性文件。这些法律法规、部门规章及规范性文件构成了我国的企业所得税法律制度。

（二）企业所得税的特点

1. 纳税人范围广泛，针对纳税人的税收优惠政策较多

企业所得税的纳税人分为居民纳税人和非居民纳税人两类，不同纳税人规定不同的征

税范围。针对居民纳税人的优惠政策有对小微企业的优惠、对高新技术企业的优惠等；对非居民纳税人也有专门的优惠规定。

2. 计税依据计算复杂，筹划空间较大

企业所得税的计税依据计算主要取决于三项内容：收入总额、准予扣除项目金额和亏损弥补。影响这三项内容的因素极其复杂，为纳税筹划创造了众多的机会。

3. 不同纳税人适用税率不同

企业所得税正常税率为25%，但是对需要特殊照顾的小型微利企业和国家重点扶持的高新技术企业规定了优惠税率。

4. 纳税期限具有较强的可控性

企业所得税的征收实行“按年计算、分期预缴、年终汇算清缴”的办法，分期预缴可以分月或分季预缴，预缴额可以按当月或当季的实际应纳税所得额，也可以按上一年度应纳税额的1/12或1/4计算，年度终了后5个月内汇算清缴。这些规定都为纳税人进行统筹安排提供了可能。

5. 会计处理的可调整性

企业所得税法规定：纳税人的会计处理与税法规定不一致的，要按税法的规定进行调整。这项规定实际上加大了会计处理的压力和难度。因此，在会计处理过程中，对所得税调整事项应该建立备查簿，防止疏漏，降低纳税风险。

6. 征收管理复杂

企业所得税纳税申报时各项损失认定、优惠资格认定等事项较多，需要纳税人主动与主管税务机关沟通。

二、纳税义务人、征税对象与税率

（一）纳税人

在中华人民共和国境内，企业和其他取得收入的组织为企业所得税的纳税人。包括各类企业、事业单位、社会团体、民办非企业单位和从事经营活动的其他组织。依照中国法律、行政法规成立的个人独资企业和合伙企业缴纳个人所得税，不是企业所得税的纳税人。

企业所得税采取收入来源地管辖权和居民管辖权相结合的双重管辖权，把企业分为居民企业和非居民企业，分别确定不同的纳税义务。居民企业和非居民企业的划分标准为：注册地或实际管理机构所在地。

1. 居民企业

居民企业是指依法在中国境内成立，或者依照外国法律成立但实际管理机构在中国境内的企业。实际管理机构是指对企业的生产经营、人员、账务、财产等实施实质性全面管理和控制的机构。

2. 非居民企业

依照外国法律成立且实际管理机构不在中国境内，但在中国境内设立机构、场所的，或者在中国境内未设立机构、场所，但有来源于中国境内所得的企业。机构、场所是指在中国境内从事生产经营活动的机构、场所，包括：

（1）管理机构、营业机构、办事机构；

（2）工厂、农场、开采自然资源的场所；

（3）提供劳务的场所；

（4）从事建筑、安装、装配、修理、勘探等工程作业的场所；

（5）其他从事生产经营活动的机构、场所。

非居民企业委托营业代理人在中国境内从事生产经营活动的，包括委托单位或者个人经常代其签订合同，或者储存、交付货物等，该营业代理人视为非居民企业在中国境内设立的机构、场所。

（二）征税对象

1. 征税范围规定

企业所得税的征税对象是纳税人所取得的生产经营所得、其他所得和清算所得。不同纳税义务人的征税范围如下：

（1）居民企业的征税范围：来源于中国境内、境外的所得，包括销售货物所得、提供劳务所得、转让财产所得、股息红利等权益性投资所得、利息所得、租金所得、特许权使用费所得、接受捐赠所得和其他所得。

（2）非居民企业的征税范围：来源于中国境内的所得。具体情况为：非居民企业在中国境内设立机构、场所的，应当就其所设机构、场所取得的来源于中国境内的所得，以及发生在中国境外但与其所设机构、场所有实际联系的所得，缴纳企业所得税。非居民企业在中国境内未设立机构、场所的，或者虽设立机构、场所，但取得的所得与其所设机构、场所没有实际联系的，应当就其来源于中国境内的所得缴纳企业所得税。有实际联系是指非居民企业在中国境内设立的机构、场所拥有据以取得所得的股权、债权，以及拥有、管理、控制据以取得所得的财产等。

2. 所得来源地的确定

所得来源地的确定见表5-1。

表5-1　所得来源地的确定

所得形式	所得来源地
1. 销售货物所得	交易活动发生地
2. 提供劳务所得	劳务发生地
3. 转让财产所得	（1）不动产转让所得按照不动产所在地确定； （2）动产转让所得按照转让动产的企业或者机构、场所所在地确定； （3）权益性投资资产转让所得，按照被投资企业所在地确定
4. 股息、红利等权益性投资所得	分配所得的企业所在地
5. 利息所得、租金所得、特许权使用费所得	负担、支付所得的企业或者机构、场所所在地确定
6. 其他所得	国务院财政、税务主管部门确定

【例题·多选题】注册地与实际管理机构所在地均在法国的某银行，取得的下列各项所得中，应按规定缴纳我国企业所得税的有（　　）。

A. 转让位于我国的一处不动产取得的财产转让所得

B. 在香港证券交易所购入我国某公司股票后取得的分红所得

C. 在我国设立的分行为我国某公司提供理财咨询服务取得的服务费收入

D. 在我国设立的分行为位于日本的某电站提供流动资金贷款取得的利息收入

【正确答案】ABCD。

（三）税率

企业所得税针对不同纳税人，规定了四种税率，见表5-2。

表5-2　企业所得税税率范围

种类	税率	适用范围
基本税率	25%	(1)居民企业； (2)在中国境内设有机构、场所且所得与机构、场所有关联的非居民企业
优惠税率	20%	符合条件的小型微利企业
	15%	国家重点扶持的高新技术企业
扣缴义务人代扣代缴	10%	(1) 在中国境内未设立机构、场所的非居民企业； (2) 虽设立机构、场所但取得的所得与其所设机构、场所无实际联系的非居民企业

三、应纳税所得额的计算

企业所得税的计税依据是年应纳税所得额，计算方法有直接法和间接法两种：直接法即按税法规定计算，其计算公式为：

年应纳税所得额=收入总额-不征税收入-免税收入-各项扣除-以前年度亏损

间接法即以会计利润为基础，根据会计准则和税法规定的差异对会计利润进行调整。其计算公式为：

年应纳税所得额=会计利润+纳税调整增加额-纳税调整减少额

企业对应纳税所得额的计算，应以权责发生制为原则，属于当期的收入和费用，不论款项是否收付，均作为当期的收入和费用；不属于当期的收入和费用，即使款项已经在当期收付，均不作为当期的收入和费用。在计算应纳税所得额时，企业财务、会计处理办法与税收法律法规的规定不一致的，应当依照税收法律法规的规定计算。

（一）收入总额

企业的收入总额包括以货币形式和非货币形式从各种来源取得的收入。包括：销售货物收入，提供劳务收入，转让财产收入，股息、红利等权益性投资收益，利息收入，租金收入，特许权使用费收入，接受捐赠收入，其他收入。企业取得收入的货币形式，包括现金、存款、应收账款、应收票据、准备持有至到期的债券投资以及债务的豁免等。

企业取得收入的非货币形式，包括固定资产、生物资产、无形资产、股权投资、存货、不准备持有至到期的债券投资、劳务以及有关权益等。非货币形式取得的收入，应当按照公允价值确定收入额。公允价值是指按照市场价格确定的价值。

1. 销售货物收入

销售货物收入，是指企业销售商品、产品、原材料、包装物、低值易耗品以及其他存货取得的收入。除法律法规另有规定外，企业销售货物收入的确认，必须遵循权责发生制原则和实质重于形式原则。

（1）收入确认时间。符合收入确认条件，采取下列商品销售方式的，应按以下规定确认收入实现时间：①销售商品采用托收承付方式的，在办妥托收手续时确认收入；②销售商品采取预收款方式的，在发出商品时确认收入；③销售商品需要安装和检验的，在购买方接受商品以及安装和检验完毕时确认收入。如果安装程序比较简单，可在发出商品时确认收入；④销售商品采用支付手续费方式委托代销的，在收到代销清单时确认收入。

（2）采用售后回购方式销售商品的，销售的商品按售价确认收入，回购的商品作为购进商品处理。有证据表明不符合销售收入确认条件的，如以销售商品方式进行融资，收到的款项应确认为负债，回购价格大于原售价的，差额应在回购期间确认为利息费用。

（3）销售商品以旧换新的，销售的商品应当按照销售商品收入确认条件确认收入，回收的商品作为购进商品处理。

商品销售涉及商业折扣的，应当按照扣除商业折扣后的金额确定销售商品收入金额。销售商品涉及现金折扣的，应当按扣除现金折扣前的金额确定销售商品收入金额，现金折扣在实际发生时作为财务费用扣除。企业已经确认销售收入的售出商品发生销售折让和销售退回，应当在发生当期冲减当期销售商品收入。

2. 提供劳务收入

提供劳务收入，是指企业从事建筑安装、修理修配、交通运输、仓储租赁、金融保险、邮电通信、咨询经纪、文化体育、科学研究、技术服务、教育培训、餐饮住宿、中介代理、卫生保健、社区服务、旅游、娱乐、加工以及其他劳务服务活动取得的收入。企业在各个纳税期末，提供劳务交易的结果能够可靠估计的，应采用完工进度（百分比）法确认劳务收入。

3. 转让财产收入

转让财产收入，是指企业转让固定资产、生物资产、无形资产、股权、债权等财产取得的收入。转让财产收入应当按照从财产受让方已收或应收的合同或协议价款确认收入。

特别注意：企业转让股权收入，应于转让协议生效且完成股权变更手续时，确认收入的实现。转让股权收入扣除为取得该股权所发生的成本后，为股权转让所得。企业在计算股权转让所得时，不得扣除被投资企业未分配利润等股东留存收益中按该项股权所可能分配的金额。

4. 股息、红利等权益性投资收益

股息、红利等权益性投资收益，是指企业因权益性投资从被投资方取得的收入。除国务院财政、税务主管部门另有规定外，按照被投资方作出利润分配决定的日期确认收入的实现。

5. 利息收入

利息收入是指企业将资金提供他人使用但不构成权益性投资，或者因他人占用本企业资金取得的收入，包括存款利息、贷款利息、债券利息、欠款利息等收入。利息收入按照合同约定的债务人应付利息的日期确认收入的实现。

6. 租金收入

租金收入是指企业提供固定资产、包装物或者其他有形资产的使用权取得的收入。租金收入按照合同约定的承租人应付租金的日期确认收入的实现。

7. 特许权使用费收入

特许权使用费收入是指企业提供专利权、非专利技术、商标权、著作权以及其他特许权的使用权取得的收入。特许权使用费收入按照合同约定的特许权使用人应付特许权使用费的日期确认收入的实现。

8. 接受捐赠收入

捐赠收入是指企业接受的来自其他企业、组织或者个人无偿给予的货币性资产、非货币性资产。接受捐赠收入按照实际收到捐赠资产的日期确认收入的实现。

企业以买一赠一等方式组合销售本企业商品的，不属于捐赠，应将总的销售余额按各项商品的公允价值的比例来分摊确认各项的销售收入。

9. 其他收入

其他收入是指企业取得的除以上收入外的其他收入，包括企业资产溢余收入、逾期未退包装物押金收入、确实无法偿付的应付款项、已作坏账损失处理后又收回的应收款项、债务重组收入、补贴收入、违约金收入、汇兑收益等。

10. 特殊收入的确认

（1）以分期收款方式销售货物的，按照合同约定的收款日期确认收入的实现。

（2）企业受托加工制造大型机械设备、船舶、飞机，以及从事建筑、安装、装配工程业务或者提供其他劳务等，持续时间超过12个月的，按照纳税年度内完工进度或者完成的工作量确认收入的实现。

（3）采取产品分成方式取得收入的，按照企业分得产品的日期确认收入的实现，其收入额按照产品的公允价值确定。

（4）企业发生非货币性资产交换，以及将货物、财产、劳务用于捐赠、偿债、赞助、集资、广告、样品、职工福利或者利润分配等用途的，应当视同销售货物、转让财产或者提供劳务，但国务院财政、税务主管部门另有规定的除外。

【例题·计算题】某市一家居民企业为增值税一般纳税人，主要生产销售彩色电视机，假定2016年度有关经营业务如下：

（1）销售货物取得不含税收入8600万元，与彩电配比的销售成本5660万元；

（2）转让技术所有权取得收入700万元，直接与技术所有权转让有关的成本和费用100万元；

（3）出租房屋取得租金收入200万元，接受原材料捐赠取得增值税专用发票注明材料金额50万元、增值税进项税金8.5万元，取得国债利息收入30万元。

要求：计算该企业当年应确认的收入。

分析：各项收入：销售彩电收入8600万元；转让技术所有权收入700万元，注意增值税免税；出租房屋的收入200万元；接受捐赠的收入50+8.5=58.5(万元)；国债的利息收入30万元。

（二）不征税收入

1. 财政拨款

是指各级人民政府对纳入预算管理的事业单位、社会团体等组织拨付的财政资金，但国务院和国务院财政、税务主管部门另有规定的除外。

2. 依法收取并纳入财政管理的行政事业性收费、政府性基金

行政事业性收费，是指依照法律法规等有关规定，按照国务院规定程序批准，在实施社会公共管理，以及在向公民、法人或者其他组织提供特定公共服务过程中，向特定对象收取并纳入财政管理的费用。政府性基金，是指企业依照法律、行政法规等有关规定，代政府收取的具有专项用途的财政资金。

3. 其他不征税收入

是指企业取得的，由国务院财政、税务主管部门规定专项用途并经国务院批准的财政性资金。财政性资金是指企业取得的来源于政府及其有关部门的财政补助、补贴、贷款贴

息，以及其他各类财政专项资金，包括直接减免的增值税和即征即退、先征后退、先征后返的各种税收，但不包括企业按规定取得的出口退税款。

【提示】专项用途财政性资金企业所得税处理的具体规定：有特定的来源和具体管理要求，单独进行核算。

(1) 企业的不征税收入用于支出所形成的费用，不得在计算应纳税所得额时扣除；企业的不征税收入用于支出所形成的资产，其计算的折旧、摊销不得在计算应纳税所得额时扣除。

(2) 专项用途财政性资金不做征税收入处理后，5 年内未支出使用、也未缴回的，计入取得资金第 6 年的应税收入总额。

【例题】某企业取得所在省财政厅补贴款 100 万，并已全额计入“营业外收入”。省政府具体要求该项资金专门用于某种商品的研发，企业对该项目及支出单独进行核算，当年尚未使用该资金。

分析：有专项用途的财政补贴属于不征税收入，应该对会计利润纳税调减 100 万元。

(三) 免税收入

1. 国债利息收入

企业因购买国债所得的利息收入，免征企业所得税。

(1) 企业从发行者直接投资购买的国债持有至到期，其从发行者取得的国债利息收入，全额免征企业所得税。注意：国债利息收入免税。而国债转让收入需要纳税。

(2) 企业到期前转让国债、或者从非发行者投资购买的国债，其持有期间尚未兑付的国债利息收入，免征企业所得税。

2. 符合条件的居民企业之间的股息、红利等权益性收益

指居民企业直接投资于其他居民企业取得的投资收益。

注意：该收益不包括连续持有居民企业公开发行并上市流通的股票不足 12 个月取得的投资收益。

【例题・计算题】某企业从境内 A 公司分回股息 20 万元，A 公司为小型微利企业，适用 20% 的企业所得税税率且其所得减按 50% 计入应纳税所得额。

分析：从 A 公司分回的股息免税，应调减应纳税所得额 20 万元

3. 在中国境内设立机构、场所的非居民企业从居民企业取得与该机构、场所有实际联系的股息、红利等权益性投资收益

【提示】该收益不包括连续持有居民企业公开发行并上市流通的股票不足 12 个月取得的投资收益。

4. 符合条件的非营利组织的收入

非营利组织的收入，不包括非营利组织从事营利性活动取得的收入。非营利组织的下列收入为免税收入：

(1) 接受其他单位或者个人捐赠的收入；

(2) 除《中华人民共和国企业所得税法》第 7 条规定的财政拨款以外的其他政府补助收入，但不包括因政府购买服务取得的收入；

(3) 按照省级以上民政、财政部门规定收取的会费；

(4) 不征税收入和免税收入孳生的银行存款利息收入；

(5) 财政部、国家税务总局规定的其他收入。

【例题・多选题】企业取得的下列收入，属于企业所得税免税收入的有(　　)。

A. 国债利息收入

B. 金融债券的利息收入

C. 居民企业直接投资于其他居民企业取得的投资收益

D. 在中国境内设立机构、场所的非居民企业连续持有居民企业公开发行并上市流通的股票 1 年以上取得的投资收益

【正确答案】ACD。

（四）税前扣除项目

企业实际发生的与取得收入有关的、合理的支出，包括成本、费用、税金、损失和其他支出，准予在计算应纳税所得额时扣除。合理的支出是指符合生产经营活动常规，应当计入当期损益或者有关资产成本的必要和正常的支出。除另有规定外，企业实际发生的成本、费用、税金、损失和其他支出，不得重复扣除。

企业发生的支出应当区分收益性支出和资本性支出。收益性支出在发生当期直接扣除；资本性支出应当分期扣除或者计入有关资产成本，不得在发生当期直接扣除。

企业的不征税收入用于支出所形成的费用或者财产，不得扣除或者计算对应的折旧、摊销扣除。

1. 成本

是指企业在生产经营活动中发生的销售成本、销货成本、业务支出以及其他耗费。

2. 费用

指三项期间费用(销售费用、管理费用、财务费用)，已经计入成本的有关费用除外。

（1）销售费用：是指应由企业负担的为销售商品而发生的费用。要特别关注其中的广告及业务宣传费、手续费及销售佣金等费。

（2）管理费用：是指企业的行政管理部门为管理组织经营活动提供各项支援性服务而发生的费用。要特别关注其中的业务招待费、职工福利费、工会经费、职工教育经费、为管理组织经营活动提供各项支援性服务而发生的费用等。

（3）财务费用：是指企业筹集经营性资金而发生的费用。要特别关注其中的利息支出、借款费用等。

3. 税金

是指企业发生的除企业所得税和允许抵扣的增值税以外的各项税金及其附加，即营业税金及附加。

（1）五税两费：已缴纳的消费税、城建税、资源税、土地增值税、出口关税及教育费附加、地方教育附，可以扣除。

（2）增值税为价外税，不包含在计税依据中，计算应纳税所得额时不得扣除。

（3）企业缴纳的房产税、车船税、土地使用税、印花税等，已经计入管理费中扣除的，不再作为销售税金单独扣除。

【例题·综合题】某市一家居民企业为增值税一般纳税人，2016 年度有关经营业务如下：

（1）销售货物取得不含税收入 8600 万元；

（2）转让技术所有权取得收入 700 万元；

（3）接受原材料捐赠取得增值税专用发票注明材料金额 50 万元、增值税进项税金 8.5 万元；

（4）取得国债利息收入 30 万元；

（5）购进原材料共计 3000 万元，取得增值税专用发票注明进项税额 510 万元；支付购料的不含税运输费用 230 万元，取得运输企业增值税专用发票；

要求：计算企业所得税税前可以扣除的税费合计。

分析：(1) 应缴纳的增值税=8600×17%-8.5-510-230×11%=918.2(万元)

(2) 应缴纳的城市维护建设税和教育费附加、地方教育附加=918.2×(7%+3%+2%)=110.18(万元)

(3) 所得税前可以扣除的税金合计=110.18(万元)

4. 损失

指企业在生产经营活动中发生的损失和其他损失。

(1) 范围：固定资产和存货的盘亏、毁损、报废损失，转让财产损失，呆账损失，坏账损失，自然灾害等不可抗力因素造成的损失以及其他损失。

(2) 税前可以扣除的损失为净损失。即企业的损失减除责任人赔偿和保险赔款后的余额。

(3) 企业已经作为损失处理的资产，在以后纳税年度又全部收回或者部分收回时，应当计入当期收入。

5. 其他支出

指除成本、费用、税金、损失外，企业在生产经营活动中发生的与生产经营活动有关的、合理的支出。

(五) 按标准扣除的项目

1. 工资、薪金支出

(1) 企业发生的合理的工资、薪金支出准予据实扣除。合理工资薪金是指企业按照股东大会、董事会、薪酬委员会或相关管理机构制定的工资薪金制度规定实际发放给员工的工资薪金。指企业每一纳税年度支付给在本企业任职或者受雇的员工的所有现金形式或者非现金形式的劳动报酬，包括基本工资、奖金、津贴、补贴、年终加薪、加班工资，以及与员工任职或者受雇有关的其他支出。

(2) 企业因雇佣季节工、临时工、实习生、返聘离退休人员及接受外部劳务派遣用工，也属于企业任职或者受雇员工范畴。

2. 职工福利费、工会经费、职工教育经费

税法规定扣除标准为：

(1) 企业发生的职工福利费支出，不超过工资薪金总额14%的部分准予扣除。企业职工福利费开支项目，如供暖费补贴、职工防暑降温费、职工困难补贴、职工食堂经费补贴、职工交通补贴等。注意：作为计算基数的工薪总额不包括五险一、三项经费。

(2) 企业拨缴的工会经费，不超过工资薪金总额2%的部分准予扣除。条件：企业拨缴的职工工会经费，不超过工资薪金总额2%的部分，凭工会组织开具的《工会经费收入专用收据》在企业所得税税前扣除。委托税务机关代收工会经费的，企业拨缴的工会经费也可凭合法、有效的工会经费代收凭据依法在税前扣除。

(3) 除国务院财政、税务主管部门另有规定外，企业发生的职工教育经费支出，不超过工资薪金总额2.5%的部分准予扣除，超过部分准予结转以后纳税年度扣除。软件生产企业发生的职工教育经费中的职工培训费用，可以全额在企业所得税前扣除。软件生产企业发生的职工培训费用的扣除规定。软件生产企业应准确划分职工教育经费中的职工培训费支出，对于不能准确划分的，以及准确划分后职工教育经费中扣除职工培训费用的余额，应在不超过工资薪金总额2.5%的部分准予扣除；超过部分，准予在以后纳税年度结转税前扣除。核电厂操作员发生的培养费用(单独核算)，可作为发电厂成本税前扣除。

注意：这三项费用在计算应纳税所得额时扣除税法规定的扣除标准与企业实际发生数中的较小者。

【例题·计算题】某企业 2016 年实际发放职工工资 280 万元，实际发生职工福利费总额为 44.7 万元，拨缴工会经费 5 万元，职工教育经费支出 9 万元。

要求：计算三项经费的纳税调整额。

分析：可以扣除的福利费限额=280×14%=39.2(万元)，应调增应纳税所得额=44.7-39.2=5.5(万元)

可以扣除的工会经费限额=280×2%=5.6(万元)>5 万元，工会经费可全额扣除，不需进行纳税调整。

可以扣除的教育经费限额=280×2.5%=7(万元)<9 万元，应调增应纳税所得额=9-7=2(万元)，这 2 万元可结转到以后年度扣除。

3. 社会保险费

（1）按照政府规定的范围和标准缴纳的“五险一金”，即基本养老保险费、基本医疗保险费、失业保险费、工伤保险费、生育保险费等基本社会保险费和住房公积金，准予扣除。

（2）自 2008 年 1 月 1 日起，企业根据国家有关政策规定，为在本企业任职或者受雇的全体员工支付的补充养老保险费、补充医疗保险费，分别在不超过职工工资总额 5%标准内的部分，在计算应纳税所得额时准予扣除；超过的部分，不予扣除。企业依照国家有关规定为特殊工种职工支付的人身安全保险费和符合国务院财政、税务主管部门规定可以扣除的商业保险费准予扣除。

（3）企业参加财产保险，按照规定缴纳的保险费，准予扣除。企业为投资者或者职工支付的商业保险费，不得扣除。

4. 利息费用

（1）非金融企业向金融企业借款的利息支出、金融企业的各项存款利息支出和同业拆借利息支出、企业经批准发行债券的利息支出，可据实扣除。

（2）非金融企业向非金融企业借款的利息支出：不超过按照金融企业同期同类贷款利率计算的数额的部分可据实扣除，超过部分不许扣除。

【例题·计算题】某居民企业 2016 年发生财务费用 40 万元，其中含向非金融企业借款 250 万元所支付的年利息 20 万元(当年金融企业贷款的年利率为 5.8%)。

要求：计算财务费用的纳税调整额。

分析：

利息税前扣除额=250×5.8%=14.5(万元)

财务费用调增应纳税所得额=20-14.5=5.5(万元)

（3）关联企业利息费用的扣除。企业从其关联方接受的债权性投资与权益性投资的比例超过规定标准而发生的利息支出，不得在计算应纳税所得额时扣除。

① 企业实际支付给关联方的利息支出，不超过下列比例的准予扣除，超过的部分不得扣除。接受关联方债权性投资与其权益性投资比例为：金融企业，为 5∶1；其他企业，为 2∶1。

【例题·计算题】某企业因向母公司借款 2000 万元按年利率 9%(金融机构同期同类贷款利率为 6%)计算并支付利息 180 万元，该企业不能证明此笔交易符合独立交易原则。母公司适用 15%的企业所得税税率且在该企业的权益性投资金额为 800 万元。

分析：

可税前扣除的借款利息=800×2×6%=96(万元)

应调增应纳税所得额＝180－96＝84（万元）

② 企业能证明关联方相关交易活动符合独立交易原则的；或者该企业的实际税负不高于境内关联方的，实际支付给关联方的利息支出，在计算应纳税所得额时准予扣除。

③ 企业自关联方取得的不符合规定的利息收入应按照有关规定缴纳企业所得税。

（4）企业向自然人借款的利息支出：

① 企业向股东或其他与企业有关联关系的自然人借款的利息支出，符合规定条件的，准予扣除。

② 企业向除上述规定以外的内部职工或其他人员借款的利息支出，其借款情况同时符合以下条件的，其利息支出在不超过按照金融企业同期同类贷款利率计算的数额的部分，准予扣除。

a. 企业与个人之间的借贷是真实、合法、有效的，并且不具有非法集资目的或其他违反法律、法规的行为；

b. 企业与个人之间签订了借款合同。

【例题・单选题】某公司2015年度实现会计利润总额25万元。经注册会计师审核，"财务费用"账户中列支有两笔利息费用：向银行借入生产用资金200万元，借用期限6个月，支付借款利息5万元；经过批准向本企业职工借入生产用资金60万元，借用期限10个月，支付借款利息3.5万元。该公司2015年度的应纳税所得额为（　　）万元。

A. 21　　　　B. 26　　　　C. 30　　　　D. 33

分析：银行贷款的年利率为（5×2）÷200＝5%；可以税前扣除的职工借款利息为60×5%÷12×10＝2.5（万元）；超标准为3.5－2.5＝1（万元）；应纳税所得额为25＋1＝26（万元），所以正确答案为B。

5. 借款费用

（1）企业在生产经营活动中发生的合理的不需要资本化的借款费用，准予扣除。

（2）企业为购置、建造固定资产、无形资产和经过12个月以上的建造才能达到预定可销售状态的存货发生借款的费用——资本化，作为资本性支出计入有关资产的成本；有关资产交付使用后发生的借款利息，可在发生当期扣除。

（3）通过发行债券、取得贷款等方式融资发生的合理费用，按资本化和费用化处理。

【例题・计算题】某企业4月1日向银行借款500万元用于建造厂房，借款期限1年，当年向银行支付了3个季度的借款利息22.5万元，该厂房于10月31日竣工结算并投入使用，税前可扣除的利息费用为（　　）万元。

分析：4月1日～10月31日的借款利息资本化，最后两个月的借款利息可在当期扣除，则税前可扣除的财务费用为22.5÷9×2＝5（万元）。

6. 汇兑损失

企业在货币交易中，以及纳税年度终了时将人民币以外的货币性资产、负债按照期末即期人民币汇率中间价折算为人民币时产生的汇兑损失，除已经计入有关资产成本以及与向所有者进行利润分配相关的部分外，准予扣除。

7. 业务招待费

企业发生的与生产经营活动有关的业务招待费支出，按照实际发生额的60%扣除，但最高不得超过当年销售（营业）收入的5‰。

计算业务招待费扣除限额的依据包括销售货物收入、劳务收入、租金收入、特许权使用费收入、视同销售收入等，即会计核算中的“主营业务收入”、“其他业务收入”，再加上视同销售收入，但不得扣除现金折扣。企业在筹建期间，发生的与筹办活动有关的业务招待费支出，可按实际发生额的60%计入企业筹办费，并按有关规定在税前扣除。对从事股权投资业务的企业(包括集团公司总部、创业投资企业等)，其从被投资企业所分配的股息、红利以及股权转让收入，可以按规定比例计算业务招待费扣除限额。

注意：业务招待费的实际扣除数额为扣除最高限额与实际发生数额的60%孰低原则。业务招待费、广告费计算税前扣除限额的依据是相同的。

【例题】纳税人销售收入2000万元，业务招待费扣除最高限额2000×5‰=10(万元)。两种情况：

(1) 假设实际发生业务招待费40万元：40×60%=24(万元)；税前可扣除10万元；纳税调整额为40-10=30(万元)。

(2) 假设实际发生业务招待费15万元：15×60%=9(万元)；税前可扣除9万元；纳税调整额为15-9=6(万元)。

【例题·单选题】下列各项中，能作为业务招待费税前扣除限额计算依据的是(　　)。

A. 转让无形资产使用权的收入

B. 因债权人原因确实无法支付的应付款项

C. 转让无形资产所有权的收入

D. 出售固定资产的收入

分析：BCD选项会计上计入营业外收入。所以正确答案为A。

8. 广告费和业务宣传费

企业发生的符合条件的广告费和业务宣传费支出，除国务院财政、税务主管部门另有规定外，不超过当年销售(营业)收入15%的部分，准予扣除；超过部分，准予结转以后纳税年度扣除。对化妆品制造与销售、医药制造和饮料制造(不含酒类制造)限额比率为30%。烟草企业的烟草广告费和业务宣传费支出，一律不得在计算应纳税所得额时扣除。

广告费、业务宣传费不再区分扣除标准，按照统一口径计算扣除标准。广告费和业务宣传费支出超过部分，准予结转以后纳税年度扣除。这与职工教育经费处理一致，均为时间性差异。企业筹建期间发生的广告费、业务宣传费，按实际发生额计入筹办费，按规定税前扣除。

【例题·计算题】某食品生产企业2016年销售收入4000万元，广告费扣除最高限额4000×15%=600(万元)。

(1) 假设当年广告费实际发生700万元：税前可扣除600万元，纳税调整100万元；

(2) 假设当年广告费实际发生500万元：税前可扣除500万元，纳税调整0。

【例题·计算题】某制药厂2016年销售收入3000万元，发生现金折扣100万元；特许权使用费收入200万元，营业外收入150万元。广告费支出1000万元，业务宣传费40万元。则：

广告费和业务宣传费扣除标准=(3000+200)×30%=960(万元)

广告费和业务宣传费实际发生额=1000+40=1040(万元)，超标准1040-960=80(万元)，调增应纳税所得额80万元。

9. 环境保护专项资金

企业依照法律、行政法规有关规定提取的用于环境保护、生态恢复等方面的专项资金准予扣除；上述专项资金提取后改变用途的，不得扣除。

10. 保险费

企业参加财产保险，按照规定缴纳的保险费，准予扣除。

11. 租赁费

租入固定资产的方式分为两种：

（1）属于经营性租赁发生的租入固定资产租赁费：根据租赁期限均匀扣除；

（2）属于融资性租赁发生的租入固定资产租赁费：构成融资租入固定资产价值的部分应当提取折旧费用，分期扣除；租赁费支出不得扣除。

12. 劳动保护费

企业发生的合理的劳动保护支出，准予扣除，如符合条件的工作服饰费用。

13. 公益性捐赠支出

（1）公益性捐赠含义：是指企业通过公益性社会团体或者县级以上人民政府及其部门，用于《中华人民共和国公益事业捐赠法》规定的公益事业的捐赠。具体范围包括：救助灾害、救济贫困、扶助残疾人等困难的社会群体和个人的活动；教育、科学、文化、卫生、体育事业；环境保护、社会公共设施建设；促进社会发展和进步的其他社会公共和福利事业。对符合条件的公益性群众团体(接受捐赠)，应按照管理权限，由财政部、国家税务总局和省、自治区、直辖市、计划单列市财政、税务部门分别每年联合公布名单。

（2）公益性捐赠税前扣除标准：企业发生的公益性捐赠支出，不超过年度会计利润总额12%的部分，准予扣除。公益性捐赠包括货币捐赠和非货币捐赠。

年度利润总额，是指企业依照国家统一会计制度的规定计算的年度会计利润。

（3）纳税人直接向受赠人的捐赠，所得税前不得扣除，应作纳税调增处理。

（4）企业将自产货物用于捐赠，按公允价值交纳增值税；视同对外销售交纳所得税；但会计上不确认收入和利润。

【例题·计算题】位于市区的某制药公司由外商持股75%且为增值税一般纳税人，该公司2016年主营业务收入5500万元，其他业务收入400万元，营业外收入300万元，主营业务成本2800万元，其他业务成本300万元，营业外支出210万元，营业税金及附加420万元，管理费用550万元，销售费用900万元，财务费用180万元，投资收益120万元。其中：营业外支出包括对外捐赠货币资金140万元(通过县级政府向贫困地区捐赠120万元，直接向某学校捐赠20万元)。

要求：计算上述业务应调整的应纳税所得额。

分析：

（1）会计利润=5500+400+300-2800-300-210-420-550-900-180+120=960(万元)

（2）公益捐赠扣除限额=960×12%=115.2(万元)

调增应纳税所得额=120-115.2=4.8(万元)

（3）直接向某学校捐赠20万元不能税前扣除。

（4）上述业务应调增应纳税所得额=4.8+20=24.8(万元)

【例题·计算题】某企业2016年将两台重型机械设备通过市政府捐赠给贫困地区用于公共设施建设。"营业外支出"中已列支两台设备的成本及对应的销项税额合计247.6万元。每台设备市场售价为140万元(不含增值税)。当年会计利润1000万元。

要求：计算上述业务的纳税调整额。

分析：

公益性捐赠的扣除限额=1000×12%=120(万元)

应调增应纳税所得额=247.6-120=127.6(万元)

另外，捐赠设备按视同销售处理。

视同销售收入应调增应纳税所得额=140×2=280(万元)

视同销售成本应调减应纳税所得额＝100×2＝200（万元）

合计调增应纳税所得＝127.6+280－200＝207.6（万元）

14. 有关资产的费用

（1）企业转让各类固定资产发生的费用：允许扣除；

（2）企业按规定计算的固定资产折旧费、无形资产和递延资产的摊销费：准予扣除。

15. 总机构分摊的费用

非居民企业在中国境内设立的机构、场所，就其中国境外总机构发生的与该机构、场所生产经营有关的费用，能够提供总机构出具的费用汇集范围、定额、分配依据和方法等证明文件，并合理分摊的，准予扣除。

16. 资产损失

（1）企业当期发生的固定资产和流动资产盘亏、毁损净损失，由其提供清查盘存资料经主管税务机关审核后，准予扣除；

（2）企业因存货盘亏、毁损、报废等原因不得从销项税金中抵扣的进项税金，应视同企业财产损失，准予与存货损失一起在所得税前按规定扣除。

【例题·计算题】某企业2016年因管理不善发生被盗事故，损失库存外购原材料32.79万元（含运费2.79万元），取得保险公司赔款8万元。

要求：计算所得税前扣除的损失数额。

分析：税前可以扣除的损失数额＝32.79+（32.79－2.79）×17%+2.79×11%－8＝30.20（万元）。

17. 手续费及佣金支出

（1）企业发生与生产经营有关的手续费及佣金支出，不超过以下规定计算限额以内的部分，准予扣除；超过部分，不得扣除。

① 保险企业：财产保险企业按当年全部保费收入扣除退保金等后余额的15%（含本数，下同）计算限额；人身保险企业按当年全部保费收入扣除退保金等后余额的10%计算限额。

② 其他企业：按与具有合法经营资格中介服务机构或个人（不含交易双方及其雇员、代理人和代表人等）所签订服务协议或合同确认的收入金额的5%计算限额。

（2）不得扣除的项目。企业应与具有合法经营资格中介服务企业或个人签订代办协议或合同，并按国家有关规定支付手续费及佣金。除委托个人代理外，企业以现金等非转账方式支付的手续费及佣金不得在税前扣除。企业为发行权益性证券支付给有关证券承销机构的手续费及佣金不得在税前扣除。企业不得将手续费及佣金支出计入回扣、业务提成、返利、进场费等费用。企业已计入固定资产、无形资产等相关资产的手续费及佣金支出，应当通过折旧、摊销等方式分期扣除，不得在发生当期直接扣除。企业支付的手续费及佣金不得直接冲减服务协议或合同金额，并如实入账。企业应当如实向当地主管税务机关提供当年手续费及佣金计算分配表和其他相关资料，并依法取得合法真实凭证。

（3）电信企业委托销售电话入网卡、电话冲值卡所发生的手续费及佣金，不超过年收入总额5%的部分，准予据实扣除。

（4）从事代理服务、主营业务收入为手续费、佣金的企业为取得该类收入实际发生的营业成本（包括手续费、佣金），据实扣除。

18. 其他项目

如会员费、合理的会议费、差旅费、违约金、诉讼费用等，准予扣除。

19. 保险公司缴纳的保险保障基金

应在规定标准内扣除。

20. 企业维简费支出

企业实际发生的维简费支出，属于收益性支出的，可作为当期费用税前扣除；属于资本性支出的，应计入有关资产成本，并按企业所得税法规定计提折旧或摊销费用在税前扣除。企业按照有关规定预提的维简费，不得在当期税前扣除。

21. 企业参与政府统一组织的工矿棚户区改造、林区棚户区改造、垦区危房改造并同时符合一定条件的棚户区改造支出，准予税前扣除

（六）不得扣除的项目

在计算应纳税所得额时，下列支出不得扣除：

（1）向投资者支付的股息、红利等权益性投资收益款项。

（2）企业所得税税款。

（3）税收滞纳金，是指纳税人违反税收法规，被税务机关处以的滞纳金。

（4）罚金、罚款和被没收财物的损失，是指纳税人违反国家有关法律、法规规定，被有关部门处以的罚款，以及被司法机关处以的罚金和被没收财物。

（5）超过规定标准的捐赠支出。

（6）赞助支出，是指企业发生的与生产经营活动无关的各种非广告性质支出。

（7）未经核定的准备金支出，是指不符合国务院财政、税务主管部门规定的各项资产减值准备、风险准备等准备金支出。

（8）企业之间支付的管理费、企业内营业机构之间支付的租金和特许权使用费，以及非银行企业内营业机构之间支付的利息，不得扣除。

（9）与取得收入无关的其他支出。

【例题·计算题】某公司持有的原账面价值300万元的交易性金融资产，到12月底公允价值下降为210万元(企业以公允价值核算)。要求：计算该项交易性小融资产对应纳税所得额的影响。

分析：交易性资产减值应调增的应纳税所得额=300−210=90(万元)。

【例题·多选题】下列各项中，在计算企业所得税应纳税所得额时不得扣除的有(　　)。

A. 企业之间支付的管理费　　B. 企业内营业机构之间支付的租金

C. 企业向投资者支付的股息　　D. 银行企业内营业机构之间支付的利息

分析：企业之间支付的管理费不得税前扣除；企业内营业机构之间支付的租金不得税前扣除，银行企业内营业机构之间支付的利息可以税前扣除；企业向投资者支付的股息，不得税前扣除。所以正确答案为ABC。

（七）亏损弥补

1. 一般规定

亏损是指企业将每一纳税年度的收入总额减除不征税收入、免税收入和各项扣除后小于零的数额。企业某一纳税年度发生的亏损可以用下一年度的所得弥补，下一年度的所得不足以弥补的，可以逐年延续弥补，但最长不得超过5年。企业在汇总计算缴纳企业所得税时，其境外营业机构的亏损不得抵减境内营业机构的盈利。

2. 其他规定

（1）企业筹办期间不计算为亏损年度，企业自开始生产经营的年度，为开始计算企业损益的年度。

（2）税务机关对企业以前年度纳税情况进行检查时调增的应纳税所得额，凡企业以前年度发生亏损、且该亏损属于企业所得税法规定允许弥补的，应允许调增的应纳税所得额弥补该亏损。弥补该亏损后仍有余额的，按照企业所得税法规定计算缴纳企业所得税。

（3）以前年度实际发生的、应扣未扣或少扣的追补。

四、资产的税务处理

（一）固定资产的税务处理

1. 固定资产计税基础

（1）外购的固定资产，以购买价款和支付的相关税费以及直接归属于使该资产达到预定用途发生的其他支出为计税基础；

（2）自行建造的固定资产，以竣工结算前发生的支出为计税基础；

（3）融资租入的固定资产，以租赁合同约定的付款总额和承租人在签订租赁合同过程中发生的相关费用为计税基础，租赁合同未约定付款总额的，以该资产的公允价值和承租人在签订租赁合同过程中发生的相关费用为计税基础；

（4）盘盈的固定资产，以同类固定资产的重置完全价值为计税基础；

（5）通过捐赠、投资、非货币性资产交换、债务重组等方式取得的固定资产，以该资产的公允价值和支付的相关税费为计税基础；

（6）改建的固定资产，除法定的支出外，以改建过程中发生的改建支出增加计税基础。

2. 固定资产折旧的范围

在计算应纳税所得额时，企业按照规定计算的固定资产折旧，准予扣除。下列固定资产不得计算折旧扣除：

（1）房屋、建筑物以外未投入使用的固定资产；

（2）以经营租赁方式租入的固定资产；

（3）以融资租赁方式租出的固定资产；

（4）已足额提取折旧仍继续使用的固定资产；

（5）与经营活动无关的固定资产；

（6）单独估价作为固定资产入账的土地；

（7）其他不得计算折旧扣除的固定资产。

3. 固定资产折旧的计提方法

企业应当自固定资产投入使用月份的次月起计算折旧；停止使用的固定资产，应当自停止月份的次月起停止计算折旧。预计净残值一经确定，不得变更。固定资产按直线法计算的折旧，准予扣除。按税法规定加速折旧的，加速折旧额可全额税前扣除。

【知识链接】

固定资产折旧费的最新税务处理

《关于完善固定资产加速折旧企业所得税政策的通知》(财税〔2014〕75号)

自2014年1月1日起执行。

一是对所有行业企业2014年1月1日后新购进的专门用于研发的仪器、设备，单位价值不超过100万元的，允许一次性计入当期成本费用在计算应纳税所得额时扣除，不再分年度计算折旧；单位价值超过100万元的，可缩短折旧年限或采取加速折旧的方法。

二是对所有行业企业持有的单位价值不超过5000元的固定资产，允许一次性计入当期成本费用在计算应纳税所得额时扣除，不再分年度计算折旧。

4. 固定资产折旧的计提年限

除另有规定外，固定资产计算折旧的最低年限如下：

（1）房屋、建筑物，为20年；

（2）飞机、火车、轮船、机器、机械和其他生产设备，为10年；

（3）与生产经营活动有关的器具、工具、家具等，为5年；

（4）飞机、火车、轮船以外的运输工具，为4年；

（5）电子设备，为3年。

注意：如果计提折旧的会计年限小于税法最低年限，差额纳税调增；如果会计年限大于税法最低年限，按会计年限计算扣除；如果会计年限已满，税法最低年限未到且税收折旧尚未足额扣除，尚未足额的折旧可在剩余年限继续扣除。

5. 房屋、建筑物在未足额提取折旧前进行改扩建的税务处理

（1）属于推倒重置：净值并入重置后的固定资产计税成本；

（2）属于提升功能、增加面积：改扩建支出并入该固定资产计税基础，按尚可使用的年限与税法规定的最低年限孰低原则选择年限计提折旧。

【例题·计算题】乙公司(一般纳税人)2016年10月为一名副总经理配备一辆轿车并投入使用，用于企业的业务经营管理，取得机动车销售统一发票上注明价款40万元，增值税6.8万元，缴纳车辆购置税和牌照费支出12.8万元(该公司确定折旧年限4年，残值率5%)。年底，会计师事务所审计时发现此项业务尚未进行会计处理。

要求：计算上述业务的纳税调整额。

分析：固定资产应于投入使用的下月起计提折旧，折旧额可以税前扣除。

调减应纳税所得额=52.8×(1-5%)÷4÷12×2=2.09(万元)

（二）生物资产的税务处理

1. 生产性生物资产的计税基础

（1）外购的生产性生物资产，以购买价款和支付的相关税费为计税基础；

（2）通过捐赠、投资、非货币性资产交换、债务重组等方式取得的生产性生物资产，以该资产的公允价值和支付的相关税费为计税基础。

2. 生物资产的折旧范围

生物资产分为消耗性、公益性、生产性三类，只有生产性生物资产可以计提折旧。生产性生物资产包括经济林、薪炭林、产畜和役畜等。

3. 生物资产的折旧方法和折旧年限

（1）生产性生物资产按照直线法计算的折旧，准予扣除。企业应当自生产性生物资产投入使用月份的次月起计算折旧；停止使用的生产性生物资产，应当自停止使用的次月起停止计算折旧。预计净残值一经确定，不得变更。

（2）折旧年限：林木类生产性生物资产10年；畜类生产性生物资产3年。

【例题·单选题】下列各项中，依据企业所得税法相关规定可计提折旧的生物资产是(　　)。

A. 经济林　　B. 防风固沙林　　C. 用材林　　D. 存栏待售特定牲畜

分析：生物资产中可以折旧的生产性生物资产包括经济林、薪炭林、产畜和役畜。所以正确答案为A。

(三) 无形资产的税务处理

1. 无形资产的计税基础

(1) 外购的无形资产，以购买价款和支付的相关税费以及直接归属于使该资产达到预定用途发生的其他支出为计税基础。

(2) 自行开发的无形资产，按开发过程中符合资本化条件后至达到预定用途前发生的实际支出作为计税基础。

(3) 通过捐赠、投资、非货币性资产交换、债务重组等方式取得的无形资产，以该资产的公允价值和支付的相关税费为计税基础。

2. 无形资产摊销的范围

下列无形资产不得计算摊销费用扣除：

(1) 自行开发的支出已在计算应纳税所得额时扣除的无形资产。

(2) 自创商誉。

注意：外购商誉，在企业持续经营阶段不予扣除；整体转让或者清算时准予扣除。

(3) 与经营活动无关的无形资产。

(4) 其他不得计算摊销费用扣除的无形资产。

3. 无形资产的摊销方法及年限

无形资产的摊销采取直线法计算。无形资产的摊销不得低于 10 年。作为投资或者受让的无形资产，有关法律规定或者合同约定了使用年限的，可以按照规定或者约定的使用年限分期摊销。

(四) 长期待摊费用的税务处理

长期待摊费用，是指企业发生的应在一个年度以上或几个年度进行摊销的费用。在计算应纳税所得额时，企业发生的下列支出作为长期待摊费用，按照规定摊销的，准予扣除。

(1) 已足额提取折旧的固定资产的改建支出，按照固定资产预计尚可使用年限分期摊销。

(2) 租入固定资产的改建支出，按照合同约定的剩余租赁期限分期摊销。

(3) 固定资产的大修理支出，按照固定资产尚可使用年限分期摊销。固定资产的大修理支出，是指同时符合下列条件的支出：修理支出达到取得固定资产时的计税基础 50% 以上；修理后固定资产的使用年限延长 2 年以上。

注意：固定资产的修理支出不等同于固定资产的大修理支出。固定资产的修理支出可在发生当期直接扣除，固定资产的大修理支出则要按照固定资产尚可使用年限分期摊销。

(4) 其他应当作为长期待摊费用的支出，自支出发生月份的次月起，分期摊销，摊销年限不得低于 3 年。

【例题 · 多选题】依据企业所得税的有关规定，企业发生的下列支出中，应作为长期待摊费用的有(　　)。

A. 费用化的利息支出　　B. 租入固定资产的改建支出

C. 固定资产的大修理支出　　D. 已提足折旧的固定资产的改建支出

分析：选项 A 直接计入财务费用中。所以正确答案为 BCD。

（五）存货的税务处理

1. 存货的计税基础

存货按照以下方法确定成本：

（1）通过支付现金方式取得的存货，以购买价款和支付的相关税费为成本；

（2）通过支付现金以外的方式取得的存货，以该存货的公允价值和支付的相关税费为成本；

（3）生产性生物资产收获的农产品，以产出或者采收过程中发生的材料费、人工费和分摊的间接费用等必要支出为成本。

2. 存货成本的计算方法

（1）企业使用或者销售存货，按照规定计算的存货成本，准予在计算应纳税所得额时扣除。

（2）企业使用或者销售的存货的成本计算方法，可以在"先进先出法、加权平均法、个别计价法"中选用一种。计价方法一经选用，不得随意变更。

（六）投资资产的税务处理

投资资产是指企业对外进行权益性投资和债权性投资形成的资产。企业对外投资期间，投资资产的成本在计算应纳税所得额时不得扣除；企业在转让或者处置投资资产时，投资资产的成本准予扣除。投资资产按照以下方法确定成本：

（1）通过支付现金方式取得的投资资产，以购买价款为成本；

（2）通过支付现金以外的方式取得的投资资产，以该资产的公允价值和支付的相关税费为成本。

五、应纳税额的计算

（一）居民企业查账征收企业所得税的计算

1. 居民企业应纳税额的计算

应纳税额＝应纳税所得额×适用税率－减免税额－抵免税额

减免税额和抵免税额，是指依照企业所得税法和国务院的税收优惠规定减征、免征和抵免的应纳税额。

2. 境外所得抵扣税额的计算

（1）原理：对居民企业的税收管辖权和避免国际重复征税。企业取得的下列所得已在境外缴纳的所得税税额，可以从其当期应纳税额中限额抵免：居民企业来源于中国境外的应税所得；非居民企业在中国境内设立机构、场所，取得发生在中国境外但与该机构、场所有实际联系的应税所得。

（2）境外所得已纳税额抵扣方法：分国别（地区）、不分项目的限额抵免法。抵免限额＝中国境内、境外所得依照企业所得税法和条例规定计算的应纳税总额×来源于某国（地区）的应纳税所得额÷中国境内、境外应纳税所得额总额可简化为：

抵免限额＝来源于某国（地区）的应纳税所得额（境外税前所得额）×25%

超过抵免限额的部分，可以在以后5个年度内，用每年抵免限额抵免当年应抵税额后的余额进行抵补。所谓5个年度，是指从企业取得的来源于中国境外的所得，已经在中国境外缴纳的企业所得税性质的税额超过抵免限额的当年的次年起连续5个纳税年度。

居民企业从其直接或间接控制的外国企业分得的来源于中国境外的股息、红利等权益性投资收益，外国企业在境外实际缴纳的所得税税额中属于该项所得负担的部分，可以作为该居民企业的可抵免境外所得税税额，在规定的抵免限额内抵免。

直接控制是指居民企业直接持有外国企业20%以上股份。间接控制是指居民企业以间接持股方式持有外国企业20%以上股份，具体认定办法由国务院财政、税务主管部门另行制定。企业按规定抵免企业所得税税额时，应当提供中国境外税务机关出具的税款所属年度的有关纳税凭证。

【例题·计算题】某企业2016年度境内应纳税所得额为100万元，适用25%的企业所得税税率。另在A、B两国设有分支机构(我国与A、B两国已经缔结避免双重征税协定)，在A国分支机构的应纳税所得额为50万元，A国税率为20%；在B国的分支机构的应纳税所得额为30万元，B国税率为30%。

要求：计算该企业汇总时在我国应缴纳的企业所得税。

分析：(1) 境内、境外所得的应纳税额为：(100+50+30)×25%=45(万元)

(2) A、B两国的扣除限额：

A国扣除限额=50×25%=12.5(万元)

B国扣除限额=30×25%=7.5(万元)

(3) 汇总时在我国应缴纳的所得税为：45-10-7.5=27.5(万元)

结论：通过上述计算可知，在A国缴纳税款全部抵完，在B国缴纳税款还有1.5万元未抵完，可以用以后5年B国抵免限额抵免当年应抵税额后的余额进行抵补。

(二) 居民企业核定征收应纳税额的计算

1. 核定征收企业所得税的范围

居民企业纳税人具有下列情形之一的，核定征收企业所得税：

(1) 依照法律、行政法规的规定可以不设置账簿的；

(2) 依照法律、行政法规的规定应设但未设账簿的；

(3) 擅自销毁账簿或者拒不提供纳税资料的；

(4) 虽设置账簿，但账目混乱或者成本资料、收入凭证、费用凭证残缺不全，难以查账的；

(5) 发生纳税义务，未按照规定的期限办理纳税申报，经税务机关责令限期申报，逾期仍不申报的；

(6) 申报的计税依据明显偏低，又无正当理由的。

注意：专门从事股权(股票)投资业务的企业，不得核定征收企业所得税。软件企业适用查账征收，并享受所得税优惠政策。

2. 核定征收的办法

核定应税所得率征收计算方法有两种：

(1) 应纳税所得额=应税收入额×应税所得率

或应纳税所得额=成本(费用)支出额÷(1-应税所得率)×应税所得率

(2) 应纳所得税额=应纳税所得额×适用税率

【例题·单选题】某批发兼零售的居民企业，2016年度自行申报营业收入总额350万元，成本费用总额370万元，当年亏损20万元，经税务机关审核，该企业申报的收入总额无法核实，成本费用核算正确。假定对该企业采取核定征收企业所得税，应税所得率为8%，该居民企业2016年度应缴纳企业所得税(　　)。

A. 7.00 万元　　B. 7.40 万元　　C. 7.61 万元　　D. 8.04 万元

分析：应纳企业所得税=370÷(1-8%)×8%×25%=8.04(万元)，所以正确答案为D。

（三）在中国境内未设立机构、场所的非居民企业征税规定

对于在中国境内未设立机构、场所的，或者虽设立机构、场所但取得的所得与其所设机构、场所没有实际联系的非居民企业的所得，按照下列方法计算应纳税所得额：

（1）股息、红利等权益性投资收益和利息、租金、特许权使用费所得，以收入全额为应纳税所得额。

（2）转让财产所得，以收入全额减除财产净值后的余额为应纳税所得额。

财产净值是指财产的计税基础减除已经按照规定扣除的折旧、折耗、摊销、准备金等后的余额。

土地使用权转让所得、融资租赁所得、企业股权转让所得适用上述方法。

（3）其他所得，参照前两项计算所得额。

【例题·多选题】在中国境内未设立机构、场所的非居民企业从中国境内取得的下列所得，应按收入全额计算征收企业所得税的有(　　)。

A. 股息　　B. 转让财产所得　　C. 租金　　D. 特许权使用费

分析：转让财产所得，以收入全额减除财产净值后的余额为应纳税所得额。所以正确答案为ACD。

（四）设立机构场所的非居民企业核定征收办法

非居民企业因会计账簿不健全资料残缺难以查账或者其他原因不能准确计算并据实申报其应纳税所得额的，税务机关有权采取以下方法核定其应纳税所得额。

1. 按收入总额核定应纳税所得额

应纳税所得额=收入总额×经税务机关核定的利润率

2. 按成本费用核定应纳税所得额

应纳税所得额=成本费用总额÷(1-经税务机关核定的利润率)×经税务机关核定的利润率

3. 按经费支出换算收入核定应纳税所得额

应纳税所得额=经费支出总额÷(1-经税务机关核定的利润率-营业税税率)×经税务机关核定的利润率

4. 其他

非居民企业与中国居民企业签订机器设备或货物销售合同，同时提供设备安装、装配、技术培训、指导、监督服务等劳务，其销售货物合同中未列明提供上述劳务服务收费金额，或者计价不合理的，主管税务机关可以根据实际情况，参照相同或相近业务的计价标准核定劳务收入。无参照标准的，以不低于销售货物合同总价款的10%为原则，确定非居民企业的劳务收入。

六、企业所得税税收优惠

企业所得税法的税收优惠方式包括：

（一）免征与减征优惠

企业从事农、林、牧、渔业项目的所得，可以免征、减征企业所得税。

1. 企业从事下列项目的所得，免征企业所得税

（1）蔬菜、谷物、薯类、油料、豆类、棉花、麻类、糖料、水果、坚果的种植；

（2）农作物新品种的选育；

（3）中药材的种植；

（4）林木的培育和种植；

（5）牲畜、家禽的饲养；

（6）林产品的采集；

（7）灌溉、农产品初加工、兽医、农技推广、农机作业和维修等农、林、牧、渔服务业项目；

（8）远洋捕捞。

2. 企业从事下列项目的所得，减半征收企业所得税

（1）花卉、茶以及其他饮料作物和香料作物的种植；

（2）海水养殖、内陆养殖。

3. 定期减免：3 免 3 减半

（1）从事国家重点扶持的公共基础设施项目投资经营的所得，自取得第一笔生产经营收入所属纳税年度起，第一年至第三年免征企业所得税，第四年至第六年减半征收企业所得税。

（2）从事符合条件的环境保护、节能节水项目的所得，自取得第一笔生产经营收入所属纳税年度起，第一年至第三年免征企业所得税，第四年至第六年减半征收企业所得税。

企业投资经营符合《公共基础设施项目企业所得税优惠目录》规定条件和标准的公共基础设施项目，采用一次核准、分批次（如码头、泊位、航站楼、跑道、路段、发电机组等）建设，凡同时符合以下条件的，可按每一批次为单位计算所得，并享受企业所得税“3 免 3 减半”优惠：不同批次在空间上相互独立；每一批次自身具备取得收入的功能；以每一批次为单位进行会计核算，单独计算所得，并合理分摊期间费用。

4. 符合条件的技术转让所得

居民企业转让技术所有权所得不超过 500 万元的部分，免征企业所得税；超过 500 万元的部分，减半征收企业所得税。技术转让的范围包括居民企业转让专利技术、计算机软件著作权、集成电路布图设计权、植物新品种、生物医药新品种等。

技术转让所得=技术转让收入-技术转让成本-相关税费。

不得享受此优惠的两种情形：100%关联方之间技术转让所得；未单独核算技术转让所得。

（二）高新技术企业优惠

（1）国家需要重点扶持的高新技术企业：减按 15%的所得税税率征收企业所得税。

（2）高新技术企业境外的所得可以享受高新技术企业所得税优惠政策。

认定取得高新技术企业证书并正在享受企业所得税 15%税率优惠的企业，其来源于境外的所得可以按照 15%的优惠税率缴纳企业所得税，在计算境外抵免限额时，可按照 15%的优惠税率计算境内外应纳税总额。

（三）小型微利企业优惠

1. 减按 20%的所得税税率征收企业所得税

微利企业的条件：年度应纳税所得额不超过 30 万元。

小型企业的条件：工业企业从业人数不超过 100 人，资产总额不超过 3000 万元；其他

企业从业人数不超过 80 人，资产总额不超过 1000 万元。

2. 所得减按 50%计入应纳税所得额

自 2015 年 1 月 1 日至 2017 年 12 月 31 日，对年应纳税所得额低于 30 万元(含 10 万元)的小型微利企业，其所得减按 50%计入应纳税所得额，按 20%的税率缴纳企业所得税。

(四) 加计扣除优惠

1. 研究开发费

未形成无形资产计入当期损益的，在按照规定据实扣除的基础上，按照研究开发费用的 50%加计扣除；形成无形资产的，按照无形资产成本的 150%摊销。研发费用加计扣除属于纳税调减项目，不影响会计利润。企业委托给外单位进行开发的研发费用，凡符合上述条件的，由委托方按规定计算加计扣除；受托方不得再进行加计扣除。

2. 企业安置残疾人员所支付的工资

企业安置残疾人员所支付工资费用，在据实扣除的基础上，按照支付给残疾职工工资的 100%加计扣除。企业支付给残疾人的工资属于纳税调减项目，不影响会计利润，不影响计算三项经费的工资总额。

(五) 创投企业优惠

创投企业采取股权投资方式投资于未上市的中小高新技术企业 2 年以上的，可以按照其投资额的 70%在股权持有满 2 年的当年抵扣该创业投资企业的应纳税所得额；当年不足抵扣的，可以在以后纳税年度结转抵扣。

(六) 加速折旧优惠

1. 可采用加速折旧方法的固定资产

企业的固定资产由于技术进步等原因，确需加速折旧的，可以缩短折旧年限或者采取加速折旧的方法。可以采取缩短折旧年限或者采取加速折旧的方法的固定资产，包括：

(1) 由于技术进步，产品更新换代较快的固定资产。

(2) 常年处于强震动、高腐蚀状态的固定资产。采取缩短折旧年限方法的，最低折旧年限不得低于规定折旧年限的 60%；加速折旧可以采取双倍余额递减法或者年数总和法。

2. 加速折旧的特殊规定

《财政部国家税务总局关于完善固定资产加速折旧企业所得税政策的通知》(财税〔2014〕75 号)：

(1) 对指定 6 个行业的企业 2014 年 1 月 1 日后新购进的固定资产，可缩短折旧年限或采取加速折旧的方法：生物药品制造业；专用设备制造业；铁路、船舶、航空航天和其他运输设备制造业；计算机、通信和其他电子设备制造业；仪器仪表制造业；信息传输、软件和信息技术服务业等。

(2) 对所有行业企业：2014 年 1 月 1 日后新购进的专门用于研发的仪器、设备，单位价值不超过 100 万元的，允许一次性计入当期成本费用在计算应纳税所得额时扣除，不再分年度计算折旧；单位价值超过 100 万元的，可缩短折旧年限或采取加速折旧的方法(包括：6 个行业的小型微利企业新购进的研发和生产经营共用的仪器、设备)。

(3) 对所有行业企业：持有的单位价值不超过 5000 元的固定资产，允许一次性计入当期成本费用在计算应纳税所得额时扣除，不再分年度计算折旧。

（七）减计收入优惠

企业综合利用资源，生产国家非限制和禁止并符合国家和行业相关标准的产品取得的收入，减按90%计入收入总额。

（八）税额抵免优惠

企业购置并实际使用《优惠目录》规定的环境保护、节能节水、安全生产等专用设备的，该专用设备的投资额的10%可以从企业当年的应纳税额中抵免；当年不足抵免的，可以在以后5个纳税年度结转抵免。专用设备的投资额不包括允许抵扣的增值税进项税额；无法抵扣的进项税额，计入专用设备投资额(取得普通发票，专用设备投资额为普通发票上价款)。专用设备正常计提折旧。

（九）民族自治地区的优惠

民族自治地区的自治机关对本民族自治地区的企业应缴纳的企业所得税中属于地方分享的部分，可以决定减征或者免征。自治州、自治县决定减征或者免征的，须报省、自治区、直辖市人民政府批准。

（十）非居民企业优惠

1. 减征

在我国境内未设机构场所的非居民企业，减按10%的所得税税率征收企业所得税。

2. 免税项目

（1）外国政府向中国政府提供贷款取得的利息所得。

（2）国际金融组织向中国政府和居民企业提供优惠贷款取得的利息所得。

（3）经国务院批准的其他所得。

（十一）特殊行业的优惠

1. 关于鼓励软件产业和集成电路产业发展的优惠政策

（1）定期减免：获利年度起二免三减半(12.5%)，包括：集成电路线宽小于0.8微米(含)的集成电路生产企业；境内新办的集成电路设计企业和符合条件的软件企业。

（2）定期减免：集成电路线宽小于0.25微米或投资额超过80亿元的集成电路生产企业，减按15%的税率征收企业所得税。经营期在15年以上，获利年度起5免5减半(12.5%)。

软件企业所得税优惠政策适用于经认定并实行查账征收方式的软件企业。国家规划布局内的重点软件企业和集成电路设计企业，如当年未享受免税优惠的，可减按10%的税率征收企业所得税。

2. 关于鼓励证券投资基金发展的优惠政策

3项暂不征收企业所得税：

（1）对证券投资基金从证券市场中取得的收入，包括买卖股票、债券的差价收入，股权的股息、红利收入，债券的利息收入及其他收入。

（2）对投资者从证券投资基金分配中取得的收入。

（3）对证券投资基金管理人运用基金买卖股票、债券的差价收入。

3. 节能服务公司的优惠政策

对符合条件的节能服务公司实施合同能源管理项目，自项目取得第一笔生产经营收入所属纳税年度起，企业所得税三年免税三年减半征收。

4. 电网企业电网新建项目

三免三减半。

(十二) 其他优惠

1. 西部大开发税收优惠

对设在西部地区国家鼓励类产业企业，在 2011 年 1 月 1 日至 2020 年 12 月 31 日期间，减按 15%的税率征收企业所得税。

2. 特定区域优惠

如深圳前海现代深港现代服务业合作区鼓励类产业企业，减按 15%税率。上海自贸区企业非货币资产对外投资所得 5 年递延纳税等。

3. 其他事项

(1) 对企业和个人取得的 2009 年及以后发行的地方政府债券利息所得，免征企业所得税。

(2) 对企业持有 2011~2015 年发行的中国铁路建设债券取得的利息收入，减半征收企业所得税。

【例题·单选题】企业从事下列项目取得的所得中，免征企业所得税的是(　　)。

A. 花卉种植　　B. 蔬菜种植　　C. 海水养殖　　D. 内陆养殖

分析：企业从事 A、C、D 项目的所得，减半征收企业所得税，所以正确答案为 B。

【例题·多选题】下列利息所得中，免征企业所得税的有(　　)。

A. 外国政府向中国政府提供贷款取得的利息所得

B. 国际金融组织向中国政府提供优惠贷款取得的利息所得

C. 国际金融组织向中国居民企业提供优惠贷款取得的利息所得

D. 外国银行的中国分行向中国居民企业提供贷款取得的利息所得

分析：非居民企业取得下列所得免征企业所得税：外国政府向中国政府提供贷款取得的利息所得；国际金融组织向中国政府和居民企业提供优惠贷款取得的利息所得；经国务院批准的其他所得。所以正确答案为 ABC。

七、源泉扣缴

(一) 扣缴义务人

(1) 对非居民企业在中国境内未设立机构、场所的，或者虽设立机构、场所但取得的所得与其所设机构、场所没有实际联系的所得应缴纳的所得税，实行源泉扣缴，以支付人为扣缴义务人。

(2) 对非居民企业在中国境内取得工程作业和劳务所得应缴纳的所得税，税务机关可以指定工程价款或者劳务费的支付人为扣缴义务人。

(二) 扣缴方法

扣缴义务人每次代扣的税款，应当自代扣之日起 7 日内缴入国库，并向所在地的税务机关报送扣缴企业所得税报告表。

八、特别纳税调整

(一) 特别纳税调整范围

特别纳税调整的范围，是指企业与其关联方之间的业务往来，不符合独立交易原则而减少企业或者其关联方应纳税收入或者所得额的，税务机关有权按照合理方法调整。

1. 关联方

是指与企业有下列关联关系之一的企业、其他组织或者个人，具体指：

（1）在资金、经营、购销等方面存在直接或者间接的控制关系；

（2）直接或者间接地同为第三者控制；

（3）在利益上具有相关联的其他关系。

2. 独立交易原则

亦称“公平交易原则”、“正常交易原则”。具体是指没有关联关系的交易各方，按照公平成交价格和营业常规进行业务往来遵循的原则。

在判断关联企业与其关联方之间的业务往来是否符合独立交易原则时，强调将关联交易定价或利润水平与可比情形下没有关联关系的交易定价和利润水平进行比较，如果存在差异，就说明因为关联关系的存在而导致企业没有遵循正常市场交易原则和营业常规，从而违背了独立交易原则。

3. 合理方法

（1）可比非受控价格法，是指按照没有关联关系的交易各方进行相同或者类似业务往来的价格进行定价的方法。

（2）再销售价格法，是指按照从关联方购进商品再销售给没有关联关系的交易方的价格，减除相同或者类似业务的销售毛利进行定价的方法。

（3）成本加成法，是指按照成本加合理的费用和利润进行定价的方法。

（4）交易净利润法，是指按照没有关联关系的交易各方进行相同或者类似业务往来取得的净利润水平确定利润的方法。

（5）利润分割法，是指将企业与其关联方的合并利润或者亏损在各方之间采用合理标准进行分配的方法。

（6）其他符合独立交易原则的方法。

企业发生关联交易以及税务机关审核、评估关联交易均应遵循独立交易原则，选用合理的转让定价方法。选用合理的转让定价方法应进行可比性分析。可比性分析因素主要包括：交易资产或劳务特性；交易各方功能和风险；合同条款；经济环境；经营策略。

（二）关联企业之间关联业务的税务处理

（1）企业可以向税务机关提出与其关联方之间业务往来的定价原则和计算方法，税务机关与企业协商、确认后，达成预约定价安排。

（2）由居民企业，或者由居民企业和中国居民控制的设立在实际税负明显低于25%的税率水平的国家（地区）的企业，并非由于合理的经营需要而对利润不作分配或者减少分配的，上述利润中应归属于该居民企业的部分，应当计入该居民企业的当期收入。

（3）企业从其关联方接受的债权性投资与权益性投资的比例超过规定标准而发生的利息支出，不得在计算应纳税所得额时扣除。

（4）母子公司间提供服务支付费用有关企业所得税处理

① 母公司为其子公司（以下简称子公司）提供各种服务而发生的费用，应按照独立企业之间公平交易原则确定服务的价格，作为企业正常的劳务费用进行税务处理。

② 母子公司未按照独立企业之间的业务往来收取价款的，税务机关有权予以调整。

③ 母公司向其多个子公司提供同类项服务，其收取的服务费可以采取分项签订合同或协议收取；也可以采取服务分摊协议的方式。

④ 母公司以管理费形式向子公司提取费用，子公司因此支付给母公司的管理费，不得在税前扣除。

九、征收管理

(一) 纳税地点

(1) 除另有规定外，居民企业以企业登记注册地为纳税地点(登记注册的住所地)；但登记注册地在境外的，以实际管理机构所在地为纳税地点。

(2) 居民企业在中国境内设立不具有法人资格的营业机构的，应当汇总计算并缴纳企业所得税。

(二) 纳税期限

(1) 企业所得税按年计征，分月或者分季预缴，年终汇算清缴，多退少补。

自年度终了之日起 5 个月内，向税务机关报送年度企业所得税纳税申报表，并汇算清缴，结清应缴应退税款。

(2) 企业清算时，应将整个清算期作为一个独立的纳税年度计算清算所得。

(三) 纳税申报

月份或者季度终了之日起 15 日内，向税务机关报送预缴企业所得税纳税申报表，预缴税款。企业在报送企业所得税纳税申报表时，应当按照规定附送财务会计报告和其他有关资料。

(四) 跨地区经营汇总纳税企业所得税征收管理

跨省设立不具有法人资格分支机构的居民企业，实行“统一核算、分级管理、就地预缴、汇总清算、财政调库”的企业所得税征收管理。

1. 汇总纳税企业汇总计算的企业所得税，包括预缴税款和汇算清缴应缴应退税款

(1) 50%在各分支机构间分摊，各分支机构根据分摊税款就地办理缴库；

(2) 50%由总机构分摊缴纳，其中 25%就地办理缴库，25%就地全额缴入中央国库。

2. 分摊税额计算

总机构应按照上年度分支机构的经营收入、职工工资和资产总额三个因素和对应权重计算各分支机构应分摊所得税款的比例。计算公式如下：

所有分支机构分摊税款总额=汇总纳税企业当期应纳所得税额×50%

某分支机构分摊税款=所有分支机构分摊税款总额×该分支机构分摊比例

某分支机构分摊比例=(该分支机构营业收入÷各分支机构营业收入之和)×0.35+(该分支机构职工薪酬÷各分支机构职工薪酬之和)×0.35+(该分支机构资产总额÷各分支机构资产总额之和)×0.30

(五) 合伙企业所得税的征收管理

(1) 合伙企业以每一个合伙人为纳税义务人，合伙企业合伙人是自然人的，缴纳个人所得税；合伙人是法人和其他组织的，缴纳企业所得税。

(2) 合伙企业生产经营所得和其他所得采取“先分后税”的原则。

(3) 合伙企业的合伙人是法人和其他组织的，合伙人在计算其缴纳企业所得税时，不得用合伙企业的亏损抵减其盈利。

第二节 企业所得税纳税人的纳税筹划

一、企业所得税纳税筹划常用策略

应纳税额=应纳税所得额×适用税率-减免税额-抵免税额

应纳税所得额=收入总额-不征税收入-免税收入-扣除项目-以前年度亏损

通过上述企业所得税应纳税额和应纳税所得额的计算公式，可以得出纳税筹划着力点应放在以下三个方面：降低应纳税所得额：包括降低收入总额或延迟收入实现时间、合法增加准予扣除项目金额或提前扣除；争取适用较低税率；争取适用更多税收优惠。

二、纳税人组织形式的纳税筹划

（一）正确选择企业组织形式需考虑的因素

不同企业组织形式，纳税人会缴纳不同的所得税，税负会有所不同。另外还涉及企业是否具有法人地位，承担的民事责任也有所不同。所以企业在最初设立、扩张规模时进行纳税筹划时要从以下两方面考虑企业的组织形式：纳税人应缴纳的所得税税种及其税负差异；纳税人的法人地位和民事责任差异。

（二）公司与合伙企业的选择

公司与合伙企业所得税征税规定：公司属于法人企业，需要缴纳企业所得税，税后利润分配给股东，如果股东属于个人，还要按股息利息红利所得缴纳个人所得税。而合伙企业、个人独资企业不属于法人企业，不需要缴纳企业所得税，投资者只需要缴纳个人所得税。合伙企业与公司的所得税税率见表5-3。

表5-3 合伙企业与公司所得税税率

应税所得额/元	个人独资企业、合伙企业税率,%	速算扣除数/元	公司税率,%
不超过15000	5	0	20
15000~30000	10	750	20
30000~60000	20	3750	20
60000~100000	30	9750	20
100000~300000	35	14750	20
30万元以上	35	14750	25

【例题】假设甲有一项专利技术的使用权，想投资生产，现在可以组建公司，也可以组建合伙企业，预计投产后第二年的企业利润为20万元，假设利润全部分配。

要求：分析甲以哪种方式组建企业较好。

分析：合伙企业与公司所得税筹划方案比较见下表。

	方案一(公司)	方案二(二人合伙)
公司应纳所得税额	20×20%=4(万元)	—
可供分配利润	20-4=16(万元)	—
股东应缴纳税款	16×20%=3.2(万元)	10×30%-0.975=2.025(万元)(一人)
税后利润	16-3.2=12.8(万元)	20-2.025×2=15.95(万元)

由上表可看出，如果仅考虑税收因素，在企业利润为 20 万元的条件下，合伙企业的所得税负担相对较轻、税后利润较高。但是企业利润并不一定立即分配，如果计划将盈利用于再投资或暂不分配，税收负担的情况会发生变化，即股东应缴纳的税款 3.2 万元不需缴纳，公司税负较轻。

（三）设立分公司与子公司的选择

子公司是指被母公司有效控制的下属公司或者是母公司直接或间接控制的一家公司；分公司是指作为公司的分支机构而存在的机构。它们之间的区别如表 5-4 所示。

表 5-4　分公司与子公司的区别

项　　目	分　公　司	子　公　司
法律地位不同	不具备法人地位	独立法人
纳税义务不同	有限纳税义务	全面纳税义务
办理手续繁简不同	手续简单	手续繁琐
弥补亏损规定不同	可以抵消总公司利润	不能用母公司税前利润弥补
相互转移资本政策不同	负担有限税收	应负担相应税款
利润汇回的税收收益不同	必须按期汇回总公司	可以选择汇回时机或留在子公司
是否合并纳税不同	就地预缴、汇总清算	独立申报纳税

注意：分公司与子公司所得税征税规定：分公司不属于独立法人，企业所得税由总公司汇总缴纳，亏损可以由总公司当年的盈利弥补；子公司属于独立法人，自己缴纳企业所得税，亏损由自己以后年度的盈利弥补。

【例题】英国一化妆品集团公司欲在我国投资兴建一家芦荟种植加工企业，该公司派遣了一名经济顾问来我国进行投资政策考察。这位专家在选择投资形式时，向我国有关部门进行了涉外税收政策方面的咨询，最后他个人认为这个项目应采用分公司的形式，并认为不该由总公司直接投资，而应改由该公司设在非洲的子公司投资。这位经济顾问作出这种选择是出于什么考虑呢？

分析：采用分公司的原因：芦荟是一种根基植物，在新的种植区域播种，达到初次具有商品价值的收获期需 4~5 年，这样就使企业在开办初期面临较大的亏损。如果采用子公司的投资形式则被视为股份有限公司，其亏损只能在该企业内部弥补。但如果是分公司，企业则被视为负无限责任的合伙公司，其亏损可以在总公司内弥补，通过总公司弥补亏损的办法可以减轻企业开办初期的压力。

由非洲子公司进行投资的原因：假设英国总公司进行投资，英国总公司 2008 年应纳税所得为 100 万英镑，按英国税法规定应缴纳 30 万英镑的所得税。假设其投资的分公司应由其负担的亏损额为 20 万英镑，则总公司的应纳税额为(100−20)×30%＝24(万英镑)。如果该项目由非洲的子公司投资，非洲子公司的所得税税率为 40%，假设非洲子公司的应纳税所得额为 100 万英镑，其应纳税额为 40 万英镑，如果为分公司弥补 20 万英镑的亏损，非洲子公司可以少缴 8 万英镑的所得税。

所以选择由非洲子公司进行投资。

【例题】A 公司经营状况良好，准备扩大规模，增设一分支机构 B 公司。A、B 公司均适用 25% 的企业所得税税率。分支机构设立后六年内经营情况预测如下表所示：

A、B 公司盈利预测表　　万元

项　　目	第一年	第二年	第三年	第四年	第五年	第六年
母公司 A 公司	100	120	150	180	200	240
分支机构 B 公司	−30	−20	0	20	30	60

要求：从纳税筹划角度分析A公司应选择成立子公司还是分公司？

分析：方案一：如果成立分公司，各年应纳税额如下表所示：

万元

项目	第一年	第二年	第三年	第四年	第五年	第六年	合计
A公司	100	120	150	180	200	240	990
B分公司	-30	-20	0	20	30	60	60
应纳税所得额	70	100	150	200	230	300	1050
应纳企业所得税	17.5	25	37.5	50	57.5	75	262.5

方案二：如果成立子公司，各年应纳税额如下表所示：

万元

项目	第一年	第二年	第三年	第四年	第五年	第六年	合计
A公司	100	120	150	180	200	240	990
B子公司	-30	-20	0	20	30	60	60
A公司应纳税额	25	30	37.5	45	50	60	247.5
B公司应纳税额	0	0	0	0	0	15	15
合计应纳税额	25	30	37.5	45	50	75	262.5

结论：从上述分析可知，虽然两个方案六年应纳企业所得税总额相等，但由于前者第一年、第二年减少的税负，延迟到第四年、第五年缴纳，获得了货币时间价值，因此建议该公司在设立分支机构时选择分公司的形式。

第三节　企业所得税计税依据的纳税筹划

一、收入总额的纳税筹划

（一）销售货物及提供劳务收入的筹划

货物销售收入或劳务收入需要先交流转税，获得利润后再交企业所得税。因此，流转税的各项筹划方法中，绝大多数也适用于企业所得税的筹划。如采用商业折扣方式销售货物时，将销售额和折扣额开在同一张发票上，从而减少收入；如选择合理的收入结算方式，控制收入确认的时间，也可以实现延缓纳税乃至降低税率的目的。

（二）股权投资收益纳税筹划

股权投资收益包括股息、红利收入和股权转让收益两部分。

纳税筹划思路：企业所得税法规定：符合条件的居民企业之间的股息、红利等权益性投资收益为免税收入（直接投资），但股权转让收益征税。企业在条件允许时要多取得股息、红利收入以减少纳税。

【例题】2015年年初，东方公司以银行存款6000万元投资于北方房地产开发公司，取得60%的股权。当年北方公司获得税后利润1500万元。由于公司未来发展需要大量资金，北方公司董事会考虑当年不分配利润。2016年3月，受北方公司良好发展前景的吸引，南方公司向东方公司提出购买北方公司20%的股权。经协商以2500万元的价格成交，转让过程预计发生相关税费5万元。

则东方公司需就此项股权转让缴纳所得税：

(2500－6000÷60%×20%－5)×25%＝123.75(万元)

要求：东方公司如何筹划才能减轻所得税税负？

分析：可以采用先分配股息后转让股份的做法。东方公司先凭借第一大股东的身份，要求北方公司分配500万元利润，然后再转让20%的股权给南方公司。这样，20%的股权在转让前可为东方公司带来100万元的红利收入。同时由于利润分配使北方公司的股东权益减少500万元，南方公司应支付的股权转让价格也相应减少到2400万元，东方公司从股权转让中获得的总收入为100+2400＝2500(万元)，与筹划前相同。但股权转让所得应缴的企业所得税为：

(2400－6000÷60%×20%－5)×25%＝98.75(万元)

这样，就使公司节税25万元。

(三) 关联企业收入的纳税筹划

关联企业之间可以通过适当地转移定价筹划，将利润从所得税税率较高的企业转移到税率较低的企业，从而谋求最佳的纳税筹划效果。相互之间没有购销业务的，也可以通过借贷资金利息转移利润，还可以相互提供各种服务、劳务、固定资产租赁以及无形资产的使用等途径转移利润。

【例题】甲乙两企业为关联企业，甲企业主要生产摩托车发动机，乙企业主要生产摩托车整车。甲企业的产品主要供应乙企业生产需要。某年度甲企业的应纳税所得额为10500万元，适用所得税税率25%，乙企业应纳税所得额10000万元，适用所得税税率为15%。当年甲企业出售给乙企业摩托车发动机5万台，每台售价2100元。按照这一价格，甲乙应纳税：

甲应纳税额＝10500×25%＝2625(万元)

乙应纳税额＝10000×15%＝1500(万元)

要求：如何通过合理的转让定价，降低甲乙企业的税负？

分析：假设甲乙企业采用转移定价手段转移利润，将每台发动机价格由2100元调整为正常浮动状态范围内的2000元，每台降价100元。则甲乙应纳税情况如下：

甲应税所得额＝10500－100×5＝10000(万元)

甲应纳税额＝10000×25%＝2500(万元)

乙应税所得额＝10000+100×5＝10500(万元)

乙应纳税额＝10500×15%＝1575(万元)

结论：通过转移定价，该关联企业实现纳税筹划效益50万元。

注意：我国新企业所得税法吸收了国内外反避税经验，在强调独立交易原则的基础上，引进了预约定价安排制度、成本分摊协议、受控外国企业规则、反资本弱化规则等，使利用关联企业之间的转让定价进行节税筹划的风险加大。

预约定价安排是企业与税务机关就企业未来年度关联交易的定价原则和计算方法所达成的一致安排，其谈签与执行通常经过预备会谈、正式申请、审核评估、磋商、签订安排和监控执行6个阶段。成本分摊协议是指企业与其关联方共同开发、受让无形资产，或者共同提供、接受劳务发生的成本，在计算应纳税所得额时，为按照独立交易原则进行成本分摊而签订的协议。受控外国企业规则是指由居民企业，或者由居民企业和中国居民控制的设立在实际税负明显低于12.5%的国家(地区)的企业，并非由于合理的经营需要而对利润不作分配或者减少分配的，上述利润中应归属于该居民企业的部分，应当计入该居民企业的当期收入，缴纳企业所得税。资本弱化是指通过改变资本结构，利用债务利息可税前扣除的规定，实现税收负担最小化的目的。超过一定比例的支付给关联企业的利息不允许税前扣除。

所以，企业在采用这种方法进行纳税筹划时，应充分考虑筹划风险，注意将交易价格控制在市场认可的浮动幅度范围内。

二、扣除项目的纳税筹划

在计算企业所得税应纳税所得额时，一般允许扣除成本、费用、税金、损失等项目，但具体扣除时税法有不同规定，有的项目不许扣除，有的项目全额扣除，有的项目限额扣除，有的项目加计扣除。不同扣除项目有不同的筹划原则：对于税法规定不得扣除的项目，应减少发生或禁止发生；对于税法规定限额扣除的项目，应充分利用扣除限额，对超限额部分要努力通过其他途径求得在税前列支；对于税法规定可以全额扣除的项目，应合理发生；对于税法规定可以加计扣除的项目，应多发生。

（一）利用工资、薪金支出进行纳税筹划

企业发生的合理的工资、薪金支出准予据实扣除。工资、薪金支出是企业每一纳税年度支付给本企业任职或与其有雇佣关系的员工的所有现金或非现金形式的劳动报酬，包括基本工资、资金、津贴、补贴、年终加薪、加班工资，以及与任职或者是受雇有关的其他支出。

【例题】某企业要为自己的200名职工发放工资，可以从哪些角度进行税务筹划？

(1) 企业发放普通工资

一方面要分析个人所得税的相关政策，从而让员工的工资、薪金所得充分享受低税率，使个人所得税负担最小化；另一方面，企业每安排职工工资100元，就会减少企业所得税负担25元，只要工资、薪金个人所得税适用的最高税率不超过25%，多发工资就不会增加额外的税收负担，这就为企业实施高薪策略提供了较为宽松的税收环境。

(2) 在职工从事研究开发期间，可多安排工资、奖金(包括全年一次性奖金)，从而更多地享受加计扣除。注意：多安排工资、奖金相应增加的个人所得税负担，不能超过加计扣除部分减少的企业所得税部分，否则将得不偿失。

(3) 企业安置残疾人员的，在按照支付给残疾职工工资据实扣除的基础上，按照支付给残疾职工工资的100%加计扣除。

(4) 税前列支工资和税后分配股利。

企业投资者从企业取得收入的途径有税前列支工资和税后分配股利两种途径。每发放100元工资可减少25元企业所得税负担，而按25%缴纳企业所得税后分配的股息、红利还要缴纳20%的个人所得税，因此，只要工资、薪金所得个人所得税适用的最高税率未达到45%，领取工资均比分配股利更有利。

（二）广告费、业务宣传费、业务招待费的筹划

1. 业务招待费纳税筹划

由于业务招待费的特殊规定，业务招待费永远不能全额扣除，常常是企业超支最多的项目。筹划思路如下：

(1) 按预算来控制招待次数、规模和档次，充分注意业务招待费与会务费、差旅费的区别，与经营活动有关的合理的会议费、差旅费等，只要能够提供真实、合法的凭证，可在税前全额扣除，不受比例限制。

(2) 利用“临界点”节税。假设企业年销售(营业)收入为X，年业务招待费为Y，则当年允许税前扣除的业务招待费$=Y\times60\%\leqslant X\times5‰$，只有在$Y\times60\%=X\times5‰$的情况下，即$Y=X\times8.33‰$，业务招待费在销售(营业)收入的8.33‰的临界点时，企业才可能充分利用好上述政策。企业编制业务招待费预算时，就按收入的8.33‰编制。

（3）业务招待费与广告费、业务宣传费合理转换。在核算业务招待费时，企业应当严格区分业务招待费和业务宣传费，并通过二者间的合理转换进行纳税筹划。可以考虑将部分业务招待费转为业务宣传费，比如，可以将若干次餐饮招待费改为宣传产品用的赠送礼品。业务招待费这一明细账户尽量少记。

2. 广告费和业务宣传费的纳税筹划

根据广告费、业务宣传费的扣除规定，从企业全部寿命周期看，所有的广告费和业务宣传费都能最终计入应纳税所得额，在税前全部扣除。但是，税法的上述规定毕竟造成当年超支的广告费和业务宣传费推迟抵扣，导致纳税义务提前。

3. 三费的整体筹划思路

如果从长期看，企业的三费将严重超标，可考虑对其组织结构进行调整，具体方法是将企业现有的销售部门设立成一个独立的销售公司。

【例题】某机械制造企业（内资企业）2015年度收入总额为1000万元，广告费为220万元，业务宣传费为80万元，业务招待费为100万元。

要求：为该企业进行广告费业务宣传费、业务招待费纳税筹划。

分析：按现行税法规定：

该企业广告费业务宣传费超支额为：300−1000×15%＝150（万元）

业务招待费超支额为：100−5＝95（万元）。

所以该企业缴纳企业所得税时需合计进行纳税调增245万元。

筹划方案：该企业将销售部门分离出去设立一家销售公司，制造企业将生产出来的产品销售给销售公司，总价为900万元，销售公司再销售给客户，总价为1000万元。双方商定广告费各支付110万元，业务宣传费各支付40万元，业务招待费由双方各支付50万元。

制造企业广告费和业务宣传费超支：110+40−900×15%＝15（万元）

销售公司广告费和业务宣传费超支：110+40−1000×15%＝0（万元）

制造企业业务招待费超支：50−4.5＝45.5（万元）

销售公司业务招待费超支：50−5＝45（万元）

业务招待费合计超支90.5万元。

结论：企业分立后，应纳税所得额纳税调增金额由245万元降至105.5万元。

（三）利息支出的纳税筹划

1. 税法规定

（1）从借款对象角度来说：非金融企业向金融企业借款的利息支出、金融企业的各项存款利息支出和同业拆借利息支出、企业经批准发行债券的利息支出，可据实扣除。非金融企业向非金融企业借款的利息支出，不超过按照金融企业同期同类贷款利率计算的数额的部分可据实扣除，超过部分不许扣除。

（2）从借款用途角度来说：一般性经营性借款或者说流动性借款利息可以直接扣除，但有一定的上限，超过的部分不能扣除。专门性借款即固定资产借款利息不能直接扣除，只能随固定资产一起折旧，但没有扣除限额。纳税人可以充分利用这种规定进行纳税筹划，即将不能扣除的一般性经营性借款利息转化为固定资产利息。

2. 筹划思路

（1）注意利息支出的合法性。其一，应该取得合法凭证；其二，借入款项应于账内载明债权人的真实名称（姓名）和地址。

（2）应尽量向金融机构贷款。

（3）向非金融机构借款优先安排利息可资本化的项目。

【例题】某生态建材公司为一家小型工业企业，2015年末对下年度经营所需资金数量进行预测后得出结论，2016年需借入资金600万元，其中为构建固定资产需借入资金300万元，日常生产经营需借入资金300万元。但考虑到2015年的借款与还款情况，2016年只能从银行借款400万元，借款期限为2年，年利率8%，剩下200万元从其他企业借入，期限为2年，年利率为15%。构建固定资产活动从2016年1月1日到2016年12月31日结束。

请为这家企业提出纳税筹划方案。

分析：方案一：从银行借款400万元(利率8%)，其中300万元用于构建固定资产，100万元用于生产经营。从企业借款200万元(利率15%)，用于生产经营。

税前不能扣除的利息为：200×(15%-8%)=14(万元)

方案二：从银行借款400万元(利率8%)，其中100万元用于构建固定资产，300万元用于生产经营。从企业借款200万元(利率15%)，用于构建固定资产。

构建固定资产发生的利息支出可全部计入固定资产成本，通过提折旧的方式全部可以扣除，不需要进行纳税调整。税前不能扣除的利息为0。

所以，该公司应选择方案二。

（四）公益救济性捐赠的纳税筹划

1. 税法规定

（1）企业发生的公益性捐赠支出，不超过年度利润总额12%的部分，准予扣除。年度利润总额是指企业依照国家统一会计制度的规定计算的年度会计利润。公益性捐赠是指企业通过公益性社会团体或者县级以上人民政府及其部门，用于《中华人民共和国公益事业捐赠法》规定的公益事业的捐赠。

（2）如果企业捐赠的是货物，一方面要按照《增值税暂行条例实施细则》第四条，“单位或个体经营者将自产、委托加工或购买的货物无偿赠送他人，视同销售货物。”比如企业将其自己生产的药品捐给灾区，需要视同销售缴纳增值税。另一方面，《中国企业所得税法》第二十五条规定：“企业发生非货币性资产交换，以及将货物、财产、劳务用于捐赠、偿债、赞助、集资、广告、样品、职工福利或者利润分配等用途的，应当视同销售货物、转让财产或者提供劳务，但国务院财政、税务主管部门另有规定的除外”。因此，捐赠相关货物，不仅要缴纳增值税等流转税，还需视同销售缴纳企业所得税。

（3）公益捐赠享受税前全额扣除的有：对公益性青少年活动场所的捐赠；对红十字事业的捐赠；对老年服务机构的捐赠；向慈善机构、基金会等非营利机构的捐赠；对农村义务教育的捐赠；对汶川、芦山地震灾区的捐赠。

2. 纳税筹划思路

（1）优先选择可全额扣除的捐赠项目。

（2）如果是限额扣除的捐赠，每年捐赠额要控制在扣除限额以内。如果捐赠额很大，超过一年扣除限额，最好安排在数年进行。

【例题】某企业预计2016年度利润总额为200万元，并且无其他调整项目，适用的企业所得税税率为25%。为了优化企业形象、提高社会知名度，在预算中包括了在该年度向社会捐赠30万元。该企业有多种捐赠方案可以选择：

方案一：不通过公益性社会团体或者县级以上人民政府及其部门进行公益性捐赠。

方案二：通过公益性社会团体或者县级以上人民政府及其部门进行公益性捐赠。

方案三：通过公益性社会团体或者县级以上人民政府及其部门，向国务院特批的项目进行公益性捐赠。

要求：比较这三种捐赠方案，为企业选择最优方案。

分析：三种方案比较如下：

方案一：其捐赠支出不能在所得税税前扣除，故其应纳所得税税额为：(200+30)×25%=57.5(万元)。

方案二：其捐赠支出在年度会计利润12%以内的部分可以扣除，故其应纳所得税税额为：[200+(30−200×12%)]×25%=51.5(万元)。

方案三：其捐赠支出可以全额在所得税税前扣除，故其应纳所得税税额为：200×25%=50(万元)。

结论：该企业应采用第三种方案进行捐赠。

【例题】四方科技有限公司拥有员工2400人，平均月工资为3000元。2015年计划通过当地民政局向遭受自然灾害地区捐款300万元。公司2012年度预计的税前会计利润为2000万元。由于捐赠超过了扣除限额，四方公司需调增会计利润：

2000+60=2060(万元)

筹划思路：不改变捐款总额，将捐款分别以公司名义和员工名义捐赠。公司捐240万元，同时给全体员工增发60万元奖金，全部用于捐赠。这样，公司的捐赠可以全额在税前扣除，员工平均每人捐赠250元，未超过应纳税所得额30%，也不会增加个人所得税税负。

3. 公益性捐赠税务筹划应注意的问题

（1）捐赠对象要选择。千万不能直接对受赠人捐赠，因为不能取得捐赠票据，另外非公益性捐赠也不能税前扣除。

（2）捐赠用途要明确。“用途”主要有四类：一是用于救灾救贫；二是用于教育、科学、文化、卫生、体育事业；三是用于环保、社会公共设施建设；四是用于促进社会发展和公共福利事业。

（3）捐赠方式要适当。通常捐款比捐物有利。

（4）捐赠凭据要保留。只有正式的捐赠票据才能作为税前抵扣凭证。

（五）选择合适的亏损弥补年度和弥补方法进行纳税筹划

这里的亏损指按税法规定计算的应纳税所得额为负数，不是指会计利润。税前利润补亏是一项税收优惠，有5年的时间限制，如果5年未补完，只能用第六年以后的税后利润来弥补。用税后利润弥补，对企业来讲不划算。所以企业要珍惜5年的弥补期限。

【例题】某企业2010年实现盈利40万元，在此之前没有需要弥补的亏损，2011年亏损40万元，2012年亏损30万元，2013年亏损20万元，2014年盈利10万元，2015年盈利20万元，2016年盈利30万元。

要求：计算该企业从2010年到2016年每年应缴纳的企业所得税，并提出纳税筹划方案。

分析：

2010年应纳税额=40×25%=10(万元)

2014、2015、2016年度的盈利都用来弥补以前年度亏损，不需缴税。

筹划思路：盈利与亏损通常可以预测，如果预测以后年度亏损，应尽量将盈利放在亏损年度之后。比如2010年多开支40万元的投资，即将2011年的部分开支提前进行，而将某些收入放在2011年实现。这样，2010年应纳税所得额就降为0，不需纳税。

（六）固定资产折旧纳税筹划

筹划思路：固定资产折旧由于关系到当期的成本费用，所以折旧期限的选择、折旧方法的选择、开始计提折旧时间的确定等，都可能影响当年应纳税所得额。所以筹划时可从这三方面着手。

【例题】甲企业2015年12月购入价值为300万元(不含增值税)的电子设备，残值率5%，估计可使用3~5年，按税法规定，最低可按3年折旧，按直线法计提折旧。假设该企业处于盈利期间，从2016年起，每年未扣除折旧前的利润为1000万元，且没有企业所得税纳税调整项目。

要求：假设折现率为10%，对其进行纳税筹划。

筹划思路：折旧作为非付现成本，具有抵税效应。折旧年限越短，年折旧额越大，当年利润越低，计税依据越小。因此在企业盈利期间，企业应按最低年限计提折旧。但是，在减免税期间，应尽量采用较长的折旧年限。

方案一：按5年计提折旧：

年折旧额=300×(1-5%)÷5=57(万元)

5年每年应纳企业所得税=(1000-57)×25%=235.75(万元)

5年纳税支出现值=235.75×(P/A，10%，5)=893.68(万元)

方案二：按3年计提折旧：

年折旧额=300×(1-5%)/3=95(万元)

前3年每年应纳企业所得税=(1000-95)×25%=226.25(万元)

后2年每年应纳企业所得税=1000×25%=250(万元)

5年纳税支出现值=226.25×(P/A，10%，3)+250×[(P/A，10%，5)-(P/A，10%，3)]=852.64(万元)

结论：方案二比方案一企业所得税支出现值少41.04万元，因此，应选择方案二。

【例题】某企业2016年4月与供货方签订合同购入一台专用设备，合同约定金额600万元。该企业于2016年6月收到该设备并投入使用，但由于没有收到发票，企业未估价入账。9月收到供货方发票，注明价款630万元。企业收到发票后随即付款，并将该专用设备作为固定资产入账，从10月开始计提折旧，折旧年限为10年。

思考：该企业计提折旧时间是否合理呢?

分析：按企业现行做法：

2016年计提折旧=630÷120×3=15.75(万元)

筹划方案：10年6月暂估价入账，从7月计提折旧，等收到发票后再调整入账价值和已提折旧额。则2016年计提折旧为：630÷120×6=31.5(万元)

则企业2016年提前缴纳税款为：(31.5-15.75)×25%=3.94(万元)

所以，该企业计提折旧时间是不合理的。

结论：从纳税筹划方面考虑，固定资产折旧的原则是尽量提前折旧、尽量加速折旧，虽然不能改变固定资产折旧总额，但可以起到提前抵减应纳税所得额、推迟缴纳税款的作用。当然，减免税期间除外。

第四节　企业所得税税率的纳税筹划

企业所得税法规定可以享受低税率优惠的企业主要有小型微利企业、高新技术企业和西部大开发地区企业，税法对这三类企业都界定了条件。所以企业要想适用低税率，必须注意满足相应的条件。

一、小微企业税率的纳税筹划

如果企业规模不大，就应主动筹划使自己满足各项条件成为小微企业，从而适用20%的低税率。

【例题】某工业企业 2015 年度职工人数 90 人，资产总额 2000 万元，预计年度应纳税所得额 304000 元，则该企业 2015 年度适用 25%的税率，应纳企业所得税为 76000 元。

要求：试为该企业提出纳税筹划方案。

分析：与享受低税率优惠的小型微利企业的限定条件相比，该企业主要是年度应纳税所得额仅仅超过了 4000 元。为享受低税率，该企业可通过采取增加开支或减少收入的方法，使应纳税所得额降到规定的标准，从而适用低税率。增加开支方面，可以购买一些办公用品使管理费用增加，也可购买单价在 5000 元以下的固定资产在当期直接扣除，还可以进行小额的公益性捐赠。减少收入方面，可以把当年发生的某笔销售收入及利润推迟到下一年。

二、高新技术企业税率纳税筹划

（一）税法规定

1. 高新技术企业需要满足的条件

高新技术企业是指拥有核心自主知识产权，并同时符合下列条件的企业：

（1）产品（服务）属于《国家重点支持的高新技术领域》规定的范围。

（2）研究开发费用占销售收入的比例不低于规定比例：销售收入 2 亿元以上的，为 3%；销售收入 0.5 亿~2 亿元的，为 4%；销售收入 0.5 亿元以下的，为 6%。

（3）高新技术产品（服务）收入占企业总收入的比例不低于 60%。

（4）科技人员占企业职工总数的比例不低于规定比例；（具有大专以上学历的职工占企业职工总数 30%以上，其中从事高新技术产品和技术研究开发的科技人员占企业职工总数 20%以上）。

2. 高新技术企业适用税率

按 15%税率征收。

（二）纳税筹划思路

企业在初创时或者在拓展业务领域时，可以使自己满足高新技术企业条件，从而适用低税率。

三、利用国家西部大开发优惠税率纳税筹划

由于自 2011 年 1 月 1 日至 2020 年 12 月 31 日，对设在西部地区的鼓励类产业企业减按 15%的税率征收企业所得税。所以企业在经营业务不受影响时，可把企业设在西部地区。鼓励类产业企业是指以《西部地区鼓励类产业目录》中规定的产业项目为主营业务，且其主营业务收入占企业收入总额 70%以上的企业。

第五节　企业所得税税收优惠的纳税筹划

一、运用投资于国家重点扶持的产业进行纳税筹划

（一）运用投资于农、林、牧、渔业项目进行纳税筹划

（1）税法对于投资于农、林、牧、渔业项目的企业，有免税和减半征收两种优惠规定，企业要根据自身条件进行决策。

（2）纳税筹划思路：企业在进行初创投资或进行业务拓展投资时，可以考虑选择这些

免税项目或减半征税的项目。

【例题】某大型农场从事种植业，2016年，该农场全部土地用来种植棉花和大豆，当年能实现所得额560万元。农场拟定扩大种植规模，但在种植林木还是种植花卉上难以决断。假定种植林木或种植各种花卉均能实现所得额180万元。

分析：依照企业所得税法规定，企业种植棉花、大豆的所得560万元免征企业所得税。

(1) 企业选择种植林木，应免征征收所得税：当年应纳企业所得税=0

(2) 企业选择种植花卉，减半征收所得税：当年应纳企业所得税=180×25%×50%=22.5(万元)

所以企业应选择种植林木。

注意：企业对实现的不同种植项目作物的所得必须要独立计量和核算，不能把征税作物、减税作物和免税作物的所得混在一起，否则就要从高征税。

(二) 运用投资于公共基础设施项目、环境保护、节能节水项目进行纳税筹划

筹划思路：这三种投资，都是从第一个取得收入的年度起，享受企业所得税三免三减半的待遇，所以第一个取得收入的年度至关重要。企业要合理安排生产，使第一个取得收入的年度全年享受免税待遇。

二、运用促进技术创新和科技进步的优惠进行纳税筹划

1. 运用技术转让进行纳税筹划

由于一个纳税年度内，居民企业转让技术所有权所得不超过500万元的部分，免征企业所得税；超过500万元的部分，减半征收企业所得税。一方面，企业的技术转让所得和其他生产经营所得要单独核算，另一方面，每年取得的技术转让所得要进行统筹安排，尽量不要超过500万元。

【例题】某国有股份公司(居民企业)转让技术，与受让方签订了3年的协议，共需收取1200万元技术转让费，如何进行纳税筹划?

分析：设计几种收取技术转让费的方案：

(1) 3年平均收取技术转让费(每年400万元)，则3年均不发生所得税纳税义务。

(2) 第一年多收，后续年份少收技术转让费。假如第一年收700万元，第二年收300万元，第三年收200万元。则应纳税额为：

(700-500)×25%×50%+0+0=25(万元)

(3) 起始年份少收，第2年、第3年多收技术转让费。假如第1年收100万元，第2年收200万元，第3年收900万元，则应纳税额为：

0+0+(900-500)×25%×50%=50(万元)

结论：在三个方案中，该公司3年内收取的技术转让费都是1200万元，但由于方案(1)将每年实现的收入均衡地控制在免征额以下，所以每年应纳税额都为0，取得了最大的减税效应(注意：关联企业之间进行技术转让不得享受此优惠)。

2. 运用从事创业投资企业进行纳税筹划

税法规定：创投企业采取股权投资方式投资于未上市的中小高新技术企业2年以上的，可以按照其投资额的70%在股权持有满2年的当年抵扣该创业投资企业的应纳税所得额；当年不足抵扣的，可以在以后纳税年度结转抵扣。

创投企业要享受这项优惠政策，一定要注意满足条件：投资方式：股权投资方式。投资对象：未上市的中小高新技术企业。投资期限：2年以上。

例如：甲企业2014年1月1日向乙企业(未上市的中小高新技术企业)投资100万元，

股权持有到 2015 年 12 月 31 日。

那么甲企业 2015 年在缴纳企业所得税时就可抵扣应纳税所得额为 70 万元。

三、运用购买专用设备投资进行纳税筹划

（一）税法规定

企业购置并实际使用《环境保护专用设备企业所得税优惠目录》、《节能节水专用设备企业所得税优惠目录》和《安全生产专用设备企业所得税优惠目录》规定的环境保护、节能节水、安全生产等专用设备的，该专用设备的投资额的 10%可以从企业当年的应纳税额中抵免；当年不足抵免的，可以在以后 5 个纳税年度结转抵免。

企业利用自筹资金和银行贷款购置专用设备的投资额，可按企业所得税法的规定抵免企业应纳所得税额；企业利用财政拨款购置专用设备的投资额，不得抵免企业应纳所得税额。

（二）纳税筹划思路

（1）企业需要购买这三类设备时，一定要购买优惠目录内的，如果所购买设备不在优惠目录内则不能享受税收优惠。

（2）由于购买设备投资额的 10%直接抵税，而且一定在 6 年内抵扣完毕，所以企业一定要选择在有盈利的年度购买这三类设备。

（3）由于税法规定当年不足抵免的，可以在以后 5 个纳税年度结转抵免。所以企业一定在 6 年内抵扣完毕。超过 6 年还未抵完就不允许抵税了。

【例题】某知名家用电器股份有限公司为扩大生产规模，2014 年决定购买设备生产节能新产品，投资额 1400 万元。公司预计以后年度的所得额如下表所示。该企业如何在购买设备上进行纳税筹划？

年份	2014 年	2015 年	2016 年
应纳税所得额/万元	180	260	480

分析：(1)公司购买节能专用设备

企业允许抵免专用设备投资额 1400 万元的 10%，共计 140 万元。

2014 年应纳企业所得税＝180×25%＝45(万元)

则 2014 年能够得到抵免的投资额为 45 万元，当年实际缴纳所得税为 0。

2015 年应纳企业所得税＝260×25%＝65(万元)

则 2015 年能够得到抵免的投资额为 65 万元，当年实际缴纳所得税为 0。

2016 年应纳企业所得税＝480×25%＝120(万元)

2016 年能够将剩余允许抵免的专用设备投资额 30 万元(140－45－65)进行抵免。当年实际缴纳所得税为 90 万元(三年实际缴纳所得税也为 90 万元)。

(2) 公司购买普通设备

2014~2016 年应纳企业所得税为：(180+260+480)×25%＝230(万元)

三年共缴纳企业所得税 230 万元，比购置节能专用设备多缴纳的企业所得税为 140 万元(230－90)。

结论：由于购买节能专业设备可抵税 1400 万元，所以企业不要购买普通设备。

四、研究开发费用的纳税筹划

税法规定：企业用于开发新技术、新产品、新工艺发生的研究开发费用，可以在计算

应纳税所得额时加计扣除。按照研究开发费用的50%加计扣除；形成无形资产的，按照无形资产成本的150%摊销。

筹划思路：如果技术开发费计入当期损益，则全部节税利益均在当期实现。如果形成无形资产，则节税利益需要递延至以后各期才能实现。

因此，对于发生的技术开发费，如果不是一定需要形成无形资产，企业最好选择将其直接计入当期损益。企业在日常会计核算时还应注意划分技术开发费与管理费用和其他费用的区别，不要将技术开发费计入其他费用项目。

【例题】某企业主要为大型机械制造商设计产品的核心部件，目前正在开发一项新型技术，预计将在当年完成，发生研发费用500万元。假设该研发项目形成无形资产与否对企业没有影响。该企业的平均年投资收益率为10%。

试分析该企业应该将研发费用计入当期损益还是形成无形资产？

分析：方案一：直接将研发费用计入当期损益，则当年享受的税收优惠为：

500×50%×25%＝62.5（万元）

方案二：该企业将研发费用资本化，作为无形资产入账，则无形资产的计税价值为750万元。依据税法规定，摊销期限不得低于10年，则在以后10年内，该企业因每年加计无形资产摊销额而节约的所得税税负为：

250÷10×25%＝6.25（万元）

设该企业的平均年投资收益率为10%，则10年节税额的现值为：6.25×（P/A，10%，10）＝38.4（万元）

结论：该企业应该将研发费用直接计入当期损益。

五、利用安置残疾人员就业进行纳税筹划

（一）税法规定

企业安置残疾人员的，在按照支付给残疾职工工资据实扣除的基础上，可以在计算应纳税所得额时按照支付给残疾职工工资的100%加计扣除。即企业就支付给残疾职工的工资，在进行企业所得税预缴申报时，允许据实计算扣除；在年度终了进行企业所得税年度申报和汇算清缴时，再加计扣除。

企业享受安置残疾职工工资100%加计扣除应同时具备如下条件：

（1）依法与安置的每位残疾人签订了1年以上（含1年）的劳动合同或服务协议，并且安置的每位残疾人在企业实际上岗工作。

（2）为安置的每位残疾人按月足额缴纳了企业所在区县人民政府根据国家政策规定的基本养老保险、基本医疗保险、失业保险和工伤保险等社会保险。

（3）定期通过银行等金融机构向被安置的每位残疾人实际支付了不低于企业所在区县适用的经省级人民政府批准的最低工资标准的工资。

（4）具备安置残疾人上岗工作的基本设施。

（二）纳税筹划思路

企业可以结合自身经营特点，找到适合安置残疾人就业的岗位，分析录用残疾人与录用一般人员在工薪成本、培训成本、劳动生产率等方面的差异，在不影响生产经营效果的基础上尽量录用残疾人。

【例题】某公司由于生产经营需要准备招聘10名员工，由于该项工作只是坐在电脑前监控，具有一

定腿部残疾的人员能够胜任。该公司计划招收非残疾人员，月工资 2000 元，合同期限三年。该公司适用企业所得税税率 25%。

要求：对该公司招收员工进行纳税筹划。

分析：考虑到该工作的特点，同时考虑到企业安置残疾人员就业的税收优惠规定，该公司应该录用残疾人，这样三年内工资可以加扣 2000×10×12×3＝720000 元，三年可节税 18 万元。

六、免税收入的纳税筹划

纳税筹划思路：企业在取得收入时，应尽量取得免税收入，如购买国债取得的利息收入。

【例题】某企业预计 2015 年应纳税所得额为 100 万元，所得税税率为 25%。企业自有闲置资金 1000 万元欲进行投资。考虑到项目投资风险较大，企业欲购买国债。假设企业从银行借款年利率为 10%，银行存款年利率为 3%。

要求：分析企业将闲置资金闲置存银行、购买国债、将闲置资金和借款 1000 万元购买国债三种情况下的税后收益。

分析：企业在风险可控的前提下，将闲置资金进行投资时，在不影响公司盈利的情况下，应尽量选择免税收入，以增加企业的税后收益。

方案一：将闲置资金存银行。

预计应纳企业所得税＝(100+1000×3%)×25%＝32.5(万元)

税后净利润＝130－32.5＝97.5(万元)

方案二：将 1000 万元闲置资金购买年利率为 8% 的国债。国债利息收入 80 万元免税。

预计应纳企业所得税＝100×25%＝25(万元)

税后净利润＝100－25+80＝155(万元)

方案三：以 10% 利率借入资金 1000 万元和自有资金 1000 万元购买 8% 利率的国债，利息收入 160 万元。

预计应纳企业所得税＝(100－1000×10%)×25%＝0(万元)

税后净利润＝160(万元)

注意：筹划方案三是以企业有应纳税所得额为前提的，如果该企业没有应纳税所得额，利息扣除就不会减少应纳税所得额，实际意义就不大。而且这个方案的可行性还要取决于商业贷款利率与国债利率之间的差额。

七、企业进行多项优惠政策的选择时应注意的问题

(1) 各税收优惠条款的适用条件和彼此间的关系。所得税的减免优惠取决于地点、企业性质、行业、经营期等条件。

(2) 税收优惠措施限于税法规定的企业在相应地区实际从事生产、经营所得。

(3) 企业同时从事适用不同企业所得税待遇的项目的，其优惠项目应单独计算所得，并合理分摊企业的期间费用；没有单独计算的，不得享受企业所得税优惠。

(4) 将所得尽量安排在享受定期减免税期间。享受定期减免税的企业，如果在经营初期尚没有充分盈利准备，可以先不急于取得第一笔生产经营收入；如果第一笔收入的取得接近年底，应该设法将收入的取得及后续收入推迟到下一年度。这样可推迟享受定期减免税的起始年度。因为一旦取得了第一笔收入，就意味着企业进入了减免税年度。由于企业可享受税收优惠，企业应该尽量安排将后期的收入提前，或将本期的费用推后，使更多的

应纳税所得额在减税、免税期间实现，这样就可以使企业享受的减免税优惠最大化。

【本章小结】

企业所得税是国家对企业的生产、经营所得和其他所得依法征收的一种税，实行按期预缴、年终汇算清缴的办法。计税依据为年应纳税所得额，年应纳税所得额通常是在会计利润的基础上，对税法规定与会计准则规定的差异进行纳税调整计算出来。企业所得税是直接税税种，税负不能转嫁，所以通过纳税筹划节税非常重要。纳税筹划通常从收入总额、税前扣除项目、税率、税收优惠政策等方面进行设计，而限额扣除项目和税收优惠政策是纳税筹划重点。

【课后练习题】

一、单项选择题

1. 法国某企业未在我国设立机构场所，2015 年初为境内企业提供一项专利使用权，合同约定使用期限为 2 年，境内企业需要支付费用 1000 万元，于每年初支付 500 万元，则境内企业 2015 年应扣缴的所得税为(　　)万元。

A. 20　　B. 200　　C. 50　　D. 100

2. 某软件生产企业为居民企业，2015 年实际发生的工资支出 520 万，职工福利费支出 74 万元，职工教育经费支出 18 万元，其中包括职工培训费支出 4 万元，拨缴的工会经费 9 万元，取得合法有效凭证，2015 年该企业计算企业所得税时，应调整应纳税所得额(　　)万元。

A. 1. 2　　B. 6. 2　　C. 2. 2　　D. 3. 2

3. 假定某企业 2015 年度取得主营业务收入 3000 万元，转让国债取得净收益 520 万元，其他业务收入 120 万元，与收入配比的成本 2150 万元，全年发生销售费用 410 万元(其中广告费支出 120 万元)，管理费用 230 万元(其中业务招待费支出 24 万元)，利息费用 170 万元。营业外支出 70 万元(其中公益捐款支出 40 万元)，假设不存在其他纳税事项，该企业 2015 年应缴纳企业所得税(　　)万元。

A. 152. 5　　B. 154. 9　　C. 124. 9　　D. 134. 9

4. 某居民企业 2015 年度取得产品销售收入 6770 万元，当年购买地方政府发行的债券，取得利息所得 58. 5 万元，处置投资资产取得净收益 102 万元，本年发生的成本费用 6283 万元，其中广告费支出 158. 7 万元，上年结转的广告费是 112. 5 万元，假设不存在其他纳税调整项目，本年应缴纳企业所得税(　　)万元。

A. 161. 88　　B. 133. 75　　C. 119. 13　　D. 147. 25

5. 2015 年某国家重点扶持的高新技术企业，主营业务收入 4000 万元、国债利息收入 40 万元，与收入配比的成本 2100 万元，全年发生管理费用 200 万元、销售费用 500 万元(其中包括广告费业务宣传费支出 300 万元)、财务费用 500 万元，营业外支出 40 万元。上年未扣结转到本年度的广告费支出 100 万元。假设没有其他相关调整事项。2015 年度该企业应缴纳企业所得税(　　)万元。

A. 84　　B. 90　　C. 100　　D. 52

6. 2015 年某居民企业收入总额为 3000 万元(其中不征税收入 400 万元，符合条件的技术转让收入 900 万元)，各项成本、费用和税金等扣除金额合计 1800 万元(其中含技术转让准予扣除的金额 200 万元)。2015 年该企业应缴纳企业所得税(　　)万元。

A. 25　　B. 50　　C. 75　　D. 100

7. 佳园公司 2015 年应付职工工资、薪金 256 万元，实际支出的合理的工资、薪金总额为 190 万元(不包括按工资薪金支出核算的支付给临时工的工资 10 万元)，实际扣除的三项经费合计 40. 2 万元，其中职工福利费本期发生 32 万元(包括支付给公司内设托儿所工作人员的工资薪金支出 1 万元)，拨缴的工会经费 4. 2 万元，已经取得工会拨缴款收据，实际发生职工教育经费 4 万元，2014 年超过标准的工会经费 0. 3

万元，超过标准的职工教育经费 1.5 万元。该企业在计算 2015 年应纳税所得额时，应调整的应纳税所得额为(　　)万元。

A. 0　　B. 4　　C. 3.2　　D. 5.5

8. 某化妆品制造企业为增值税一般纳税人，2015 年全年取得销售收入 6000 万元，销售过程中购货方违约，另外取得合同违约金 30.42 万元；处置废弃的设备取得处置收入 10 万元，假设该企业 2015 年实际发生广告费 3000 万元，则 2015 年该企业计算应纳税所得额时准予扣除的广告费为(　　)万元。

A. 3000　　B. 1807.8　　C. 900　　D. 602

9. 2015 年某企业全年会计利润总额为 2000 万元，并据此计算预缴了企业所得税 300 万元。聘请的税务师在汇算清缴时进行了审查，发现：在营业外支出账户中列支工商部门行政罚款 8 万元和公益性捐赠支出 250 万元；企业为部门总裁支付的商业保险费 10 万元在管理费用列支，则该企业 2015 年应补缴的企业所得税为(　　)万元。

A. 326　　B. 106　　C. 500　　D. 207

10. A 居民企业在 2016 年取得收入总额 800 万元，成本费用、营业税金及其他各项支出共计 500 万元，实现利润总额 300 万元。当年发生营业外支出 50 万元，包括通过政府机关向贫困地区捐款 20 万元、直接向贫困家庭捐款 10 万元；假设除此外其他事项纳税调整增加额为 10 万元，纳税调整减少 5 万元。2016 年度该企业应缴纳企业所得税(　　)万元。

A. 16.60　　B. 78.75　　C. 16.75　　D. 32.56

11. 下列各项中，不确认收入计入当年应纳税所得额征收企业所得税的是(　　)。

A. 企业将自产的货物用于厂房建设　　B. 企业将自产的货物用于市场推广

C. 企业将自产的货物用于股息分配　　D. 企业将自产的货物用于捐赠灾区

二、多项选择题

1. 根据企业所得税法的规定，下列各项支出，不允许在所得税前扣除的有(　　)。

A. 企业员工服饰费用支出

B. 向投资者支付的股息、红利等权益性投资收益款项

C. 未经核准的准备金支出

D. 股权投资发生的损失

E. 非广告性质赞助支出

2. 下列项目中，不能从应纳税所得额中扣除的有(　　)。

A. 企业支付的违约金　　B. 子公司以管理费名义支付母公司的费用

C. 企业内营业机构之间支付的租金　　D. 企业所得税款

E. 企业向个人借款支付的利息

3. 下列各项中，可以在企业所得税税前扣除的有(　　)。

A. 未投入使用的机器设备计提的折旧　　B. 以经营租赁方式租出的固定资产计提的折旧

C. 以融资租赁方式租入的固定资产计提的折旧　　D. 单独估价作为固定资产入账的土地计提的折旧

E. 未投入使用的厂房计提的折旧

4. 下列固定资产不得计提折旧扣除的有(　　)。

A. 未使用的厂房　　B. 融资租赁方式租出的设备

C. 未投入使用的机器设备　　D. 经营租赁方式租出的固定资产

E. 已足额计提折旧但仍继续使用的固定资产

5. 下列属于企业所得税免税收入的有(　　)。

A. 国债利息收入

B. 金融债券的利息收入

C. 居民企业直接投资于其他居民企业取得的投资权益

D. 在中国境内设立机构、场所的非居民企业从居民企业取得与该机构、场所有实际联系的股息、红利等权益性投资收益

6. 依据企业所得税资产处置确认收入的相关规定，下列应视同销售确认收入的有(　　)。

A. 将生产的化妆品用于市场推广　　B. 将生产的洗衣粉用于职工福利

C. 将自产的产品用于连续加工　　D. 将自产的水泥用于建设办公楼

三、问答题

1. 业务招待费的扣除规定是什么？应如何进行纳税筹划？

2. 广告费业务宣传费的扣除规定是什么？应如何进行纳税筹划？

3. 小型微利企业的具体标准是什么？

4. 企业所得税的免税项目有哪些？

四、案例分析题

1. 某商业企业经营业务不属于国家限制或禁止行业，2016 年度职工人数 70 人，资产总额 800 万元，预计年度应纳税所得额 310000 元，则该企业 2016 年度应纳企业所得税为 77500 元。

要求：试从税率的角度为该企业提出纳税筹划方案。

2. 甲企业 2016 年的会计利润为 100 万元(已扣除捐赠)，通过公益性组织捐赠 8 万元，直接向受赠单位捐赠 4 万元。

要求：不考虑其他纳税调整因素，计算该企业当年应缴纳的企业所得税。并为该企业进行纳税筹划。

3. 某企业适用 25%的企业所得税税率。2016 年全年取得产品销售收入为 5600 万元，发生产品销售成本 4000 万元；其他业务收入 800 万元，其他业务成本 660 万元；取得购买国债的利息收入 40 万元；缴纳营业税金及附加 300 万元；发生的管理费用 760 万元，其中新技术的研究开发费用为 60 万元、业务招待费用 70 万元；发生财务费用 200 万元；取得营业外收入 100 万元，发生营业外支出 250 万元(其中含公益捐赠 38 万元)。

要求：计算该企业 2016 年应纳的企业所得税。

4. 某企业(内资)2016 年度取得主营业务收入 2400 万元，其他业务收入 400 万元，本年度在管理费用中共列支业务招待费 50 万元，销售费用中共列支广告费 320 万元，业务宣传费 40 万元，若企业当年共实现利润总额 580 万元，适用 25%税率。

要求：计算该企业 2016 年度应交纳企业所得税税额 .

5. 胜利石化总厂 2015 年购置用于环境保护的专用设备，预计每年获利 2000 万元，假如不存在所得调整事项，现有两个方案可供选择：

方案一：购置符合《环境保护专用设备企业所得税优惠目录》规定的专用设备；设备原价 10000 万元。

方案二：购置不符合《环境保护专用设备企业所得税优惠目录》规定的专用设备；设备原价 9200 万元。

要求：从税收优惠的角度为该企业选择应购买哪类设备。

6. 某公司 2016 年每月实现利润 10 万元，每月都有超过税法扣除标准的业务招待费 2 万元，其他支出均不需要进行纳税调整。预计 2016 年利润不会高于 2015 年。2015 年度该公司的应纳税所得额为 240 万元。分析该公司应选择何种方式预缴企业所得税？企业有四种选择：按实际利润按月预缴、按实际利润按季预缴、按上年应纳税额的 1/12 预缴、按上年应纳税额的 1/4 预缴。

要求：分析企业应选择按哪种方式预缴企业所得税对企业最有利？

第六章　个人所得税纳税筹划

【学习目标与要求】

本章主要介绍个人所得税税制要素的规定及常用的纳税筹划方法。通过学习本章内容，应能够对个人所得税税制基本要素规定有深入的认识，能够对个人所得税的工资、薪金所得、劳务报酬所得、稿酬所得等项目进行简单的纳税筹划。

【重点难点】

重点：工资薪金所得的筹划方法、劳务报酬所得的筹划方法、稿酬所得的筹划方法。

难点：工资薪金和年终奖的筹划方法。

【引导案例】

蹊跷的年终奖

2015 年春节长假过后第一个工作日，某公司的员工们对上一年度的年终奖犯了糊涂。

年前大家欢欢喜喜拿了年终奖各自回家，年后上班才谈论起各自实际拿到的年终奖。平均每月工资都一样是 6000 元，甲业绩较好，老板发了 55000 元的年终奖，税后 44555 元。乙业绩略平，发了 52000 元的年终奖，税后却有 46905 元。一扣税，业绩优的员工年终奖比业绩平的员工还少了 2350 元。

如果你是该公司的财务人员，如何避免这样的事情发生?

分析：甲、乙每月工资已纳税，则年终奖应纳税额：

甲：55000/12=4583.33，适用税率为 20%，速算扣除数 555。

甲年终奖应纳个人所得税=55000×20-555=10445(元)

甲税后年终奖=55000-10445=44555(元)

乙：52000/12=4333.33，适用税率为 10%，速算扣除数 105。

甲年终奖应纳个人所得税=52000×10-105=5095(元)

甲税后年终奖=52000-5095=46905(元)

筹划方案：将甲年终奖降为 54000 元，54000/12=4500，适用税率为 10%，速算扣除数 105。

甲年终奖应纳个人所得税=54000×10%-105=5295(元)

甲税后年终奖=54000-5295=48705(元)

年终奖 55000 元时，税后年终奖为 44555 元。而年终奖降为 54000 元时，税后年终奖为 48705 元，所以年终奖发放必须进行纳税筹划。

案例来源：www.doc.88.com

第一节　个人所得税法

一、个人所得税法概述

(一) 个人所得税的法律规范

个人所得税法是指国家制定的用以调整个人所得税征收与缴纳之间权利与义务关系的法律规范。个人所得税是对个人取得的应税所得征收的一种税，体现了国家和个人之间的分配关系。

我国征收个人所得税的基本法律规范是《中华人民共和国个人所得税法》。1980年9月10日，第五届全国人民代表大会第三次会议审议通过；1993年10月31日，1999年8月30日、2005年10月27日、2007年6月29日、2007年12月29日、2011年6月30日共进行了六次修订。国务院也相应地对《个人所得税法实施条例》进行了修订。随后，国家财政、税务主管部门又制定了一系列部门规章和规范性文件。这些法律法规、部门规章及规范性文件构成了我国的个人所得税法律制度。

（二）个人所得税的特点

1. 分类征收

世界各国的个人所得税制大体可以分为三种类型；分类所得税制、综合所得税制和混合所得税制。我国个人所得税采取的是分类所得税制，即将个人取得的各种所得分为11类，分别适用不同的费用减除标准、不同的税率和不同的计税方法。实行分类课征制度，可以广泛采用源泉扣缴法，加强源泉控制，简化纳税手续，方便征纳双方，同时还可以对不同所得实行不同的征税方法，便于体现国家的政策。

2. 累进税率与比例税率并用

比例税率计算简便，便于实行源泉扣缴；累进税率可以合理调节收入分配，体现公平。我国现行个人所得税采用这两种形式的税率，其中对工资、薪金所得，个体工商业户的生产经营所得，对企事业单位的承包承租所得采用累进税率，实行量能负担。其他所得采用比例税率，实行等比负担。

3. 费用扣除标准既统一又相对稳定

除工资、薪金所得扣除标准随着生活水平和收入水平提高进行过几次调整外，其他收入项目的扣除标准基本是稳定不变的，有利于纳税人和扣缴义务人对税法的理解和运用。

4. 计算简便

由于我国个人所得税的费用扣除采取总额扣除法，免去了对个人实际生活费用逐项计算的麻烦。而且，各种所得项目实行分类计算，各个项目有明确的费用扣除规定，费用扣除项目及方法易于掌握，计算比较简单，符合税制简便原则。

5. 采取源泉扣缴和自行申报两种征收方法

我国个人所得税法规定，对纳税人的应纳税额分别采取由支付方源泉扣缴和纳税人自行申报两种方法。对凡是可以在应税所得的支付环节扣缴个人所得税的，均由扣缴义务人履行代扣代缴义务。对于没有扣缴义务人的，以及其他一些特殊情况下，由纳税人自行申报纳税。

6. 征收管理日益规范化

随着税收征管水平的不断提高，随着《关于切实加强高收入者个人所得税征管的通知》、《关于加强网络红包个人所得税征收管理的通知》等文件的出台，个人所得税征管体系逐步建立和完善，税法漏洞越来越少，个人所得税纳税筹划的必要性和重要性凸显。

二、纳税人

（一）纳税人分类

个人所得税的纳税义务人为取得应税所得的中国公民和外国公民，包括中国公民、个体工商户，以及在中国有所得的外籍人员（包括无国籍人员）和港澳台同胞。按照国际惯例，依据住所和居住时间两个标准，纳税人分为居民纳税人和非居民纳税人，分别承担不同的纳税义务。

1. 居民纳税人

居民纳税人指在中国境内(指中国内地地区，目前还不包括中国香港、澳门和台湾地区)有住所，或者无住所而在中国境内居住满一年的个人。居民纳税人负有无限纳税义务。其所取得的应税所得，无论是来源于中国境内还是中国境外任何地区，都要在中国缴纳个人所得税。

居民纳税人包括在中国境内有住所的个人和虽然在中国境内无住所但是在一个纳税年度内在中国境内居住满一年的个人。

(1) 在中国境内有住所的个人。有住所的个人指因户籍、家庭、经济利益关系，而在中国境内习惯性居住的个人。习惯性居住地是指个人因学习、工作、探亲等原因消除后，没有理由在其他地方继续居留时，所要回到的地方，而不是指实际居住或在某一个特定时期内的居住地。一个纳税人因学习、工作、探亲、旅游等原因，原来是在中国境外居住，但是在这些原因消除之后，如果必须回到中国境内居住，则中国为该人的习惯性居住地，如中国的出国留学生。尽管有些纳税人在一个纳税年度内甚至连续几个纳税年度，都未在中国境内居住过一天，但他仍然是中国的居民纳税义务人，应就其来自全球的应纳税所得向中国缴纳个人所得税。

(2) 在中国境内无住所，但在一个纳税年度内(即公历 1 月 1 日起至 12 月 31 日止)在中国境内居住满一年的个人。在计算居住天数时，对临时离境应视为在华居住，不扣减其在华居住的天数。这里所说的临时离境，是指在一个纳税年度内，一次离境不超过 30 天或者多次离境累计不超过 90 天。

综上可知，居民纳税人包括以下两类：一是在在国境内定居的中国公民和外国侨民；二是从公历 1 月 1 日起至 12 月 31 日止，居住在中国境内的外国人、海外侨胞和中国香港、澳门、台湾同胞。这些人如果在一个纳税年度内，一次离境不超过 30 天或者多次离境累计不超过 90 天的，仍应视为全年在中国境内居住，从而判定为居民纳税人。

2. 非居民纳税人

指在中国境内无住所又不居住，或者无住所且在一个纳税年度内在境内居住不满一年的个人。非居民纳税人负有有限纳税义务。即仅就其来源于中国境内的所得，向中国缴纳个人所得税。非居民纳税人，实际上是在一个纳税年度中，没有在中国境内居住，或者在中国境内居住不满一年的外籍人员、华侨或中国香港、澳门和台湾同胞。

(二) 居民纳税人和非居民纳税人的纳税义务

居民纳税人负有无限纳税义务，就其来源于境内境外的全部所得纳税；而非居民纳税人仅负有限纳税义务，仅就来源于该国境内的所得纳税。

三、征税对象

(一) 税目

个人所得税的征税对象为个人取得的各项合法所得。针对个人所得范围广泛、项目多的特点，参照国际上的习惯做法，我国《个人所得税法》规定了 11 项应税所得。

(1) 工资、薪金所得。是指个人因任职或受雇而取得的工资、薪金、奖金、年终加薪、劳动分红、津贴、补贴以及与任职或受雇有关的其他所得。

（2）个体工商户的生产、经营所得。是指个体工商户从事工业、手工业、建筑业、交通运输业、商业、饮食业、服务业、修理业及其他行业的所得；个人经政府有关部门批准，取得执照从事办学、医疗、咨询以及其他有偿活动的所得；其他个人从事个体工商业生产、经营的所得；以及上述个体工商户和个人取得的与生产、经营有关的各项应税所得。从2001年1月起，个人独资企业、合伙企业也按此项目征税。

（3）对企事业单位的承包经营、承租经营所得。是指个人承包经营或承租经营以及转包、转租的所得。转包包括全部转包和部分转包。在此应注意：承包人、承租人对企业经营成果不拥有所有权，仅是按合同(协议)规定取得一定所得的，其所得按工资、薪金所得项目征税；承包人、承租人按合同(协议)的规定向发包、出租方缴纳一定费用后，企业经营成果归其所有的，承包、承租人的所得，按个体工商户的生产、经营所得项目征税。

（4）劳务报酬所得。是指个人独立从事各种非雇佣的劳务所得。内容包括设计、装潢、安装、制图、化验、测试、医疗、法律、会计、咨询、讲学、新闻、广播、翻译、审稿、书画、雕刻、影视、录音、录像、演出、表演、广告、展览、技术服务、介绍服务、经纪服务、代办服务及其他劳务。

（5）稿酬所得。是指个人因其作品以图书、报刊形式出版、发表所取得的所得。

（6）特许权使用费所得。是指个人提供专利权、商标权、著作权(不包括稿酬所得)、非专利技术及其他特许权的使用权的所得。

（7）利息、股息、红利所得。是指个人拥有债权、股权而取得的利息、股息、红利所得。利息包括存款利息、贷款利息和各种债券利息，但不包括国债和国家发行的金融债券利息。

（8）财产租赁所得。是指个人出租建筑物、土地使用权、机器设备、车船以及其他财产的所得。个人取得的财产转租收入，由财产转租人缴纳个人所得税。

（9）财产转让所得。是指个人转让有价证券、股权、建筑物、土地使用权、机器设备、车船以及其他财产的所得。我国现在对股票转让所得暂不征税。

（10）偶然所得。是指个人得奖、中奖、中彩以及其他偶然性质的所得。得奖指参加各种有奖竞赛活动，取得名次得到的奖金。中奖、中彩指参加各种有奖活动，如有奖销售、有奖储蓄、或购买彩票经过规定程序抽中、摇中号码而取得的奖金。偶然所得应缴纳的个人所得税税款，一律由发奖单位代扣代缴。

（11）经国务院财政部门确定征税的其他所得。

除上述列举的各项个人应纳税所得外，其他确有必要征税的个人所得，由国务院财政部门确定。个人所得难以界定应纳税所得项目的，由主管税务机关确定。

（二）所得来源的确定

下列所得，不论支付地点是否在中国境内，均为来源于中国境内的所得：

（1）因任职、受雇、履约等而在中国境内提供劳务取得的所得。

（2）将财产出租给承租人在中国境内使用而取得的所得。

（3）转让中国境内的建筑物、土地使用权等财产或者在中国境内转让其他财产取得的所得。

（4）许可各种特许权在中国境内使用而取得的所得。

（5）从中国境内的公司、企业以及其他经济组织或者个人取得的利息、股息、红利所得。

四、税率

个人所得税的税率按所得项目不同，分别采取超额累进税率和比例税率形式。

（1）工资、薪金所得，适用七级超额累进税率，税率为3%～45%，如表6-1所示。

表6-1　工资、薪金所得税率表

级数	全月应纳税所得额	税率，%	速算扣除数
1	1500元以下	3	0
2	超过1500元低于4500元	10	105
3	超过4500元低于9000元	20	555
4	超过9000元低于35000元	25	1005
5	超过35000元低于55000元	30	2755
6	超过55000元低于80000元	35	5505
7	80000元以上	45	13505

（2）个体工商户的生产、经营所得和对企事业单位的承包、承租经营所得，适用5%～35%的五级超额累进税率，如表6-2所示。

表6-2　个体工商业户生产、经营所得和对企事业单位的承包经营、承租经营所得税率表

级数	全年应纳税所得额	税率，%	速算扣除数
1	15000元以下	5	0
2	超过15000元低于30000元	10	750
3	超过30000元低于60000元	20	3750
4	超过60000元低于100000元	30	9750
5	100000元以上的	35	14750

（3）劳务报酬所得，适用20%的比例税率。对劳务报酬所得一次收入畸高的，实行加成征收的办法。所谓劳务报酬所得一次收入畸高，是指个人一次取得劳务报酬，其应纳税所得额超过20000元。对应纳税所得额在20000～50000元之间的部分，加征五成；超过50000元的部分，加征十成。因此劳务报酬所得实际适用20%、30%、40%的三级超额累进税率，如表6-3所示。

表6-3　劳务报酬所得税率表

级数	每次应纳税所得额	税率，%	速算扣除数
1	20000元以下	20	0
2	超过20000元低于50000元	30	2000
3	50000元以上	40	7000

（4）稿酬所得，适用20%的比例税率，同时税法规定按应纳税额减征30%，所以稿酬所得实际适用14%的比例税率。

（5）特许权使用费所得，适用20%的比例税率。

（6）利息、股息、红利所得，适用20%的比例税率。

（7）财产租赁所得，适用20%的比例税率。财政部、国家税务总局发出通知，从2001年1月1日起，对个人出租居民住房所得暂减按10%的税率征收个人所得税。

（8）财产转让所得，适用20%的比例税率。

（9）偶然所得，适用20%的比例税率。

（10）其他所得，适用20%的比例税率。

五、计税依据

个人所得税的计税依据为应纳税所得额。应税项目不同，取得某项所得所需费用也不同，因此，我国个人所得税采用分项计算法。计算个人应纳税所得额，需按不同应税项目分项计算，以某项应税项目的收入额减去税法规定的该项费用减除标准后的余额为该项应纳税所得额。

（一）工资、薪金所得

工资、薪金所得，以每月收入额减除费用3500元或附加减除费用后的余额为应纳税所得额。

月应纳税所得额=每月收入额-3500(或4800)元

对在中国境内的外籍人员和在境外工作的中国公民的工资、薪金所得，税法规定了附加减除费用的照顾，附加减除费用适用的范围和标准由国务院规定。目前规定附加减除费用适用的范围包括：

（1）在中国境内的外商投资企业和外国企业中工作取得工资、薪金所得的外籍人员。

（2）应聘在中国境内的企业、事业单位、社会团体、国家机关中工作取得工资、薪金所得的外籍专家。

（3）在中国境内有住所而在中国境外任职或者受雇取得工资、薪金所得的个人。

（4）财政部确定的取得工资、薪金的其他人员。

附加减除费用标准为：上述范围内的人员每月工资、薪金所得在减除3500元费用的基础上，再减除1300元，实际减除费用4800元。华侨和中国香港、澳门、台湾同胞参照上述附加减除费用执行。

【例题】工程师吴某月薪5000元，则其应纳税所得额为：

月应纳税所得额=5000-3500=1500(元)

【例题】在一外商投资企业中工作的一外籍人员2016年8月取得由该企业发放的工资40000元人民币。则其应纳税所得额为：

月应纳税所得额=40000-4800=35200(元)

国家税务总局1994年3月31日发布的国税发[1994]089号《关于印发征收个人所得税若干问题的规定的通知》规定：下列不属于工资、薪金性质的补贴、津贴或者不属于纳税人本人工资、薪金所得项目的收入，不征税：

（1）独生子女补贴。

（2）执行公务员工资制度未纳入基本工资总额的补贴、津贴差额和家庭成员的副食品补贴。

（3）托儿补助费。

（4）差旅费津贴、误餐补助。

（二）个体工商户的生产、经营所得

个体工商业户的生产、经营所得的应纳税所得额，以每一纳税年度的收入总额，减除

成本、费用及损失后的余额，为应纳税所得额。

年应纳税所得额=全年收入总额-成本、费用以及损失

成本、费用指纳税义务人从事生产、经营所发生的各项直接支出，分配计入成本的间接费用，以及销售费用、管理费用和财务费用。损失是指纳税义务人在生产、经营过程中发生的各项营业外支出。

为积极引导个体工商户建章建制，根据国税总局2014[35号]文件《个体工商户个人所得税计税办法》规定，查账征收的个体工商户在计算应纳税所得额时遵循以下规定：

(1) 个体工商户下列支出不得扣除：①个人所得税税款；②税收滞纳金；③罚金、罚款和被没收财物的损失；④不符合扣除规定的捐赠支出；⑤赞助支出；⑥用于个人和家庭的支出；⑦与取得生产经营收入无关的其他支出；⑧国家税务总局规定不准扣除的支出。

(2) 个体工商户生产经营活动中，应分别核算生产经营费用和个人、家庭费用。对于生产经营与个人、家庭生活混用难以分清的费用，其40%视为与生产经营有关费用，准予扣除。

(3) 个体工商户纳税年度发生的亏损，准予向以后年度结转，用以后年度的生产经营所得弥补，但结转年限最长不得超过五年。

(4) 个体工商户实际支付给从业人员的、合理的工资薪金支出，准予扣除。个体工商户业主的费用扣除标准统一确定为42000元/年，即3500元/月。个体工商户业主的工资不得税前扣除。

(5) 个体工商户依照国务院有关主管部门或者省级人民政府规定的范围和标准为其业主和从业人员缴纳的基本养老保险费、基本医疗保险费、失业保险费、生育保险费、工伤保险费和住房公积金，准予扣除。个体工商户为从业人员缴纳的补充养老保险费、补充医疗保险费，分别在不超过职工工资总额5%标准内的部分据实扣除；超过部分，不得扣除。个体工商户为其业主缴纳的补充养老保险费、补充医疗保险费，以当地(地级市)上年度社会平均工资的3倍为计算基数，分别在不超过该计算基数5%标准内的部分据实扣除；超过部分，不得扣除。除个体工商户依照国家有关规定为特殊工种从业人员支付的人身安全保险费和财政部、国家税务总局规定可以扣除的其他商业保险费外，个体工商户为业主或者从业人员支付的商业保险费，不得扣除。

(6) 个体工商户在生产经营活动中发生的合理的不需要资本化的借款费用，准予扣除。个体工商户为购置、建造固定资产、无形资产和经过12个月以上的建造才能达到预定可销售状态的存货发生借款的，在有关资产购置、建造期间发生的合理的借款费用，应当作为资本性支出计入有关资产的成本，并依照本办法的规定扣除。

个体工商户在生产经营活动中发生的下列利息支出，准予扣除：①向金融企业借款的利息支出；②向非金融企业和个人借款的利息支出，不超过按照金融企业同期同类贷款利率计算的数额的部分。

(7) 个体工商户向当地工会组织拨缴的工会经费、实际发生的职工福利费支出、职工教育经费支出分别在工资薪金总额的2%、14%、2.5%的标准内据实扣除。个体工商户业主对应的向当地工会组织拨缴的工会经费、实际发生的职工福利费支出、职工教育经费支出，以当地(地级市)上年度社会平均工资的3倍为计算基数，在前款规定比例内据实扣除。职工教育经费的实际发生数额超出规定比例当期不能扣除的数额，准予在以后纳税年度结转扣除。工资薪金总额是指允许在当期税前扣除的工资薪金支出数额。

（8）个体工商户发生的与生产经营活动有关的业务招待费，按照实际发生额的60%扣除，但最高不得超过当年销售（营业）收入的5‰。业主自申请营业执照之日起至开始生产经营之日止所发生的业务招待费，按照实际发生额的60%计入个体工商户的开办费。

（9）个体工商户每一纳税年度发生的与其生产经营活动直接相关的广告费和业务宣传费不超过当年销售（营业）收入15%的部分，可据实扣除；超过部分，准予在以后纳税年度结转扣除。

（10）个体工商户代其从业人员或其他个人负担的税款，不得税前扣除。个体工商户根据生产经营活动的需要租入固定资产支付的租赁费，按照以下方法扣除：① 以经营租赁方式租入固定资产发生的租赁费支出，按照租赁期限均匀扣除；②以融资租赁方式租入固定资产发生的租赁费支出，按照规定构成融资租入固定资产价值的部分应当提取折旧费用，分期扣除。

（11）个体工商户参加财产保险，按照规定缴纳的保险费，准予扣除。

（12）个体工商户发生的合理的劳动保护支出，准予扣除。

（13）个体工商户自申请营业执照之日起至开始生产经营之日止所发生符合本办法规定的费用，除为取得固定资产、无形资产的支出，以及应计入资产价值的汇兑损益、利息支出外，作为开办费，个体工商户可以选择在开始生产经营的当年一次性扣除，也可自生产经营月份起在不短于3年期限内摊销扣除，但一经选定，不得改变。开始生产经营之日为个体工商户取得第一笔销售（营业）收入的日期。

（14）个体工商户通过公益性社会团体或者县级以上人民政府及其部门，用于《中华人民共和国公益事业捐赠法》规定的公益事业的捐赠，捐赠额不超过其应纳税所得额30%的部分可以据实扣除。财政部、国家税务总局规定可以全额在税前扣除的捐赠支出项目，按有关规定执行。个体工商户直接对受益人的捐赠不得扣除。公益性社会团体的认定，按照财政部、国家税务总局、民政部有关规定执行。

（15）个体工商户研究开发新产品、新技术、新工艺所发生的开发费用，以及研究开发新产品、新技术而购置单台价值在10万元以下的测试仪器和试验性装置的购置费准予直接扣除；单台价值在10万元以上（含10万元）的测试仪器和试验性装置，按固定资产管理，不得在当期直接扣除。

根据《个体工商户建账管理暂行办法》（国家税务总局令第17号），凡符合注册资金在20万元以上的、销售增值税应税劳务的纳税人或营业税纳税人月销售（营业）额在4万元以上、从事货物生产的增值税纳税人月销售额在6万元以上；从事货物批发或零售的增值税纳税人月销售额在8万元以上的以及省级税务机关确定其他情形的个体工商户都应当设置复式账。

查账征收的个人独资企业和合伙企业的扣除项目比照《个体工商户个人所得税计税办法》的规定确定。

个人独资企业的投资者以全部生产经营所得为应纳税所得额。合伙企业的投资者按照合伙企业的全部生产经营所得和合伙协议约定的分配比例，确定应纳税所得额；合伙协议没有约定分配比例的，以全部生产经营所得和合伙人数量平均计算每个投资者的应纳税所得额。

从事生产、经营的纳税人不能提供完整、准确的纳税资料，不能正确计算应纳税所得额的，由主管税务机关核定其应纳税所得额。

【例题】某个体运输户2016年有关经营数据资料如下：运输收入540000元，营业外收入50000元，耗用燃料230000元，购置轮胎费12000元，计提折旧60000元，车辆保修费20000元，缴纳养路费14400元，缴纳车船税4800元，支付司机工资、福利35000元，支付其他管理费5300元，行车事故损失40000元，获得保险公司赔偿金31000元，缴纳税金及附加18684元，营业外支出15000元。上年度亏损额为2000元。

分析：该个体运输户的年应纳税所得额为：

营运成本=燃料费+轮胎费+保修费+折旧费+养路费+工资、福利费+行车事故损失-保险赔偿

=230000+12000+20000+60000+14400+35000+40000-31000=380400(元)

营运利润=营运收入-营运成本-营运税金及附加=540000-380400-18684=140916(元)

利润总额=营运利润-管理费用-财务费用+营业外收入-营业外支出=140916-(4800+5300)+50000-15000=165816(元)

应纳税所得额=利润总额-允许弥补的亏损=165816-2000=163816(元)

(三) 对企事业单位的承包、承租经营所得

对企事业单位的承包、承租经营所得，以每一纳税年度的收入总额减除必要费用后的余额，为应纳税所得额。

年应纳税所得额=纳税年度收入总额-必要费用

每一纳税年度的收入总额，是指纳税人按照承包经营合同规定分得的经营利润和工资、薪金性质的所得，减除必要费用指每月减除3500元，一年为42000元。

【例题】2016年1月1日李某与某单位签订承包合同经营招待所，合同协议承包期为两年，每年上交费用20000元。2016年实现利润总额60000元，另外李某每月领取工资5000元。则其应纳税所得额为：

60000-20000+5000×12-3500×12=58000(元)

(四) 劳务报酬所得、稿酬所得、特许权使用费所得、财产租赁所得

劳务报酬所得、稿酬所得、特许权使用费所得、财产租赁所得，费用扣除相同。每次收入不超过4000元的，减除费用800元，即次应纳税所得额=当次收入-800元；每次收入在4000元以上的，减除当次收入20%的费用，即次应纳税所得额=当次收入×(1-20%)。

【例题】某作家出版一部小说，获得稿酬20万元，则其稿酬所得的应纳税所得额为：

200000×(1-20%)=16(万元)

【例题】某教授到外地作报告，获得劳务报酬3800元，则其劳务报酬所得的应纳税所得额为：

3800-800=3000(元)

在确定财产租赁所得的应纳税所得额时，纳税人在出租财产过程中缴纳的税金(增值税、城市维护建设税、房产税)和教育费附加，可持完税(缴款)凭证，从其财产租赁收入中扣除。准予扣除的项目除了规定费用和有关税、费外，还准予扣除能够提供有效、准确凭证，证明由纳税人负担的该出租财产实际开支的修缮费用。允许扣除的修缮费用，以每次800元为限。一次扣除不完的，准予在下一次继续扣除，直到扣完为止。即个人出租财产取得的财产租赁收入，在计算缴纳个人所得税时，应依次扣除以下费用：

(1) 财产租赁过程中缴纳的税费。

(2) 由纳税人负担的该出租财产实际开支的修缮费用。

(3) 税法规定的费用扣除标准。

【例题】刘某于2016年1月将其自有的四间面积为150平方米的房屋出租给张某全家居住，租期1年。刘某每月取得租金收入2500元，全年租金收入30000元。每月需缴纳的税金及教育费附加为182.5元。2月份因下水道堵塞找人修理，发生修理费用1500元，有维修部门的正式收据。则刘某1月份、2月份和3月份财产租赁所得的应纳税所得额为：

1 月份财产租赁所得的应纳税所得额=2500-182.5-800=1517.5(元)

2 月份财产租赁所得的应纳税所得额=2500-182.5-800-800=717.5(元)

3 月份财产租赁所得的应纳税所得额=2500-182.5-700-800=817.5(元)

(五)财产转让所得

财产转让所得，以转让财产的收入减除财产原值和合理费用后的余额，为应纳税所得额。

应纳税所得额=收入总额-财产原值-合理费用

财产原值指有价证券为买入价以及买入时按照规定缴纳的有关费用；建筑物，为建造费或者购进价格以及其他有关费用；土地使用权，为取得土地使用权所支付的金额，开发土地的费用以及其他有关费用；机器设备、车船，为购进价格、运输费、安装费以及其他有关费用；其他财产，参照以上方法确定。

纳税义务人未提供完整、准确的财产原值凭证，不能正确计算财产原值的，由主管税务机关核定其财产原值。合理费用是指卖出财产时按照规定支付的有关费用。

【例题】某人建房一座，工程造价 40000 元，支付费用 2000 元。一年后转让房屋，售价为 70000 元，在卖房过程中按规定支付交易费等有关费用 2500 元。则其财产转让所得的应纳税所得额为

70000-40000-2000-2500=25500(元)

(六)利息、股息、红利所得，偶然所得和其他所得

利息、股息、红利所得，偶然所得和其他所得，以每次收入额为应纳税所得额，不允许进行费用扣除。

应纳税所得额=每次收入额

【例题】张三用 2000 元买彩票，中奖 10 万元，则其偶然所得的应纳税所得额为：

应纳税所得额=100000(元)

(1)个人取得单张有奖发票奖金所得不超过 800 元(含 800 元)的，暂免征收个人所得税；个人取得单张有奖发票奖金所得超过 800 元的，应全额按照“偶然所得”项目征收个人所得税。

(2)对个人购买福利彩票、赈灾彩票、体育彩票，一次中奖收入在 1 万元以下的(含 1 万元)暂免征收个人所得税，超过 1 万元的，全额征收个人所得税。

(七)计算应纳税所得额应注意的问题

1. 每次收入的确定

税法对纳税义务人的劳务报酬所得，稿酬所得，特许权使用费所得，财产租赁所得，利息、股息、红利所得，偶然所得和其他所得等七项所得，都明确规定按次纳税。税法对每次收入的确定方法规定如下：

(1)劳务报酬所得，根据不同劳务项目的特点，分别规定为：只有一次性收入的，以取得该项收入为一次；属于同一事项连续取得收入的，以一个月内取得的收入为一次。

(2)稿酬所得，以每次出版、发表取得的收入为一次。同一作品再版取得的所得，应视为另一次稿酬所得。同一作品先在报刊上连载，然后再出版，或先出版再在报刊上连载的，应视为两次所得。同一作品在报刊上连载取得收入的，以连载完成后取得的所有收入合并为一次所得。同一作品在出版和发表时，以预付稿酬或分次支付稿酬形式取得的稿酬收入，应合并为一次。同一作品出版、发表后因添加印数而追加稿酬的，与以前出版、发表取得的稿酬合并计算为一次。

(3)特许权使用费所得，以某项使用权的一次转让所取得的收入为一次。

（4）财产租赁所得，以一个月取得的收入为一次。

（5）利息、股息、红利所得，以支付利息、股息、红利时取得的收入为一次。

（6）偶然所得，以每次收入为一次。

（7）其他所得，以每次收入为一次。

2. 公益、救济性捐赠

个人进行公益、救济性捐赠，在缴纳个人所得税时有限额扣除和全额扣除的不同规定。

（1）限额扣除的捐赠：个人将其所得通过中国境内的社会团体、国家机关向教育和其他公益事业以及遭受严重自然灾害的地区、贫困地区的捐赠，捐赠额未超过纳税义务人申报的应纳税所得额30%的部分，可以从应纳税所得额中扣除。

（2）全额扣除的捐赠：个人通过非营利性的社会团体和国家机关，进行的下列捐赠，允许在当年个人所得税前全额扣除：向红十字事业的捐赠、对福利性、非营利性老年服务机构捐赠、对公益性青少年活动场所（其中包括新建）捐赠、对农村义务教育捐赠、通过宋庆龄基金会等6家单位捐赠、通过中国医药卫生事业发展基金会的捐赠、对中国教育发展基金会捐赠、对中国老龄事业发展基金会等8家单位捐赠、对中华快车基金会等5家单位捐赠、对科研机构、高等院校研究开发经费捐赠、向汶川地震灾区的捐赠。

【例题】某人获得劳务报酬所得10万元，通过市教育局向本市一所小学捐赠3万元，则该项劳务报酬所得实际的应纳税所得额为：

应纳税所得额＝100000×（1－20%）＝80000（元）

公益、救济性捐赠允许扣除的部分＝80000×30%＝24000（元）

该项劳务报酬所得实际的应纳税所得额＝80000－24000＝56000（元）

【例题】某人买奖券中奖100万元，把其中的40万元通过民政部门捐给遭受水灾的地区，则这笔偶然所得实际的应纳税所得额为：

应纳税所得额＝100万元

公益、救济性捐赠允许扣除的部分＝100×30%＝30（万元）

实际的应纳税所得额＝100－30＝70（万元）

应纳税额＝70×20%＝14（万元）

3. 研究开发经费资助

个人的所得（不含偶然所得和经国务院财政部门确定征税的其他所得）用于资助非关联的科研机构和高等学校研究开发新产品、新技术、新工艺所发生的研究开发经费，、经主管税务机关确定，可以全额在下月（工资、薪金所得）或下次（按次计征的所得）或当年（按年计征的所得）计征个人所得税时，从应纳税所得额中扣除，不足抵扣的，不得结转扣除。

4. 应纳税所得额的核定

个人取得的应纳税所得，包括现金、实物和有价证券。所得为实物的，应当按照取得的凭证上注明的价格计算应纳税所得额；无凭证的实物或凭证上所注明的价格明显偏低的，由主管税务机关参照当地的市场价格核定应纳税所得额。所得为有价证券的，由主管税务机关根据票面价格和市场价格核定应纳税所得额。

六、应纳税额的计算

（一）应纳税额的计算

按照税法规定的适用税率和计算出的应纳税所得额，各项所得项目应纳税额的计算方法如下：

1. 采用超额累进税率的所得项目

工资、薪金所得、个体工商业户的生产经营所得、对企事业单位的承包经营、承租经营所得和劳务报酬所得四个项目，采用超额累进税率，应纳税额的计算公式为：

应纳税额=应纳税所得额×适用税率-速算扣除数

【例题】李某工资所得的应纳税所得额为3200元，则其应纳税额是多少？

3200元在税率表中对应的税率和速算扣除数为10%和105元，则应纳税额为：

应纳税额=3200×10%-105=215(元)

【例题】在一外商投资企业中工作的一外籍人员月工资所得应纳税所得额为8000元，则其应纳税额是多少？

8000元在税率表中对应的税率和速算扣除数为20%和555元，则应纳税额为：

应纳税额=8000×20%-555=1045(元)

【例题】某个体运输户的年应纳税所得额为163816元，则其应纳税额是多少？

163816元在税率表中对应的税率和速算扣除数为35%和14750元，则应纳税额为：

应纳税额=163816×35%-14750=42585.6(元)

【例题】某人获得劳务报酬收入10万元，则其应纳税所得额和应纳税额是多少？

应纳税所得额=10×(1-20%)=8(万元)

8万元在税率表中对应的税率和速算扣除数是40%和7000元，则应纳税额为：

应纳税额=80000×40%-7000=25000(元)

2. 采用比例税率的所得项目

稿酬所得，特许权使用费所得，财产租赁所得，财产转让所得，股息、利息、红利所得，偶然所得和其他所得，采用比例税率，应纳税额的计算公式为：

应纳税额=应纳税所得额×适用税率

【例题】某作家一次稿酬所得的应纳税所得额为80000元，其应纳税额是多少？

应纳税额=80000×14%=11200(元)

【例题】某人转让房屋一座，应纳税所得额为15000元，其应纳税额是多少？

应纳税额=15000×20%=3000(元)

【例题】张三买奖券中奖20万元，则其应纳税额是多少？

应纳税额=20×20%=4(万元)

(二) 个人独资企业和合伙企业生产经营所得个人所得税应纳税额的计算方法

1. 查账征税

凡实行查账征税办法的，生产经营所得按照《个体工商户个人所得税办法(试行)》的规定确定。但下列项目的扣除依照以下规定执行：

(1) 投资者的生计费用扣除标准为42000元/年(3500元/月)。投资者的工资不得在税前扣除。投资者兴办两个或两个以上企业的，其费用扣除标准由投资者选择在其中一个企业的生产经营所得中扣除。

(2) 投资者及其家庭发生的生活费用不允许在税前扣除。投资者及其家庭发生的生活费用与企业生产经营费用混合在一起，并且难以划分的，全部视为投资者个人及其家庭发生的生活费用，不允许在税前扣除。

(3) 企业生产经营和投资者及其家庭生活共用的固定资产，难以划分的，由主管税务机关根据企业的生产经营类型、规模等具体情况，核定准予在税前扣除的折旧费用的数额或比例。

(4) 个人独资企业和合伙企业向其从业人员实际支付的合理的工资、薪金支出，允许在税前据实扣除。

(5) 企业实际发生的工会经费、职工福利费、职工教育经费分别在其计税工资总额的2%、14%、2.5%的标准内据实扣除。

(6) 企业每一纳税年度发生的广告和业务宣传费用不超过当年销售(营业)收入15%的部分，可据实扣除；超过部分可无限期向以后的纳税年度结转。

(7) 企业每一纳税年度发生的与其生产经营业务直接相关的业务招待费支出，按照发生额的60%扣除，但最高不得超过当年销售(营业)收入的0.5%。

(8) 企业计提的各种准备金不得扣除。

(9) 企业与其关联方之间的业务往来，应当按照独立企业之间的业务往来收取或者支付价款、费用。不按照独立企业之间的业务往来收取或支付价款、费用，而减少其应纳税所得额的，主管税务机关有权进行合理调整。

(10) 投资者兴办两个或两个以上企业，并且企业性质全部是独资的，年度终了后，汇算清缴时，应纳税款的计算按以下方法进行：汇总其投资兴办的所有企业的经营所得作为应纳税所得额，以此确定适用税率，计算出全年经营所得的应纳税额，再根据每个企业的经营所得占所有企业经营所得的比例计算出每个企业的应纳税额和应补缴税额。计算公式为：

应纳税所得额＝∑各个企业经营所得

应纳税额＝应纳税所得额×税率－速算扣除数

本企业应纳税额＝应纳税额×本企业的经营所得÷∑各个企业经营所得

本企业应补缴的税额＝本企业应纳税额－本企业预缴的税额

2. 核定征收

国家对特定的个人独资企业和合伙企业实行核定征收个人所得税，具体包括：依照国家有关规定应当设置但未设置账簿的；虽设置账簿，但账目混乱或者成本资料、收入凭证、费用凭证残缺不全，难以查账的；纳税人发生纳税义务，未按照规定的期限办理纳税申报，经税务机关责令限期申报，逾期仍不申报的。

核定征收方式包括定额征收、核定应税所得率(表6-4)征收以及其他合理的征收方式。实行核定应税所得率征收方式的，应纳所得税额的计算公式为：

应纳所得税额＝应纳税所得额×适用税率

应纳税所得额＝收入总额×应税所得率＝成本费用支出额÷(1－应税所得率)×应税所得率

表6-4　个人所得税应税所得率

行　业	应税所得率,%	行　业	应税所得率,%
工业、交通运输业、商业	5～20	娱乐业	20～40
建筑业、房地产开发业	7～20	其他行业	10～30
饮食服务业	7～25		

企业经营多业的，无论其经营项目是否单独核算，均应根据其主营项目确定适用的应税所得率。实行核定征税的投资者，不能享受个人所得税的优惠政策。实行查账征税方式

的个人独资企业和合伙企业改为核定征税方式后，在查账征税方式下认定的年度经营亏损未弥补完的部分，不得再继续弥补。

（三）税额扣除

在对纳税人的境外所得征税时，会存在其境外所得已在来源国或地区缴税的实际情况。基于对同一所得避免重复征税的原则，我国在计算个人所得税时，采取税额扣除的办法。税法规定：对纳税人从中国境外取得的所得，准予其在应纳税额中扣除已在境外缴纳的个人所得税税额，但扣除额不得超过其境外所得依照我国税法规定计算的应纳税额。

1. 已在境外缴纳的个人所得税税额

是指纳税义务人从中国境外取得的所得，依照该所得来源国国家或地区的法律规定应当缴纳并实际已经缴纳的税额。

2. 扣除限额的确定

扣除限额是依照我国税法规定计算的应纳税额，采取既分国又分项的方法计算。即纳税人从中国境外取得的所得，区别不同国家或地区和不同应税项目，依照我国税法规定的费用减除标准和适用税率计算应纳税额；同一国家或者地区不同应税项目，依照我国税法规定计算的应纳税额之和，为该国家或者地区的扣除限额。

3. 税额扣除规定

纳税人在中国境外一个国家或地区实际已经缴纳的个人所得税税额，低于该国家或者地区的扣除限额的，应当在中国缴纳差额部分的税款；超过该国家或者地区的扣除限额的，其超过部分不得在本纳税年度的应纳税额中扣除，但是可以在以后纳税年度的该国家或者地区的扣除限额的余额中补扣，补扣期最长不得超过5年。

【例题】中国公民刘某2016年分别从A、B两国取得应税收入。其中：在A国一公司任职，取得薪金收入72000元（平均每月6000元），提供一项专利技术使用权，取得特许权使用费收入30000元。这两项收入在A国缴纳个人所得税5200元。在B国出版著作一部，获得稿酬收入15000元，并在B国缴纳该项收入的个人所得税1720元。

要求：计算刘某在中国应补缴多少个人所得税。

分析：（1）自A国所得应纳税额的计算

工资、新金所得的年应纳税额＝[（6000−4800）×3%]×12＝432（元）

特许权使用费所得的应纳税额＝30000×（1−20%）×20%＝4800（元）

这两项所得按中国税法规定计算的扣除限额为5232元，在A国实际纳税5200元，低于扣除限额，所以应补缴税款32元。

（2）来自B国所得应纳税额的计算

稿酬所得的应纳税额＝15000×（1−20%）×14%＝1680（元）

稿酬所得按中国税法规定计算的扣除限额为1680元，在B国实际纳税1720元，高于扣除限额，只能扣除1680元，未扣完的40元可以用以后5个纳税年度的来自B国所得的抵免限额的余额补扣。

纳税义务人依照税法的规定申请扣除已在境外缴纳的个人所得税税额时，应当提供境外税务机关填发的完税凭证原件。

（四）应纳税额计算中的几个特殊问题

1. 对在中国境内有住所的个人取得除全年一次性奖金以外的其他各种名目奖金的计算征税问题

如半年奖、季度奖、加班奖、先进奖、考勤奖等，一律与当月工资、薪金收入合并，按税法规定缴纳个人所得税。

【例题】李某4月份工资为5500元，当月又取得第一季度季度奖1500元，则李某4月份的应纳税额是多少？

应纳税额=(5500+1500−3500)×10%−105=145(元)

2. 对个人取得全年一次性奖金计算征收个人所得税的方法

纳税人取得的全年一次性奖金，包括年终加薪、实行年薪制和绩效工资办法的单位根据考核情况兑现的年薪和绩效工资，单独作为一个月工资、薪金所得计算纳税，自2005年1月1日起按以下办法计算纳税，并由扣缴义务人在发放时代扣代缴。

（1）发放年终一次性奖金的当月，雇员当月工资薪金所得低于税法规定的费用扣除额，应将全年一次性奖金减除“雇员当月工资薪金所得与费用扣除额的差额”后的余额，除以12个月，按其商数确定适用税率和速算扣除数。其应纳税额的计算公式为：

应纳税额=(雇员当月取得的全年一次性奖金−雇员当月工资薪金所得与费用扣除额的差额)×适用税率−速算扣除数

（2）发放年终一次性奖金的当月，雇员当月工资薪金所得高于税法规定的费用扣除额，应将全年一次性奖金，除以12个月，按其商数确定适用税率和速算扣除数。其应纳税额的计算公式为：

应纳税额=雇员当月取得的全年一次性奖金×适用税率−速算扣除数

【例题】王某为中国公民，2016年在我国境内1~12月每月的工资为3100元，12月31日又一次性领取年终奖12400元(兑现绩效工资)。计算王某取得该笔奖金应缴纳的个人所得税。

分析：该比奖金适用的税率和速算扣除数为：

每月奖金平均额=[12400−(3500−3100)]÷12=1000(元)

1000元在工资、薪金所得九级超额累进税率表中对应的税率为3%，速算扣除数为0元。则该笔奖金应纳税额为：

应纳税额=[12400−(3500−3100)]×3%−0=360(元)

【例题】某人2016年1月份工资收入为4600元，另外取得单位的上年全年兑现奖27000元，计算当月该人应纳个人所得税。

分析：第一步：当月工资应纳税：(4600−3500)×3%=33(元)

第二步：上年兑现奖金应纳税：

确定适用税率：27000/12=2250(元)

查税率表，税率为10%，速算扣除数为105元；

然后计算上年兑现奖应纳税额：27000×10%−105=2595(元)

第三步：合计2016年1月应纳税额：33+2595=2628(元)

3. 对在中国境内无住所的个人一次取得数月奖金或年终加薪、劳动分红(以下简称奖金，不包括应按月支付的奖金)的计算征税问题

对在中国境内无住所的个人一次取得的奖金，可全额作为一个月的工资、薪金所得计算征税，不再减除费用。对在中国境内无住所的个人在担任境外企业职务的同时，兼任该外国企业在华机构的职务，但并不实际或不经常到华履行该在华机构职务，对其一次取得的数月奖金中属于全月未在华的月份奖金，依照劳务发生地原则，可不作为来源于中国境内的奖金收入计算纳税。

4. 特定行业职工取得的工资、薪金所得的计税问题

为了照顾采掘业、远洋运输业、远洋捕捞业因季节、产量等因素的影响，职工的工资、

薪金收入呈现大幅度波动的实际情况，对这三个特定行业的职工取得的工资、薪金所得，可以按月预缴，年度终了后 30 日内，合计其全年工资、薪金所得，再按 12 个月平均计算实际应纳的税款，多退少补。用公式表示为：

全年应纳税额=[（全年工薪收入÷12-费用扣除标准）×税率-速算扣除数]×12

七、税收优惠

《个人所得税法》及其实施条例，以及财政部、国家税务总局的若干规定等，都对个人所得一些项目给予了减税免税的优惠规定，主要有：

（一）免税项目

（1）省级人民政府、国务院部委和中国人民解放军军以上单位，以及外国组织颁发的科学、教育、技术、文化、卫生、体育、环境保护等方面的奖金。

（2）国债和国家发行的金融债券利息。

（3）按照国家统一规定发给的补贴、津贴。即按照国务院规定发给的政府特殊津贴和国务院规定免纳个人所得税的补贴、津贴。

（4）福利费、抚恤金、救济金。福利费是指根据国家有关规定，从企业、事业单位、国家机关、社会团体提留的福利费或者工会经费中支付给个人的生活补助费。救济金是指国家民政部门支付给个人的生活困难补助费。

（5）保险赔款。

（6）军人的转业费、复员费。

（7）按照国家统一规定发给干部、职工的安家费、退职费、退休工资、离休工资、离休生活补助费。

提示：离退休人员按规定领取离退休工资或养老金外，另从原任单位取得的各类补贴、奖金、实物，不属于免税的退休工资、离休工资、离休生活补助费，应按“工资、薪金所得”应税项目的规定缴纳个人所得税。

（8）依照我国法律规定应予免税的各种驻华使馆、领事馆的外交代表、领事官员和其他人员的所得。即依照《中华人民共和国外交特权与豁免条例》和《中华人民共和国领事特权与豁免条例》规定免税的所得。

（9）中国政府参加的国际公约以及签定的协议中规定免税的所得。

（10）在中国境内无住所，但是在一个纳税年度中在中国境内连续或者累计居住不超过 90 日的个人，其来源于中国境内的所得，由境外雇主支付并且不由该雇主在中国境内的机构、场所负担的部分，免予缴纳个人所得税。

（11）对外籍个人取得的探亲费免征个人所得税：仅限于外籍个人在我国的受雇地与其家庭所在地（包括配偶或父母居住地）之间搭乘交通工具且每年不超过 2 次的费用。

（12）按照国家规定，单位为个人缴付和个人缴付的住房公积金、基本医疗保险费、基本养老保险费、失业保险费从纳税人的应纳税所得额中扣除。

（13）按照国家有关城镇房屋拆迁管理办法规定的标准，被拆迁人取得的拆迁补偿款，免征个人所得税。

（14）发给见义勇为者的奖金。对乡、镇及其以上人民政府，或经县以上人民政府主管部门批准成立的有机构、有章程的见义勇为基金或类似组织，奖励见义勇为者的奖金或奖品，经主管税务机关核准免税。

（15）经国务院财政部门批准免税的其他所得。

（二）减税项目

有下列情况之一的，经批准可以减征个人所得税。

（1）残疾、孤老人员和烈属的所得。

（2）因严重自然灾害造成重大损失的。

（3）其他经国务院财政部门批准减税的。

上述减税项目的减征幅度和期限，由省、自治区、直辖市人民政府规定。

（三）暂免征税项目

（1）外籍个人以非现金形式或实报实销形式取得的住房补贴、伙食补贴、搬迁费、洗衣费。

（2）外籍个人按合理标准取得的境内、外出差补贴。

（3）外籍个人取得的探亲费、语言训练费、子女教育费等，经当地税务机关审核批准为合理的部分。

（4）个人举报、协查各种违法、犯罪行为而获得的奖金。

（5）个人办理代扣代缴手续，按规定取得的扣缴手续费。

（6）个人转让自用达 5 年以上，并且是唯一的家庭生活用房取得的所得。

（7）对按《国务院关于高级专家离退休若干问题的暂行规定》和《国务院办公厅关于高级专家暂缓离休审批问题的通知》精神，达到离休、退休年龄，但确因工作需要，适当延长离休、退休年龄的高级专家（指享受国家发放的政府特殊津贴的专家、学者），其在延长离休、退休期间的工资、薪金所得，视同离休工资、退休工资免征个人所得税。

（8）外籍个人从外商投资企业取得的股息、红利所得。

（9）凡符合下列条件之一的外籍专家取得的工资、薪金所得可免征个人所得税：根据世界银行专项贷款协议由世界银行直接派往我国工作的外国专家；联合国组织直接派往我国工作的专家；为联合国援助项目来华工作的专家；援助国派往我国专为该国无偿援助项目工作的专家；根据两国政府签订文化交流项目来华工作 2 年以内的文教专家，其工资、薪金所得由该国负担的；根据我国大专院校国际交流项目来华工作 2 年以内的文教专家，其工资、薪金所得由该国负担的；通过民间科研协定来华工作的专家，其工资、薪金所得由该国政府负担的。

八、征收管理

（一）纳税申报

个人所得税的纳税方法，有自行申报纳税和代扣代缴两种。

1. 自行申报纳税

自行申报纳税，是由纳税人自行在税法规定的纳税期限内，向税务机关申报取得的应税所得项目和数额，如实填写个人所得税纳税申报表，并按照税法规定计算应纳税额，据此缴纳个人所得税的一种方法。自行申报纳税的纳税人包括：

（1）年所得在 12 万元以上的；

（2）从中国境内两处或两处以上取得工资、薪金所得的；

（3）从中国境外取得所得的；

（4）取得应税所得，没有扣缴义务人的；

（5）国务院规定的其他情形。

自行申报纳税的申报方式：纳税人可以本人或委托他人或采用邮寄方式在规定的申报期限内申报纳税。邮寄申报纳税的，以寄出地的邮戳日期为实际申报日期。纳税期限的最后一日是法定节假日的，以休假日的次日为期限的最后一日。纳税人确有困难，不能按期办理纳税申报的，经主管税务机关核准，可以延期申报。

2. 代扣代缴

代扣代缴，是指按照税法规定负有扣缴税款义务的单位或者个人，在向个人支付应纳税所得时，应计算应纳税额，从其所得中扣出并缴入国库，同时向税务机关报送扣缴个人所得税报告表。这种方法，有利于控制税源、防止漏税和逃税。

（1）扣缴义务人。凡支付个人应纳税所得的企业（公司）、事业单位、机关、社团组织、军队、驻华机构、个体户等单位或者个人，为个人所得税的扣缴义务人。税务机关应根据扣缴义务人所扣缴的税款，付给2%的手续费，由扣缴义务人用于代扣代缴费用开支和奖励代扣代缴工作做得较好的办税人员。

（2）代扣代缴的范围。扣缴义务人向个人支付下列所得，应代扣代缴个人所得税：工资、薪金所得；对企事业单位的承包、承租经营所得；劳务报酬所得；稿酬所得；特许权使用费所得；利息、股息、红利所得；财产租赁所得；财产转让所得；偶然所得；经国务院财政部门确定征税的其他所得。扣缴义务人向个人支付应纳税所得（包括现金、实物和有价证券）时，不论纳税人是否属于本单位人员，均应代扣代缴其应纳的个人所得税税款。这里所说的支付，包括现金支付、汇拨支付、转账支付和以有价证券、实物以及其他形式的支付。

（3）代扣代缴期限。扣缴义务人每月扣缴的税款，应当在次月15日内缴入国库。

（二）纳税时间

1. 自行申报纳税的纳税期限

除特殊情况外，纳税人应在取得应税所得的次月15日内向主管税务机关申报所得并缴纳税款。

（1）工资、薪金所得的纳税期限。工资、薪金所得的纳税期限，实行按月计征，在次月15日内缴入国库，并向税务机关报送个人所得税纳税申报表。对特定行业（采掘业、远洋运输业、远洋捕捞业）的纳税人，可以实行按年计算、分月预缴的方式计征，自年度终了后30日内，合计全年工资、薪金所得，再按12个月平均计算实际应缴纳的税款，多退少补。

（2）年所得12万元以上的纳税人，在年度终了后3个月内到主管税务机关办理纳税申报。

（3）账册健全的个体工商户的生产、经营所得应纳的税款，按年计算、分月预缴，由纳税人在次月15日内申报预缴，年度终了后3个月内汇算清缴，多退少补。账册不健全的个体工商户的生产、经营所得应纳的税款，由各地税务机关依据《中华人民共和国税收征收管理法》及其实施细则的有关规定，自行确定征收方式。

（4）纳税人年终一次性取得承包经营、承租经营所得的，自取得收入之日起30日内申报纳税；在一年内分次取得承包经营、承租经营所得的，应在取得每次所得后的15日内申报预缴，年度终了后 3 个月内汇算清缴，多退少补。

（5）劳务报酬、稿酬、特许权使用费、利息、股息、红利、财产租赁及转让、偶然所得等的纳税期限，实行按次计征，并在次月 15 日内预缴税款并报送个人所得税纳税申报表。

（6）从中国境外取得所得的纳税人，其来源于中国境外的应纳税所得，如在境外以纳税年度计算缴纳个人所得税的，应在所得来源国的纳税年度终了、结清税款后的 30 日内，向主管税务机关申报纳税；如在取得境外所得时结清税款的，或者在境外按所得来源国税法规定免予缴纳个人所得税的，应在次年 1 月 1 日起 30 日内向中国主管税务机关申报纳税。

2. 代扣代缴期限

扣缴义务人每月所扣的税款，应当在次月 15 日内缴入国库，并向主管税务机关报送《扣缴个人所得税报告表》，代扣代缴税款凭证和包括每一纳税人姓名、单位、职务、收入、税款等内容的支付个人收入明细表以及税务机关要求报送的其他有关资料。扣缴义务人违反上述规定不报送或者报送虚假纳税资料的，一经查实，其未在支付个人收入明细表中反映的向个人支付的款项，在计算扣缴义务人应纳税所得额时不得作为成本费用扣除。

扣缴义务人因有特殊困难不能按期报送《扣缴个人所得税报告表》及其他有关资料的，经县级税务机关批准，可以延期申报。

3. 个人独资企业和合伙企业投资者个人所得税的纳税期限

投资者应纳的个人所得税税款，按年计算，分月或分季预缴，由投资者在每月或者每季度终了后 15 日内预缴，年度终了后 3 个月内汇算清缴，多退少补。

（1）企业在年度中间合并、分立、终止时，投资者应当在停止生产经营之日起 60 日内，向主管税务机关办理当期个人所得税汇算清缴。

（2）企业在纳税年度的中间开业，或者由于合并、关闭等原因，使该纳税年度的实际经营期不足 12 个月的，应当以其实际经营期为一个纳税年度。

（3）投资者在预缴个人所得税时，应向主管税务机关报送《个人独资企业和合伙企业投资者个人所得税申报表》，并附送年度会计决算报表和预缴个人所得税纳税凭证。

（三）纳税地点

（1）个人所得税自行申报的，其申报地点一般应为收入来源地的主管税务机关。

（2）纳税人从两处或两处以上取得工资、薪金的，可选择并固定在其中一地税务机关申报纳税。

（3）从境外取得所得的，应向其境内户籍所在地或经营居住地税务机关申报纳税。

（4）扣缴义务人应向其主管税务机关进行纳税申报。

（5）纳税人要求变更申报纳税地点的，须经原主管税务机关批准。

（6）个人独资企业和合伙企业投资者个人纳税地点：投资者应向企业实际经营管理所在地主管税务机关申报缴纳个人所得税；如果投资者兴办两个或两个以上企业的，应分别向企业实际经营地的主管税务机关预缴税款。年度终了后办理汇算清缴时，区别不同情况分别处理：①全是个人独资，按所有企业经营所得额确定适用税率，按各个企业占的比例分别办理年度纳税申报；②企业中含有合伙性质的，投资者应向经常居住地主管税务机关申报纳税，办理汇算清缴，但经常居住地与其兴办的企业的经营管理所在地不一致的，应选定其参与兴办的某一合伙企业的经营管理所在地为办理汇算清缴所在地，并5年内不得变更。5年后需要变更的，需经原主管税务机关批准。

投资者的个人所得税征收管理工作由地方税务局负责。

第二节　个人所得税纳税人纳税筹划

一、个人所得税常用纳税筹划策略

1. 利用纳税人身份进行筹划，条件许可时成为非居民纳税人

个人所得税的纳税人分为居民纳税人和非居民纳税人，居民纳税人承担无限纳税义务，对来源于境内和境外的所得都要纳税。非居民纳税人承担有限纳税义务，即仅就来源于中国境内的所得纳税。非居民纳税人在一定情况下承担纳税义务较少，所以在条件许可时可以成为非居民纳税人来规避一部分纳税义务。

2. 活用税收优惠筹划法

个人所得税优惠项目较多，有免税项目、减税项目，还有降低税率项目，纳税人可以在了解这些优惠政策的基础上使自己符合优惠政策规定，然后灵活运用各项税收优惠规定进行纳税筹划。

3. 一次变多次节税法

对于按次征税的项目，一次收入变多次可以增加费用扣除，或降低适用税率。

4. 收入均衡节税法

纳税人可通过推迟或提前获得收入，使每月或每次收入均衡化，这样可降低适用税率。

5. 扩大支出节税法

对于支出如实扣除的征税项目，如个体工商户生产经营所得，扩大支出可以降低适用税率，节约纳税额。

6. 工资变福利筹划法

工资薪金收入要按规定纳税，而单位提供的一些福利，如交通福利、住房福利等，是不征税的。

7. 工资、年终奖合理分配法

由于工资和年终奖分开征税，所以单位支付给职工的报酬要分为工资和年终奖两部分，这样可以降低适用税率。

二、个人所得税纳税人纳税筹划

由于居民纳税人就其来源于中国境内或境外的全部所得缴纳个人所得税；而非居民纳税人仅就其来源于中国境内的所得，向中国缴纳个人所得税。很明显，非居民纳税人将会承担较轻的税负，所以可以利用居民或非居民身份的认定进行纳税筹划。

居住在中国境内的外国人、海外侨胞和香港、澳门、台湾同胞，如果在一个纳税年度内，一次离境超过30日或多次离境累计超过90日的，简称“90天规则”，将不视为全年在中国境内居住。牢牢把握这一尺度，就会避免成为居民纳税义务人，而仅就其来源于中国境内的所得缴纳个人所得税。

一般而言，利用居民和非居民身份减轻税负的方法主要有：利用临时离境的规定，恰当安排离境时间，使自己成为非居民纳税人。

【例题】美国人杰克受雇于一家位于美国的公司(总公司)，从2015年起，他被派往中国境内的分公司帮助援建工程。2015年内，他曾离境60天回国述职，又曾离境40天回国探亲。2015年，共领取薪金96000元。

分析：由于杰克两次离境时间超过90天，为我国个人所得税的非居民纳税人。由于他从美国公司取得的薪金不是来源于中国境内的所得，所以在我国无需缴纳个人所得税。

【例题】汤姆是美国居民，准备到中国居住一年半，原计划于2015年1月1日来中国，于2016年6月30日回国。

请判断：汤姆在华期间是否构成中国的居民纳税人，并提出纳税筹划方案。

分析：汤姆在2015年度这个纳税年度在中国居住满一年，构成居民纳税人。

筹划方案：建议汤姆推迟来华时间，如2015年2月10日来中国，2016年8月10日回国，这样，两个纳税年度在华居住都不满1年，不成为居民纳税人。

【案例】美国公民保罗和纽曼均受雇于美国华纳钢铁制造厂。2010~2016年间两人被派往中国境内的钢铁制造厂工作。2016年，因工作需要，保罗7~9月离境70天回国述职，10~12月份又回国探亲40天。纽曼2016年年内曾4次临时离境，每次均未超过30天，共计85天。2014年年度内，保罗从美国公司取得报酬2万美元，从中国公司取得人民币报酬15万元；纽曼从美国公司取得报酬2万美元，从中国公司取得人民币报酬8万元。试计算比较保罗和纽曼各自应纳的个人所得税(假设1美元=6元人民币)。

分析：(1)保罗在2016年度两次离境，超过90天。因此，保罗属居住不满1年的非居民纳税人。根据个人所得税法，非居民纳税人对我国仅负有有限的纳税义务，就其来源于中国境内的所得，缴纳个人所碍税。保罗应纳个税税额=[(50000÷12−4800)×20%−555]×12=11820(元)

(2)纽曼在2016年年度四次临时离境，每次未超过30天，共计85天，未超过90天。因此，纽曼属居民纳税人。按照我国税法的规定，居民纳税人对我国负有无限的纳税义务，就其来源于中国境内和境外的全部所得缴纳个人所得税。纽曼应纳个人所得税税额=[(20000×6+80000)÷12−4800]×25%−1005×12=23540(元)

(3)保罗比纽曼少纳个人所得税税额=23540−11820=11720(元)

案例分析：保罗比纽曼的收入多7万元(15−8=7)，但个人所得税却少纳11720元，其原因就在于两人的身份不同。纽曼要想减轻自己的税收负担，就得设法将居民纳税人的身份变成非居民纳税人，即纽曼每次离境都超过30天或多次累计超过90天。

纳税人利用临时离境的纳税筹划还要进行成本−收益分析，如果节省的税收额还不够自己进行纳税筹划的成本，就没有必要了。本例没有考虑纳税人在国外纳税的限额抵补的问题，如果国外的税率低于中国税率，则作为非居民纳税人可以节税；相反，如果国外的税率高于或等于国内税率，则这种筹划没有必要。

第三节　个人所得税分项目纳税筹划

一、工资、薪金所得纳税筹划

2011年9月1日后，工资薪金所得的免征额提高到3500元，超出部分适用七级超额累进税率计算应纳个人所得税。

【知识链接】

个人所得税税免征额历次调整

1994年1月1日起，免征额为800元，特殊人扣4000元；2006年1月1日起，免征额提高到1600元/月，特殊人扣4800元；2008年3月1日起，免征额提高到2000元/月，特殊人扣4800元；2011年9月1日起，免征额提高到3500元，特殊人扣4800元。

备注：特殊人指：

(1) 在中国境内的外商投资企业和外国企业中工作的外籍人员。

(2) 应聘在中国境内的企业、事业单位、社会团体、国家机关中工作的外籍专家。

(3) 在中国境内有住所而在中国境外任职或者受雇取得工资、薪金所得的个人。

(4) 国务院财政、税务主管部门确定的其他人员。

（一）工资薪金变福利筹划方法

由于工资薪金所得实行超额累进税率，当个人的工资薪金达到一定水平，新增薪金带给纳税人的可支配现金将会逐渐减少。所以，单位把纳税人的现金性工资转为提供福利，工资相应降低一部分，不仅可以满足职工个人的消费需要，还可以少缴个人所得税。具体方法有：为员工提供交通便利；为员工提供免费午餐；为员工提供教育福利；为员工提供住宿；为员工参加社会保险；为员工提供办公设施及用品。

【例题】某公司部门经理张某2016年每月从公司获取工资收入6000元，由于自己租住房屋，每月要支付房租1200元，上下班交通费需支付约300元。不考虑社保费的缴纳。每月应纳税所得额为6000-3500=2500(元)，应纳税额=2500×10%-105=145(元)。

要求：为张某进行纳税筹划。

筹划思路：由单位为职工提供宿舍，同时在宿舍与单位间开班车，同时将工资调整为4500元。则张某应纳税额=(4500-3500)×3%-0=30(元)。

结论：张某应纳税额减少了115元，即税后收入增加了115元。

【例题】某企业2016年支付给某员工工资总额为6000元。下边分析单位不缴纳住房公积金、缴纳住房公积金时该职工月应纳个人所得税和月实际收入情况。

方案一：当单位不缴纳住房公积金时

元

工资总额	养老险(8%)	医疗险(2%)	失业险(1%)	公积金(0)	缴费合计	个税	实发工资	公积金账户缴存额	个人月收入(含公积金)
6000	480	120	60	0	660	79	5261	0	5261

方案二：当住房公积金缴费比例为5%时

元

工资总额	养老险(8%)	医疗险(2%)	失业险(1%)	公积金(5%)	缴费合计	个税	实发工资	公积金账户缴存额	个人月收入(含公积金)
6000	480	120	60	300	960	49	4991	600	5591

方案三：当住房公积金缴费比例为12%时

元

工资总额	养老险(8%)	医疗险(2%)	失业险(1%)	公积金(12%)	缴费合计	个税	实发工资	公积金账户缴存额	个人月收入(含公积金)
6000	480	120	60	720	1380	33.6	4586.4	1440	6026.4

结论：单位为职工缴纳的住房公积金比例越高，个人所得税缴纳越少，个人含公积金的月收入越多，对职工个人有利。虽然单位负担会增加。但企业缴存的公积金部分也可以在税前列支。可见，在政策允许的范围内，提高住房公积金缴存比例后，企业应纳所得税相应减少，同时员工也可获得更多的税后收入，能实现企业与员工的双赢。

【知识链接】

住房公积金的缴存规定

缴存比例的限制：从2006年开始，缴存比例为单位、个人不能超过12%，最低缴存比例单位、个人不得低于5%。有条件的城市，可以适当提高缴存比例。

缴存基数(即工资水平)的限制：为月平均工资不得超过工作地所在设区城市上一年度职工月平均工资的3倍。

（二）工资薪金所得均匀分摊法

税法规定：采掘业、远洋运输业、远洋捕捞业这三个特定行业的职工取得的工资、薪金所得，采用按月预缴，年度终了后30日内合计其全年工资、薪金所得，再按12个月平均并计算实际应纳的税款，多退少补的办法。

纳税筹划思路：如果企业属于这三个行业，无需筹划。如果不属于这三个行业，为了降低职工月工资适用税率，应尽量均衡发放工资。

【例题】某制药公司采取基本工资加提成的方式为员工发放报酬，某员工2016年全年每月工资及缴纳个税如下表所示：

月份	1	2	3	4	5	6	7	8	9	10	11	12
工资/元	4300	1800	4300	1500	4800	1700	1600	4000	3600	2000	5300	9100
是否纳税	是	否	是	否	是	否	否	是	是	否	是	是
税率	3%		3%		3%			3%	3%		10%	20%
应纳税额/元	24		24		39			15	3		75	565

要求：为该员工提出纳税筹划方案。

分析：该员工的工资各月间极不均衡，有的月份没有达到免征额，有的月份收入太高导致适用20%的税率。所以应采取办法均衡各月的工资收入。

筹划方案：事先估计员工的平均工资，平时每月按平均工资发放，最后一个月再多退少补。假设年初估计的月均工资为3500元，最后一个月工资5500元。全年应纳税额为95元，比原来少交650元。

（三）合理确定员工月工资与年终奖的发放比例

大多数企业的员工薪酬分为月工资和年终奖金两部分，年终奖金是企业激励职工的主要方式。国家税务总局规定，对于雇员取得的全年一次性奖金，除以12个月，按其商数确定适用税率和速算扣除数。因此月工资和年终奖支付的比例不同，会造成员工个人所得税税负的差异。企业应合理安排薪酬分配的方式、时间、次数以及每次的金额，在人工成本支出总额不变的前提下，使员工净收入最大化，获得雇主和雇员两方面满意的税收利益。

【例题】某公司员工2016年工资薪金所得扣除养老保险和公积金等免税项目后，年收入为150000元，每月收入为12500元，每月扣除标准为3500元，则每月应纳个人所得税为(12500−3500)×20%−555=1245(元)，全年应纳个人所得税1245×12=14940(元)。

要求：为该员工进行个人所得税纳税筹划。

分析：根据税法相关规定可作如下筹划：将原工资收入分为工资收入与年终奖金两部分，按照最大限度适用低档税率，即10%税率推算，年终奖金最多可发放5.4万元，其余9.6万元平均到每月按工资发放，适用10%的税率。

则每月工资应纳个人所得税金额为：(96000÷12-3500)×10%-105=345(元)

全年工资应纳税额为：345×12=4140(元)

年终奖应纳税额为：54000×10%-105=5295(元)

该员工全年薪酬应纳个人所得税金额为：4140+5295=9435(元)

结论：纳税筹划后可为员工节税5505元。

1. 超额累进税率存6个“盲区”

地税局工作人员告诉记者，由于当前个税按照超额累进税率征收，所以这种极端现象的确存在，也就是大家平常所谓的“盲区”。年终奖相差1元，适用的税率却不同，所以所缴纳的个税就有相差上万元的可能。“这种极端个别的现象确实存在，这也是一个漏洞。不过，超额累进税率的征收办法已经相对合理，能够起到调节工薪阶层收入分配的作用，低收入人群少缴纳个税，高收入人群多缴纳个税。”工作人员告诉记者，年终奖征收个税的“盲区”的确存在。

工作人员介绍，对纳税人取得的全年一次性奖金，也应按照7级个人所得税税率缴纳个税。即年终奖除以12个月之后，所对应的税率与速算扣除数适用于年终奖。那么，所适用税率为7级税率，自然中间会产生6个“盲区”，即每相差1元，所适用税率就相差一个级别。以第一级税率为例，减去个税起征点3500元之后不超过1500元，那么年终奖在18000元以下，就按照3%税率征收个税；而年终奖为18001元，则按照第二级税率10%征税，依此类推，每一个级差税率之间都存在着这样一个“盲区”，在区间临界点上每增加1元，适用税率提高一个等级，征收的个税则增多。经计算，从18001元到19283.33元，都是年终奖缩水区域，因为多发的奖金小于或等于因此而增加的税额。而像这样的缩水区域还不只一个，据了解，共有6个这样的区间：[18001元，19283.33元]；[54001元，60187.50元]；[108001元，114600元]；[420001元，447500元]；[660001元，706538.46元]；[960001元，1120000元]。鉴于此，业内人士建议，发放年终奖应该尽量避开这些区域，避免因此而“多发少得”。

2. 年终奖差1元个税缴纳或差万元

相差1元，到底能差出多少？我们不妨举两个例子。

比如，个人年终奖在18000元(含)以下的，纳税额不超过540元，也不用担心“盲区”；但如果个人年终奖达到18001~19283.33元之间，那么，就会遭遇奖金增加“一小步”纳税额增加“一大步”的情况，这时，应考虑选择发18000元。

由于收入越高，对应税率越高，自然所缴纳个税越多，在“盲区”临界点相差1元钱，年终奖所缴纳个税最高相差万元以上。

工作人员举例，年终奖420000元，(420000元/12月=35000元)按照7级税率，年终奖对应的税率为25%，所缴纳个税为：420000×25%(适用税率)-1005(速算扣除数)=103995(元)，税后可以得到年终奖316005元。然而，如果年终奖增加1元到420001元，则适用税率为30%，所缴纳个税为：420001×30%(适用税率)-2755(速算扣除数)=123245.3(元)，那么税后可以得到的年终奖为296755.7元，相差超过万元。这就意味着，如果年终奖少拿了1块钱，就可以多拿到(316005-296755.7)=19249.30(元)的收入。

当然，在新政策实施后，“减税”才是最大关键词。以年终奖 1 万元为例，按照新的七级超额累进税率表，其税率为 3%，速算扣除数为 0 元，那么其应缴纳的个人所得税额为 10000×3%-0=300(元)。因此，如今年可以较往年少缴纳个人所得税 675 元。

（2013-01-14　燕赵都市报　作者：武岩生）

年终奖发放数额不同适用税率不同，由于计税方法问题，有时会出现税前收入增加税后收入不升反降或保持不变的现象，这就是年终奖数额无效区间，如表 6-5 所示。

表 6-5　年终奖数额无效区间

级　数	无效区间/元	级　数	无效区间/元
1	18000~19283.33	4	420000~447500
2	54000~60187.5	5	660000~706538.46
3	108000~114600	6	960000~11200000

所以企业在年终奖的发放过程中，应尽量避开年终奖无效纳税区间，以此达到节税的效果。

二、个人生产经营所得的纳税筹划

（一）税法规定

个人生产、经营所得指的是个体工商户、个人独资企业和合伙企业的投资人获得的生产、经营所得。按照税法规定，个体工商户的生产、经营所得，以每一纳税年度的收入总额，减除成本、费用以及损失后的余额，为应纳税所得额；个人独资企业的投资人以全部生产经营所得为应纳税所得额；合伙企业的合伙人按照合伙企业的全部生产经营所得和合伙协议约定的分配比例确定应纳税所得额，合伙协议没有约定分配比例的，以全部生产经营所得和合伙人数量平均计算每个合伙人的应纳税所得额。

（二）纳税筹划思路

投资人可以通过合理扩大成本费用开支的方法，达到降低应纳税所得额的目的。具体方法有：

（1）如个人的电话费、汽车加油费等，发票抬头应写企业的名称不要写个人。

（2）生产经营所得较高时，要和个人取得的其他收入项目分开。由于生产经营所得适用 5%~35%的超额累进税率，而个人取得的其他收入项目比如偶然所得、财产租赁所得、特许权使用费所得等都适用 20%的税率，比生产经营所得的后两级税率要低一些。

（3）个体户、个人独资企业年所得额较高时，还可以采取分拆的办法节税，即一个单位分成两个或三个，分散所得额以降低适用税率级次。

【例题】某个人独资企业 2016 年度实现生产、经营所得 10 万元。另外出租闲置设备一年，每月取得租金收入 1 万元，每月相关税费为 670 元，该设备当年计提折旧 2 万元。该企业把租金收入计入企业账目。

要求：为该个人独资企业进行纳税筹划。

分析：现行做法应缴纳个人所得税：

应纳税所得额=100000+120000-670×10-20000-3500×12=151300(元)

应纳税额=151300×35%-14750=38205(元)

筹划方案：该独资者可以把设备由企业名下转为归属个人，这样个人独资企业的生产经营所得单独纳税，财产租赁所得也单独纳税。

个人独资企业生产经营所得应纳税额=(100000-3500×12)×20%-3750=7850(元)

财产租赁所得应纳税额=[10000×(1-20%)-670]×20%×12=17688(元)

结论:共纳税25538元,比原方案节税12667元。

【例题】华夏超市为张某个人投资的个人独资企业,2016年度的生产经营所得为8万元。应纳税额=80000×35%-6750=21250(元)。

要求:为该超市进行纳税筹划。

筹划思路:这类问题适合采用分劈技术技术进行筹划,即改变企业性质,变成合伙企业,合伙人为张某和其妻子,则2016年每人所得为4万元。

张某应纳税额=40000×30%-4250=7750(元)

张妻应纳税额=40000×30%-4250=7750(元)

应纳税额合计=7750+7750=15500(元)

该家庭可节税=21250-15500=5750(元)

三、对企事业单位的承包、承租所得的纳税筹划

(一)法律规定

对企事业单位的承包、承租经营所得,是指个人承包经营、承租经营以及转包、转租取得的所得,还包括个人按月或者按次取得的工资、薪金性质的所得。个人对企事业单位的承包、承租经营形式较多,分配方式也不尽相同,大体上可以分为两类:

1. 个人对企事业单位承包、承租经营后,工商登记改变为个体工商户的

这类承包、承租经营所得,实际上属于个体工商户的生产、经营所得,应按个体工商户的生产、经营所得项目征收个人所得税,不再征收企业所得税。

2. 个人对企事业单位承包、承租经营后,工商登记仍为企业的

不论其分配方式如何,均应先按照企业所得税的有关规定缴纳企业所得税。然后根据承包、承租经营者按合同(协议)规定取得的所得,依照《个人所得税法》的有关规定缴纳个人所得税。具体为:

(1)承包、承租人对企业经营成果不拥有所有权,仅按合同(协议)规定取得一定所得的,应按工资、薪金所得项目征收个人所得税。

(2)承包、承租人按合同(协议)规定只向发包方、出租人缴纳一定的费用,缴纳承包、承租费后的企业的经营成果归承包、承租人所有的,其取得的所得,按对企事业单位承包、承租经营所得项目征收个人所得税。外商投资企业采取发包、出租经营且经营人为个人的,对经营人从外商投资企业分享的收益或取得的所得,亦按照个人对企事业单位的承包、承租经营所得征收个人所得税。

(二)纳税筹划思路

纳税人对企事业单位的承包、承租经营方式是否变更营业执照将直接决定纳税人税负的轻重。如果使用原企业营业执照,则要多交一道企业所得税。如果变更为个体工商户,则只交一道个人所得税。所以要事先预测利润和应纳税额,然后决定是否变更营业执照。

【例题】黎明承包一街道办企业,承包期从2014年1月1日到2018年12月31日,平时不从该单位领取工资,每年缴纳8万元租赁费后经营成果全部归黎明个人所有。承包后仍沿用原企业执照,2014年、2015年每年实现利润均为18万元,假设不存在纳税调整事项。

要求:为承包人黎明进行纳税筹划。

分析：在沿用原企业营业执照的情况下，2014 年、2015 年每年纳税情况如下：

应纳企业所得税 = 180000×25% = 45000(元)

承包承租个人所得税应纳税所得额 = 180000−45000−80000−3500×12 = 13000(元)

应纳个人所得税 = 13000×5%−0 = 650(元)

承包人实际收入 = 180000−45000−80000−650 = 54350(元)

纳税筹划思路：如果黎明将原企业工商登记改为个体工商户，则只需缴纳个人所得税。

个人所得税年应纳税所得额 = 180000−80000−3500×12 = 58000(元)

应纳个人所得税 = 58000×20%−3750 = 7850(元)

承包人实际收入 = 180000−80000−7850 = 92150(元)

结论：变更登记为个体工商户后比使用企业营业执照增加收入 92150−54350 = 37800 元，如果企业今后盈利比较稳定均衡，建议黎明应在后三年变更登记为个体工商户。

四、劳务报酬所得筹划方法

(一) 劳务报酬所得征税规定

由于劳务报酬所得按次征收，定额扣除与定率扣除相结合，一次收入畸高的实行加成征收，相当于三级超额累进税率。而且随着个人兼职收入越来越多，自然就成为个人所得税的纳税筹划重点。

(二) 劳务报酬所得筹划方法

1. 费用转移筹划法

即把应由个人负担的费用转由劳务报酬支付方负担，相应降低劳务报酬收入。

【例题】上海某名牌大学欧阳教授，2016 年 8 月接受北京一家合资企业邀请为该企业经理层人士讲课，劳务报酬为 10 万元人民币，交通费 3000 元、住宿费 5000 元、伙食费 2000 元、其他费用开支 3000 元等由教授自负。

要求：为欧阳教授进行纳税筹划。

分析：

欧阳教授应纳个人所得税 = 10×(1−20%)40%−0. 7 = 2. 5(万元)

税后纯收入 = 10−2. 5−1. 3 = 6. 2(万元)

纳税筹划方法：把由欧阳教授负担的交通费、住宿费等各项费用改由合资企业负责，劳务报酬降为 8. 7 万元。

应纳税额 = 8. 7×(1−20%)×40%−0. 7 = 2. 084(万元)

税后纯收入 8. 7−2. 084 = 6. 616(万元)

结论：为了节税，增加自己的税后收入，个人在签订劳务合同时一定要把费用负担方式明确，保护自己的利益。

2. 增加支付次数筹划法

即把属于一次的劳务报酬收入分为若干次收入，可增加费用扣除或降低适用税率。

【例题】陈某为某行政单位软件开发员，利用业余时间为某电脑公司开发软件并提供一年的维护服务，按约定可得劳务报酬 24000 元，陈某可要求对方事先一次性支付该报酬，也可要求对方按软件维护期 12 个月支付，每月支付 2000 元。

要求：考虑税收因素后，分析哪一种付款方式对陈某有利。

分析：(1)若对方一次支付，则陈某应纳个人所得税为：

24000×(1−20%)×20% = 3840(元)

12个月共扣除费用4800元。

筹划思路：利用付款方式进行纳税筹划。

(2) 若对方分次支付，则陈某每月应纳个人所得税为：

(2000-800)×20%=240(元)

12个月共扣除费用9600元，共计缴税2880元，比一次支付报酬多扣除费用4800元，少缴纳个人所得税税款960元。

结论：该例中陈某可以要求对方按月支付劳务报酬，因为是多次劳务报酬所得，每次可扣除20%或800元的费用．经过多次分摊、多次扣除来实现降低税负的目的。

【例题】张某为国内知名纳税筹划专家，2016年应邀到某上市公司进行纳税筹划培训。双方约定：2016年共培训四次，每次报酬2万元。双方约定5月、6月各培训两次。

要求：为张某进行纳税筹划。

分析：按现行方案，如果5月培训两次，6月培训两次，

则5月应纳税额=20000×2×(1-20%)×30%-2000=7600(元)，6月应纳税额和5月相同，培训所得共纳税15200元。

筹划方案：跨月安排劳务报酬所得。由于税法规定：劳务报酬所得，根据不同劳务项目的特点，分别规定为：只有一次性收入的，以取得该项收入为一次；属于同一事项连续取得收入的，以1个月内取得的收入为一次。张某可与该公司商量，每月培训一次。

则每月应纳税额=20000×(1-20%)×20%=3200(元)

培训所得共纳税=3200×4=12800(元)

结论：采用一次变多次筹划方法，导致张某节税2400元。

3. 工资和劳务报酬所得转化法

【案例】李先生2015年5月份从A公司获得工资类收入1700元，由于单位工资太低，李先生同月在B公司找了一份兼职工作，收入为每月3300元。

要求：为李先生进行个税纳税筹划。

分析：

方案一：如果李先生与B公司没有固定的雇佣关系，则按照税法规定，工资、薪金所得与劳务报酬所得应分开计算征收。则：

工资、薪金应缴纳个税=0

劳务报酬所得应缴纳个税=(3300-800)×20%=500(元)

李先生5月份共缴纳个税=500(元)

方案二：李先生与B公司建立起固定的雇佣关系，与原雇佣单位解除雇佣关系。来源于原单位的1700元则被视为劳务报酬，应缴纳个税=(1700-800)×20%=180(元)

B公司支付的3300元作为工资薪金收入，应纳个税=0

李先生5月份共缴纳个税=180(元)

结论：方案一纳税500元，方案二纳税180元，在纳税人工资、薪金较高，适用边际税率高的情况下，将工资薪金所得转化为劳务报酬所得更有利于节省个税。也就是要把雇佣合同改成劳务合同。

五、稿酬所得纳税筹划

(一) 纳税筹划思路

稿酬所得应纳税所得额的计算采用定额、定率扣除相结合的办法，可以采用一次变多次筹划法、费用转移筹划法等。

（二）稿酬所得筹划方法

1. 系列丛书法

即把一本著作分为几本，由出版社分次支付稿酬。

【例题】谷教授准备出版一本关于人力资源管理的著作，预计获得稿酬收入10000元。

要求：为谷教授进行纳税筹划。

分析：如果以一本书的形式出版该著作，则谷教授应纳税额＝10000×(1－20%)×20%×(1－30%)＝1120(元)。

纳税筹划方法：建议出版社把该著作分解成4本以系列丛书的形式出版，则谷教授应纳税总额＝(10000÷4－800)×20%×(1－30%)×4＝952(元)。

结论：经过筹划，谷教授可少缴税款168元。

2. 费用抵减稿酬的纳税筹划

为了增大扣除额，作者可以与出版社协商，将作者自身发生的与写作有关的费用转移给出版社负担，并因此抵减部分稿酬，从而减少应纳税额。

【例题】某著名生态保护作家欲创作一部专著，需要考察和体验生活。专著出版后稿费收入大约10万元，考察和体验生活等费用4万元。

要求：为该作家进行纳税筹划。

纳税分析：如果作家自己负担费用，则：

应纳税额＝100000×(1－20%)×20%×(1－30%)＝11200(元)

实际税后收入＝100000－40000－11200＝48800(元)

如果改由出版社负担4万元的考察费用，稿酬降低为6万元，则：

应纳税额＝60000×(1－20%)×20%×(1－30%)＝6720(元)

实际税后收入＝60000－6720＝53280(元)

结论：采用费用转移筹划方法后，该作家可节税4480元，同时增加自己收益4480元。

3. 选择发表刊物的纳税筹划

《国家税务总局关于个人所得税若干业务问题的批复》的规定：任职、受雇于报纸、杂志等单位的记者、编辑等专业人员，因在本单位的报纸、杂志上发表作品取得的所得，属于因任职、受雇而取得的所得，应与其当月工资收入合并，按“工资、薪金所得”项目征收个人所得税。除上述专业人员以外，其他人员在本单位的报纸、杂志上发表作品取得的所得，应按“稿酬所得”项目征收个人所得税。至于出版社的专业作者撰写、编写或翻译的作品，由本社以图书形式出版而取得的稿费收入，应按“稿酬所得”项目计算缴纳个人所得税。

任职、受雇于报纸、杂志等单位的记者、编辑在业余时间创作的作品，可根据实际情况选择发表刊物，力争减少应纳税额。

【例题】某报社编辑李兰，月工资6000元，2016年10月利用业余时间创作了一篇小说，不论在本单位报纸上发表还是在其他杂志上发表，稿酬均为3000元。

要求：为李兰进行小说发表场所的纳税筹划。

分析：

方案一：如果在本单位报纸上发表，稿酬应与工资合并按工资薪金所得纳税。则：

应纳税额＝(6000＋3000－3500)×20%－555＝545(元)

方案二：如果在其他杂志上发表，稿酬单独按稿酬所得纳税，则：

稿酬所得应纳税额＝(3000－800)×20%×(1－30%)＝308(元)

工资薪金所得应纳税额＝(6000－3500)×10%－105＝145(元)

两项共应纳税 = 308+145 = 453(元)

结论：方案二与方案一相比，少纳税 92 元，原因是分别作为工资薪金所得和稿酬所得纳税，适用税率降低。因此，根据收入高低，合理选择发表刊物，可以在一定程度上节税。

六、财产租赁所得纳税筹划

(一) 法律规定

1. 扣除规定

国家税务总局《关于个人转租房屋取得收入征收个人所得税问题解读稿》对财产租赁所得个人所得税前扣除税费的扣除次序问题也重新进行了明确，财产租赁收入扣除费用范围和顺序包括：税费+租金+修缮费+法定扣除标准

(1) 在出租财产过程中缴纳的税金和教育费附加等税费要有完税(缴款)凭证。

(2) 转租时向出租方支付的租金。

(3) 还准予扣除能够提供有效、准确凭证，证明由纳税人负担的该出租财产实际开支的修缮费用(每月以 800 元为限，一次扣除不完的的余额可无限期结转抵扣)。

(4) 法定扣除标准为 800 元(减除上述后余额不超过 4000 元)或 20%(减除上述后余额 4000 元以上)。

国家税务总局的这项规定不仅规范了税收政策，减轻了个人承租房屋再行转租的税负，同时规范了税收管理，有利于减少税收流失。

2. 关于"次"的规定

财产租赁所得以一个月内取得的收入为一次。

3. 税率规定

个人出租普通住房，税率为 10%，出租其他房屋及财产，税率为 20%。

(二) 纳税筹划思路

(1) 可利用出租住房税率优惠。如果房屋用途可做住房也可做商铺，两者租金相差不大，这时可作为住房出租，应纳税额可减轻一半。

(2) 装修、修缮费，以及出租财产缴纳的税费，必须取得并妥善保管好付费凭证。

【例题】黄先生欲出租两间办公室给甲公司，租期三年，如果由黄先生负责简单装修，装修费大约需要 20000 元，每月租金 6000 元，另每月需缴纳相关税费 100 元。如果黄先生不想自己装修，约定由甲公司装修，每月租金降为 5100 元，假设每月缴纳相关税费仍为 100 元。

要求：判断黄先生应该自己装修还是由承租方进行装修。

分析：方案一：黄先生自己装修时三年应纳税额

20000 元装修费 25 个月可以扣完，则：

前 25 个月每月应纳税额 = [6000×(1-20%)-100-800]×20% = 780(元)

后 11 个月每月应纳税额 = [6000×(1-20%)-100]×20% = 960(元)

三年共纳税 = 780×25+960×11 = 30060(元)

黄先生税后收益 = 6000×36-20000-100×36-30060 = 162340(元)

方案二：由承租方负责装修时黄先生三年应纳税额

[5100×(1-20%)-100]×20%×36 = 28656(元)

黄先生税后收益 = 5100×36-100×36-28656 = 151344(元)

结论：通过税后收益比较可以看出，黄先生应该自己装修。

七、偶然所得的纳税筹划

纳税筹划思路：偶然所得的税收优惠规定有：对个人购买福利彩票、赈灾彩票、体育彩票，一次中奖收入在 1 万元以下的(含 1 万元)暂免征收个人所得税，超过 1 万元的，全额征收个人所得税。发票中奖收入，800 元以下免征个人所得税，800 元以上全额征收。10000 元和 800 元相当于起征点，由于中奖额在起征点以下不征个人所得税，起征点以上要全额征税，所以福利彩票、赈灾彩票、体育彩票发行机构、发票管理部门可以利用中奖起征点进行纳税筹划。

【例题】发行体育彩票和社会福利有奖募捐的单位在设立奖项时，有两种方案：一是只设置一等奖，每个 12000 元，共 5 个；二是设置一等奖，每个 10000 元，共 5 个；二等奖，每个 2000 元，共 5 个。请对其进行纳税筹划。

分析：由于对个人购买福利彩票、赈灾彩票、体育彩票，一次中奖收入在 10000 元以下，暂免征收个税，超过 10000 元的，全额征收个税。方案一需要纳税而方案二不需要纳税。很明显，该单位应采用第二种奖项设置方法。考虑到个税，只有当奖金超出 10000 元达到一定数额时，获奖者才不会感到吃亏。

设方程求解均衡点：

设奖金为 X，$X\times(1-20\%)\geqslant 10000$

解得 $X\geqslant 12500$(元)

也就是说，区间(10000，12500)是非有效区，如果奖金设在这个区间，税后收入反而会低于 1 万元。因此，发行体育彩票的单位在设立奖项时，应当考虑税收政策的规定，要么小于等于 10000 元，要么超过 12500 元。

【知识链接】

微信网络红包是否缴纳个人所得税

个人在微信上抢到的网络红包属于个人取得的偶然所得。国家税务总局局长王军在 2015 年“两会”期间接受采访时称，企业派发给社会个人中奖性质的红包应当收税，这部分税款应由发红包的企业代扣代缴。亲友间发送的小额红包不应收税。

八、股息、利息、红利所得纳税筹划

纳税筹划思路：2015 年 9 月 7 日，财政部、国家税务总局、证监会三部门联合发布《关于上市公司股息红利差别化个人所得税政策有关问题的通知》。通知指出，个人从公开发行和转让市场取得的上市公司股票，持股期限超过 1 年的，股息红利所得暂免征收个人所得税。持股期限在 1 个月以内(含 1 个月)的，其股息红利所得全额计入应纳税所得额；持股期限在 1 个月以上至 1 年(含 1 年)的，暂减按 50%计入应纳税所得额；上述所得统一适用 20%的税率计征个人所得税。9 月 8 日起施行。

所以股息红利所得的筹划思路：谨慎选股，长期持有股票。利息所得筹划思路：购买利息免税的国债、国家发行的金融债券和地方政府债券。

【例题】某有限责任公司由甲乙丙丁 4 个自然人投资组建，投资比例各为 1/4，甲乙丙丁四人各月工资为 3500 元，年底每人应分股利 24000 元。

要求：对四人的股利所得进行纳税筹划(不考虑三险一金)。

分析：按现有方案，4 人工资没有超过免征额，不需要缴纳个人所得税。股息红利所得是从非上市公司取得，适用税率 20%，每人应缴纳个人所得税为：$24000\times20\%=4800$(元)。

筹划方案：由于工资薪金所得第一级、第二级适用税率低于股息红利所得税率，所以应把股息红利所得转化为工资薪金所得，如把每年股利24000元转化为每人每月工资增加2000元。则每人每年工资薪金所得应纳个人所得税为：[(3500+2000-3500)×10%-105]×12=1140(元)。

结论：纳税筹划后比筹划前每人可以节税4800-1140=3660(元)。

第四节　个人所得税税收优惠纳税筹划

一、利用免税规定进行纳税筹划

根据财政部国家税务总局《关于地方政府债券利息免征所得税问题的通知》(财税[2013]5号)规定对企业和个人取得的2012年及以后年度发行的地方政府债券利息收入，免征企业所得税和个人所得税。地方政府债券是指经国务院批准同意，以省、自治区、直辖市、计划单列市政府为发行和偿还主体的债券。

个人投资者无论是在一级发行市场还是在二级市场购买企业债券，持有到期后取得的利息收入均应缴纳20%的个人所得税，税款由兑付利息的机构负责代扣代缴。此外，个人投资者持有的企业债券在债券到期前转让的，根据个人所得税法的有关规定，转让产生的价差收入，应按“财产转让所得”应税项目缴纳20%的个人所得税。即：个人取得的国债、国家发行的金融债券、地方政府债券的利息收入，免税。但是，个人购买企业债券取得的利息收入则要征税。

【例题】某企业欲进行债券投资，考察得知：财政部于2015年9月14日上市的5年期国债，票面利率为3.14%。2015年9月25日，深圳万科2015年第一期50亿元5年期债券的票面利率为3.50%，其他上市公司发行的公司债券利率大致相同。

要求：为该企业选择应购买国债还是企业债券。

分析：公司债券利息要缴纳20%的个人所得税，实际利率为3.50×(1-20%)=2.8%。而同期国债利率为3.14%，而且国债利息免税。再考虑风险因素，公司债券风险要高于国债。所以投资者应选择购买国债。

二、利用税率优惠进行纳税筹划

税法规定：财产租赁所得适用税率为20%，但对个人按市场价格出租居民住房取得的所得，自2001年1月1日起暂按10%的税率征收个人所得税。所以个人在出租房屋时，要根据税后收益的大小来决定出租房屋的用途，用作经营税率为20%，而用作居住税率为10%。

【知识链接】

江苏省个人出租商铺或住房今后均按5%缴税

江苏省地税局2006年12月18日就《办法》的执行向全省地税部门下发了《通知》，《通知》明确了《办法》中提及的关键内容，其中有两个亮点引人关注：一是个人出租房以后不论用于居住还是用于商铺经营，均执行5%的综合征收率；二是房屋租赁中介机构明年1月起每月向地税部门上报中介出租信息。

“办法”称：对个人出租房屋应征收的营业税、城市维护建设税、教育费附加、地方教育附加费、房产税、个人所得税、印花税和土地使用税合并按综合征收率5%进行计征，而且对个人出租房屋的用途不再区分是用于居住还是用于经营。对个人出租房屋用于居住和用于经营，原来的征收率是有区别的。按税种分，用于居住的个人出租房征收的营业税税率是3%，用于经营的商铺税率是5%；其次，居住用的应缴纳的房产税税率是4%，而商铺是12%；再次，居住用应缴纳的个人所得税税率是10%，而商铺是20%。明年实行新税率后，个人出租房屋用于商铺经营相对会“比较划算”。 （扬子晚报）

三、公益性捐赠的纳税筹划

利用公益性捐赠进行纳税筹划的注意事项如下：

（1）捐赠程序必须符合规定。个人将其所得通过中国境内的社会团体、国家机关向教育和其他社会公益事业以及遭受自然灾害地区、贫困地区捐赠，以推动公益事业的发展。这样的捐赠才属于公益性捐赠。如果个人直接对受赠人进行捐赠，是不允许税前扣除的。

（2）捐赠扣除限额是应纳税所得额的30%，而不是收入的30%。

（3）尽量选择可以全额扣除的捐赠项目。个人进行公益性捐赠有不许扣除、限额扣除、全额扣除三种情况，纳税人应尽量选择可以全额扣除的项目进行捐赠。

（4）捐赠一定要取得正式的捐赠发票。接受捐赠或办理转赠的非营利的社会团体和国家机关，应按照财务隶属关系分别使用中央或省级财政部门统一印制的捐赠票据，并加盖接受捐赠或转赠单位的财务专用印章。税务机关据此对捐赠个人进行税前扣除。

【案例】某电影导演刘某2001年4月和华龙电影制片厂签订协议，负责导演一部历史电影《乾隆》，合同上写明：影片制作完毕后交片时一次性支付劳务报酬20万元，税款由刘某自行负责缴纳。2001年7月，刘某交片，一次性从电影制片厂获得劳务报酬20万元。为了改善家乡的教育条件，刘某将其获得的20万元劳务费全部直接捐赠给了家乡的两所中学。2001年8月5日，刘某收到税务机关的催缴税款通知书，并附带一张处罚单，单上注明罚款2000元。刘某不服，到税务机关进行辩解。税务机关的答复是，该项捐赠没有经过法定程序进行，捐赠额不能从劳务报酬中扣除，应以劳务费的全额缴纳税款。刘某还获知，华龙电影制片厂也被罚款2000元，原因是该厂没有按照税法规定代扣代缴税款。

分析：捐赠也是需要筹划的，否则，不仅可能因为捐赠而分文未收，而且还会倒贴税款和罚款，例中的刘某便是这样。其实这里的筹划很简单，只要刘某在捐赠时注意通过特定机构进行就可以了。当然，抵扣有一定的限额规定，因此要想全额免税，应该在此基础上进行其他的筹划。

【例题】黄教授2016年5月共取得工资、薪金收入6500元，当月通过市政府对外进行普通公益性捐赠2000元。

要求：计算黄教授当月应纳个人所得税并为其进行纳税筹划。

分析：允许税前扣除的捐赠额＝(6500－3500)×30%＝900(元)，其余1100元不许税前扣除。本月应纳税额＝(6500－3500－900)×10%－105＝105(元)。假设黄教授6月的工资、薪金所得仍为6500元，则6月应纳税额为＝(6500－3500)×10%－105＝195(元)。

纳税筹划方案：黄教授应将2000元分三个月来捐赠，分别为700元、700元、600元，则捐赠额全部可以在税前扣除。

【例题】张小姐2016年4月份取得各项收入25000元。其中，工资薪金收入5000元，福利彩票中奖收入13000元，稿酬收入8000元。本月计划对外捐赠6000元。

要求：分析张小姐应如何进行公益性捐赠。

分析：首先计算利用不同所得项目进行捐赠的扣除限额：

如果使用工资薪金所得进行捐赠的扣除限额＝(5000－3500)×30%＝450(元)

如果使用偶然所得进行捐赠的扣除限额＝13000×30%＝3900(元)

如果使用稿酬所得进行捐赠的扣除限额＝8000×(1－20%)×30%＝1920(元)

筹划思路：把捐赠额进行适当划分，使其在每一项上的金额都不超过扣除限额。另外，张小姐工资薪金所得的边际税率为3%，偶然所得的边际税率为20%，稿酬所得的边际税率为14%，所以应该首先用边际税率最高的所得进行捐赠，然后再采用边际税率次之的所得项目。即张小姐本月计划捐赠的6000元首先用偶然所得捐赠3900元，然后用稿酬所得捐赠1920元，最后用工资薪金所得捐赠180元。

偶然所得应纳税额=(13000-3900)×20%=1820(元)

稿酬所得应纳税额=[8000×(1-20%)-1920]×20%×(1-30%)=627.2(元)

工资薪金所得应纳税额=(5000-3500-180)×3%=39.6(元)

结论：通过对捐赠额的适当划分，捐赠额全部在税前扣除，而且达到了纳税最小化。

四、抵免境外已纳税额的纳税筹划

(一) 税法规定

纳税义务人从中国境外取得的所得，准予其在应纳税额中扣除已在境外缴纳的个人所得税税额。但扣除额不得超过该纳税义务人境外所得依照本法规定计算的应纳税额。已在境外缴纳的个人所得税税额，是指纳税人从我国境外取得的所得，依照该所得来源国家或地区的法律应当缴纳并且实际已经缴纳的税款。

依照我国税法规定计算的应纳税额，是指针对纳税人从我国境外取得的所得，应当区别不同国家或者地区和不同应税项目(分国分项)，依照我国税法规定的费用减除标准和适用税率计算的应纳税额；同一国家或地区内不同的应税项目的应纳税额之和，为该国家或地区的抵免限额。

纳税人在我国境外一个国家或者地区实际已经缴纳的个人所得税税额，低于该国家或者地区抵免限额的，应当在我国补缴差额；超过该国家或者地区抵免限额的，其超过部分不得在本纳税年度的应纳税额中扣除，但是可以在以后纳税年度的该国家或地区扣除限额的余额中补扣，补扣期限最长不得超过5年。

(二) 纳税筹划思路

对于纳税人境外已纳税额抵免的纳税筹划，关键在于如何才能使“超过抵免限额的部分”在六年内得到扣除，筹划思路有：

(1) 纳税人在以后年度必须继续从该国取得应税收入，而且来自该国的所有应税收入的已纳税额之和小于税法规定的抵免限额，从而获得抵扣。

(2) 如果纳税人在某个国家只有一项收入来源，而且该项收入来源在该国已纳税额超过了按照我国税法计算的应纳税额，这种情况只会使“超过抵免限额的部分”越来越多，除非该国税制变化(降低税率)，或者我国税制变化(提高税率)，否则永远不能扣除。

(3) 以后年度来源于该国的各项应税收入中，增加其他应税收入项目，且这些应税项目在外国的税负低于我国。

(4) 以后年度来源于该国的应税收入中，减少一些应税收入项目，且这些应税项目在外国的税负高于我国。

【本章小结】

个人所得税是针对个人取得的各项应税所得征收的一种税，我国现在采用分类个人所得税制，实行自行申报纳税和源泉扣缴相结合的征收方法。纳税人涉及较多的项目是工资薪金所得、劳务报酬所得、财产租赁所得、财产转让所得等，个人所得税应纳税额的多少直接涉及个人的切身利益，所以是纳税人普遍关心的纳税筹划项目。纳税筹划通常从纳税人身份的选择、各个收入项目的计税依据和适用税率、税收优惠政策等方面着手。

【课后练习题】

一、单项选择题

1. 中国公民张某将位于某市的房屋出租给他人居住，月租金 4200 元，张某每月租金收入应缴纳个人所得税(　　)元。

A. 311.47　　B. 316.27　　C. 294.00　　D. 266.50

2. 中国公民李某 2015 年在国内取得一次性服装设计收入 30000 元；在 A 国和 B 国各取得一次性服装设计收入 80000 元，已在 A 国缴纳了个人所得税 15000 元、B 国缴纳了个人所得税 20000 元。李某上述收入在中国境内应缴纳个人所得税(　　)元。

A. 4800　　B. 5200　　C. 8800　　D. 7400

3. 2015 年中国公民刘某出版长篇小说，2 月份收到预付稿酬 10000 元，4 月份小说正式出版收到稿酬 20000 元；10 月份将小说手稿在某国公开拍卖，拍卖收入折合人民币 90000 元，并已按该国税法规定缴纳了个人所得税折合人民币 10000 元。刘某以上收入在中国境内应缴纳个人所得税(　　)元。

A. 4480　　B. 4560　　C. 6080　　D. 7760

4. 如果一次性劳务收入非常高，可以通过(　　)来降低个人所得税税负。

A. 分项筹划法　　B. 增加支付次数筹划法

C. 费用转移筹划法　　D. 劳务报酬与工资、薪金转化筹划法

5. 中国公民李某出版散文集取得稿酬收入 40000 元，将其中 6000 元通过民政部门捐赠给贫困山区。李某稿酬所得应缴纳个人所得税(　　)元。

A. 3640　　B. 3808　　C. 4480　　D. 4760

6. 个人在中国境内两处或两处以上取得应税所得的，个人所得税自行申报的纳税地点是(　　)。

A. 收入来源地　　B. 税务局指定地点

C. 纳税人户籍所在地　　D. 纳税人选择并固定一地

7. 下列收入中，应按“劳务报酬所得”缴纳个人所得税的是(　　)。

A. 在其他单位兼职取得的收入　　B. 退休后再受雇取得的收入

C. 在任职单位取得董事费收入　　D. 个人购买彩票取得的中奖收入

8. 居住在中国境内的外国人，如果在一个纳税年度内，一次离境超过 30 日或多次离境累计超过(　　)日的，不视为全年在中国境内居住，仅就其来源于中国境内的所得缴纳个人所得税。

A. 60　　B. 90　　C. 120　　D. 180

9. 华新公司高管李某 2016 年 3 月从中国境内取得上年年终不含税奖金 86000 元，每月工资薪金所得 8000 元。李某 2016 年 3 月应缴纳的个人所得税是(　　)元。

A. 20856.25　　B. 21151.25　　C. 31031.25　　D. 21856.25

10. 2016 年某作家的长篇小说由一家出版社出版，按合同规定，出版社向作家预付稿酬 10000 元，作品出版后再付稿酬 15000 元；由于该书畅销，出版社加印 50000 册，再支付该作家稿酬 5000 元。该作家稿酬所得应缴纳个人所得税(　　)元。

A. 3250　　B. 3360　　C. 3580　　D. 3926

二、多项选择题

1. 下列关于个人所得税的说法中，符合个人所得税相关规定的有(　　)。

A. 核定征收仅适用于应设置账簿但未设置账簿的个人独资企业

B. 实行核定征收的个人独资企业，不能享受个人所得税的优惠政策

C. 个人独资企业对外投资取得的股息收入，应按“利息、股息、红利所得”缴纳个人所得税

D. 个体工商户的生产经营所得、偶然所得、股息等一律按个体工商户的生产经营所得纳税

2. 下列税务处理中，符合个人独资企业和合伙企业征税规定的有(　　)。

A. 投资者的工资不得税前扣除

B. 企业计提的各种准备金不得税前扣除

C. 分配给投资者的股息、红利，允许税前扣除

D. 企业发生的与生产经营有关的业务招待费可据实扣除

E. 投资者兴办两个或两个以上企业的，企业的年度经营亏损不可跨企业弥补

3. 下列收入中，应按“财产租赁所得”缴纳个人所得税的有(　　)。

A. 房产转租收入

B. 将房产提供给债权人使用而放弃的租金收入

C. 将非专利技术的使用权让渡给他人使用的收入

D. 私营企业将企业仓库对外出租而获得的租金收入

E. 个体工商户将私有住房对外出租而获得的租金收入

4. 下列各项中，每次收入不超过 4000 元，减除费用 800 元，其余额为应纳税所得额的是(　　)。

A. 偶然所得　　B. 劳务报酬所得

C. 稿酬所得　　D. 特许权使用费所得

5. 下列个人所得，适用 20% 比例税率的有(　　)。

A. 偶然所得　　B. 个体工商户的生产经营所得

C. 特许权使用费所得　　D. 工资薪金所得

6. 以下可以免征个人所得税的有(　　)。

A. 购物抽奖　　B. 领取住房公积金

C. 省级见义勇为奖金　　D. 退休工资

E. 加强非上市公司股权转让所得征收管理

7. 下列所得中，以每次收入额为应税所得额的有(　　)。

A. 利息　　B. 红利　　C. 偶然所得　　D. 劳务报酬所得

E. 居民个人出售自用三年的生活用房

三、问答题

1. 个人所得税的特点有哪些？

2. 个人所得税的应税项目有哪些？

3. 个人所得税的免税项目有哪些？

4. 个人所得税对个人公益、救济性捐赠的税前扣除是如何规定的？

5. 个人需要自行申报纳税的情况有哪些？

四、案例分析题

1. 张某 2016 年为甲公司提供经纪服务，若与甲公司签订的是劳务合同，则张某预计每月可取得佣金 2 万元；若与甲公司签订的是雇佣合同，则张某预计每月可取得工资薪金收入 2 万元。

要求：分别计算佣金收入的每月应纳个人所得税和工资薪金所得每月应纳个人所得税，并替张某选择合同签订形式。

2. 王某和李某于 2016 年 2 月分别因购买体育彩票而中奖，王某获得奖金 11000 元，李某获得奖金 10000 元。

要求：计算分析两者的税后所得分别是多少？并对体育彩票发行公司提出奖金设置建议。

3. 王某为面点制作师，某大型食品厂欲聘请他为该厂的技术人员进行为期 3 个月的培训，按约定需支付王某劳务报酬 24000 元。王某对此项收入可以选择按劳务报酬收入纳税或按工资收入纳税。

要求：分别计算按劳务报酬纳税和按工资纳税的应纳税额，并为王某选择合同签订形式。

4. 张先生每月工资 4000 元，此外公司还发放约 24000 元的奖金。这些奖金可以按季度发放，也可以

按半年发放，还可以作为年终奖发放。

要求：不考虑养老险、医疗险、失业险和住房公积金，计算奖金按季度发放、按半年发放、年终一次性发放这三种情况下张先生全年工资和奖金应纳个人所得税。并为公司做出选择。

5. 刘某为某县国有企业职工，2016 年月工资 5600 元。则刘某全年工资应纳个人所得税为：月应纳税额 = (5600−3500) × 10% − 105 = 105(元)，全年应纳税 = 105×12 = 1260(元)。

要求：请从工资和年终奖两部分发放的角度对刘某所在单位提出建议。

五、计算题

张某是某设计院的高级设计师，2016 年全年收入如下：

1. 每月领取工资 8000 元，12 月 31 日获得一次性年终奖 24000 元。
2. 利用假期为国内某单位进行工程设计取得收入 60000 元。
3. 出版专著一本，获得稿酬 50000 元。
4. 为 A 国一企业提供一项专利技术的使用权，一次取得收入 150000 元，已按收入来源国税法在该国缴纳了个人所得税 20000 元。
5. 购买国债，获得利息收入 10000 元。
6. 支出 1000 元购买体育彩票，中奖 10 万元，将奖金中的 20000 元通过教育部门捐给某农村小学。
7. 到 B 国讲学，获得收入 80000 元，已按收入来源国税法在该国缴纳了个人所得税 20000 元。

要求：计算张某各项收入在中国应纳个人所得税税额。

第七章　其他税种纳税筹划

【学习目标与要求】

本章主要介绍土地增值税、印花税、资源税、房产税、城镇土地使用税、车船税、契税、车辆购置税、关税、城市维护建设税等税种的税制规定及常用的纳税筹划方法。通过本章内容的学习，应理解土地增值税的纳税筹划方法；理解印花税的纳税筹划方法；理解资源税的纳税筹划方法；理解房产税的纳税筹划方法；理解契税的纳税筹划方法；理解城镇土地使用税的纳税筹划方法；理解车船税的纳税筹划方法；理解车辆购置税的纳税筹划方法；理解关税和城市维护建设税的纳税筹划方法。

【重点与难点】

重点：土地增值税的纳税筹划方法；印花税的纳税筹划方法。

【引导案例】

商品房装修后出售反而导致利润降低

一家房地产开发企业有可供销售的10000平方米同档次的商品房两栋，均属于普通商品房。甲栋商品房每平方米的售价是1000元（不含装修费70元），转让收入是1000万元，它的扣除项目金额是835万元，增值额是165万元。乙栋商品房每平方米的售价是1070元（含装修费70元），转让收入是1070万元，它的扣除项目金额是838万元，增值额是232万元。

根据以上数据可以计算出甲栋楼房的增值率是19.76%。按照税法规定，甲栋楼房的增值率没有超过扣除项目金额的20%，不需缴纳土地增值税，企业获得的利润是165万元。乙栋楼房的增值率是27.68%，由于增值率超过扣除项目金额的20%，需全额缴纳土地增值税，要缴纳土地增值税69.6万元，企业获得的利润是162.4万元。

甲栋楼房售价由于分离了装修费用70万元，每平方米的售价比乙栋楼房低70元，从而降低了增值额并将增值率控制在20%以内，可依法享受免征土地增值税的税收优惠，利润反而比乙栋楼房的利润高2.6万元。另外，甲栋楼房由于价格上的优势，市场竞争力必将强于乙栋楼房。

所以，企业应该考虑采取甲栋楼房的销售方式进行销售。

案例来源：《中国税务报》，2011-3-6。

第一节　土地增值税纳税筹划

一、土地增值税的特点

土地增值税是对转让国有土地使用权、地上建筑物及其附着物并取得收入的单位和个人，就其转让房地产所取得的增值额征收的一种税。

我国现行土地增值税的基本法律规范，是1993年12月13日国务院颁布，自1994年1月1日起施行的《中华人民共和国土地增值税暂行条例》。之后，财政部、国家税务总局又陆续发布了一些有关土地增值税的规定、办法，这些构成了我国土地增值税法律制度。

从纳税筹划的角度讲，土地增值税具有如下特点：

（1）纳税义务人具有普遍性。包括各种企业和个人，而且针对纳税人的税收优惠政策几乎没有，因此，针对纳税人不存在纳税筹划空间。

（2）税率单一。土地增值税实行四级超率累进税率，没有优惠税率和有关减征的规定，从计税角度看，计算应纳税额相对简单，但不利于纳税筹划。

（3）税收优惠政策比较少。除建造普通标准住宅和个人转让房地产存在一定的优惠政策外，基本没有其他优惠政策。

（4）在纳税筹划对象中，计税依据即转让房地产的增值额，增值额的弹性最大，因此它是土地增值税筹划的重点，纳税人可以通过压缩应税收入和加大扣除项目来降低增值额，从而达到少纳税的目的。

二、土地增值税征税规定

（一）纳税人

土地增值税的纳税人，是指转让国有土地使用权、地上建筑物及其附着物并取得收入的单位和个人。单位包括各类企业、事业单位、国家机关和社会团体及其他组织，个人包括个体经营者。概括起来，主要有以下几个特点：

（1）不论法人与自然人。即不论是企业、事业单位、国家机关、社会团体及其他组织还是个人，只要有偿转让房地产，都是土地增值税的纳税人。

（2）不论经济性质。即不论是全民所有制企业、集体企业、私营企业、个体经营者，还是联营企业、合资企业、合作企业、外商独资企业等，只要有偿转让房地产，都是土地增值税的纳税人。

（3）不论内资与外资企业，中国公民与外籍个人。即不论是内资企业还是外商投资企业，外国驻华机构，也不论是中国公民、港澳台同胞、海外华侨，还是外国公民，只要有偿转让房地产，都是土地增值税的纳税人。

（4）不论部门。即不论是工业、农业、商业、学校、医院、机关等，只要有偿转让房地产，都是土地增值税的纳税人。

（二）征税范围

无论是单独转让国有土地使用权，还是房屋产权与国有土地使用权一并转让的，只要取得收入，均属于土地增值税的征税范围。根据《土地增值税暂行条例》及其实施细则的规定，土地增值税的征税范围包括：

1. 转让国有土地使用权

国有土地是指按国家法律规定属于国家所有的土地。国有土地使用权的转让是指土地使用者通过出让等形式取得土地使用权后，将土地使用权再转让的行为。属于土地的二级市场。在此需注意：

（1）不包括集体所有土地。农村和城市郊区的土地除由法律规定属于国家所有的以外，属于集体所有。农村集体所有的土地，是不得自行转让的。只是根据有关法律规定，由国家征用以后变为国家所有时，才能进行转让。故集体土地的自行转让是一种违法行为，应由有关部门来处理。

（2）不包括国有土地使用权的出让。国有土地使用权的出让是指国家以土地所有者的身份，将土地使用权在一定年限内让与土地使用者，并由土地使用者向国家支付土地使用出让金的行为。这种行为属于由政府垄断的土地一级市场。土地使用权出让的出让方——国家，凭借土地的使用权向土地使用者收取土地的租金。出让的目的是实行国有土地的有偿使用制度，合理开发、利用、经营土地，因此，土地使用权的出让不属于土地增值税的征税范围。而国有土地使用权的转让是指土地使用者通过出让等形式取得土地使用权后，将土地使用权再转让的行为，它属于土地的二级市场，属于土地增值税的征税范围。

2. 地上的建筑物及其附着物连同国有土地使用权一并转让

地上的建筑物指建于土地上的一切建筑物，包括地上地下的各种附属设施。附着物指附着于土地上的不能移动或一经移动即遭损坏的物品。需注意：

（1）不包括未转让土地使用权、房屋产权的行为。是否发生房地产权属的变更，是确定是否纳入征税范围的一个标准。凡土地使用权、房屋产权未转让的(如房地产的出租)，不征收土地增值税。

（2）不包括房地产的权属虽转让，但未取得收入的行为。如房地产的继承，尽管房地产的权属发生了变更，但权属人并没有取得收入，因此也不征收土地增值税。土地增值税的具体征税范围如表 7-1 所示。

表 7-1　土地增值税的具体征税范围

征收土地增值税的行为	不征收土地增值税的行为
(1)转让国有土地的行为； (2)凡所投资、联营的企业从事房地产开发的，或者房地产开发企业以其建造的商品房进行投资和联营的； (3)对投资、联营企业将上述房地产再转让的，应征收土地增值税； (4)一方以房地产与另一方的房地产进行交换(单位之间)； (5)合作建房建成后转让； (6)以房地产抵债而发生房地产权属转让； (7)土地使用者处置土地使用权	(1)出让国有土地的行为； (2)继承、赠与等方式无偿转让的房地产； (3)将房屋产权、土地使用权赠与直系亲属或承担直接赡养义务人的行为； (4)通过中国境内非营利的社会团体、国家机关将房屋产权、土地使用权赠与教育、民政和其他社会福利、公益事业； (5)以房地产进行投资、联营的，投资、联营的一方以土地(房地产)作价入股进行投资或作为联营条件，将房地产转让到所投资、联营的企业中时，暂免征收土地增值税(非房地产企业)； (6)房地产开发企业将开发的部分房地产转为企业自用或用于出租等商业用途，产权未发生转移的； (7)个人之间互换自有居住用房地产； (8)合作建房，建成后按比例分房自用的； (9)房地产的出租； (10)对房地产的抵押，在抵押期间不征收土地增值税； (11)企业兼并转让房地产；房地产的代建房行为；房地产的重新评估

（三）税率

土地增值税采用 30%～60%的四级超率累进税率。具体标准见表 7-2，其中每级“增值额未超过扣除项目金额”的比例，均包括本比例数。

表 7-2　土地增值税税率表

级数	增值额与扣除项目金额的比率	税率，%	速算扣除率，%
1	低于 50%	30	0

续表

级数	增值额与扣除项目金额的比率	税率,%	速算扣除率,%
2	超过50%低于100%	40	5
3	超过100%低于200%	50	15
4	超过200%以上	60	35

（四）计税依据

土地增值税的计税依据，是纳税人转让房地产所取得的增值额，计算公式为：

增值额=转让房地产所取得的收入-规定的扣除项目金额

1. 转让房地产取得的收入

税法规定：纳税人转让房地产取得的收入，应包括转让房地产取得的全部价款和有关的经济收益。从收入的形式来看，包括货币收入、实物收入和其他收入。

（1）货币收入指纳税人转让房地产取得的现金、银行存款、支票、银行本票、汇票等各种信用票据和国库券、金融债券、企业债券、股票等有价证券。货币收入一般比较容易确定。

（2）实物收入指纳税人转让房地产而取得的各种实物形态的收入，如钢材、水泥等建材、房屋、土地等不动产等。实物收入的价值不太容易确定，一般需要对这些实物形态的财产进行估价。

（3）其他收入是指纳税人转让房地产而取得的无形资产收入或具有财产价值的权利，如专利权、商标权、著作权、专有技术使用权、土地使用权、商誉权等。这种类型的收入比较少见，其价值需要进行专门的评估。

2. 扣除项目金额

允许从转让房地产所取得的收入额中减除的扣除项目包括如下几项：

（1）取得土地使用权所支付的金额。具体包括：纳税人为取得土地使用权所支付的地价款；纳税人在取得土地使用权时按国家统一规定交纳的有关费用。

（2）房地产开发成本。指纳税人进行房地产开发项目实际发生的成本。包括：土地征用及拆迁补偿费、前期工程费、建筑安装工程费、基础设施费、公共配套设施费、开发间接费用。

（3）房地产开发费用。指与房地产开发项目有关的销售费用、管理费用和财务费用。根据财务会计制度规定，这三项费用作为期间费用，直接计入当期损益，不按成本核算对象进行分摊。故作为土地增值税扣除项目的房地产开发费用，不按纳税人房地产开发项目实际发生的费用进行扣除，而按税法规定的标准进行扣除。具体计算扣除的标准为：

① 纳税人能够按转让房地产项目计算分摊利息支出，并能够提供金融机构的贷款证明的，其允许扣除的房地产开发费用为：

利息+(取得土地使用权支付的金额+房地产开发成本)×扣除比例(5%以内)

其中利息支出允许按实扣除，但最高不得超过按商业银行同类同期贷款利率计算的金额，利息的上浮幅度按国家的有关规定执行，超过上浮幅度的部分不允许扣除。对于超过贷款期限的利息部分和加罚的利息不允许扣除。

② 纳税人不能按转让房地产项目计算分摊利息支出或不能提供金融机构贷款证明的，其允许扣除的房地产开发费用为：

(取得土地使用权支付的金额+房地产开发成本)×扣除比例(10%以内)

(4) 旧房及建筑物的扣除金额

① 按评估价格扣除。旧房及建筑物的评估价格指在转让已使用的房屋及建筑物时，由政府批准设立的房地产评估机构评定的重置成本价乘以成新度折扣率后的价格。评估价格须经当地税务机关确认。

评估价格=重置成本×成新度折扣率

② 按购房发票金额计算扣除。纳税人转让旧房及建筑物，凡不能取得评估价格，但能提供购房发票的，经当地税务部门确认，可按发票所载金额并从购买年度起至转让年度止每年加计5%计算，对于纳税人购房时缴纳的契税，凡能够提供契税完税凭证的，准予作为"与转让房地产有关的税金"予以扣除，但不作为加计5%的基数。

例如：一栋房屋建于20世纪90年代中期、造价为800万元的房屋欲于2015年转让，按2015年转让时的建材及人工费用计算，建同样的新房需花费2000万元，该房有7成新，则房屋的评估价格为：2000×70%=1400(万元)。

(5) 与转让房地产有关的税金。指在转让房地产时缴纳的营业税、城市维护建设税、印花税。因转让房地产缴纳的教育费附加，也可视同税金予以扣除。

需要明确的是：房地产开发企业在转让房地产时缴纳的印花税因列入管理费用中，故在此不允许扣除。其他纳税人缴纳的印花税(按产权转移书据所载金额的0.05%贴花)，允许在此扣除。

(6) 财政部规定的其他扣除项目。从事房地产开发的纳税人，可按取得土地使用权所支付的金额和房地产开发成本两项金额之和，加计20%的扣除。

3. 评估价格的确定

房地产评估价格，指由政府批准设立的房地产评估机构根据相同地段、同类房地产进行综合评定的价格。这种价格须经当地税务机关的确认。税法规定，纳税人有下列情形之一的，按照房地产评估价格计算征收：

(1) 出售旧房及建筑物的；

(2) 隐瞒、虚报房地产成交价格的；

(3) 提供扣除项目金额不实的；

(4) 转让房地产的成交价格低于房地产评估价格，又无正当理由的。

(五) 应纳税额的计算

土地增值税按照纳税人转让房地产所取得的增值额和规定的税率计算征收。其计算公式为：

应纳税额=全部增值额×适用税率-扣除项目金额×速算扣除率

【例题】 2016年6月，某单位(非房地产开发单位)转让办公室一栋，共取得转让收入10000万元，公司即按国家税法规定缴纳了营业税、城市维护建设税、教育费附加、印花税。已知该单位为取得土地使用权而支付的地价款和按国家统一规定缴纳的有关部门费用为2000万元，投入的房地产开发成本为3000万元，房地产开发费用中的利息支出为500万元(能够按转让房地产项目计算分摊并提供金融机构证明)，但其中有50万元属加罚的利息。该单位所在地政府规定的其他房地产开发费用的计算扣除比例为5%。

分析：扣除项目金额=2000+3000+500−50+(2000+3000)×5%+10000×5%×(1+7%+3%)+10000×0.5‰=6255(万元)

增值额=10000−6255=3745(万元)

增值额与扣除项目金额的比率=3745/6255=60%

增值额与扣除项目金额的比率为60%时，税率表中对应的税率和速算扣除率为40%和5%。

应纳税额=3745×40%−6255×5%=1185.25(万元)

（六）征纳管理

1. 减免税优惠

(1) 纳税人建造普通标准住宅出售，增值额未超过扣除项目金额20%的免税。普通标准住宅是指按所在地一般民用住宅标准建造的居住住宅。高级公寓、别墅、度假村等不属于普通标准住宅。纳税人建造普通标准住宅出售，增值额未超过扣除项目金额20%的，免征土地增值税；增值额超过扣除项目金额20%的，应就其全部增值额按规定征收土地增值税。对于纳税人既建造普通标准住宅又搞其他房地产开发的，应分别核算增值额。不分别核算增值额或不能准确核算增值额的，其建造的普通标准住宅不能适用这一免税规定。

(2) 因国家建设需要依法征用、收回的房地产免税。

(3) 企事业单位、社会团体以及其他组织转让旧房作为廉租住房、经济适用住房房源且增值额未超过扣除项目金额20%的，免征土地增值税。

(4) 自2008年11月1日起，对居民个人转让住房一律免征土地增值税。

2. 纳税申报

纳税人应当在转让房地产合同签定之日起7日内，到房地产所在地主管税务机关办理纳税申报，并向税务机关提交房屋及建筑物产权、土地使用权证书、土地转让、房地产买卖合同、房地产评估报告及其他与转让房地产有关的资料。纳税人因经常发生房地产转让而难以在每次转让后申报的，经税务机关审核同意后，可以定期进行纳税申报，具体期限由税务机关根据情况确定。

纳税人采取预售方式销售房地产的，对在项目全部竣工结算前转让房地产取得的收入，税务机关可以预征土地增值税，之后办理纳税清算后，多退少补。

3. 土地增值税纳税清算

(1) 符合下列情形之一的，纳税人应当进行土地增值税的清算：①房地产开发项目全部竣工、完成销售的；②整体转让未竣工决算房地产开发项目的；③直接转让土地使用权的。

(2) 符合下列情形之一的，主管税务机关可以要求纳税人进行土地增值税清算：

① 已竣工验收的房地产开发项目，已转让的房地产建筑面积占整个项目可售建筑面积的比例在85%以上，或该比例虽未超过85%，但剩余的可售建筑面积已经出租或自用的；②取得销售(预售)许可证满三年仍未销售完毕的；③纳税人申请注销税务登记但未办理土地增值税清算手续的；④省级税务机关规定的其他情况。

(3) 清算后再转让房地产的处理：单位建筑面积成本费用=清算时扣除项目总金额÷清算的总建筑面积。

4. 土地增值税的核定征收

房地产开发企业有下列情形之一的，税务机关可以参照与其开发规模和收入水平相近的当地企业的土地增值税税负情况，按不低于预征率的征收率核定征收土地增值税：

（1）依照法律、行政法规的规定应当设置但未设置账簿的；

（2）擅自销毁账簿或者拒不提供纳税资料的；

（3）虽设置账簿，但账目混乱或者成本资料、收入凭证、费用凭证残缺不全，难以确定转让收入或扣除项目金额的；

（4）符合土地增值税清算条件，未按照规定的期限办理清算手续，经税务机关责令限期清算，逾期仍不清算的；

（5）申报的计税依据明显偏低，又无正当理由的。

5. 纳税地点

纳税人应向房地产所在地主管税务机关办理办理纳税申报。房地产所在地指房地产的座落地。纳税人转让的房地产坐落在两个或两个以上地区的，应按房地产所在的不同地区分别申报纳税。纳税人是法人的，当转让的房地产坐落地与其机构所在地或经营所在地一致时，则在办理税务登记的原管辖税务机关申报纳税即可；如果转让的房地产坐落地与其机构所在地或经营所在地不一致时，则应在房地产坐落地所管辖的税务机关申报纳税。

需要注意的是，纳税人是自然人的，当其转让的房地产座落地与其居住地不一致时，在办理过户手续所在地的税务机关申报纳税。

三、土地增值税的纳税筹划策略

根据土地增值税的特点，土地增值税的筹划重点应放在计税依据方面，即转让房地产的增值额，增值额是应税收入减除法定扣除项目后的余额，因此，土地增值税的筹划策略有：

（一）规划房地产的销售价格，确定合理的增值额

纳税人建造普通标准住宅出售，其增值额未超过扣除项目金额20%的，免征土地增值税；增值额超过20%的，应就其全部增值额计算征税。纳税人在建造标准住宅时，应当分析放弃起征点的税收优惠而增加的企业效益与享受起征点的税收优惠而减轻的税收负担之间的关系，并据此合理确定房屋售价。

（二）净化房地产销售额

土地增值税的征税对象时指有偿转让国有土地使用权、地上建筑物及其附着物所取得的增值额。在转让房地产时，应将与上述征收范围无关的其他项目单独转让，避免成为房地产转让收入的一部分。

（三）选择有利的开发费用计算办法

税法规定，纳税人能够按转让房地产项目计算分摊利息支出，并能提供金融机构的贷款证明的，其允许扣除的房地产开发费用为：利息+（取得土地使用权所支付的金额+房地产开发成本）×5%以内（注：利息最高不能超过按商业银行同类同期贷款利率计算的金额）。

纳税人不能按转让房地产项目计算分摊利息支出或不能提供金融机构贷款证明的，其允许扣除的房地产开发费用为：（取得土地使用权所支付的金额+房地产开发成本）×10%以内。

房地产开发费用计算中还须注意两个问题：第一：利息的上浮幅度按国家的有关规定执行，超过上浮幅度的部分不允许扣除；第二：对于超过贷款期限的利息部分和加罚的利息不允许扣除。根据上述规定，纳税人可以根据实际情况，选择有利的费用扣除方法。

（四）规划房地产开发方式

税法规定，房地产开发公司代客户进行房地产开发，开发完成后向客户收取代建费用，代建行为不属于土地增值税的征税范围。税法还对合作建房做了如下规定：一方出土地，另一方出资金，双方合作建房，建成后按比例分房自用的，虽然属于土地增值税征税范围，但暂免征收土地增值税。根据这些规定，如果在建房前就可以确定房地产的最终用户，那么房地产开发企业可以采取代建方式或合作建房方式开发房地产。

四、土地增值税纳税筹划案例介绍

（一）利用起征点进行纳税筹划

1. 如何根据起征点确定售价

【例题】某房地产公司建成一栋普通标准住宅，扣除项目金额为800万元，当地同类住宅的市场售价约1000万元，因此该公司定价1000万元销售。

要求：分析该公司应如何定价以适用免征土地增值税的政策。

分析：现定价下应纳土地增值税为：

增值率=(1000-800)÷800=25%，适用30%的税率，速算扣除率为0。

应纳土地增值税200×30%=60(万元)。

假如不考虑其他因素，获利额=1000-800-60=140(万元)

税法规定：纳税人建造的是普通标准住宅出售，且增值额未超过扣除项目金额的20%的，免征土地增值税。

设该公司定价为X，$(X-800)\div800=20\%$，解得$X=960$，如果该公司定价为960万元，增值率为20%，则不需要缴纳土地增值税。获利额=960-800=160(万元)

结论：二者相比，税后利润增加20万元。

通过这个例子可以看出，企业在出售普通标准住宅时，通过合理定价进行纳说筹划，完全可以使自己保持较低价格并获得较高的利润。

2. 商品房售价决策要考虑土地增值税

【例题】某房地产开发公司现有10000平方米同档次的商品房将要销售，销售部门初步确定了三个不同的售价，财务部门根据售价及土地增值税的税负情况做出了三个方案，有关数据如下表所示：

万元

	售价	转让收入	扣除金额	增值额	增值率	适用税率	应纳税额
甲	5000	5000	4200	800	19.05%	免征	0
乙	5500	5500	4300	1200	27.91%	30%	360
丙	6000	6000	4600	1400	30.43%	30%	420

分析：三个方案可获利润分别为：

甲：5000-4200=800(万元)

乙：5500-4300-360=840(万元)

丙：6000-4600-420=980(万元)

根据上述情况，确定售价的决策因素，一是可获利润，二是市场竞争。方案丙虽然可获利润较高，但其售价不具有竞争力。方案甲和方案乙可获利润相差无几，如果考虑市场竞争力的话，宁愿每平方米少获40元利润，也要选择甲方案，因为甲方案可以保证资金及时回笼，降低市场风险。

（二）利用分开核算进行纳税筹划

纳税人建造普通标准住宅和非普通住宅，两个项目应分开核算，这样普通标准住宅可能适用免征土地增值税的规定。如果未分开核算，则一律不予免税。

【例题】某房地产开发企业，2016年商品房销售收入总额为1.5亿元，假设其中普通住宅的销售额为1亿元，豪华住宅的销售额为0.5亿元。按税法规定可扣除项目金额为1.2亿元，假设其中普通住宅的可扣除项目金额为0.9亿元，豪华住宅的可扣除项目金额为0.3亿元。该企业没有分开核算两个项目的收入和扣除项目金额。

要求：为该企业进行纳税筹划。

分析：目前不分开核算情况下，应纳土地增值税为：

增值率=(1.5−1.2)÷1.2=25%

适用税率：30%

应纳土地增值税=(1.5−1.2)×30%=0.09(亿元)

筹划方案：把两个项目分开核算

普通住宅增值率=(1−0.9)÷0.9=11%

适用税率：免税

豪华住宅增值率=(0.5−0.3)÷0.3=67%

适用税率和速算扣除率：40%、5%

应纳土地增值税=0.2×40%−0.3×5%=0.065(亿元)

两项合计纳税0.065亿元

结论：分开核算比不分开核算节税0.025亿元，该公司应选择分开核算。

注意：由于两类房地产增值率的不同，有时不分开核算比分开核算要有利，到底采用哪种方案需要根据计算分析来确定。

第二节　印花税纳税筹划

一、印花税概述

（一）印花税的含义

印花税是对经济活动中书立、使用、领受具有法律效力的凭证的单位和个人征收的一种税，是具有行为税性质的凭证税。

（二）印花税特点

（1）兼有凭证税和行为税性质。印花税是对单位和个人书立、领受的应税凭证征收的一种税，具有凭证税性质。另一方面，任何一种应税经济凭证反映的都是某种特定的经济行为，因此，对凭证征税，实质上是对经济行为的课税。

（2）征税范围广泛。印花税的征税对象包括了经济活动和经济交往中的各种应税凭证。凡书立和领受这些凭证的单位和个人都要缴纳印花税，其征税范围是极其广泛的。由于每个纳税人都要缴纳，纳税筹划需求广泛。

（3）税率低，纳税人税收负担比较轻。印花税与其他税种相比较，税率要低得多，其税负较轻，具有广集资金、积少成多的财政效应。由于税率低、应纳税额较小，常常被纳税人忽略。

（4）纳税人自行完税。纳税人通过自行计算、购买和粘贴印花税票的方法完成纳税义务，并在印花税票和凭证的骑缝处自行盖戳注销或画销。

（三）印花税的征税范围、税率

1. 经济合同

（1）购销合同。包括供应、预购、采购、购销结合及协作、调剂、补偿、易货等合同；还包括各出版单位与发行单位（不包括订阅单位和个人）之间订立的图书、报刊、音像征订凭证。对纳税人以电子形式签订的各类应税凭证按规定征收印花税。

对发电厂与电网之间、电网与电网之间（国家电网公司系统、南方电网公司系统内部各级电网互供电量除外）签订的购售电合同按购销合同征收印花税。电网与用户之间签订的供用电合同不属于印花税列举征税的凭证，不征印花税（生活缴费凭证，不同于电网之间经济合同）。购销合同税率为 0.3‰。

（2）加工承揽合同。包括加工、定做、修缮、印刷、广告、测绘、测试等合同。税率为 0.5‰。

（3）建设工程勘察设计合同。包括勘察、设计合同的总包合同、分包合同和转包合同。税率为 0.5‰。

（4）建筑安装工程承包合同。包括建筑、安装工程承包合同的总包合同、分包合同和转包合同。税率为 0.3‰。

（5）财产租赁合同。包括租赁房屋、机动车辆、机械、器具、设备等合同，还包括企业、个人出租门店、柜台等签订的合同。税率为 1‰。

（6）货物运输合同。包括航空、铁路、水上、公路等运输合同，以及作为合同使用的单据。税率为 0.5‰。

（7）仓储保管合同。包括仓储、保管合同，以及作为合同使用的仓单、栈单等。税率为 1‰。

（8）借款合同。包括银行及其他金融组织和借款人（不包括银行同业拆借）所签订的借款合同。包括融资租赁合同。税率为 0.05‰。

（9）财产保险合同。包括财产、责任、保证、信用保险合同，以及作为合同使用的单据。财产保险合同，分为企业财产保险、机动车辆保险、货物运输保险、家庭财产保险和农牧业保险五类。“家庭财产两全保险”属于家庭财产保险性质，其合同在财产保险合同之列，照章纳税。税率为 1‰。

（10）技术合同。包括技术开发、转让、咨询、服务等合同。技术转让合同包括专利申请转让、非专利技术转让所书立的合同。税率为 0.3‰。

注意：技术合同不包括专利权转让、专利实施许可所书立的合同。专利权转让、专利实施许可所书立的合同按产权转移书据征税。

一般的法律、会计、审计等方面的咨询不属于技术咨询，其所书立合同不贴印花。技术转让合同分类：

① 专利权转让合同。是指专利权人作为转让方将其发明创造专利的所有权或持有权移交受让方，受让方支付约定价款所订立的合同。

② 专利实施许可合同。是指专利权人或者其授权的人作为转让方许可受让方在约定的

范围内实施专利，受让方支付约定使用费所订立的合同(前两类都是公开的，有主的，按“产权转移书据”缴印花税)。

③ 专利申请转让合同。是指转让方将其就特定的发明创造申请专利的权利移交受让方，受让方支付约定价款所订立的合同。

④ 非专利技术转让合同。是指转让方将拥有的非专利技术成果提供给受让方，明确相互间非专利技术成果使用权、转让权，受让方支付约定使用费所订立的合同(后两类都是没主的或保密的，按“技术合同”缴纳印花税)。

2. 产权转移书据

我国印花税税目中的产权转移书据包括财产所有权、版权、商标专用权、专利权、专有技术使用权共 5 项产权的转移书据。

注意：土地使用权出让合同、土地使用权转让合同、商品房销售合同按照产权转移书据征收印花税。

一般产权转移数据税率为 0.5‰，但因股票买卖、继承、赠与而书立“股权转让数据”(包括 A 股和 B 股)，适用税率为 1‰。

3. 营业账簿

(1) 资金账簿，即反映生产经营单位“实收资本”和“资本公积”金额增减变化的账簿。税率为 0.5‰。

(2) 其他营业账簿，是反映除资金资产以外的其他生产经营活动内容的账簿，即除资金账簿以外的，归属于财务会计体系的其他生产经营用账册。税率为 5 元/件。

(3) 有关“营业账簿”征免范围应明确的若干个问题：

① 其他营业账簿包括日记账簿和各明细分类账簿。

② 对采用一级核算形式的单位，只就财会部门设置的账簿贴花；采用分级核算形式的，除财会部门的账簿应贴花之外，财会部门设置在其他部门和车间的明细分类账，亦应按规定贴花。

③ 车间、门市部、仓库设置的不属于会计核算范围或虽属会计核算范围，但不记载金额的登记簿、统计簿、台账等，不贴印花。

④ 对有经营收入的事业单位，凡属由国家财政部门拨付事业经费，实行差额预算管理的单位，其记载经营业务的账簿，按其他账簿定额贴花，不记载经营业务的账簿不贴花；凡属经费来源实行自收自支的单位，对其营业账簿，应就记载资金的账簿和其他账簿分别按规定贴花。

⑤ 跨地区经营的分支机构使用的营业账簿，应由各分支机构在其所在地缴纳印花税。

⑥ 企业债权转股权新增加的资金按规定贴花。

⑦ 企业改制中经评估增加的资金按规定贴花。

4. 权利、许可证照

权利、许可证照仅包括“四证一照”：包括政府部门发给的房屋产权证、工商营业执照、商标注册证、专利证、土地使用证等经济类凭证。税率为 5 元/件。

(四) 计税依据

1. 计税依据的一般规定

印花税的计税依据为各种应税凭证上所记载的计税金额，具体规定如下：

（1）购销合同的计税依据为合同记载的购销金额。

（2）加工承揽合同的计税依据为加工或承揽收入的金额。

（3）建设工程勘察设计合同的计税依据为收取的费用。

（4）建筑安装工程承包合同的计税依据为承包金额。

（5）财产租赁合同的计税依据为租赁金额，税额不足 1 元的，按 1 元贴花。

（6）货物运输合同的计税依据为取得的运输费金额，不包括所运货物的金额、装卸费和保险费等。

（7）仓储保管合同的计税依据为收取的仓储保管费用。

（8）借款合同的计税依据为借款金额。

（9）财产保险合同的计税依据为支付(收取)的保险费，不包括所保财产的金额。

（10）技术合同的计税依据为所载的价款、报酬或使用费。

（11）产权转移书据的计税依据为所载金额。

（12）营业账簿税目中记载资金的账簿的计税依据为“实收资本”与“资本公积”两项的合计金额，其他账簿的计税依据为应税凭证件数。

（13）权利、许可证照的计税依据为应税凭证件数。

2. 计税依据的特殊规定

（1）上述凭证以金额、收入、费用为计税依据的，应当全额计税，不允许作任何扣除。

（2）同一凭证，载有两个或两个以上经济事项而适用不同税目税率，如分别记载金额的，应分别计算应纳税额，相加后按合计税额贴花；如未分别记载金额的，按高税率计税贴花。

（3）应税凭证所载金额为外国货币的，应按照凭证书立当日国家外汇管理局公布的外汇牌价折合成人民币，然后计算应纳税额。

（4）应纳税额不足 1 角的，免纳印花税；1 角以上的，其税额尾数不满 5 分的不计，满 5 分的按 1 角计算。

我国印花税票为有价证券，其票面金额以人民币为单位，分为 1 角、2 角、5 角、1 元、2 元、5 元、10 元、50 元、100 元九种。

（5）商品购销活动中，采用以物易物方式进行商品交易签订的合同，是反映既购又销双重经济行为的合同，对此，应按合同所载的购、销合计金额计税贴花。

（6）有些合同，在签订时无法确定计税金额，如技术转让合同中的转让收入，按销售收入的一定比例收取或是按实现利润分成的；财产租赁合同，只是规定了月(天)租金标准而无租赁期限的。对这类合同，可在签订时先按 5 元贴花，以后结算时再按实际金额计税，补贴印花。

（五）应纳税额的计算方法

纳税人的应纳税额，根据应纳税凭证的性质，分别按比例税率或者定额税率计算，其计算公式为：

应纳税额=应税凭证计税金额(应税凭证件数)×适用税率

【例题】甲为汽车制造厂，乙为服装厂，甲、乙订立以货易货合同约定，甲提供给乙汽车 2 辆，价值 25 万元，同时购买乙生产的价值相当的服装作工作服，货款相抵。购销合同税率为 0.3‰。则甲、乙分别纳税为：25×2×0.3‰=150(元)

【例题】某企业2016年6月开业，当年发生以下有关业务事项：领受房屋产权证、工商营业执照、土地使用证各一件；与其他企业订立转移专用技术使用权书据一份，所载金额200万元；订立产品购销合同一份，所载金额为400万元；订立借款合同一份，所载金额为400万元；企业记载资金的账簿，“实收资本”、“资本公积”为1000万元，其他营业账簿10本。试计算该企业2016年6月应缴纳的印花税。

分析：权利、许可证照应纳印花税：3×5＝15(元)

产权转移书据应纳印花税＝2000000×0.05%＝1000(元)

购销合同应纳印花税＝4000000×0.03%＝1200(元)

借款合同应纳印花税＝4000000×0.005%＝200(元)

记载资金的账簿应纳印花税＝10000000×0.05%＝5000(元)

不记载资金的账簿应纳印花税＝10×5＝50(元)

2016年6月该企业应纳印花税＝15+1000+1200+200+5000+50＝7465(元)

(六) 税收优惠

(1) 对已缴纳印花税的凭证的副本或者抄本免税；

(2) 对财产所有人将财产赠给政府、社会福利单位、学校所立的书据免税；

(3) 对国家规定的收购部门与村民委员会、农民个人书立的农副产品收购合同免税；

(4) 对无息、贴息贷款合同免税；

(5) 对外国政府或者国际金融组织向我国政府及国家金融机构提供优惠贷款所书立的合同免税；

(6) 对房地产管理部门与个人签定的用于生活居住的租赁合同免税；

(7) 对农牧业保险合同免税；

(8) 对特殊货运凭证免税。这类凭证有军事物资运输凭证、抢险救灾物资运输凭证、新建铁路的工程临管线运输凭证。

(七) 纳税方法

印花税的纳税方法，根据税额大小、贴花次数和税收征收管理的需要，分别采取以下三种纳税方法：

1. 自行贴花方法

纳税人书立、领受、使用印花税法列举的应税凭证的同时，纳税义务即已发生，应当自行计算应纳税额、自行购买印花税票、自行一次贴足印花税票并加以注销或划销，纳税义务才算履行完毕。

这种方法，一般适用于应税凭证较少或者贴花次数较少的纳税人。

2. 汇贴或汇缴办法

一份凭证应纳税额超过500元的，应向税务机关申请填写缴款书或者完税证，将其中一联粘贴在凭证上或者由税务机关在凭证上加注完税标记代替贴花。这就是通常所说的“汇贴”方法。同一种类应纳税凭证，需频繁贴花的，应向当地税务机关申请按期汇总缴纳印花税，汇总缴纳的期限由当地税务机关确定，但最长期限不得超过一个月。

这种方法，一般适用于应纳税额较大或者贴花次数频繁的纳税人。

3. 委托代征办法

这种方法主要是通过税务机关的委托，经由发放或者办理应纳税凭证的单位代为征收印花税税款。如税务机关委托工商行政管理机关代售印花税税票，按代售金额5%的比例支付代售手续费。

纳税人不论采用哪一种纳税方法，均应对应税凭证妥善保存。凭证的保存期限，凡国家已有明确规定的，按规定办理；其余凭证均应在履行完毕后保存1年。

(八) 纳税环节

印花税应当在书立或领受时贴花。具体是指在合同签订时、账簿启用时和证照领受时贴花。如果合同是在国外订立，并且不便在国外贴花的，应在将合同带入境时办理贴花纳税手续。

(九) 纳税地点

印花税一般实行就地纳税。对于全国性商品物资订货会(包括展销会、交易会等)上所签订的合同应纳的印花税，由纳税人回其所在地后及时办理贴花完税手续；对地方主办、不涉及省际关系的订货会、展销会上所签合同的印花税，其纳税地点由各省、自治区、直辖市人民政府自行确定。

二、印花税纳税筹划策略

在现实经济生活中，由于印花税金额小，容易被纳税人忽视。然而，企业在生产经营中总是频繁地订立各种各样的合同，且有些合同金额巨大，因而印花税的筹划不仅是必要的，而且是重要的。纳税人多缴税款的情况时有发生，因此加强印花税的筹划对企业有一定的实际意义。

(一) 一个合同载有两个税目时分开核算

纳税人在签定载有两个或两个以上经济事项而适用不同税目税率的合同时，一定要分开核算金额。《印花税暂行条例实施细则》第十七条规定，同一凭证，因载有两个或两个以上经济事项而适用不同税目税率，如分别记载金额的，应分别计算应纳税额，相加后按合计税额贴花；如未分别记载金额的，从高适用税率纳税。

【例题】A公司与B公司签定了一份加工承揽合同，合同规定：A公司受B公司委托加工甲产品，且加工所需的原材料和零配件均由A公司提供，A公司向B公司共收取加工费、原材料、零配件费用1 000万元。

要求：为A公司进行纳税筹划。

分析：对于加工承揽合同，合同中如由受托方提供原材料金额，原材料金额应从总收入中剔除，另作购销处理。但受托方提供的辅助材料等金额不能剔除。显然，在遇到这样的问题时，纳税人应分开来进行核算，利用合同上不同税目的金额适用不同的税率，可以达到节税目的。

方案一：没有进行分开核算，根据税法规定，从高适用加工承揽合同0.05%的税率，A公司应纳税额$=1000\times0.05\%=0.5$(万元)。

方案二：分开核算，根据税法规定，合同上不同税目的金额适用不同的税率。若原材料费用600万元，零配件费用200万元，加工费200万元，分别适用0.03%、0.05%、0.05%的印花税率。则：A公司应纳税额$600\times0.03\%+200\times0.05\%+200\times0.05\%=0.38$(万元)。

结论：分开核算比不分开核算要节约税款0.12万元。因而，纳税人在签订这类合同时，由于原材料适用的税率要比加工承揽合同适用的税率低，可以利用税法的这一规定，采取分别核算的方法来达到合理节税目的。

(二) 模糊合同金额

很多经济合同在签订时无法确定最终的合同金额，而印花税却要求按照合同所记载的金额作为计税依据和具体适用税率来计算应纳税额。合同金额不能确定，就无法确定计税依据，应纳印花税额也不能相应地准确计算。针对这种情况，税法采取了变通的方法。

税法规定：有些合同在签订时无法确定计税金额，如技术转让合同中的转让收入，有的是按照销售收入的一定比例收取或者按其实现利润多少进行分成的；财产租赁合同，有的只是规定了年、月或日等的租金标准没有规定租赁期限。对于这类合同，可在签订时先按定额5元贴花，以后结算时再按实际的金额计算应纳税额，补贴印花。这就给纳税人进行纳税筹划提供了机会。

筹划思路：根据税法的此类规定，纳税人可以使合同金额模糊化。即合同当事人在签订数额较大且不确定的合同时，应该尽量签订不定额的合同，即合同上所载金额在保证双方利益的前提下，不要确定最终合同金额，以达到递延缴纳印花税税款的目的。

【例题】A公司和B公司签订一个租赁合同，A公司出租一套设备给B公司生产甲产品，期限为10年，每年租金12万元，每年年底支付当年租金。

该合同应纳印花税=120×1‰=0.12(万元)。

纳税筹划方案：如果在签订合同改为“A公司出租一套设备给B公司生产甲产品，合同规定设备租金每日328.77元，每年年底支付本年租金，同时双方决定是否继续本合同”。两企业只需各自缴纳5元的印花税，余下部分可等到结算时再缴纳，这样就推迟了纳税时间。

注意：从纳税筹划操作角度来说，这是一种比较简单的方法；从纳税角度来说，这种方法对合同当事人各方都有利，合同各方比较容易接受和配合。但是从合同利益角度来说，却使收款方承担了一定的风险，因为在模糊合同金额的同时，也模糊了付款人的付款义务，从而使收款方承担了一定的风险，要谨慎采用。

（三）减少合同参与人数的纳税筹划

1. 税法规定

对于同一凭证，如果由两方或两方以上当事人签订并各执一份，各方均为纳税人，应当由各方就所执凭证的各自金额贴花。所谓当事人，是指对凭证有直接权利义务关系的单位和个人，不包括担保人、证人和鉴定人。

2. 筹划思路

在不影响合同效力的前提下，尽量减少书立使用凭证的参与人数，使纳税主体少一些，使当事人的总体税负下降，从而达到少缴税款的目的。

【例题】甲乙丙丁四人签订一份购销合同，乙丙丁三人基本利益一致，合同总金额为1000万元，适用印花税税率万分之三。现在每人应纳税额为3000元。

要求：对合同签订主体数量的角度进行纳税筹划。

分析：既然乙丙丁三人基本利益一致，可以选派其中一人作为代表来签订合同，这样纳税主体就由四方变成了两方，总体应纳税额大大减少。

第三节 资源税纳税筹划

一、资源税概述

资源税是对在我国境内开采应税矿产品和生产盐的单位和个人，就其应税数量或销售额征收的一种税。是国家对开发和利用自然资源的单位和个人，由于资源条件的差别所取得的级差收入课征的一种税。

1993 年 12 月，国务院发布了《中华人民共和国资源税暂行条例》，自 1994 年 1 月 1 日起执行。2011 年 9 月 30 日国务院又对《资源税暂行条例》进行了修订，自 2011 年 11 月 1 日起执行。经国务院批准，财政部、国家税务总局对原油、天然气资源税进行了从价计征改革，自 2014 年 12 月 1 日起执行。随后，又陆续对资源税税率和计税依据进行了调整，自 2015 年 5 月 1 日起，对稀土、钨、钼的资源税由从量定额计征改为从价定率计征，2015 年 8 月 1 日，煤炭资源税由从量定额计征改为从价定率计征。同时清理了设计煤炭、原油、天然气、稀土、钨、钼的相关收费基金。

(一) 纳税义务人

1. 纳税人

资源税的纳税义务人是指在我国境内开采应税矿产品和生产盐的单位和个人。外商投资企业和外国企业及外籍人员也是资源税的纳税人。

我国境内是指实际税收管理行政范围内。单位是指国有企业、集体企业、私营企业、股份制企业、其他企业和行政单位、事业单位、社会团体和其他单位。个人是指个体经营者和其他个人。

2. 扣缴义务人

收购未税矿产品的单位为资源税的扣缴义务人，包括独立矿山、联合企业和其他单位。独立矿山是指只有采矿或只有采矿和选矿，独立核算、自负盈亏的单位，其生产的原矿和精矿主要用于对外销售。联合企业是指采矿、选矿、冶炼(或加工)连续生产的企业或采矿、冶炼(或加工)连续生产的企业，其采矿单位一般是该企业的二级或二级以下核算单位。其他单位也包括收购未税矿产品的个体户在内。

(二) 征税范围

资源税采取从量定额的办法征税，实施“普遍征收、级差调节”的原则。普遍征收是指对在我国境内开采的一切应税资源产品征收资源税；级差调节是指运用资源税对因资源贮存状况、开采条件、资源优劣、地理位置等客观存在的差别而产生的资源级差收入，通过实施差别税额标准进行调节。资源条件好的，税额高一些；资源条件差的，税额低一些。资源税税目和税率包括七大类：

(1) 原油。开采的天然原油征税，人造石油不征税。

(2) 天然气。专门开采的天然气和与原油同时开采的天然气征税，煤矿生产的天然气不征税。

(3) 煤炭。包括原煤和以未税原煤加工的洗选煤。

(4) 其他非金属矿原矿。指原油、天然气、煤炭和井矿盐以外的非金属原矿，包括宝石、金刚石、玉石、膨润土、石墨、石英砂、萤石、重晶石、毒重石、蛭石、长石、氟石、滑石、白云石、硅灰石、凹凸棒石黏石、高岭石土、耐火黏土、云母、大理石、花岗石、石灰石、菱镁矿、天然碱、石膏、硅线石、工业用金刚石、石棉、硫铁矿、自然硫、磷铁矿等。

(5) 黑色金属矿原矿。是指纳税人开采后自用的、销售的，用于直接入炉冶炼或作为主产品先入选精矿，制造人工矿，再最终入炉冶炼的黑色金属矿原矿，包括铁矿石、锰矿石和铬矿石。

(6) 有色金属矿原矿。包括铜矿石、铅锌矿石、铝土矿石、钨矿石、锡矿石、锑矿石、钼矿石、镍矿石、黄金矿石等。

(7) 盐。一是固体盐，包括海盐原盐、湖盐原盐和井矿盐；二是液体盐(卤水)，是指氯化钠含量达到一定浓度的溶液。

纳税人开采或生产应税产品，自用于连续生产应税产品的，不缴纳资源税；自用于其他方面的，视同销售，缴纳资源税。

(三) 税目、税率

原油、天然气、煤炭及有色金属矿中的稀土、钨、钼按照比例税率实行从价定率征税，其他税目按照固定税额实行从量定额征税。资源税税目税率见表 7-3。

表 7-3 资源税税目税率表

税目		税率
一、原油		销售额的 6%~10%
二、天然气		销售额的 6%~10%
三、煤炭		销售额的 2%~10%
四、其他非金属矿原矿	普通非金属矿原矿	每吨或每立方米 0.5~20 元
	贵重非金属矿原矿	每千克或每克拉 0.5~20 元
五、黑色金属矿原矿		每吨 2~30 元
六、有色金属矿原矿	稀土	精矿销售额的 7.5%~27%
	钨	精矿销售额的 6.5%
	钼	精矿销售额的 11%
	其他有色金属矿原矿	每吨 0.4~30 元
七、盐	固体盐	每吨 10~60 元
	液体盐	每吨 2~10 元

未列举名称的其他非金属矿原矿和其他有色金属矿原矿，由省级人民政府决定征收或暂缓征收资源税，并报财政部和国家税务总局备案。纳税人在开采主矿产品的过程中伴采的其他应税矿产品，凡未单独规定适用税额的，一律按主矿产品或视同主矿产品征收资源税。

扣缴义务人的适用税额规定如下：独立矿山、联合企业收购未税矿产品的单位，按照本单位应税产品税额标准，依据收购的数量代扣代缴资源税；其他单位收购的未税矿产品，按税务机关核定的应税产品税额标准，依据收购的数量代扣代缴资源税。

(四) 计税依据

资源税以纳税人开采或生产应税矿产品的销售额或者销售数量为计税依据。

1. 销售额

由于缴纳资源税的纳税人同时要缴纳增值税，所以资源税的计税依据和增值税销项税额的计税依据相同。具体规定如下：

(1) 纳税人将其开采的原煤自用于连续生产洗选煤的，在原煤移送使用环节不缴纳资源税；将开采的原煤加工为洗选煤销售的，以洗选煤销售额乘以折算率作为应税煤炭销售额，计算缴纳资源税。洗选煤销售额包括洗选副产品的销售额，不包括洗选煤从洗选煤厂到车站、码头等的运输费用。折算率可通过洗选煤销售额和除洗选环节成本、利润计算，也可通过洗选煤市场价格与其所用同类原煤市场价格的差额及综合回收率计算。折算率由省、自治区、直辖市财税部门或其授权地市级财税部门确定。

（2）纳税人同时以自采未税原煤和外购已税原煤加工洗选煤的，应当分别核算；未分别核算的，按上述规定，计算缴纳资源税。纳税人将其开采的原煤自用于其他方面的，视同销售原煤；将其开采的原煤加工为洗选煤自用的，视同销售洗选煤缴纳资源税。

（3）稀土、钨、钼应税产品包括原矿和以自采原矿加工的精矿。纳税人将其开采的原矿加工为精矿销售的，按精矿销售额（不含增值税）和适用税率计算缴纳资源税。纳税人开采并销售原矿的，将原矿销售额（不含增值税）换算为精矿销售额计算缴纳资源税。精矿销售额的计算公式为：

精矿销售额=精矿销售量×单位价格

精矿销售额不包括从洗选厂到车站、码头或用户指定运达地点的运输费用。

2. 销售数量

（1）纳税人开采或者生产应税产品销售的，以销售数量为课税数量；

（2）纳税人开采或者生产应税产品自用的，以移送时的自用数量为课税数量。自产自用包括生产自用和非生产自用。

（3）纳税人不能准确提供应税产品销售数量或移送使用数量的，以应税产品的产量或主管税务机关确定的折算比换算成的数量为课税数量。纳税人将其开采的金属（除稀土、钨、钼外）和非金属矿产品原矿自用于连续生产精矿产品，无法提供移送使用原矿数量的，可将其精矿按选矿比折算成原矿数量，以此作为销售数量。

（4）纳税人以自产的液体盐加工固体盐，按固体盐征税，以加工的固体盐数量为课税数量。纳税人以外购的液体盐加工成固体盐，其加工固体盐所耗用的液体盐的已纳税额准予抵扣。

（5）纳税人的减税、免税项目，应当单独核算销售额和销售数量；未单独核算或者不能准确提供销售额和销售数量的，不予减税或者免税。

（五）应纳税额的计算

资源税的应纳税额，按照从价定率或者从量定额的办法，分别以应税产品的销售额乘以纳税人具体适用的比例税率或者以应税产品的销售数量乘以纳税人具体适用的定额税率计算。具体计算公式为：

1. 实行从价定率计征办法的应税产品

应纳税额=应税产品的销售额×适用的比例税率

2. 实行从量定额计征办法的应税产品

应纳税额=应税产品的销售数量×适用的定额税率

3. 扣缴义务人代扣代缴资源税应纳税额的计算

代扣代缴应纳税额=收购未税矿产品的数量×适用定额税率

【例题】某铜矿 12 月销售铜矿原矿 30000 吨，移送入选精矿 6000 吨，选矿比为 20%，规定税率 1.2 元/吨。

要求：计算该铜矿 12 月份应纳资源税税额。

分析：根据资源税法律制度规定，金属和非金属矿产品原矿，因无法准确掌握纳税人移送使用原矿数量的，可将其精矿按选矿比折算成原矿数量，作为销售数量计税。

移送入选的精矿折合为原矿为：6000÷20%＝30000（吨）

应纳税额＝（30000+30000）×1.2＝72000（元）

【例题】华北某油田8月份销售原油2000万吨，销售额为1000万元，其适用的资源税税率为8%。

要求：计算该油田本月应纳的资源税税额。

分析：应纳税额＝1000×8%＝80（万元）

（六）纳税义务发生时间

（1）纳税人销售应税产品，纳税义务发生时间为：①纳税人采取分期收款结算方式的，纳税义务发生时间为销售合同规定的收款日期的当天；②纳税人采取预收货款结算方式的，纳税义务发生时间为发出应税产品的当天；③纳税人采取其他结算方式的，纳税义务发生时间为收讫销售款或者取得索取销售款凭据的当天。

（2）纳税人自产自用的应税产品的纳税义务发生时间为移送使用应税产品的当天。

（3）扣缴义务人代扣代缴税款的纳税义务发生时间为支付货款的当天。

（七）纳税期限

资源税的纳税期限（税款计算期）为：1天、3天、5天、10天、15天和1个月，由主管税务机关根据实际情况具体核定。不能按固定期限纳税的，可以按次计算纳税。

资源税的税款缴纳期为：以一个月作为纳税期限的，自期满之日起10天内申报纳税；以1天、3天、5天、10天、15天作为纳税期限的，自期满之日起5天内预缴纳税款，次月1日起10日内申报并结清上月税款。

（八）纳税地点

凡是缴纳资源税的纳税人，应当向应税产品的开采或生产所在地主管税务机关缴纳。如果纳税人在本省、自治区、直辖市范围内开采或者生产应税产品，其纳税地点需要调整的，由所在省、自治区、直辖市税务机关决定。如果纳税人的资源税属于跨省开采，其下属生产单位与核算单位不在同一省、自治区、直辖市的，对其开采的矿产品一律在开采地纳税。实行从量定额计征的应税产品，其应纳税款由独立核算的单位，按照每个开采地或者生产地的实际销售量（或者自用量）及适用的单位税额计算划拨；实行从价计征的应税产品，其应纳税款由独立核算的单位，按照每个开采地或者生产地的实际销售量（或者自用量）单位销售价格及适用税率计算划拨。

扣缴义务人代扣代缴的资源税，也应当向收购地主管税务机关缴纳。

二、资源税纳税筹划策略

（一）利用折算比进行纳税筹划

资源税暂行条例规定：对于连续加工前无法正确计算原煤移送使用量的煤炭，可按加工产品的综合回收率，将加工产品实际销量和自用量折算成原煤数量，以此作为课税数量。

综合回收率＝加工产品实际销量和自用量÷耗用原煤数量

原煤课税数量＝加工产品实际销量和自用量÷综合回收率

金属和非金属矿产品原矿，因无法准确掌握纳税人移送使用原矿数量的，可将其精矿按选矿比折算成原矿数量，以此作为课税数量。

选矿比=精矿数量÷耗用原矿数量

原矿课税数量=精矿数量÷选矿比

这就给纳税筹划提供了一定的空间。企业如果确知自身综合回收率或选矿比低于同行业平均综合回收率或平均选矿比，则可不提供应税资源销售数量或自用数量。这时，税务机关就会根据同行业的平均综合回收率或平均选矿比来折算，计算出来的应税产品数量会少于实际使用数量，达到节税目的；反之，如果企业的加工技术或选矿技术比较先进，本企业煤炭的加工生产综合回收率或金属矿选矿比相对于同行业较高，则应该准确核算回收率或选矿比，向税务机关提供准确的应税产品销售数量或移送数量。

【例题】某铜矿厂于20××年8月份销售铜矿石原矿10000吨，移送入选精矿2000吨，选矿比为20%，该矿山铜矿属于五等，按规定适用每吨1.2元的单位税额。

分析：(1) 按税务机关确定的选矿比计算

该税务机关确定的选矿比为25%，则：

应纳资源税-10000×1.2+2000÷25%×1.2= 21600(元)

(2) 按实际选矿比计算

该矿山的实际选矿比为20%，则：

应纳资源税=10000×1.2+2000÷20%×1.2= 24 000(元)

结论：通过运用按税务机关确定的选矿比计算，就可以减少缴纳资源税24000-21600=2400(元)。

(二) 利用分开核算进行纳税筹划

资源税暂行条例规定：纳税人开采或生产不同税目应税产品的，应分别核算不同税目应税产品的销售额或销售数量；未分别核算或者不能准确提供不同税目应税产品的销售额或销售数量的，从高适用税率。根据这一规定，资源税纳税人开采或生产不同税目应税产品，一定要分别核算不同税目应税产品的销售额或销售数量，否则要多交税。

【例题】甲矿业开采企业2016年1月共开采销售原油和天然气150万元。原油适用税率为8%，天然气适用税率5%。

分析：由于原油和天然气销售额没有分开核算，所以从高适用税率，应纳资源税=150×8%=12(万元)

筹划方法：分开核算原油和天然气的销售额，比如原油销售额100万元，天然气销售额50万元，应纳资源税=100×8%+50×5%=10.5(万元)

结论：该企业应分别核算原油和天然气的销售额。

(三)利用税收优惠进行纳税筹划

资源税贯彻普遍征收、级差调节的立法原则，因此规定的减免税项目比较少。

(1) 开采原油过程中用于加热、修井的原油，免税。

(2) 纳税人开采或者生产应税产品过程中，因意外事故或者自然灾害等原因遭受重大损失的，由省、自治区、直辖市人民政府酌情决定减税或者免税。

(3) 对已经缴纳资源税的岩金矿原矿经选矿形成的尾矿进行再利用的，只要纳税人能够在统计、核算上清楚地反映，并在堆放等具体操作上能够同原矿明确区隔开来，不再计征资源税，尾矿与原矿如不能划分清楚，应按原矿计征资源税。

(4) 对地面抽采煤层气暂不征收资源税。煤层气是指储存于煤层及其固岩中与煤炭资源伴生的非常规天然气，也称煤矿瓦斯。

(5) 我国油气田稠油、高凝油和高含硫天然气资源税减征40%；三次采油资源税减征

30%；低丰度油气田资源税暂减征 20%；深水油气田减征 30%；油田范围内运输稠油过程中用于加热的原油天然气免征资源税。纳税人开采的原油、天然气，同时符合上述两项及两项以上减税规定的，只能选择其中一项执行，不能叠加适用。

（6）自 2015 年 5 月 1 日起，对冶金矿山铁矿石资源税，暂减按规定税率标准的 40%征收。

（7）衰竭期煤矿开采的煤炭可享资源税减征 30%优惠，对充填开采置换出来的煤炭，资源税减征 50%。纳税人开采的煤炭，同时符合这两项减税情形的，只能选择其中一项执行，不能叠加适用。

（8）国务院规定的其他减税、免税项目。

【例题】山西省某煤矿剩余可采储量下降到原设计可采储量的 10%，已进入衰竭期，2016 年销售煤炭 300 万元，适用税率为 5%，该企业当年申报缴纳资源税 300×5%×(1−30%)= 10. 5(万元)，但税务机关不同意这种计算方法。原因是该企业没有进行煤矿衰竭期备案。

分析：山西省地方税务局和山西省煤炭工业厅发布的《关于落实煤炭资源税优惠政策有关事项的公告》中规定：衰竭期煤矿开采的煤炭和充填开采置换出来的煤炭资源税减税项目，实行资源税纳税所在地主管税务机关备案管理制度。

衰竭期煤矿是指剩余可采储量下降到原设计可采储量的 20%以下，或者剩余服务年限不超过 5 年的煤矿，以煤炭企业下属的单个煤矿为单位确定。无法查找原设计可采储量的，衰竭期以剩余服务年限为准。剩余服务年限由剩余可采储量、最近一次核准或核定的生产能力、储量备用系数计算确定。

该企业虽然符合衰竭期条件，但因为没有履行享受税收优惠的程序，所以不能享受税收优惠。

第四节　城镇土地使用税纳税筹划

一、城镇土地使用税概述

城镇土地使用税是国家在城市、县城、建制镇和工矿区范围内，对使用土地的单位和个人，以其实际占用的土地面积为计税依据，按照规定的税额计算征收的一种税。

现行城镇土地使用税的基本法律规范，是 2006 年 12 月 31 日《国务院关于修改<中华人民共和国城镇土地使用税暂行条例>的决定》（以下简称《城镇土地使用税暂行条例》）。自 2007 年 1 月 1 日起对企业、单位和个人开征。

开征土地使用税，有利于通过经济手段，加强对土地的管理，变土地无偿使用为有偿使用，促进合理、节约使用土地，提高土地使用效益；有利于适当调节不同地区、不同地段之间的土地级差收入，促进企业加强经济核算，理顺国家与土地使用者之间的分配关系。

（一）纳税义务人

在城市、县城、建制镇、工矿区范围内使用土地的单位和个人，为城镇土地使用税的纳税人。所称单位，包括国有企业、集体企业、私营企业、股份制企业、外商投资企业、外国企业以及其他企业和事业单位、社会团体、国家机关、军队以及其他单位；所称个人，包括个体工商业户以及其他个人。

城镇土地使用税的纳税人通常包括以下几类：

（1）拥有土地使用权的单位和个人。

（2）拥有土地使用权的单位和个人不在土地所在地的，土地的实际使用人和代管人为纳税人。

（3）土地使用权未确定或权属纠纷未解决的，土地实际使用人为纳税人。

（4）土地使用权共有的，共有各方都是纳税人，由共有各方分别纳税。几个人或者几个单位共同拥有一块土地的使用权，这块土地的城镇土地使用税的纳税人应是对这块土地拥有使用权的每一个人或者每一个单位。他们应以其实际使用的土地面积占总面积的比例，分别计算缴纳土地使用税。

例如：某城市的甲与乙共同拥有一块土地的使用权，这块土地面积为1500平方米，甲实际使用1/3，乙实际使用2/3，则甲应是其所占的土地500平方米的城镇土地使用税的纳税人，乙应是其所占的土地1000平方米的城镇土地使用税的纳税人。

（二）征税范围

城镇土地使用税的征税范围，包括在城市、县城、建制镇、工矿区范围内的国家所有和集体所有的土地。上述城市、县城、建制镇和工矿区分别按以下标准确认：

（1）城市是指国务院批准设立的市。

（2）县城是指县人民政府所在地。

（3）建制镇是指经省、自治区、直辖市人民政府批准设立的建制镇。

（4）工矿区是指工商业比较发达、人口比较集中，符合国务院规定的建制镇标准，但尚未设立建制镇的大中型工矿企业所在地，工矿区必须经省、自治区、直辖市人民政府批准。

上述城镇土地使用税的征税范围中，城市的土地包括市区和郊区的土地，县城的土地是指县人民政府所在地的城镇的土地，建制镇的土地是指镇人民政府所在地的土地。建立在城市、县城、建制镇和工矿区以外的工矿企业则不需缴纳城镇土地使用税。自2009年1月1日起，公园、名胜古迹内的索道公司经营用地，应按规定缴纳城镇土地使用税。

（三）计税依据

城镇土地使用税以纳税人实际占用的土地面积为计税依据，土地面积计量标准为每平方米。即税务机关根据纳税人实际占用的土地面积，按照规定的税额计算应纳税额，向纳税人征收土地使用税。

纳税人实际占用的土地面积按下列办法确定：

（1）凡由省、自治区、直辖市人民政府确定的单位组织测定土地面积的，以测定的面积为准。

（2）尚未组织测量，但纳税人持有政府部门核发的土地使用证书的，以证书确认的土地面积为准。

（3）尚未核发土地使用证书的，应由纳税人申报土地面积，据以纳税，待核发土地使用证后再作调整。

（四）税率

城镇土地使用税采用定额税率，即采用有幅度的差别税额，按大、中、小城市和县城、建制镇、工矿区分别规定每平方米土地使用税年应纳税额。具体标准如下：

（1）大城市1.5~30元每平方米，

（2）中等城市1.2~24元每平方米，

（3）小城市0.9~18元每平方米，

（4）县城、建制镇、工矿区0.6~12元每平方米。

大、中、小城市以公安部门登记在册的非农业正式户口人数为依据，按照国务院颁布的《城市规划条例》中规定的标准划分。人口在 50 万以上者为大城市；人口在 20 万至 50 万之间者为中等城市；人口在 20 万以下者为小城市。城镇土地使用税税率表见表 7-4。

表 7-4　城镇土地使用税税率表

级　别	人口/人	每平方米税额/元
大城市	50 万以上	0.5～10
中等城市	20 万～50 万	0.4～8
小城市	20 万以下	0.3～6
县城、建制镇、工矿区		0.2～4

各省、自治区、直辖市人民政府可根据市政建设情况和经济繁荣程度在规定税额幅度内，确定所辖地区的适用税额幅度。经济落后地区，土地使用税的适用税额标准可适当降低，但降低额不得超过上述规定最低税额的 30%。经济发达地区的适用税额标准可以适当提高，但须报财政部批准。

（五）应纳税额的计算方法

城镇土地使用税的应纳税额可以通过纳税人实际占用的土地面积乘以该土地所在地段的适用税额求得。其计算公式为：

全年应纳税额＝实际占用应税土地面积（平方米）×适用税额

【例题】设在某城市的一企业使用土地面积为 10000 平方米，经税务机关核定，该土地为应税土地，每平方米税额为 4 元。计算其全年应纳的土地使用税税额。

分析：年应纳土地使用税税额＝10000×4＝40000（元）

（六）纳税义务发生时间

（1）纳税人购置新建商品房，自房屋交付使用之次月起，缴纳城镇土地使用税。

（2）纳税人购置存量房，自办理房屋权属转移、变更等级手续，房地产权属登记机关签发房屋权属证书之次月起，缴纳城镇土地使用税。

（3）纳税人出租、出借房产，自交付出租、出借房产之次月起，缴纳城镇土地使用税。

（4）房地产开发企业自用、出租、出借本企业建造的商品房，自房屋使用或交付之次月起，缴纳城镇土地使用税。

（5）纳税人新征用的耕地，自批准征用之日起满 1 年时开始缴纳土地使用税。

（6）纳税人新征用的非耕地，自批准征用次月起缴纳土地使用税。

（七）纳税期限

城镇土地使用税实行按年计算，分期缴纳的征收方法。具体纳税期限由省、自治区、直辖市人民政府确定。

（八）纳税地点和征收机构

城镇土地使用税在土地所在地缴纳。纳税人使用的土地不属于同一省、自治区、直辖市管辖的，由纳税人分别向土地所在地的税务机关缴纳土地使用税；在同一省、自治区、直辖市范围内，纳税人跨地区使用的土地，其纳税地点由各省、自治区、直辖市地方税务局确定。

土地使用税由土地所在地的地方税务机关征收，其收入纳入地方财政预算管理。土地使用税征收工作涉及面广，政策性较强，在税务机关负责征收的同时，还必须注意加强同国土管理、测绘等有关部门的联系，及时取得土地的权属资料，及时沟通，共同协作，把征收管理工作做好。

二、城镇土地使用税纳税筹划

（一）公司选址的纳税筹划

由于城镇土地使用税的纳税义务人在城市、县城、建制镇、工矿区范围内使用土地的单位和个人。其征税范围为城市、县城、建制镇和工矿区。城市、县城、建制镇、工矿区的具体征税范围，由各省、自治区、直辖市人民政府划定。因此在纳税筹划时，一是可将公司设置在城市、县城、建制镇、工矿区以外。二是由于税法允许经济落后地区土地使用税的税率适当降低，经济发达地区土地使用税的税率适当提高，所以可将企业设在经济落后地区；三是在同一省份的大中小城市以及县城和工矿区之中选择税率低的地区设立；四是在同一城市、县城和工矿区之内的不同等级的土地之中选择税率低的土地设立企业。

【例题】甲公司欲投资建厂，需占用土地 10 万平方米。现有两种方案可供选择：一是建在某中等城市城区，当地土地使用税税率为 20 元/平方米；二是建在某小城市城区，当地土地使用税税率为 8 元/平方米；三是将公司设在农村。假定公司地址不影响生产经营。

要求：请对其进行纳税筹划。

分析：如果建在中等城市城区，一年应纳城镇土地使用税＝10 万×20＝200（万元）；

如果建在小城市城区，一年应纳城镇土地使用税＝10 万×8＝80（万元）；

如果设在农村，一年应纳城镇土地使用税＝0。

结论：由于公司地址不影响生产经营，所以该公司可设在农村。

（二）利用税收优惠的纳税筹划

（1）国家机关、人民团体、军队自用的土地。但如果是对外出租、经营用则还是要交土地使用税。

（2）由国家财政部门拨付事业经费的单位自用的土地。企业办的学校、医院、托儿所，其用地能与企业其他用地明确区分，可以比照由国家财政部门拨付事业经费的单位自用的土地，免征土地使用税。

（3）宗教寺庙、公园、名胜古迹自用的土地。经营用地则不免。

（4）市政街闭道、广场、绿化地带等公共用地。

（5）直接用于农、林、牧、渔业的生产用地。

（6）以开山镇海整治的土地和改造的废弃土地，从使用的月份起免缴土地使用税 5～10 年。

（7）免税单位无偿使用纳税单位的土地（如公安、海关等单位使用铁路、民航等单位的土地），免征城镇土地使用税。纳税单位无偿使用免税单位的土地，纳税单位应照章缴纳城镇土地使用税。纳税单位与免税单位共同使用、共有使用权的土地上的多层建筑，对纳税单位可按其占用的建筑面积占建筑总面积的比例计征城镇土地使用税。例如一共是 15 层的大厦，一单位租用 5 层，一单位租用 10 层，则并不是只占有一层的单位交税。

（8）个人所有的居住房屋及院落用地，房产管理部门在房租调整改革前已经租用的居民住房用地，免税单位职工家属的宿舍用地。

（9）房地产开发公司建造商品的用地，原则上就应按规定计征土地使用税，但在商品房出售之前纳税确有困难的，其用地是否给予缓征或减征、免征照顾，由各省、自治区、直辖市税务局根据从严的原则，结合具体情况确定。

（10）基建项目在建期间的用地。对基建项目在建期间使用的土地，原则上应征收土地使用税，但对有些基建项目，特别是国家产业政策扶持发展的大型基建项目，占地面积大，建设周期长，在建期间又没有经营收入，为了照顾其实际情况，对纳税人纳税确有困难的，可由各省、自治区、直辖市税务局根据具体情况以免征或减征土地使用税；对已经完工或已经使用的建设项目，其用地应照章征收土地使用税。

（11）企业关闭、撤销的占地。企业关闭、撤销后，其占地未作他用的，经各省、自治区、直辖市税务局批准，可暂免征收土地使用税；如土地转让其他单位使用或企业重新用于生产经营的，应依照规定征收土地使用税。

（12）搬迁企业的用地。企业搬迁后，其原有场地和新场地都使用的，均应照章征收土地使用税；原有场地不使用的，经各省、自治区、直辖市税务局审批，可暂免征土地使用税。

（13）企业范围内的荒山、林地、湖泊等占地，尚未利用的，经各省、自治区、直辖市税务局审批，可暂免征收土地使用税。

（14）企业的绿化用地。对企业厂区（包括生产、办公及生活区）以内的绿化用地，应照章征收土地使用税，厂区以外的公共绿化用地和向社会开放的公园用地，暂免征收土地使用税。

【例题】某企业设在郊区，占地50亩，拟经营采摘、观光农业，主要种植草莓、葡萄、水蜜桃等水果。

要求：分析该企业是否需要缴纳城镇土地使用税。

分析：直接用于农林牧渔业的生产用地，免征土地使用税。

第五节　房产税纳税筹划

一、房产税征税规定

房产税，是以城市、县城、建制镇、工矿区内的房屋为征税对象，按房屋的计税余值或租金收入为计税依据，向产权所有人征收的一种财产税。

现行房产税的基本法律规范为1986年9月15日由国务院颁布并于同年10月1日正式实施的《中华人民共和国房产税暂行条例》。同年9月25日，财政部、国家税务总局印发《关于房产税若干具体问题的解释和暂行规定》，之后，国务院以及财政部、国家税务总局又陆续发布了一些有关房产税的规定、办法，这些构成了我国房产税法律制度。

（一）纳税人

房产税的纳税人是房屋的产权所有人。具体包括产权所有人、承典人、房产代管人或者使用人。具体规定为：

（1）产权属于国家的，由经营管理的单位缴纳；

（2）产权属于集体和个人所有的，由集体和个人缴纳。

（3）产权出典的，由承典人缴纳。

（4）产权所有人、承典人不在房产所在地的，或者产权未确定及租典纠纷未解决的，由房产代管人或使用人缴纳。代管人是接受产权所有人、承典人的委托代为管理房产或虽未受委托而在事实上已代管房产的人。使用人时直接在使用房产的人。

（5）纳税单位和个人无租使用房产管理部门、免税单位及纳税单位的房产，由使用人代为缴纳房产税。

房地产开发企业建造的商品房，在出售前，不征收房产税，但对出售前房地产开发企业已使用或出租、出借的商品房应按规定征收房产税。

（二）征税对象

房产税的征税对象是房产。所谓房产，是指有屋面和围护结构（有墙或两边有柱），能够遮风避雨，可供人们在其中生产、学习、工作、娱乐、居住或储藏物资的场所。独立于房屋之外的建筑物，如围墙、烟囱、水塔、菜窖、室外游泳池等不属于房产税的征税范围。

（三）征税范围

房产税的征税范围为城市、县城、建制镇、工矿区范围内的房产，在其他地区的房产不征房产税。

（1）城市是指国务院批准设立的市。

（2）县城是指县人民政府所在地的地区。

（3）建制镇是指经省、自治区、直辖市人民政府批准设立的建制镇。建制镇的征税范围为镇人民政府所在地，不包括所辖的行政村（即房产税的征税范围不包括农村）。

（4）工矿区是指工商业比较发达，人口比较集中，符合国务院规定的建制镇标准，但尚未设立建制镇的大中型工矿企业所在地，工矿区必须经省、自治区、直辖市人民政府批准。

（四）计税依据

房产税的计税依据是房产的计税价值或房产的租金收入。按房产计税价值征税的，称为从价计征；按照房产租金收入计征的，称为从租计征。

1. 从价计征

《房产税暂行条例》规定，房产税依照房产原值一次减除10%～30%后的余值计算缴纳。各地扣除比例由当地省、自治区、直辖市人民政府确定。

（1）房产原值指纳税人按照会计制度规定，在账簿“固定资产”科目中记载的房屋原价。没有记载房屋原价的，参照同类房屋确定房产原值，按规定计征房产税。

（2）房产原值应包括与房屋不可分割的各种附属设备或一般不单独计算价值的配套设施。主要有暖气、卫生、通风、照明、煤气等设备以及各种管线。

（3）纳税人对原有房屋进行改建、扩建的，要相应增加房屋的原值。

（4）房产余值是房产的原值减除规定比例后的剩余价值。

（5）确定计税依据时应注意的问题：①对投资联营的房产，在计征房产税时应区别对待。投资者利用房产投资联营，参与投资利润分红，共担风险的，按房产余值作为计税依据计征房产税；只收取固定收入，不承担联营风险的，应由出租方按租金收入计缴房产税。②对于融资租赁房屋的情况，在计征房产税时应以房产余值计算征收，至于租赁期内房产税的纳税人，由当地税务机关根据实际情况确定。③新建房屋交付使用时，如中央空调设备已计算在房产原值中，则房产原值应包括中央空调设备；如中央空调设备作单项固定资产入账，单独核算并计提折旧，则房产原值不应包括中央空调设备。旧房安装空调设备，一般都作为单项固定资产入账，不应计入房产原值。

2. 从租计征

《房产税暂行条例》规定：房产出租的，以房产租金收入为房产税的计税依据。

房产租金收入是指房屋产权所有人出租房产使用权所得的报酬，包括货币收入和实物收入。如果是以劳务或者其他形式为报酬抵付房租收入的，应根据当地同类房产的租金水平，确定一个标准租金额从租计征。

纳税人对个人出租房屋的租金收入申报不实或申报数与同一地段同类房屋的租金收入相比明显不合理的，税务部门可以按照《中华人民共和国税收征收管理法》的有关规定，采取科学合理的方法核定其应纳税额。具体办法由各省、自治区、直辖市地方税务机关结合当地实际情况制定。

（五）税率

我国现行房产税采用的是比例税率。由于房产税的计税依据分为从价计征和从租计征两种形式，所以房产税的税率也有两种：①按房产计税余值计征的，税率为 1.2%；②按房产租金收入计征的，税率为 12%。

从 2001 年 1 月 1 日起，对个人按市场价格出租的居民住房，用于居住的，暂减按 4% 的税率征收房产税。

（六）应纳税额的计算

1. 从价计征时应纳税额的计算

应纳税额=应税房产原值×(1-扣除比例)×1.2%

【例题】某企业经营用房原值 3000 万元，当地扣除比例 30%，则该企业一年应交纳房产税为：

应纳税额=3000×(1-30%)×1.2%=25.2(万元)。

2. 从租计征时应纳税额的计算

应纳税额=租金收入×12%

【例题】某企业出租房屋 5 间，年租金收入共计 5 万元，则该企业一年应交纳房产税为：

应纳税额=50000×12%=6000(元)

（七）税收优惠

目前，房产税的优惠政策主要有：

（1）国家机关、人民团体、军队自用的房产免征房产税。但上述免税单位的出租房产以及非自身业务使用的生产、营业用房(如办公用房和公务用房)，不属于免税范围。

（2）由国家财政部门拨付事业经费的单位，如学校、医疗卫生单位、托儿所、幼儿园、敬老院、文化、体育、艺术等这些实行全额或差额预算管理的事业单位所有的，本身业务范围内使用的房产免征房产税。上述单位所属的附属工厂、商店、招待所等不属于单位公务、业务的用房，应照章纳税。

（3）宗教寺庙、公园、名胜古迹自用的房产免征房产税。

（4）个人所有非营业用的房产免税。

（5）对行使国家行政管理职能的中国人民银行总行(含国家外汇管理局)所属分支机构自用的房产，免征房产税。

(6) 经财政部批准免税的其他房产。

纳税人确实有困难的，可以由省、自治区、直辖市人民政府确定，定期减征或者免征房产税。

(八) 纳税义务发生时间

(1) 纳税人将原有房产用于生产经营，从生产经营之月起，缴纳房产税。

(2) 纳税人自行新建房屋用于生产经营，从建成之次月起，缴纳房产税。

(3) 纳税人委托施工企业建设的房屋，从办理验收手续之次月起，缴纳房产税。

(4) 纳税人购置新建商品房，自房屋交付使用之次月起，缴纳房产税。

(5) 纳税人购置存量房，自办理房屋权属转移、变更登记手续，房地产权属登记机关签发权属证书之次月起，缴纳房产税。

(6) 纳税人出租、出借房产，自交付出租、出借房产之次月起，缴纳房产税。

(7) 房地产开发企业自用、出租、出借本企业建造的商品房，自房屋使用或交付之次月起，缴纳房产税。

(8) 纳税人因房产的实物或权利状态发生变化而依法终止纳税义务的，其应纳税款的计算截止到房产的实物或权利状态发生变化的当月末。

(九) 纳税期限

房产税实行按年计算、分期缴纳的征收方法。具体纳税期限由各省、自治区、直辖市人民政府确定。

(十) 纳税地点

房产税在房产所在地缴纳。房产不在同一地方的纳税人，应按房产的座落地点分别向房产所在地的税务机关纳税。

二、房产税纳税筹划

(一) 缩小计税依据进行筹划

房产税暂行条例规定：征收房产税的房屋是指有屋面和维护结构(有墙或两边有柱)，能够遮风避雨，可供人们在其中生产、工作、学习、娱乐、居住或储藏物资的场所。独立于房屋之外的建筑物，如围墙、烟囱、水塔、菜窖、室外游泳池等不属于房产税的征税对象。与房屋不可分割的附属设施，属于房产。所以独立于房屋之外的建筑物，不要计入房产原值。

【例题】甲企业位于某市市区，企业除厂房、办公用房外，还包括厂区围墙、烟囱、水塔、变电塔、游泳池、停车场等建筑物，总计工程造价10亿元，除厂房、办公用房外的建筑设施工程造价2亿元。假设当地政府规定的扣除比例为30%，请对其进行纳税筹划。

分析：如果该企业把所有建筑物都作为房产计入房产原值：

应纳房产税 = 100000×(1-30%)×1.2% = 840(万元)

筹划思路：该企业应将除厂房、办公用房以外的建筑物都建成露天的，并且把这些独立建筑物的造价同厂房、办公用房的造价分开，在会计账簿中单独核算，这部分建筑物的造价就不计入房产原值，不需缴纳房产税。

应纳房产税 = (100000-20000)×(1-30%)×1.2% = 672(万元)

结论：筹划后该公司可以少缴房产税168万元。

(二) 房屋大修停用时的纳税筹划

房产税税收优惠规定：纳税人因房屋大修导致连续停用半年以上的，在房屋大修期间免征房产税。这里一定要注意以下几点：首先要注意该优惠适用条件，一要连续停用；二要停用6个月以上。其次是纳税人必须在房屋大修前向税务机关报送房屋大修原因、大修合同、大修起止时间等相关证明材料，以备税务机关查验。再次是房屋大修期间免缴房产税一定要提前登记备案，只有经税务机关审核后，在大修期间才可免征房产税。

国税发[2005]129号文件规定：未按规定申请或虽申请但未经有权税务机关审批确认的，纳税人不得享受减免税。纳税人如果对征管程序不熟悉，有时会白白丧失税收优惠。

（三）以商铺进行投资联营的纳税筹划

《房产税暂行条例》规定：对以房产投资联营、投资者参与投资利润分红、共担风险的，按房产余值作为计税依据计缴房产税。对以房产投资收取固定收入、不承担经营风险的，以出租方取得的租金收入为计税依据计缴房产税。

【例题】小王有一处10年前以50万元购买的150平方米商铺，位于市区黄金地段，如果出租给品牌服装经营者，租金大约每年8万元。也可以商铺与对方联营，每年利润分红约为6万~10万元。假设当地规定的房产税扣除比例为30%。

分析：如果小王将商铺出租，每年需缴纳房产税：8×12%=0.96(万元)

如果小王以商铺投资联营、参与投资利润分红、共担风险，每年需缴纳房产税：50×(1−30%)×1.2%=0.42(万元)

结论：出租或投资联营两种方式下，小王年收益无差别，但房产税却相差0.54万元，所以小王应选择投资联营方式。

【例题】小李有一处2015年以200万元购买的150平方米商铺，位于市区黄金地段，如果出租给品牌服装经营者，租金大约每年8万元。也可以商铺与对方联营，每年利润分红约为6万~10万元。

分析：如果小李将商铺出租，每年需缴纳房产税：8×12%=0.96(万元)

如果小李以商铺投资联营、参与投资利润分红、共担风险，每年需缴纳房产税：200×(1−30%)×1.2%=1.68(万元)

结论：出租或投资联营两种方式下，小李年收益无差别，但房产税却相差0.72万元，所以小李应选择出租方式。

从上述两个例题可以看出：商铺的购买价格在上涨，但相同地段的商铺不论何时购置，当前租金收益都相等。假设投资联营和出租收益相差不大，可以总结出二者间的关系：

设每年租金收入为X，房屋原值为Y，当投资联营和出租两种方式缴纳房产税相等时，

$$X\times12\%=Y\times(1-30\%)\times1.2\%，解得\ X=0.07Y$$

即：当$X>0.07Y$时，纳税人应选择投资联营方式；

当$X=0.07Y$时，纳税人选择投资联营或出租方式均可；

当$X<0.07Y$时，纳税人应选择出租方式。

第六节　契税纳税筹划

一、契税概述

（一）含义

契税是指国家在土地、房屋权属转移时，按照当事人双方签订的合同(契约)，以及所确定价格的一定比例，向权属承受人征收的一种税。

现行契税的基本法律规范，是1997年7月7日国务院发布并于同年10月1日开始施行的《中华人民共和国契税暂行条例》。

（二）特点

1. 契税属于财产转移税

契税以发生转移的不动产，即土地和房屋为征税对象，具有财产转移课税性质。土地、房屋产权未发生转移的，不征契税。

2. 契税由财产承受人缴纳

一般税种都确定销售者为纳税人，即卖方纳税。契税则属于土地、房屋产权发生交易过程中的财产税，由承受人纳税，即买方纳税。对买方征税的主要目的，在于承认不动产转移生效，承受人纳税以后，便可拥有转移过来的不动产产权或使用权，法律保护纳税人的合法权益。一般实行先交税后发证方法来保障税款的征收。

（三）征收方法

契税实行从价定率征收。实行3%～5%的比例税率。国有土地使用权出让、土地使用权出售、房屋买卖，以成交价格作为计税依据。土地使用权赠与、房屋赠与，由征税机关参照土地使用权出售、房屋买卖的市场价格确定计税依据。如果纳税人之间进行土地使用权交换、房屋交换，以交换土地使用权、房屋的价格差额为计税依据。即交换价格不相等的，由多交付货币的一方缴纳契税；交换价格相等的，免征契税。以划拨方式取得的土地使用权，经批准转让房地产时，以补交的土地使用权出让费用或者土地收益为计税依据。

契税应纳税额的计算公式为：

应纳税额＝计税依据×税率

【例题】甲用价值50万元的一套住房交换乙价值70万元的住房一套，同时甲支付给乙20万元差价款。假定当地税率为3%，则甲为纳税人，乙不用纳税。

甲应纳税额为：200000×3%＝6000（元）

【例题】某国有企业将过去行政划拨的土地出售给某民营企业，价值2000万元；同时该国有企业补交土地出让金1000万元。假定当地税率为3%，则该国有企业、民营企业需缴纳多少契税？

分析：国有企业应缴纳契税＝1000×3%＝30（万元）

民营企业应缴纳契税＝2000×3%＝60（万元）

（四）契税的税收优惠政策

（1）国家机关、事业单位、社会团体、军事单位承受土地、房屋，用于办公、教学、医疗、科研和军属设施的，免税。

（2）城镇职工按规定第一次购买公有住房的，免税。

（3）因不可抗力灭失住房而重新购买住房的，酌情减免。

（4）土地、房屋被县级以上政府征用后，重新承受土地、房屋权属的，由省级政府决定是否给予减免。

（5）承受荒山、荒沟、荒丘、荒滩土地使用权，并用于农、林、牧、渔业生产的，免征契税。

（6）经外交部确认，依照我国有关法律规定以及我国缔结或参加的双边和多边条约或协定，应当予以免税的外国驻华使馆、领事馆、联合国驻华机构及其外交代表、领事官员和其他外交人员承受土地、房屋权属。

（五）纳税义务发生时间

纳税人在签定土地、房屋权属转移合同的当天，或者取得其他具有土地、房屋权属转移合同性质凭证的当天为纳税义务发生时间。

（六）纳税期限

纳税人应当自纳税义务发生之日起10日内，向土地、房屋所在地的税收征收机关办理纳税申报，并在税收征收机关确定的期限内缴纳税款。

（七）纳税地点

契税实行属地征收管理。纳税人发生契税纳税义务时，应向土地、房屋所在地的税务征收机关缴纳。

二、契税纳税筹划

（一）减少涉税环节进行纳税筹划

由于每发生一次土地、房屋权属转移，权属承受方就要发生一次契税的纳税行为。所以，若有可能，通过减少权属转移环节，可达到降低契税税负的目的。

【例题】甲乙丙为三个自然人，甲和丙分别拥有一套价值100万元的房屋，乙想购买甲的房屋，甲想购买丙的房屋后出售自己原有房屋。假设甲乙丙都知道各自的购房或售房供求信息。当地契税税率为5%。

要求：提出一个纳税筹划方案。

分析：如果按现有方案：乙购买甲的房屋，甲购买丙的房屋，则乙甲应纳税额为：

乙应纳契税 = 100×5% = 5(万元)

甲应纳契税 = 100×5% = 5(万元)

筹划方案：甲、丙先交换房屋，再由丙将房屋出售给乙，由于交换房屋价值相等时，不缴纳契税，这样只是乙交一次契税就可以了。

乙应纳契税 = 100×5% = 5(万元)

结论：要通过房屋交换减少契税纳税环节。

（二）房屋不等价交换时降低差价法进行纳税筹划

契税暂行条例规定：如果纳税人之间进行土地使用权交换、房屋交换，以交换土地使用权、房屋的价格差额为计税依据。即交换价格不相等的，由多交付货币的一方缴纳契税；交换价格相等的，免征契税。

当双方交换不等价的房屋时，尽量通过一定的手段降低双方交换房屋的差价，这样契税的计税依据就会降低。

【例题】甲以价值100万元的房屋交换乙价值120万元的房屋，甲向乙支付差价20万元，乙换房后需出资20万元对房屋进行装修才能居住。当地契税税率3%。

要求：对甲乙换房进行纳税筹划。

分析：按现有方案，甲应纳契税：20×3% = 0.6(万元)

筹划方案：甲在换房前按乙的要求对房屋进行装修，然后双方以120万元进行等价交换，这样甲就不必缴纳契税了。

（三）降低计税依据筹划法：购买新房时买毛坯房不买精装房

《契税暂行条例》规定：房屋买卖以成交价格作为计税依据。由于精装修房屋的价格包括装修材料费、人工费和利润，价格比毛坯房要高很多，所以个人在买房时，为了节约契税，应该购买毛坯房。

【例题】小张购买一精装修房屋，120平方米，买价150万元。当地契税税率为3%。则小张应缴纳契税为：150×3%＝4.5(万元)

纳税筹划建议：房地产开发商为了满足客户需求，一般有毛坯房和精装房两种房屋供客户选择，如果小张选择购买一套同面积同户型的毛坯房，则购买价款为100万元，然后根据自己的装修设想全部交给装修公司装修。付给装饰公司设计及装饰劳务费15万元，材料费35万元。这时小张应根据房屋的购买价格100万元缴纳契税，应纳契税为：

$$100 \times 3\% = 3(万元)$$

筹划方案评价：购买精装修房屋使业主的契税税负增加了1.5万元，所以建议业主购买毛坯房。

第七节　车船税纳税筹划

一、车船税概述

车船税是指对在中国境内车船管理部门登记的车辆、船舶(以下简称车船)依法征收的一种税。

现行车船税的基本法律规范，是2011年2月25日第十一届全国人大常委会第十九次会议通过的《中华人民共和国车船税法》，自2012年1月1日起施行。2011年12月5日国务院公布了《中华人民共和国车船税法实施条例》。

(一) 纳税义务人

车船税的纳税人，是指在中华人民共和国境内属于税法规定的车辆、船舶(以下简称车船)的所有人或者管理人。从事机动车交通事故责任强制保险业务的保险机构为机动车车船税的扣缴义务人。

(二) 征税范围

车船税的征税范围，是指在中国境内属于车船税法所规定的应税车辆和船舶。具体包括：

(1) 依法应当在车船登记管理部门登记的机动车辆和船舶。

(2) 依法不需要在车船登记管理部门登记的在单位内部场所行驶或者作业的机动车辆和船舶。

车船管理部门是指公安、交通运输、农业、渔业、军队、武装警察部队等依法具有车船登记管理职能的部门和船舶检验机构；单位是指依照中国法律、行政法规规定，在中国境内成立的行政机关、企业、事业单位、社会团体以及其他组织。

(三) 税目、税额

车船税的税目包括五大类：乘用车、商用车、其他车辆、摩托车和船舶。车船税实行幅度定额税率。具体规定见车船税税目税额表见表7-5。

车辆的具体适用税额由各省、自治区、直辖市人民政府依照《车船税法》所附《车船税税目税额表》规定的税额幅度和国务院的规定确定并报国务院备案。省、自治区、直辖市人民政府确定车辆具体适用税额应当遵循以下两条原则：第一，乘用车依照排气量从小到大递增税额；第二，客车按照核定载客人数20人以下和20人以上两档划分，递增税额。船舶的具体适用税额由国务院在《车船税法》所附《车船税税目税额表》规定的税额幅度内确定。

表 7-5　车船税税目税额表

税目		计税单位	年基准税额/元	备注
乘用车（按发动机气缸容量排气量分档）	1.0 升（含）以下的	每辆	60~360	核定载客人数 9 人（含）以下
	1.0 升以上至 1.6 升（含）的		300~540	
	1.6 升以上至 2.0 升（含）的		360~660	
	2.0 升以上至 2.5 升（含）的		660~1200	
	2.5 升以上至 3.0 升（含）的		1200~2400	
	3.0 升以上至 4.0 升（含）的		2400~3600	
	4.0 升以上的		3600~5400	
商用车	客车	每辆	480~1440	核定载客人数 9 人以上（包括电车）
	货车	整备质量每吨	16~120	包括半挂牵引车、挂车、三轮汽车和低速载货汽车等；挂车按货车税额的 50%计算
其他车辆	专用作业车	整备质量每吨	16~120	不包括拖拉机
	轮式专用机械车	整备质量每吨	16~120	
摩托车		每辆	36~180	
船舶	机动船舶	净吨位每吨	3~6	拖船和非机动船舶分别按机动船舶税额的 50%计算；游艇的税额另行规定
	游艇	艇身长度每米	600~2000	

注意：排气量、整备质量、核定载客人数、净吨位、千瓦、艇身长度，以车船登记管理部门核发的车船登记证书或者行驶证所载数据为准。

依法不需要办理登记的车船和依法应当登记而未办理登记或者不能提供车船登记证书、行驶证的车船，以车船出厂合格证明或者进口凭证标注的技术参数、数据为准；不能提供车船出厂合格证明或者进口凭证的，由主管税务机关参照国家相关标准核定，没有国家相关标准的参照同类车船核定。

（四）应纳税额的计算

1. 乘用车、客车和摩托车

应纳税额＝辆数×适用年基准税额

2. 货车、专用作业车和轮式专用机械车

应纳税额＝整备质量吨位数×适用年基准税额

3. 机动船舶

应纳税额＝净吨位数×适用年基准税额

4. 拖船和非机动驳船

应纳税额＝净吨位数×适用年基准税额×50%

5. 游艇

应纳税额=艇身长度×适用年基准税额

6. 购置的新车船

购置当年的应纳税额自纳税义务发生的当月起按月计算：

应纳税额=适用年基准税额÷ 12 ×应纳税月份数

【例题】某运输企业拥有汽车 50 辆（每辆整备质量吨位数是 30 吨），商用客车 10 辆，该企业所在省规定载货汽车年税额每吨 60 元，客车年税额为 680 元。要求计算该企业一年应缴纳的车船税。

分析：应纳税额=50×30×60+10×680=96800（元）

【例题】某航运公司拥有机动船 30 辆，其中净吨位为 600 吨的 12 艘，2000 吨的 8 艘，5000 吨的 10 艘，600 吨的单位税额 4 元，2000 吨的单位税额 5 元，5000 吨的单位税额 5 元。要求计算该公司当年应缴纳的车船税。

分析：应纳税额=12×600×4+2000×8×5+5000×10×5=358800（元）

（五）税收优惠政策

1. 下列车船免征车船税

（1）捕捞、养殖渔船；

（2）军队、武装警察部队专用的车船；

（3）警用车船；

（4）依照法律规定应当予以免税的外国驻华使领馆、国际组织驻华代表机构及其有关人员的车船。

（5）对使用新能源车船，免征车船税。

（6）临时入境的外国车船和香港特别行政区、澳门特别行政区、台湾地区的车船，不征收车船税。

（7）按照规定缴纳船舶吨税的机动船舶，自车船税法实施之日起 5 年内免征车船税。

（8）依法不需要在车船登记管理部门登记的机场、港口、铁路站场内部行驶或者作业的车船，自车船税法实施之日起 5 年内免征车船税。

2. 其他税收优惠

（1）对节约能源车船，减半征收车船税。包括节约能源乘用车和节约能源商用车。

（2）对受地震、洪涝等严重自然灾害影响纳税困难以及其他特殊原因确需减免税的车船，可以在一定期限内减征或者免征车船税。具体减免期限和数额由省、自治区、直辖市人民政府确定，报国务院备案。

（3）省、自治区、直辖市人民政府根据当地实际情况，可以对对公共交通车船，以及我市农村居民拥有并主要在农村地区使用的摩托车、三轮汽车和低速载货汽车定期减征或免征收车船税。

（六）纳税义务发生时间

车船税的纳税义务发生时间，一般情况下为取得车船所有权或者管理权的当月。

具体来说，车船税的纳税义务发生时间，为车船管理部门核发的车船登记证书或者行驶证书所记载日期的当月。纳税人未按照规定到车船管理部门办理应税车船登记手续的，以车船购置发票所载开具时间的当月作为车船税的纳税义务发生时间。对未办理车船登记手续且无法提供车船购置发票的，由主管地方税务机关核定纳税义务发生时间。

（七）纳税地点

车船税由地方税务机关负责征收。纳税地点为车船的登记地或者车船税扣缴义务人所在地。依法不需要办理登记的车船，车船税的纳税地点为车船的所有人或者管理人所在地。

（八）纳税期限

车船税按年申报，分月计算，一次性缴纳。纳税年度为公历1月1日至12月31日。具体纳税申报期限由省、自治区、直辖市人民政府规定。

二、车船税纳税筹划策略

（一）计税依据的纳税筹划

车船税法规定：车辆自重尾数在0.5吨(含0.5吨)以下的，按照0.5吨计算；超过0.5吨的，按照1吨计算。船舶净吨位尾数在0.5吨(含0.5吨)以下的，不予计算；超过0.5吨的，按照1吨计算。

因此，企业购买车辆时，应尽量使自重尾数等于或接近0.5或0，避免增加税基；购买船舶时，应尽量使净吨位尾数正好小于或等于0.5，以降低税基。

【例题】某企业2016年需要购置载货汽车，所购载货汽车的自重吨位之和达到520吨即可。市场上有两种载货汽车可供选择：自重5.2吨的载货汽车和自重8吨的载货汽车。该地区载货汽车的车船税税率为自重每吨100元。请对其进行纳税筹划。

分析：方案一：购买100辆自重5.2吨的载货汽车，应纳车船税=100×5.5×100=55000(元)

方案二：购买65辆自重8吨的载货汽车，应纳车船税=65×8×100=52000(元)

结论：方案二比方案一少缴车船税3000元，而且，若每辆车需要配一名司机，方案二还可减少司机35人，节省了人工成本。因此，应选择方案二。

（二）利用临界点进行纳税筹划

船舶具体使用税额：净吨位小于或等于200吨的，每吨3元；净吨位在201～2000吨的，每吨4元；净吨位在2001～10000吨的，每吨5元；净吨位在10001吨及以上的，每吨6元。船舶实际上适用全额累进定额税率。纳税人应充分利用临界点，避免在稍高于各级的临界点处购买船舶，否则会出现税额大幅增长的现象。

【例题】某企业欲购买一只大船，现有两种选择：一只船净吨位2100吨；另一只船的净吨位为2000吨。请对其进行纳税筹划。

分析：方案一：净吨位2100吨的船，适用税额5元/吨。

应纳车船税=2100×5=10050(元)

方案二：净吨位2000吨的船，适用税额4元/吨。

应纳车船税=2000×4=8000(元)

结论：虽然净吨位相差100吨，但每年都会产生2050元的纳税差异，所以应选择方案二。

第八节　车辆购置税纳税筹划

一、车辆购置税概述

车辆购置税，是国家对购置应税车辆的单位和个人，以其购置应税车辆的计税价格为计税依据，按照规定的税率计算并一次性征收的一种税。是对在中国境内购置规定车辆的单位和个人征收的一种税，它由车辆购置附加费演变而来。

现行车辆购置税的基本规范是2000年10月22日国务院颁发，自2001年1月1日开始开始施行的《中华人民共和国车辆购置税暂行条例》。车辆购置税为中央税，由国家税务局征收，收入缴入中央国库，收入主要用于我国公路建设。

二、车辆购置税征税规定

（一）纳税人

车辆购置税的纳税人，是指在中华人民共和国境内购置应税车辆的单位和个人。这里所说的购置，包括购买、进口、自产、受赠、获奖或者以其他方式取得并自用应税车辆的行为；单位，包括国有企业、集体企业、私营企业、股份制企业、外商投资企业、外国企业以及其他企业和事业单位、社会团体、国家机关、部队以及其他单位；个人，包括个体工商业户和其他个人。购置已征车辆购置税的车辆，不再征收车辆购置税。

（二）征税范围

《车辆购置税暂行条例》规定，车辆购置税的征税范围包括：

（1）汽车。包括各类汽车。

（2）摩托车。包括轻便摩托车、二轮摩托车和三轮摩托车。

（3）电车。包括无轨电车和有轨电车。

（4）挂车。包括挂车和半挂车。

（5）农用运输车。包括三轮农用运输车和四轮农用运输车。

车辆购置税征税范围的调整，由国务院决定并公布。

（三）税率

车辆购置税的税率采用固定比例税率，税率为10%。车辆购置税税率的调整，由国务院决定并公布。

（四）计税依据

车辆购置税的计税依据是车辆的计税价格。根据《车辆购置税暂行条例》的规定，车辆购置税的计税价格根据不同情况，按照下列规定确定：

（1）纳税人购买自用的应税车辆的计税价格，为纳税人购买应税车辆而支付给销售者的全部价款和价外费用，不包括增值税税款。这里所说的价外费用，是指销售方在价外向购买方收取的手续费、基金、违约金、包装费、运输费、保管费、代收款项、代垫款项和其他各种性质的价外费用，但不包括增值税税款。计算公式为：

$$计税价格=(全部价款+价外费用)\div(1+增值税税率或征收率)$$

（2）纳税人进口自用的应税车辆的计税价格为组成计税价格，即：

$$组成计税价格=关税完税价格+关税+消费税$$

（3）纳税人自产、受赠、获奖或者以其他方式取得并自用的应税车辆的计税价格，由主管税务机关参照规定的最低计税价格核定。这里所说的最低计税价格，是指国家税务总局依据机动车生产企业或者经销商提供的车辆价格信息，参照应税车辆市场平均交易价格核定的车辆购置税计税价格。

（4）纳税人购买自用或者进口自用的应税车辆，申报的计税价格低于同类型应税车辆的最低计税价格，又无正当理由的，计税价格为国家税务总局核定的最低计税价格。

(5) 国家税务总局未核定最低计税价格的车辆，计税价格为纳税人提供的有效价格证明注明的价格。有效价格证明注明的价格明显偏低的，主管税务机关有权核定应税车辆的计税价格。

（五）应纳税额的计算

车辆购置税实行从价定率的办法计算应纳税额，其应纳税额的计算公式为：

$$应纳税额=计税价格\times税率$$

纳税人以外汇结算应税车辆价款的，按照申报纳税之日中国人民银行公布的人民币基准汇价，折合成人民币计算应纳税额。

【例题】某人购买一辆新出厂的小汽车，价款和价外费用以及增值税税款共计 11.7 万元。计算该人应缴纳的车辆购置税。

分析：计税价格=11.7÷(1+17%)=10(万元)

应纳车辆购置税税额=10×10%=1(万元)

（六）税收优惠

《车辆购置税暂行条例》规定：

(1) 外国驻华使馆、领事馆和国际组织驻华机构及其外交人员自用的车辆免税。

(2) 中国人民解放军和中国人民武装警察部队列入军队武器装备订货计划的车辆免税。

(3) 设有固定装置的非运输车辆免税。

(4) 国务院规定予以免税或减税的其他情形。

（七）纳税义务发生时间和纳税期限

纳税人购买自用应税车辆的，应当自购买之日起 60 日内申报纳税；进口自用应税车辆的，应当自进口之日起 60 日内申报纳税；自产、受赠、获奖或者以其他方式取得并自用应税车辆的，应当自取得之日起 60 日内申报纳税。

车辆购置税实行一次性征收制度，税款应一次性缴清。购置已征车辆购置税的车辆，不再征收车辆购置税。

（八）纳税环节

车辆购置税是对应税车辆的购置行为课征，征税环节选择在使用环节(即最终消费环节)。具体而言，纳税人应当在向公安机关等车辆管理机构办理车辆登记注册手续前，缴纳车辆购置税。

纳税人应当持主管税务机关出具的完税注明或者免税注明，向公安机关车辆管理机构办理车辆登记注册手续；没有完税证明或者免税证明的，公安机关车辆管理机构不得办理车辆登记注册手续。

免税、减税车辆因转让、改变用途等原因不再属于免税、减税范围的，应当在办理车辆过户手续前或者办理变更车辆登记注册手续前缴纳车辆购置税。

（九）纳税地点

纳税人应当向车辆登记注册地主管税务机关申报纳税。购置车辆不需要办理车辆登记注册手续的，应当向纳税人所在地主管税务机关申报纳税。

三、车辆购置税纳税筹划策略

（一）车辆购买渠道的纳税筹划

《国家税务总局关于确定车辆购置税计税依据的通知》(国税函〔2006〕1139 号)明确：根

据《中华人民共和国增值税暂行条例》及其实施细则的有关规定，纳税人销售货物不含增值税的销售额的计算公式为：

销售额=含税销售额÷(1+增值税税率或征收率)

主管税务机关在计征车辆购置税确定计税依据时，计算车辆不含增值税价格的计算方法与增值税相同，即

不含税价=(全部价款+价外费用)÷(1+增值税税率或征收率)。

所以，对于纳税人从增值税一般纳税人及从小规模纳税人手中购买机动车计算缴纳的车辆购置税是不同的。

从增值税一般纳税人手中购买机动车，应纳车辆购置税=(全部价款+价外费用)÷(1+17%)×10%；

从小规模纳税人商业企业中购买机动车，应纳车辆购置税=(全部价款+价外费用)÷(1+3%)×10%。

因此，消费者购买同类型机动车，付同样的购车款，从具有一般纳税人资格经销商手中购买比从小规模纳税人经销商处购买可少缴车购税。

【例题】江西省某市自然人甲从认定为增值税一般纳税人的汽车经销商购进一部北京现代BH车，发票开具金额为105000元。自然人乙从小规模纳税人的某汽车经销商购买同类型车，价格同样为105000元。

分析：根据规定，甲能提供该经销商增值税一般纳税人证明，则向国税机关申报缴纳车辆购置税的金额为：105000÷(1+17%)×10%=8974(元)

乙应申报缴纳车辆购置税为：105000÷(1+3%)×10%=10194(元)

结论：乙从小规模纳税人手中购买汽车，比甲多缴车辆购置税1220元。所以消费者购买同类型机动车，付同样的购车款，从具有一般纳税人资格经销商手中购买比从小规模纳税人经销商处购买可少缴车辆购置税。

（二）利用税收优惠进行纳税筹划

在缴纳车辆购置税时，还需注意对特定群体及单位缴纳车辆购置税可享受免税、减税资格。所以单位和个人在购置车辆前，有必要充分了解车辆购置税的税收优惠政策，然后再进行车辆具体品牌和型号的选择。现行《车辆购置税暂行条例》规定：

（1）外国驻华使馆、领事馆和国际组织驻华机构及其外交人员自用的车辆，免税；

（2）中国人民解放军和中国人民武装警察部队列入军队武器装备订货计划的车辆，免税；

（3）设有固定装置的非运输车辆，免税；

（4）有国务院规定予以免税或者减税的其他情形的，按照规定免税或者减税。目前主要包括以下几类：防汛部门和森林消防部门用于指挥、检查、调度、报汛(警)、联络的设有固定装置的指挥型号的车辆；回国服务的留学人员用现汇购买1辆个人自用固定小汽车；长期来华定居专家1辆自用小汽车。

（5）从2015年10月1日到2016年12月31日，对购买1.6升及以下排量乘用车实施减半征收车辆购置税的优惠政策。

（三）利用计税价格进行纳税筹划

车辆购置税征管系统现与CTAIS2.0版数据对接，国家税务总局每季度对车辆购置税最低计税价格数据进行更新，对部分新增车辆该数据库中当季没有核定最低计税价格，需在本季基层国税机关采集后由总局审定后下发实施，对在数据库中没有核定最低计税价格的

新增车辆由国税机关车购税征收人员比照已核定最低计税价格先行征税。由于在比照同类型车辆过程中车购税征收人员可比照同类型价格较高的，也可比照同类型价格较低的，因此当遇到此种情况时，消费者在缴纳车购税的过程中应注意自己所购车辆是否为厂家新增车辆，可要求车购税征收人员比照较低的同类型价格征税，以少缴车购税。

如：江西省某市甲某从某摩托车经销商(小规模纳税人)手中购买重庆双庆机电有限公司 JH125-3 型摩托车(当月数据库中对此类新增车辆没有核定最低计税价格)，其车购税发票计税价格含税为 2800 元，比照该厂家同类型 125 型核定计税价格为 2574 元，则需缴纳车辆购置税 249.9 元。若比照同期台州市椒江之威摩托车制造有限公司神骑 SQ125T-4 计税价格为 2808 元，则需缴纳车购税 271.8 元，二者相比差 21.9 元。

第九节　城市维护建设税纳税筹划

一、城市维护建设税概述

(一) 纳税人

按照现行税法规定，城市维护建设税的纳税人是缴纳增值税、消费税的单位和个人。具体来讲，是缴纳增值税、消费税的单位和个人。

(二) 纳税期限和纳税地点

城市维护建设税应当与增值税、消费税同时缴纳，自然其纳税期限和纳税地点也与增值税、消费税相同。

(三) 计税依据

按照现行税法规定，城市维护建设税应以纳税人实际缴纳的增值税、消费税为计税依据，与增值税、消费税同时缴纳。

(四) 税率

城市维护建设税按照纳税人所在地不同实行差别税率，其税率分别为：纳税人所在地在市区的，税率为 7%；纳税人所在地在县城、镇的，税率为 5%；纳税人所在地不在市区、县城或镇的，税率为 1%。

(五) 应纳税额的计算城市维护建设税的应纳税额的计算公式

应纳税额=计税依据×税率=纳税人实际缴纳的增值税、消费税之和×税率

二、城市维护建设税税收优惠

城市维护建设税的税收优惠主要是减免税。按照现行规定，城市维护建设税的减免税规定主要有：

(1) 海关对进口产品征收增值税、消费税时，不同时征收城市维护建设税。

(2) 对于由于减征、免征增值税、消费税而发生的退税，同时退还已经缴纳的城市维护建设税。但对出口产品退还增值税、消费税时，不退还已经缴纳的城市维护建设税。

(3) 城市维护建设税由于是以纳税人实际缴纳的增值税、消费税为计税依据，并随同增值税、消费税征收的，因此减免增值税、消费税也就意味着减免城市维护建设税，所以城市维护建设税一般不能单独减免。但是如果纳税人确有困难需要单独减免的，可以由省

级人民政府酌情给予减税或者免税照顾。

三、城市维护建设税纳税筹划方法

(一) 计税依据的纳税筹划

城建税的计税依据是纳税人实际缴纳的增值税、消费税税额，所以只要降低两税税额，城建税应纳税额也会减少。城建税计税依据的纳税筹划方法和两税计税依据的筹划方法相同。

(二) 企业选址纳税筹划

【例题】某投资者欲投资一家工业企业，在选择企业厂址时有两种选择：一是设立在市区，一是设立在城镇。投产后每月应缴纳增值税大约为 30 万元，不缴纳消费税。

要求：请对其厂址选择进行纳税筹划。

分析：企业建在不同地区适用城建税税率不同，市区 7%，城镇 5%，企业可以根据自身情况，在不影响经济效益的前提下，选择城镇来建厂，这样不仅可以少缴城建税，还可以降低城镇土地使用税税负。

建在市区每月应纳城建税 = 30×7% = 2. 1(万元)

建在城镇每月应纳城建税 = 30×5% = 1. 5(万元)

结论：建在城镇每月可以少缴城建税 0. 6 万元，因此将企业建在城镇更好一些。

风险提示：不是所有的企业都可以建在城镇或者农村，地址选择可能影响企业的生产经营业绩，企业不能只是单纯考虑城建税、城镇土地使用税税负来进行地址选择，应综合考虑各方面因素做出妥善安排。

(三) 利用委托加工方式进行纳税筹划

【例题】A 公司位于市区，可以自制化妆品，也可委托位于县城的甲公司加工。自制化妆品售价 600 万元，委托甲公司加工时由甲公司代收代缴消费税，甲公司同类化妆品的售价为 600 万元，A 公司收回化妆品后直接销售，售价也为 600 万元。已知化妆品消费税税率为 30%。

要求：请为 A 公司做出自制还是委托加工的选择。

分析：自制需要由 A 公司自己缴纳消费税、城建税、教育费附加。城建税税率适用市区 7%的税率。如果委托位于县城的甲公司加工，则适用受托方所在地县城的城建税税率 5%，因为两种情况下的计税依据是相同的，所以从节约城建税的角度来说，A 公司应选择委托加工方式。

自制化妆品应纳城建税 = 600×30%×7% = 1. 26(万元)

委托加工化妆品应纳城建税 = 600×30%×5% = 0. 9(万元)

结论：选择委托加工方式可节约城建税 0. 36 万元，因此建议 A 公司选择委托加工方式。

风险提示：选择委托加工方式有时对消费品质量有一定的影响，必须考察受托加工方的信誉，并且要在委托加工合同中对货物质量提出保障措施。

第十节 关税纳税筹划

一、关税概述

(一) 关税的概念及法律规范

关税是由海关代表国家，按照国家制定的关税政策和公布实施的税法和进出口税则，对进出国境或关境的货物、物品征收的一种流转税。

关税定义中的“境”，既可以指国境，也可以指关境。国境是一个主权国家的领土范围，关境是指一个国家的海关法得以全部实施的区域。一般情况下，国境与关境是一致的，即海关法适用的范围和国家主权行使的范围是一致的。但是两者也有不一致的情况，如有些国家在国境内设有自由贸易港、自由贸易区或出口加工区时，关境则小于国境；当几个国家组成关税同盟时，成员国之间互相取消关税，对外实行共同的关税税则，就成员国而言其关境大于国境。

在我国的关税制度中，以贸易形式进出口的商品称为货物；通过旅客携带、个人邮递、国际运输工具服务人员携带等方式进出口的个人自用商品称为物品。

我国关税的相关法律、法规主要包括2000年7月8日九届人大二次会议通过的《中华人民共和国海关法(修正)》、2003年10月29日国务院第二十六次常务会议通过的《中华人民共和国进出口关税条例》以及由国务院关税税则委员会审定并报国务院批准，作为条例组成部分的《中华人民共和国海关进出口税则》等。

(二) 关税的分类

1. 按国际贸易中商品的流向分类

分为进口关税、出口关税和过境关税。进口关税是海关对从境外入境的货物和物品征收的关税。一般在我国货物进入国境或关境时征收。出口关税是一国海关对本国出口的货物或物品运出关境时，出于一定的目的对本国出口商品征收的关税。一般来说，征收出口关税不利于扩大出口，要征也只能选择那些垄断国际市场或需要关税保护的物品作为征税品目。过境关税是指一国对通过其关境的外国货物征收的一种关税。

2. 按关税的征收目的分类

分为财政关税和保护关税。财政关税是为发挥关税的财政职能，以取得一部分财政收入为目的而开征的关税。保护关税是以保护本国工农业生产或经济长期稳定发展为目的而开征的关税。

3. 按关税的课征标准分类

分为从价税、从量税、复合税、滑准税。从价税是以课税对象的价格或金额为课税标准，这是最常用的一种课税标准。在从价关税的征收中必须以合理的货物、物品价格为基础。从量税是以课税对象的数量为课税标准，课税对象的数量通常由进出口国根据商业惯例中使用的重量、长度、面积、容积、功率或产品的件数等单位予以规定。复合税是以课税对象的价格(金额)和数量为课税标准的一种税，即从价从量并用。滑准税是一种关税税率随着进口商品的价格由高到低而由低到高设置计征关税的方法，这种做法可以使进口商品价格越高，其进口关税税率越低，进口商品的价格越低，其关税税率越高，以保证滑准税商品的国内市场价格相对稳定，减少国际市场价格波动的影响。目前我国对进口新闻纸实行滑准税。

(三) 关税的特点

关税作为一种国家税收，具有税收的共同特点，即无偿性、强制性、固定性三个基本特点。但是关税和其他税种相比又具有其自身的特点。

(1) 关税是以进出口商品的流转额(流转量)为课税对象。关税作为一种流转税，不同于所得税和财产税，它是以进出口商品的流转额(流转量)为课征对象，在税率一定的情况下，税额的大小取决于进出口商品的价格高低或交易数量的多少，而与生产、销售商品的成本和费用水平无关。在市场经济条件下，纳税人还可以通过调整商品的交易价格，将一部分税收负担转嫁给他人负担。从理论上讲，进出口关税都可以向前转嫁给消费者负担。不过，随着国际市场竞争日益激烈，出口商为了打破对方的贸易壁垒，往往实行低价倾销，一部分税负向后转嫁给国内厂商；在保护贸易条件下，进口关税也可能向后转嫁给出口商承担。

（2）关税的课征环节是在商品的进出口环节。其他流转税是在商品的生产、批发、零售等环节课征，而关税是在商品的进出口环节课征。

（3）关税的课征目的是为了保护本国相关产业发展和调节国际贸易关系。关税的课征目的与增值税额、营业税有较大的差别，增值税额、营业税是以取得财政收入为主要目的，所以在税制设计上要求税基宽广，尽可能覆盖所有的商品和劳务；税率要单一，不能对不同的商品和劳务实行区别对待，以免破坏其中立性。而现代关税是以保护本国产业发展和调节国家贸易关系为主要目的，从这个方面来看，它接近于消费税。所不同的是，消费税主要是调节国内资源的配置，关税调节的是资源在国与国之间的配置。

（4）关税的征收机关是海关。关税由专设的海关机构征收，海关是设在关境上的国家行政管理机关，是贯彻执行本国有关进出口政策、法令和规章的重要工具。

（5）关税具有涉外性。关税是专门对来自外国的或输往外国的商品而设置的税种，它不仅能为国家取得财政收入，而且还是国家贯彻执行统一的对外经济政策和实现其他政治经济目的的重要手段。一国关税的征收与减免直接影响到与之有贸易关系的其他国家的经济利益，这个特点使其具有了不同于其他流转税的特定的职能。关税不仅是国家保护本国产业发展和调节经济资源在国际间配置的重要手段，而且是国际间经济合作与斗争的一个重要工具，成为国际谈判和协定的一项重要内容。

（四）关税的作用

1. 维护国家主权和经济利益

对进出口货物征收关税，表面上看似乎只是一个与对外贸易相联系的税收问题，其实一国采取什么样的关税政策直接关系到国家的主权和经济利益问题。关税自古以来就是各国政府维护本国政治、经济利益，乃至进行国际经济斗争的一个重要武器。我国根据平等互利和对等原则，通过关税复式税则的运用等方式，争取国际间的关税互惠并反对他国对我国进行关税歧视，促进对外经济技术交往，扩大对外经济合作。

2. 保护和促进本国工农业生产的发展

一个国家采取什么样的关税政策，是实行自由贸易，还是采取保护关税政策，是由该国的经济发展水平、产业结构状况、国际贸易收支状况以及参与国际经济竞争的能力等多种因素决定的。国际上许多发展经济学家认为，自由贸易政策不适合发展中国家的情况，这些国家为了顺利地发展民族经济，实现工业化，必须实行保护关税政策。我国作为发展中国家，一直十分重视利用关税保护本国的“幼稚工业”，促进进口替代工业发展，关税在保护和促进本国工农业生产的发展方面发挥了重要作用。

3. 调节国民经济和对外贸易

关税是国家的重要经济杠杆，通过税率的高低和关税的减免，可以影响进出口规模，调节国民经济活动。如调节出口产品和出口产品生产企业的利润水平，有意识地引导各类产品的生产、调节进出口商品数量和结构，可以促进国内市场商品的供需平衡，保护国内市场的物价稳定等。

4. 筹集国家财政收入

从世界大多数国家尤其是发达国家的税制结构分析，关税收入在整个财政收入中的比重不大，并逐渐呈下降趋势。但是，一些发展中国家，其中主要是那些国内工业不发达、工商税源有限、国民经济主要依赖于某种或某几种初级资源产品出口，以及国内许多消费品主要依赖于进口的国家，征收进出口关税仍然是他们取得财政收入的重要渠道之一。我国关税收入是财政收入的重要组成部分，新中国成立以来，关税为经济建设提供了可观的财政资金。目前，发挥关税在筹集建设资金方面的作用，仍然是我国关税政策的一项重要内容。

二、关税征税规定

（一）征税对象和税目

关税的征税对象是进出境的货物和物品。凡准许进出口的货物，除国家另有规定外，均应由海关征收进口关税或出口关税。对从境外采购进口的原产于中国境内的货物，也应按规定征收进口关税。

关税的税目、税率都由《海关进出口税则》规定。它包括三个部分：归类总规则、进口税率表、出口税率表，其中归类总规则是进出口货物分类的具有法律效力的原则和方法。进出口税则中的商品分类目录为关税税目。按照税则归类总规则及其归类方法，每一种商品都能找到一个最适合的对应税目。

（二）关税纳税人

贸易性商品的纳税人是指进口货物的收货人，出口货物的发货人。具体包括：外贸进出口公司；工贸或农贸结合的进出口公司；其他经批准经营进出口商品的企业。

物品的纳税人包括：入境旅客随身携带的行李、物品的持有人；各种运输工具上服务人员入境时携带自用物品的持有人；馈赠物品以及其他方式入境个人物品的所有人；个人邮递物品的收件人。

接受纳税人委托办理货物报关等有关手续的代理人，可以代办纳税手续。

（三）关税税率

1. 关税税率种类

关税的税率分为进口税率和出口税率两种。其中进口税率又分为普通税率、最惠国税率、协定税率、特惠税率、关税配额税率和暂定税率。进口货物适用何种税率是以进口货物的原产地为标准的。进口关税一般采用比例税率，实行从价计征的办法，但对啤酒、原油等少数货物则实行从量计征。对广播用录像机、放像机、摄像机等实行从价加从量的复合税率。

（1）普通税率。对原产于未与我国共同适用最惠国条款的世界贸易组织成员国或地区，未与我国订有相互给予最惠国待遇、关税优惠条款贸易协定和特殊关税优惠条款贸易协定的国家或地区的进口货物，以及原产地不明的货物，按照普通税率征税。

（2）最惠国税率。对原产于与我国共同适用最惠国条款的 WTO 成员国或地区的进口货物，或原产于与我国签订含有相互给予最惠国待遇的双边贸易协定的国家或地区的进口货物，以及原产于我国的进口货物，按照最惠国税率征税。

（3）协定税率。对原产于与我国签订含有关税优惠条款的区域性贸易协定的国家或地区的进口货物，按协定税率征税。

（4）特惠税率。对原产于与我国签订含有特殊关税优惠条款的贸易协定的国家或地区的进口货物，按特惠税率征税。

（5）关税配额税率。是指关税配额限度内的税率。关税配额是进口国限制进口货物数量的措施，把征收关税和进口配额相结合以限制进口。对于在配额内进口的货物可以适用较低的关税配额税率，对于配额之外的则适用较高税率。

（6）暂定税率。是在最惠国税率的基础上，对于一些国内需要降低进口关税的货物，以及出于国际双边关系的考虑需要个别安排的进口货物，可以实行暂定税率。

2. 关税税率的运用

我国进出口关税条例规定，进出口货物应当依照税则规定的归类原则归入合适的税号，并按照适用的税率征税。

（1）进出口货物，应当按照纳税义务人申报进口或者出口之日实施的税率征税。

（2）进口货物到达前，经海关核准先行申报的，应当适用装载该货物的运输工具申报进境之日实施的税率征税。

（3）进出口货物的补税和退税，适用该进出口货物原申报进口或出口之日所实施的税率，但下列情况除外：

① 按照特定减免税办法批准予以减免税的进口货物，后因情况改变经海关批准转让或出售或移做他用需予补税的，应按原进口之日实施的税率征税。

② 加工贸易进口料、件等属于保税性质的进口货物，如经批准转为内销的，应按向海关申报转为内销之日实施的税率征税；如未经批准擅自转为内销的，则按海关查获日期所施行的税率征税。

③ 暂进口货物转为正式进口需予补税时，应按其转为正式进口之日实施的税率征税。

④ 分期支付租金的租赁进口货物，分期付税时，应按该项货物原进口之日实施的税率征税。

⑤ 溢卸、误卸货物确定需予征税时，应按其原运输工具申报进口之日所实施的税率征税。如原进口日期无法查明的，可按确定补税当天实施的税率征税。

⑥ 对由于税则归类的改变、完税价格的审定或其他各种差错而需要补税的，应按原征税日期实施的税率征税。

⑦ 对经批准缓税进口的货物以后缴税时，不论是分期或一次交清税款的，应按货物原进口之日实施的税率征税。

⑧ 查获的走私进口货物需予补税时，应按查获日期实施的税率征税。

（四）关税的计税依据

关税的计税依据为应税货物的完税价格。在税率一定的情况下，能否准确无误地审定完税价格，是正确计算关税的关键。进出口货物的成交价格以及有关费用以外币计价的，以中国人民银行公布的基准汇率折合为人民币计算完税价格；以基准汇率币种以外的外币计价的，按照国家有关规定套算为人民币计算完税价格。适用汇率的日期由海关总署规定。

1. 进口货物完税价格的确定

（1）一般贸易项下进口货物的完税价格

一般贸易项下进口的货物以海关审定的成交价格为基础的到岸价格作为完税价格。所谓成交价格是一般贸易项下进口货物的买方为购买该项货物向卖方实际支付或应当支付的价格。在货物成交过程中，进口人在成交价格外另支付给卖方的佣金，应计入成交价格，而向境外采购代理人支付的买方佣金则不能列入，如已包括在成交价格中应予以扣除；卖方付给进口人的正常回扣，应从成交价格中扣除。卖方违反合同规定延期交货的罚款，卖方在货价中冲减时，罚款则不能从成交价格中扣除。

到岸价格是指包括货价以及货物运抵我国关境内输入地点起卸前的包装费、运费、保险费和其他劳务费等费用构成的一种价格，其中还包括为了在境内生产、制造、使用或出版、发行的目的而向境外支付的与该进口货物有关的专利、商标、著作权，以及专有技术、计算机软件和资料等费用。为避免低报、瞒报价格偷逃关税，进口货物的到岸价格不能确定时，本着公正、合理原则，海关应当按照规定估定完税价格。

进口货物的成交价格，是指卖方向中华人民共和国境内销售该货物时，买方为进口该货物向卖方实付、应付的，并按照规定调整后的价款总额，包括直接支付的价款和间接支付的价款。

（2）特殊贸易下进口货物的完税价格的确定

① 运往境外加工货物的完税价格。对于出境时已向海关申报并在海关规定期限内复运进境的运往境外加工货物，应当以加工后的货物进境时的到岸价格与原出境货物（或者与原出境货物或类似的货物）在进境时的到岸价格之间的差额作为完税价格。如果无法得到原出境货物的到岸价格，可以用原出境货物相同或类似货物在进境时的到岸价格，或用原出境货物在出境申报出境时的离岸价格替代。如果以上两种方法都不行，则可用原出境货物在境外加工时支付的工缴费加上运抵我国关境输入地点起卸前的包装费、运费、保险费等一切费用作为完税价格。

② 运往境外修理的机械器具、运输工具或者其他货物，出境时已向海关报明并在规定的期限内复运进境的，应当以境外修理费和料件费审查确定完税价格。

③ 租借和租赁进口货物的完税价格，以海关审查确定的该货物的租金作为完税价格。

④ 留购的进口货样、广告品完税价格。归于国内单位留购的进口货样、展览品和广告陈列品，以留购价格作为完税价格。但对于留购货样、展览品和广告陈列品的买方除支付留购货款外另又直接或间接给卖方一定利益的，海关可以另行确定留购货物的完税价格。

⑤ 逾期未出境的暂时进口货物完税价格。对于经海关批准暂时进口的施工机械、工程车辆、供安装使用的仪器和工具、电视或电影设置机械，以及盛装货物的容器，如超过半年仍留在国内使用的，应自第七个月起按月征收进口关税，其完税价格按原货进口时的到岸价格确定，每月的关税额计算公式为：

$$关税税额=(货物原到岸价格\times关税率)\div48$$

⑥ 转让出售进口减免税货物的完税价格。按照特定减免税办法批准予以减免税进口的货物，在转让或出售而需补税时，可按这些货物原进口时的到岸价格来确定其完税价格。计算公式为：

$$完税价格=原入境到岸价格\times[(1-实际使用月份)\div(监管年限\times12)]$$

监管年限是指海关对减免税进口的货物监督管理的年限。

【例题】某机构2014年1月1日进口汽车一辆，因其特定用途，免征关税。海关对其监管年限为4

年。2016年1月1日，因出售该进口汽车，不再属于免征关税范围。海关审定的该汽车原进口时的价格为30万元，关税税率20%。计算应补缴的关税。

分析：

$$关税完税价格=30\times(1-2\div4)=15(万元)$$

$$应补缴的关税=15\times20\%=3(万元)$$

2. 出口货物完税价格的确定

出口货物应以海关审定的货物售予境外的离岸价格，扣除出口关税后作为完税价格。计算公式为：

$$出口货物完税价格=离岸价格\div(1+出口税率)$$

3. 进出口货物完税价格的审定

对于进出口货物的收发货人或其代理人向海关申报进出口货物的成交价格明显偏低，而又不能提供合法证据和正当理由的；申报价格明显低于海关掌握的相同或类似货物的国际市场上公开成交货物的价格，而又不能提供合法证据和正当理由的；申报价格经海关调查认定买卖双方之间有特殊关系或对货物的使用、转让互相订有特殊条款或特殊安排，影响成交价格的，以及其他特殊成交情况，海关认为需要估价的，则按以下方法依次估定完税价格：

（1）相同货物成交价格法。即以从同一出口国家或地区购进的相同货物的成交价格作为该被估货物完税价格的计税依据。

（2）类似货物成交价格法。即以从同一出口国家或地区购进的类似货物的成交价格作为该被估货物完税价格的计税依据。

（3）国际市场价格法。即以进口货物的相同或类似货物在国际市场上公开的成交价格为该进口货物的完税价格。

（4）国内市场价格倒扣法。即以进口货物的相同或类似货物在国内市场上的批发价格，扣除合理的税、费、利润后的价格。

（5）合理方法估定的价格。如果按照上述几种方法顺序估价仍不能确定其完税价格时，则可由海关按照合理方法估定。

（五）关税应纳税额的计算

进出口货物关税，以从价计征、从量计征、复合计征和滑准计征四种方式征收。

1. 从价计征方式应纳税额的计算

$$应纳税额=应税进(出)口货物数量\times单位完税价格\times税率$$

【例题】某公司从日本进口收音机一批共50000台，其单位完税价格为40元人民币，关税税率为20%。计算该批收音机应缴纳的进口关税。

分析：应缴纳的进口关税$=50000\times40\times20\%=400000$(元)

【例题】某公司出口一批铜材，离岸价格为2600万元人民币，出口税率为30%。计算该批铜材的完税价格及应缴纳的出口关税。

分析：完税价格$=2600\div(1+30\%)=2000$(万元)

应缴纳出口关税$=2000\times30\%=600$(万元)

2. 从量计征方式应纳税额的计算

$$关税税额=应税进(出)口货物数量\times单位货物税额$$

【例题】某公司从德国进口30吨啤酒，该类型啤酒适用的进口税率为2600元/吨，计算该公司进口该类型啤酒应缴纳的关税。

分析：应缴纳的关税＝30×2600＝84000(元)

3. 复合计征方式应纳税额的计算

我国目前实行的复合税都是先计征从量税，再计征从价税。

关税税额＝应税进(出)口货物数量×单位货物税额+应税进(出)口货物数量×单位完税价格×税率

4. 滑准计征方式应纳税额的计算

关税税额＝应税进(出)口货物数量×单位完税价格×滑准税税率

现行税则《进(出)口商品从量税、复合税、滑准税税目税率表》后注明了滑准税税率的计算公式，该公式是一个与应税进(出)口货物完税价格相关的取整函数。

(六)关税征纳管理

1. 关税减免

关税减免分为法定减免税、特定减免税和临时减免税。根据《海关法》规定，除法定减免税外的其他减免税均由国务院决定。减征关税在我国加入 WTO 之前以税则规定税率为基准，在我国加入 WTO 之后以最惠国税率或者普通税率为基准。

(1) 法定减免税。法定减免税是税法中明确列出的减税或免税。符合税法规定可予减免税的进出口货物，纳税义务人无需自己申请，海关可按规定直接予以减免税。海关对法定减免税货物一般不进行后续管理。我国《海关法》和《进出口条例》明确规定，下列货物、物品予以减免关税：

① 关税税额、进口环节增值税或消费税税额在人民币 50 元以下的一票货物。

② 无商业价值的广告品和货样。

③ 外国政府、国际组织无偿赠送的物资。

④ 进出境运输工具装载的途中必需的燃料、物料和饮食用品。

⑤ 因故退还的中国出口货物，经海关审查属实，可予免征进口关税，但已征收的出口关税不予退还。

⑥ 因故退还的从境外进口的货物，经海关审查属实，可予免征出口关税，但已征收的进口关税不予退还。

进口货物如有以下情形，经海关查明属实，可酌情减免进口关税：

① 在境外运输途中或者在起卸时，遭受损坏或者损失的；起卸后海关放行前，因不可抗力遭受损坏或者损失的；海关查验时已经破漏、损坏或者腐烂，经证明不是保管不慎造成的。

② 为境外厂商加工、装配产品和为制造外销产品而进口的原材料、辅料、零件、部件、配套件和包装物料，海关按照实际加工出口的成品数量免征进口关税；或者对进口料、件先征进口关税，再按照实际加工出口的成品数量予以退税。

③ 中国缔结或参加的国际条约规定减征、免征关税的货物、物品，海关应当按照规定减免关税。

(2) 特定减免税。特定减免税也称政策性减免税。在法定减免税之外，国家按照国际通行规则和我国实际情况，制定发布的有关进出口货物减免关税的政策，称为特定减免税。特定减免税一般有地区、企业和用途的限制，海关需要进行后续管理，也需要进行减免税统计。主要包括以下几方面：科教用品；残疾人专用品；扶贫、慈善性捐赠物资；加工贸易进口物资；边境贸易进口物资；保税区进口货物；出口加工区进出口货物；进口设备；特定行业或用途的减免税政策。

（3）临时减免税。临时减免税是指以上法定和特定减免税以外的其他减免税，即由国务院根据《海关法》对某个单位、某类商品、某个项目或某批进出口货物的特殊情况，给予特别照顾，一案一批，专文下达的减免税。一般有单位、品种、期限、金额或数量等限制，不能比照执行。

我国已加入 WTO，为遵循统一、规范、公平、公开的原则，有利于统一税法、公平税负、平等竞争，国家严格控制减免税，一般不办理个案临时性减免税，对特定减免税也在逐步规范、清理，对不符合国际惯例的税收优惠政策将逐步予以废止。

2. 关税缴纳

（1）关税的申报纳税时间和税款缴纳时间

关税应在货物实际进出境时，即在纳税人按进出口货物通关规定向海关申报后、海关放行前一次性缴纳。纳税人应当自海关填发税款缴款书之日起 15 日内向指定银行缴纳税款。进口货物到达前，纳税义务人经海关核准可以先行申报，具体办法由海关总署另行规定。

（2）关税滞纳金

纳税人未按期交纳税款的，从滞纳税款之日起，按日加收万分之五的滞纳金。海关可以对纳税义务人欠缴税款的情况予以公告。

（3）延期纳税

纳税人因不可抗力或者国家税收政策调整的情况下，不能按期缴纳税款的，经海关总署批准，可以延期缴纳税款，但最长不得超过 6 个月。

三、关税纳税筹划

（一）关税完税价格的纳税筹划

关税完税价格是关税的计税依据，因此在税率一定的情况下，完税价格的高低直接决定关税税负的高低。合理控制关税完税价格是进行纳税筹划的关键。由于我国关税的征收主要是进口关税，而进口货物的完税价格包括货物的货价、货物运抵我国境内输入地点起卸前的运费、保险费及相关费用等。纳税人可以选择成交价格、运输保险费较低的货物进口或者将同批货物中税率不同的货物单独开具发票，以达到降低完税价格的目的。同时由于进口货物在进口环节要同时缴纳增值税、消费税，它们的计税依据也包括关税完税价格，所以对关税完税价格进行纳税筹划可以达到一箭三雕的效果。

【例题】某外贸公司于 2016 年 3 月进口 5 辆排量为 4 升的小汽车，消费税税率为 25%，完税价格为 50 万元/辆（含随同报关的工具和零部件 8 万元）。关税税率为 30%。

要求：分析该外贸公司应如何对进口环节税收进行纳税筹划？

分析：如何该外贸公司按 50 万元/辆的完税价格进行纳税申报，则：

应纳关税 = 50×30%×5 = 75（万元）

应纳消费税 = [（50×5+75）÷（1−25%）]×25% = 108.33（万元）

应纳增值税 = [（50×5+75）÷（1−25%）]×17% = 73.67（万元）

进口小汽车实际支付款项 = 50×5+75+108.33+73.67 = 507（万元）

筹划思路：该外贸公司如果在报关前，将每辆车的工具和零部件 8 万元另开发票，单独报关进口，则工具和零部件可以按自己的税率缴纳关税，同时进口环节消费税不需缴纳。假定工具和零件关税税率为10%。则：

应纳关税=(50−8)×30%×5+8×10%×5=67(万元)

应纳消费税=[(42×5+67)÷(1−25%)]×25%=92.33(万元)

应纳增值税=[(42×5+67)÷(1−25%)]×17%+8×5×(1+10%)×17%=70.27(万元)

进口小汽车实际支付款项=50×5+67+92.33+70.27=479.6(万元)

结论：进行纳税筹划后可节税507−479.6=27.4(万元)，而且不光关税少交，消费税和增值税都相应减少。

【例题】一家钢铁企业，需要进口100万吨铁矿石，可供选择的进货渠道有两家：一是澳大利亚，一是加拿大。澳大利亚的铁矿石品位较高，价格为20美元一吨，运费60万美元；加拿大的铁矿石品位较低，价格为19美元一吨，但运杂项费用高达240万美元，暂不考虑其他条件，到底应该选择哪一个国家进口铁矿石呢？分析：

澳大利亚铁矿石完税价格=20×100+60=2060(万美元)

加拿大铁矿石完税价格=19×100+240=2140(万美元)

如果按20%征收进口关税的话，至少可以节税16万美元。

结论：经过计算如果选择从澳大利亚进口铁矿石，按20%征收进口关税的话，至少可以节税16万美元。所以进口货物时应对构成关税计税依据的各个要素综合考虑和权衡。

（二）利用保税制度进行纳税筹划

保税制度是对保税货物加以监管的一种制度，是关税制度的重要组成部分。保税制度可以简化手续，便利通关，有利于促进对外加工、装配贸易等外向型经济的发展。

保税货物是指经过海关批准，未办理纳税手续，在境内储存、加工、装配后复运出境的货物。保税货物属于海关监管货物，未经海关许可并补缴税款，不能擅自出售；未经海关许可，也不能擅自开拆、提取、支付、发运、改装、转让或者变更标记。目前，我国的保税制度包括保税仓库、保税工厂和保税区等制度。

保税制度的运行是一个包含众多环节的过程。假设进口货物最终将复运出境，那么基本环节就是进口和出口。在这两个环节中，公司都必须向海关报关，在该公司填写的报关表中有单耗计量单位一栏，所谓单耗计量单位，即生产一个单位成品耗费几个单位原料，通常有以下几种形式：一种是度量衡单位/自然单位，如吨/块、米/套等；一种是自然单位/自然单位，如件/套、匹/件等；还有一种是度量衡单位/度量衡单位，如吨/立方米等。

【例题】某生产出口产品的家具生产公司，2015年5月从加拿大进口一批木材，并向当地海关申请保税，该公司报关表上填写的单耗计量单位为：280块/套，即做成一套家具需耗用280块木材。在加工过程中，该公司引进先进设备，做成一套家具只需耗用200块木材。家具生产出来以后，公司将成品复运出口，完成了一个保税过程。

分析：假设公司进口木材10万块，每块价格120元，海关关税税率为30%，则其节税成果为：

(100000−100000÷280×200)×120×30%=1028571.43(元)

（三）海关估定完税价格的纳税筹划

经海关审查未能确定成交价格或到岸价格的，海关主要按以下方法依次估定完税价格：相同货物成交价格法、类似货物成交价格法、国际市场价格法、国内市场价格倒扣法、由海关按其他合理方法估定的价格。利用海关估定完税价格也可以进行纳税筹划。

例如，某公司进口刚生产出的高科技产品，进口该产品支付了300万美元，类似产品的市场价格仅为120万美元，海关也因此种产品的创新，而无法依据审定成交价格法确定成交价格及完税价格，而只能以该产品的同一出口国或地区购进的类似货物的成交价格作为确定被估进口货物完税价格的依据，即按类似货物成交价格法予以确认。这样的话，该项进口商品的海关估价最多只有 120 万美元，180 万美元便是税务筹划空间。

【本章小结】

除了流转税和所得税外，纳税人还要缴纳财产税、资源税、特定目的税、行为税等。这些税种也有一定的纳税筹划空间。尤其是土地增值税、印花税、房产税、车船税、车辆购置税、城市维护建设税等税种。纳税人可以从计税依据、税收优惠政策、税率等方面进行纳税筹划。

【课后练习题】

一、单项选择题

1. 下列项目中，属于土地增值税免税范围的是(　　)。

A. 建造普通标准住宅出售，增值额超过扣除项目金额之和 20%的

B. 个人之间互换自有居住用房地产的

C. 非房地产开发企业对外投资(投资于房地产开发企业)的房产

D. 企事业单位转让旧房

2. 某房地产开发公司转让 5 年前购入的一块土地，取得转让收入 1800 万元，该土地购进价 1200 万元，取得土地使用权时缴纳相关税费 40 万元，转让该土地时缴纳相关税费 35 万元。该房地产开发公司转让土地应缴纳土地增值税(　)万元。

A. 73.5　　B. 150　　C. 157.5　　D. 300

3. 某房地产开发企业开发一个房地产项目并销售，取得土地使用权所支付的金额 1000 万元；房地产开发成本 6000 万元；向金融机构借入资金利息支出 400 万元，能提供贷款证明，其中超过国家规定上浮幅度的金额为 100 万元；该省规定能提供贷款证明的其他房地产开发费用扣除比例为 5%；计算土地增值税时该企业允许扣除的房地产开发费用为(　　)万元。

A. 400　　B. 350　　C. 650　　D. 750

4. 某县城房地产开发公司开发一幢普通标准住宅出售，签订商品房买卖合同，取得销售收入 9500 万元，分别按国家规定缴纳了营业税、城建税、教育费附加、印花税。该公司为建造此住宅支付地价款和有关费用 1000 万元，开发成本 5000 万元，房地产开发费用 500 万元，其中利息支出 200 万元，但由于该公司同时建造别墅，贷款利息无法分摊，该地方政府规定房地产开发费用的计算比例为 9%。转让此普通标准住宅应缴土地增值税额是(　　)万元。

A. 0　　B. 200.5　　C. 210.7　　D. 374.1

5. 下列关于印花税的纳税人，表述正确的是(　　)。

A. 各类电子应税凭证的使用人为纳税人

B. 保人、证人为纳税人

C. 在国外使用应税凭证的单位和个人为纳税人

D. 立账簿人为纳税人

6. 2016 年 1 月，A 企业向某公司出租闲置仓库，签订出租合同中注明的租金每月 4 万元，租期未定；接受某公司委托加工一批产品，签订的加工承揽合同中注明原材料由 A 企业提供，金额为 200 万元，另外收取加工费 30 万元；签订的运输合同中注明运费 2 万元、保管费 5000 元。该企业 2013 年 1 月应缴纳印花税(　　)元。(财产租赁合同税率为千分之一，购销合同税率万分之三，加工承揽合同税率为万分之五，运输合同税率为万分之五，仓储保管合同税率为千分之一。)

A. 765　　B. 770　　C. 1165　　D. 1170

7. 下列合同中，应按照“财产租赁合同”征收印花税的是(　　)。

A. 企业与个体工商户签订的租赁合同

B. 企业与主管部门签订的租赁承包合同

C. 企业与金融机构签订的融资租赁合同

D. 房地产管理部门与个人签订的生活居住用房租赁合同

8. 甲公司于 2016 年 3 月与乙公司签订了数份以货易货合同，以共计 750000 元的钢材换取 650000 元的水泥，甲公司取得差价 100000 元。下列各项中表述正确的有(　　)。

A. 甲公司 8 月应缴纳的印花税为 225 元

B. 甲公司 8 月应缴纳的印花税为 420 元

C. 甲公司 8 月应缴纳的印花税为 195 元

D. 甲公司 8 月应缴纳的印花税为 450 元

9. 甲企业受托分别为乙、丙企业各加工一批产品；与乙企业签订合同，原材料金额 50 万元由乙企业提供，甲企业向乙企业收取加工费 30 万元；与丙企业签订合同，原材料金额 40 万元由甲企业提供，丙企业只向甲企业支付加工费 10 万元。该加工业务甲企业应缴纳印花税(　　)元。

A. 120　　B. 200　　C. 320　　D. 400

10. 某企业 2015 年资金账簿记载实收资本 400 万元，2015 年已经计税贴花，2016 年资金账簿记载实收资本为 600 万元、资本公积 20 万元，2016 年新启用其他账簿 10 本。该企业 2016 年应缴纳印花税(　　)元。

A. 1175　　B. 1150　　C. 1100　　D. 1225

11. 下列合同和凭证应当缴纳印花税的是(　　)。

A. 企业将财产赠给政府所书立的书据

B. 未按期兑现的合同

C. 企业与会计师事务所签订的审计合同

D. 企业与主管部门签订的租赁承包合同

12. 甲企业 2016 年初拥有厂房原值 2000 万元，仓库原值 500 万元。2016 年 5 月 20 日，将仓库以 1000 万元的价格转让给乙企业，当地政府规定房产税减除比例为 30%。甲企业当年应缴纳房产税(　　)万元。

A. 17.65　　B. 18.2　　C. 18.55　　D. 20.3

13. 企业以房产投资联营，收取固定收入，不承担联营风险的，以(　　)为房产税的计税依据。

A. 租金收入　　B. 房产市值　　C. 房产净值　　D. 房产余值

14. 下列房产中，不需要缴纳房产税的是(　　)。

A. 政府机关自用的房产　　B. 宗教寺庙出租的房产

C. 事业单位的经营性房产　　D. 个人所有的经营性房产

15. 纳税人出租的房屋，如承租人以劳务或者其他形式为报酬抵付房租收入的，应(　　)房产税。

A. 根据出租房屋的原值减去 10%~30%后的余值，实行从价计征

B. 根据当地同类房产的租金水平确定一个租金标准，实行从租计征

C. 根据税务机关的审核，实行从租计征

D. 根据纳税人的申报，实行从租计征

16. 2016 年陈某自有三套房屋，每套原值 150 万元，第一套自住，第二套以每年按市场价格 4 万元出租给他人居住，第三套位于一楼，用于自营小超市。当地规定的房产税扣除比例是 20%，则陈某当年应缴纳的房产税为(　　)万元。

A. 1.6　　B. 1.92　　C. 1.26　　D. 1.64

17. 下列关于房产税纳税人的说法中，正确的是(　　)。

A. 房屋出租的，一般情况下，由承租人纳税

B. 产权所有人不在房屋所在地的，由房产代管人或者使用人纳税

C. 房屋产权未确定的，由税务机关确定纳税人

D. 产权出典的，由出典人纳税

18. 根据车船税法的规定，下列车船中需要缴纳车船税的是(　　)。

A. 领事馆大使专用车辆　　B. 武装警察部队专用的车船

C. 拥有小汽车的某省省长　　D. 报废的车辆

19. 某交通运输企业2015年拥有整备质量10.5吨载货汽车20辆，中型商用客车10辆，整备质量9吨的挂车3辆。该企业所在地货车年税额20元/吨，客车年税额500元/辆。该企业当年应缴纳车船税(　　)元。

A. 8700　　B. 8460　　C. 9550　　D. 9470

20. 某运输公司2015年有如下运输工具：运输卡车10辆，整备质量12.5吨/辆，4月购入乘用车12辆，当月办理登记取得车辆行驶证，当地政府规定的乘用车车船税税额1000元/辆，运输卡车车船税税额80元/吨。2015年度该公司应缴纳车船税(　　)元。

A. 18920　　B. 19000　　C. 21920　　D. 22000

21. 下列说法，不符合车船税法定免税规定的是(　　)。

A. 捕捞渔船免征车船税　　B. 警用车船免征车船税

C. 混合动力车免征车船税　　D. 国际组织驻华代表机构车辆免征车船税

22. 依据契税的相关规定，下列各项应征收契税的是(　　)。

A. 以获奖方式取得房屋产权　　B. 将自有房产作股投入本人经营企业

C. 房屋产权相互交换，交换价值相等　　D. 承受荒山土地使用权用于林业生产

23. 下列有关各主体契税政策的表述正确的是(　　)。

A. 甲公司经改制，更换名称，并吸收新股东现金投资50万元，新企业承受原企业的房产和土地，可以免征契税

B. 企业实施债权转股权后新设立的公司承受原企业的土地，房屋权属，要征收契税

C. 企业依照规定破产后，债权人(但不包括破产企业职工)承受破产企业土地、房屋权属以抵偿债务的，免征契税

D. 采取分期付款方式购买房屋附属设施土地使用权、房屋所有权的，应按合同规定的总价款计征契税

24. 根据契税相关规定，房屋赠与时契税的计税依据是(　　)。

A. 协议成交价格

B. 所在地省级人民政府公示的土地基准价格

C. 不同地段的土地使用权及房屋转让的成交价格

D. 征收机关参照当地土地使用权出售、房屋买卖的市场价格核定的价格

25. 某企业破产，其房地产评估价值为2500万元，其中以评估价值1500万元的房地产抵偿债务，将价值1000万元的房地产进行拍卖，拍卖收入1200万元。债权人获得房地产后，与他人进行房屋交换，取得额外补偿500万元。当事人各方合计应缴纳契税(　　)万元。(适用契税税率3%)

A. 48　　B. 33　　C. 51　　D. 93

26. 土地使用权、房屋的成交价格明显低于市场价格并且无正当理由的，或者所交换土地使用权、房屋的价格的差额明显不合理并且无正当理由的，由征收机关参照(　　)核定。

A. 市场价格　　B. 评估价格　　C. 重置成本　　D. 购置价格

27. 土地使用权未确定或权属纠纷未解决的，以(　　)为土地使用税纳税人。

A. 原拥有人　　B. 实际使用人　　C. 代管人　　D. 产权所有人

28. 新征用耕地应缴纳的城镇土地使用税，其纳税义务发生时间是(　　)。

A. 自批准征用之日起满 3 个月
B. 自批准征用之日起满 6 个月
C. 自批准征用之日起满 1 年
D. 自批准征用之日起满 2 年

29. 下列说法符合城镇土地使用税规定的是(　　)。

A. 在建制镇使用土地的个人为城镇土地使用税的纳税义务人
B. 土地使用权权属纠纷未解决的，由税务机关根据情况确定纳税人
C. 纳税人尚未核发土地使用证书的，暂不纳税，核发土地使用证后再补缴税款
D. 经济发达地区城镇土地使用税适用税额标准经省级人民政府批准可以适当提高

二、多项选择题

1. 下列各项中，不征或免征土地增值税的有(　　)。

A. 以房地产使用权抵债而尚未发生房地产权属转让的
B. 以房地产对外出租的
C. 被兼并企业的房地产在企业兼并中转让到兼并方的
D. 以出地、出资双方合作建房，建成后又转让给其中一方的

2. 下列合同或凭证，应缴纳印花税的有(　　)。

A. 工商营业执照
B. 贴息贷款合同
C. 企业出租门店合同
D. 已缴纳印花税的凭证副本
E. 实行自收自支的事业单位使用的营业账簿

3. 下列合同中，应按“产权转移书据”税目征收印花税的有(　　)。

A. 商品房销售合同
B. 土地使用权转让合同
C. 专利申请权转让合同
D. 土地使用权出让合同

4. 以不属于印花税的纳税义务人的有(　　)。

A. 合同的保人
B. 合同的鉴定人
C. 立据人
D. 权利许可证照的领受人
E. 电子应税凭证的签订人

5. 关于印花税的纳税义务人，下列表述正确的有(　　)。

A. 建立账簿的以立账簿人为纳税人
B. 订立财产转移书据的以立据人为纳税人
C. 书立经济合同的以合同各方当事人为纳税人
D. 在国外书立凭证转国内使用的以使用人为纳税人
E. 领取权利许可证照的以授予证照的当事人为纳税人

6. 下列项目中，符合印花税相关规定的有(　　)。

A. 加工承揽合同的计税依据为加工或承揽收入的金额
B. 财产租赁合同的计税依据为所租赁设备的金额
C. 仓储保管合同的计税依据为所保管货物的金额
D. 货物运输合同的计税依据为取得的运输费金额
E. 建设工程设计合同的计税依据为设计收取的费用

7. 下列凭证中应贴印花税票的有(　　)。

A. 无息贷款合同
B. 房屋产权证
C. 商标注册证
D. 购销合同副本
E. 卫生许可证

8. 下面关于印花税的表述正确的有(　　)。

A. 印花税应纳税额不足一角的，不征税
B. 营业账簿和权利许可证照实行按件贴花每件 5 元

C. 具有合同性质的票据和单据，均视为应税凭证按规定贴花

D. 企业一次缴纳印花税超过500元的，可用税收缴款书缴纳税款

9. 依据房产税相关规定，下列说法，正确的有(　　)。

A. 房产税的征税范围包括农村

B. 房屋产权出典的由出典人缴纳房产税

C. 老年服务机构自用的房产免征房产税

D. 中国人民银行总行所属分支机构自用房产免征房产税

10. 下列房产中，属于房产税征税范围的有(　　)。

A. 政府机关自用的房产　　B. 宗教寺庙出租的房产

C. 人民团体自用的房产　　D. 事业单位的经营性房产

E. 个人所有的经营性房产

11. 某房屋租赁企业，全年办公自用房产原值600万元，2015年4月1日将原值为1000万元的临街房出租给某连锁商店，月租金6万元。5月1日将另外的原值500万元的房屋出租给个人居住，月租金2万元。房屋出租前的房屋均在企业闲置，当地政府规定允许按房产原值减除20%后的余值计税。下列选项中正确的是(　　)。

A. 企业出租给连锁商店的房产税税率为12%

B. 企业出租给个人居住用房的房产税税率为4%

C. 企业从价计征房产税税额为5.76万元

D. 当年应缴纳房产税为18.16万元

E. 当年应缴纳房产税为16.88万元

12. 下列房产免征房产税的有(　　)。

A. 老年服务机构自用的房产　　B. 大修停用三个月以内的房产

C. 停用的毁损不堪居住的房产　　D. 房管部门向居民出租的公有房产

13. 根据房产税的相关规定，下列房产中，免征房产税的有(　　)。

A. 保险公司的房产

B. 房地产开发企业建造的尚未出售的商品房

C. 实行差额预算管理的事业单位自用的房产

D. 房管部门向居民出租的公有住房

E. 因大修停用三个月的房产

14. 车船税征税过程中，以“辆”为计税依据的有(　　)。

A. 电车　　B. 商用货车　　C. 摩托车　　D. 低速货车

E. 拖船

15. 下列车船中，应以“辆”作为车船税计税依据的有(　　)。

A. 电车　　B. 摩托车　　C. 微型客车

D. 半挂牵引车　　E. 三轮农用运输汽车

16. 下列车船中，可以享受法定免征车船税的有(　　)。

A. 警用车辆　　B. 养殖渔船　　C. 使用新能源的车船

D. 非机动驳船　　E. 经批准临时入境的外国车船

17. 下列各项中属于契税的纳税人的有(　　)。

A. 购买房屋的个体工商户　　B. 转让土地使用权的农村居民

C. 接受对方捐赠房屋的外商投资企业　　D. 出租房屋的国有经济单位

E. 获奖取得房屋产权的城镇居民

18. 下列情形中，免征契税的有(　　)。

A. 承受荒山加以利用的
B. 国家机关承受房屋用于办公
C. 事业单位承受房屋用于办公
D. 城镇职工第一次购买公有住房

19. 下列说法，符合城镇土地使用税税收政策的有(　　)。
A. 农副产品加工厂用地应征收城镇土地使用税
B. 公园里开办的照相馆用地应征收城镇土地使用税
C. 企业厂区以外的公共绿化用地应征收城镇土地使用税
D. 自收自支、自负盈亏的事业单位用地应征收城镇土地使用税

20. 下列项目中，免征城镇土地使用税的有(　　)。
A. 企业范围内荒山等尚未利用的土地
B. 企业厂区内的铁路专用线、公路等用地
C. 按规定缴纳耕地占用税，且征用未满一年的用地
D. 盐场的盐滩用地
E. 港口的码头用地

三、判断题

1. 城建税的征税范围不包括农村。(　　)

2. 资源税从量定额征收，与销售额无关，正确计算应纳税额的关键是确定课税数量。(　　)

3. 城市维护建设税的计税依据为纳税人实际缴纳的增值税、消费税额和查补增值税、消费税税额，以及纳税人违反增值税、消费税法规而加收的滞纳金和罚款。(　　)

4. 纳税人之间互换房屋且价值相等不需要缴纳契税。(　　)

5. 纳税人建造普通标准住宅出售，增值额超过扣除项目金额 20%的，应按超过部分增值额缴纳土地增值税。(　　)

6. 关税只对进口商品征税，对出口货物不征关税。(　　)

7. 关税的征收管理不适用税收征管法。(　　)

8. 进口货物的完税价格中包括进口关税。(　　)

9. 在确定关税完税价格时，进口人为购买进口货物向境外采购代理人支付的买方佣金，应计入成交价格。(　　)

10. 滑准税是指关税的税率随着进口商品价格的变动而正比例变动的一种税率形式，即价格越高，税率也越高，其实质上是从价税。(　　)

四、问答题

1. 土地增值税适用何种税率？应纳税额的计算公式是什么？

2. 房产税有哪两种征收方式？

3. 资源税的征收方式有哪些？

4. 印花税的征税范围有哪些？

5. 契税的计税依据是如何规定的？

五、计算题

某化妆品生产企业为增值税一般纳税人，2016 年 7 月进口一批散装化妆品，支付给国外的货价为 120 万元，相关税金 10 万元，卖方佣金 2 万元，运抵我国海关前的运杂费和保险费 18 万元。进口机器设备一套，支付给国外的货价为 35 万元，运抵我国海关前的运杂费和保险费为 5 万元。本月内将进口的散装化妆品的 70%生产加工为成套化妆品 8000 件，对外批发销售 6000 件，取得不含税销售额 290 万元，向消费者零售 1000 件，取得含税销售额 51.48 万元。化妆品进口关税税率为 40%，机器设备进口关税税率为 10%，化妆品消费税税率为 30%.

要求：计算化妆品和机器设备应纳的关税、消费税和增值税。

六、案例分析题

1. 某企业 2016 年与铁路部门签订运输合同，合同上记载运输费及保管费共计 500 万元，由于该合同涉及货物运输合同和仓储保管合同两个税目，而且税率不同，前者为万分之五，后者为千分之一。根据税法规定，合同上未分别记载金额的，按税率高的税目计税贴花，即该运输合同按千分之一缴纳印花税 5000 元。假设运输费为 300 万元，保管费 200 万元。

要求：计算该合同上分别记载运输费和保管费的金额时该企业应纳印花税。为该企业提出纳税筹划建议。

2. 某商业企业现有 5 栋闲置库房，房产原值为 2000 万元。企业经研究提出以下两种利用方案：一是出租房屋，年租金收入为 200 万元。二是将库房作为仓储库房为客户提供仓储服务，年仓储收入为 200 万元，但需要配备两名仓储保管人员，假定每年支付给每名仓储保管人员 4 万元。当地房产税的扣除比例为 30%。

要求：通过计算分析两个方案的房产税税额，为该企业做出选择。

附录　课后练习题答案

第一章　税法概述

一、判断题

1～5×√××√

二、单项选择题

1～5　ABDAB

三、问答题

略

第二章　纳税筹划概述

一、判断题

1～5√××××　6～10××√√√

二、问答题

略

三、案例分析题

该集团公司单设独立核算的酒业销售公司进行消费税纳税筹划是可以的，但酒厂成本价 37 元，却以 18 元/瓶的价格销售给酒业销售公司，虽然消费税计税依据就由 80 元降到了 18 元，但酒厂实际上以亏损作为经营目标，肯定很快就引起税务机关的注意，而且被认定为偷税的可能性很大，即该纳税筹划方案风险太大。

建议该酒厂以高于 37 元/瓶的价格把白酒销售给销售公司，这样既可以节约消费税，又能够降低纳税筹划风险。

第三章　增值税纳税筹划

一、单项选择题

1～5ABDBB　6～10ADBAD　11～15ABAAB　16～18DDC

二、多项选择题

1. ACD　2. BC　3. CE　4. ABD　5. AC　6. BCD　7. BE　8. ABCDE　9. AB　10. ABCE　11. ABC　12. AB

三、问答题

略

四、案例分析题

1. 设立一般纳税人企业：

应纳增值税 = 80×17%－80×17%×15% = 11.56(万元)

设立两个小规模纳税人企业：

应纳增值税 = 45×3%+35×3% = 2.4(万元)

因此，该企业应选择设立两个小规模纳税人企业。

2. 不分开核算，一律从高适用税率：

增值税销项税额 = 1000×17% = 170(万元)

分开核算，分别按各自适用税率计算税额：

增值税销项税额 = 900×17%+100×13% = 166(万元)

因此，该企业应分开核算不同税率货物的销售额。

3. 从一般纳税人采购：

应纳增值税 = 3740-3400 = 340(元)

应纳城建税及教育费附加 = 340×(7%+3%) = 34(元)

净利润 = (22000-20000-34)×(1-25%) = 1474.5(元)

从小规模纳税人采购：

应纳增值税 = 22000×17%-18000×3% = 3200(元)

应纳城建税及教育费附加 = 3200×(7%+3%) = 320(元)

净利润 = (22000-18000-32)×(1-25%) = 2760(元)

因此，应选择从小规模纳税人处采购。

4. 无偿赠送方案：该公司销项税额 = 110×200×17% = 3740(元)

折扣销售方案：该公司销项税额 = 110×200×90%×17% = 3366(元)

两种方案下进项税额相同，所以该公司应采用折扣销售政策。

5. 以 1 吨化肥为例，该企业享受免税待遇和放弃免税待遇时应纳税额及利润如下表所示：

元

	享受免税待遇		放弃免税待遇	
	化肥生产企业	化工企业	化肥生产企业	化工企业
增值税	应纳 0	进项 0	2500×13%-255 = 70	进项 325
销售收入	2500		2500	
采购成本	1755	2500	1500	2500
城建及附加	0		8.4	
利润	745		991.6	

该企业选择放弃免税待遇较划算。

五、计算题

1. 收购红枣进项税额 = 60000×13% = 7800(元)

2. 甲商店销售烟酒商品增值税销项税额 = (4095000+2340)÷(1+17%)×17% = 595340(元)

3. 甲商店自制糕点增值税销项税额 = 7020×(1+10%)×17% = 1312.74(元)

第四章　消费税纳税筹划

一、单项选择题

1~5CCCCC　　6~10 CDCCB　　11~15 DDACA

二、多项选择题

1. DE　　2. BC　　3. ABDE　　4. AD　　5. ACD　　6. CE

三、判断题

1~5　√××××　　　6~7　××

四、问答题

略

五、案例分析题

1. 按现行方案，包装物随汽车轮胎销售，包装物价款需要交增值税和消费税。该单位应采取收取包装物押金的做法，收取的包装物押金单独核算，对方归还包装物时返还押金，这样包装物押金不需要交增值税和消费税。

2. 因为税法规定：纳税人将自产的应税消费品用于换取生产资料、消费资料、投资入股、抵偿债务的，以该类消费品的最高价格作为计税价格，对纳税人来说，很不合适。所以，该企业应将小汽车卖掉，然后以现金进行投资。

3. 设立独立核算的经销部，经销部不需缴纳消费税。该厂按照向经销部供货价格每箱 800 元计算消费税。

应纳消费税 = 800×20% = 160(元)

每箱可节税 200-160 = 40(元)

4. 消费税计算不正确

应纳消费税 = 20÷1.17×30% = 5.13(万元)

该厂可以设立独立的销售公司或独立核算的门市部以减轻消费税税收负担。

5. 纳税错误：赠送给客户的卷烟和发给职工的卷烟要视同销售缴纳消费税。

应纳消费税 = 80000×5×56%+50000×20×56%+[6820×(1+5%)×10+10×150]÷(1-36%)×36%+(5+10+20)×150 = 830374.375(元)

6. 应纳消费税 = [100×(1+5%)]÷(1-30%)×30% = 45(万元)

筹划思路：企业通过成本费用的分配进行成本控制，比如把成本在合理的范围内多分配给护肤护发品，降低这批化妆品的成本，从而少交消费税。

第五章　企业所得税纳税筹划

一、单项选择题

1~5 CCBCA　　6~10 BCBDB　　11A

二、多项选择题

1. BCE　　2. BCD　　3. BCE　　4. BCE　　5. ACD　　6. AB

三、问答题

略

四、案例分析题

1. 分析：税法规定：商业企业职工人数不超过 80 人，资产总额不超过 1000 万元，年应纳税所得额不超过 30 万元，属于小型微利企业，适用 20%的税率。

该企业与享受低税率优惠的小型微利企业的限定条件相比，该企业主要是年度应纳税所得额超过了 10000 元。为享受低税率，该企业可通过采取增加开支或减少收入的方法，使应纳税所得额降到 30 万元以下，从而适用 20%的企业所得税税率。

2. 公益性捐赠扣除限额 = 100×12% = 12(万元)，所以该企业通过公益性组织捐赠的 8 万元可以全额扣除，不需进行纳税调整。但该企业直接向受赠单位捐赠的 4 万元，不允许在税前扣除。

应纳企业所得税 = (100+4)×25% = 26(万元)

给该企业的纳税筹划建议：不要直接向受赠单位捐赠，因为这样的捐赠税法不允许扣除，应通过公益性组织进行捐赠。

3. 会计利润 = 5600+40+800+100-4000-660-300-760-200-250 = 370(万元)

公益性捐赠扣除限额 = 370×12% = 44.4(万元)，实际发生 38 万元，未超限额，不需调整。

业务招待费扣除限额 = 70× 60% = 42(万元)　　(5600+800)× 0.5% = 32(万元)，允许扣除 32 万元，需调增会计利润 38 万元。

研发费用可加扣 = 60× 50% = 30(万元)

国债利息 40 万元免税，调减会计利润

应纳税所得额 = 370-30-40+38 = 338(万元)

应纳企业所得税 = 338× 25% = 84.5(万元)

4. 分析：调整业务招待费：在所得税前列支该费用的 60%，但是不能超过营业收入的千分之五，所以 50×0.6 = 30(万元)，(2400+400)×5÷1000 = 14(万元)，所以所得税前关于业务招待费应该扣除 14 万元，应调增应纳税所得额为 50-14 = 36 万元。

广告费和业务宣传费：在所得税前列支费用不得超过营业收入的 15%，(2400+400)×0.15=420(万元)，大于题目中的 320 万元(广告费)+40 万元(业务宣传费)，所以可以全额在所得税前扣除，所以该部分费用不用调整应纳税所得额。

综上，企业所得税应纳税所得额为 580 万元(调整前的利润)+36 万元=616(万元)

应纳企业所得税=616×25%=154(万元)

5. 分析：方案一应纳所得税为 0 万元。

2000×25%-10000 ×10% = -500(万元)，未抵免完的 500 万元税款可以结转到下一年继续抵免。

方案二应纳所得税 为 500 万元，2000 ×25% =500(万元)

两个方案综合比较，方案一比方案二设备价款多 800 万元，但抵税 1000 万元，所以方案一合适。

6. 分析：

按实际利润按月预缴：每月应申报纳税=(10+2)×25%=3(万元)

按实际利润按季预缴：每季应申报纳税=(30+6)×25%=9(万元)

按上年应纳税额的 1/12 预缴：每月应申报纳税=240×25%÷12=5(万元)

按上年应纳税额的 1/4 预缴：每季应申报纳税=240×25%÷4=15(万元)

结论：从递延缴纳所得税的角度来看，按照实际利润并按季预缴相对于其他三种方法，可以获得货币的时间价值和更多的流动资金，对企业最为有利。

第六章　个人所得税纳税筹划

一、单项选择题

1~5 BCDCA　　6~10 DABBB

二、多项选择题

1. BC　2. ABE　3. ABE　4. BCD　5. AC　6. BCD　7. ABC

三、问答题

略

四、案例分析题

1. 个人取得的佣金收入属于劳务报酬所得，应纳个人所得税额=20000×(1-20%)×20%=3200(元)

工资薪金所得应纳个人所得税额=(20000-3500)×25%-1005=3120(元)

由于工资薪金所得应纳个人所得税较少，所以张某应和甲公司签订雇佣合同。

2. 王某偶然所得超过 10000 元，应全额缴纳个人所得税。

应纳税额=11000×20%=2200 元，税后所得=11000-2200=8800(元)

李某偶然所得 10000 元，不需缴纳个人所得税。

税后所得=10000 元。

对体育彩票发行公司的建议：设奖金额为 X，X × (1-20%)= 10000

解得 X=12500。也就是说，奖金区间(10000，12500)是非有效区，如果奖金设在这个区间，税后收入反而会低于 1 万元。因此，发行体育彩票的单位在设立奖项时，应当考虑税收政策的规定，要么小于等于 1 万元，要么超过 12500 元。

3. 按劳务报酬纳税=8000× (1-20%)× 20%× 3=3840(元)

按工资纳税=(8000-3500)× 10%× 3=1350(元)

王某应选择按工资方式来签合同。

4. 奖金按季度发放，奖金应并入当月工资一起纳税。

平时每月工资应纳个人所得税=(4000-3500)×3%=15(元)

发放季度奖当月工资应纳个人所得税=(4000+6000-3500)×20%-555=745(元)

全年工资奖金共纳税=15×8+745×4=3100(元)

奖金按半年发放，奖金应并入当月工资一起纳税。

平时每月工资应纳个人所得税=(4000-3500)×3%=15(元)

发放半年奖当月工资应纳个人所得税＝(4000+12000−3500)×25%−1005＝2120(元)

全年工资奖金共纳税＝15×10+2120×2＝4390(元)

奖金年终一次性发放，年终奖单独纳税。

平时每月工资应纳个人所得税＝(4000−3500)×3%＝15(元)

年终奖应纳个人所得税＝24000×10%−105＝2295(元)

全年工资奖金共纳税＝15×12+2295＝2475(元)

所以，该公司应选择年终一次性支付给张先生奖金。

5. 筹划思路：月工资收入5000元(包括各类津贴和月奖金)，年终企业发给其年终奖金7200元，工资部分：(5000−3500)×3%−0＝45(元)，奖金部分：7200×3%−0＝216(元)，全年应纳个人所得税为：45×12+216＝756(元)

这样，通过筹划后共少缴个人所得税税款504元。

五、计算题

1. 工资所得项目：

每月应纳税所得额＝8000−3500＝4500(元)

每月工资应纳税额＝4500×10%−105＝345(元)

全年工资应纳税额＝345×12＝4140(元)

年终奖适用的税率和速算扣除数是10%和105元。

年终奖应纳税额＝24000×10%−105＝2295(元)

2. 劳务报酬所得项目

应纳税所得额＝60000×(1−20%)＝48000(元)

应纳税额＝48000×30%−2000＝12400(元)

3. 稿酬所得项目

应纳税所得额＝50000×(1−20%)＝40000(元)

应纳税额＝40000×14%＝5600(元)

4. 特许权使用费所得项目

应纳税所得额＝150000×(1−20%)＝120000(元)

应纳税额＝120000×20%＝24000(元)

按我国税法规定，其取得的专利技术特许权使用费所得应纳税24000元，大于已在外国缴纳的税款，所以应补缴税款4000元。

5. 购买国债的利息收入属于个人所得税的免税项目，不征税。

6. 偶然所得项目：公益救济性捐赠是通过教育部门对农村义务教育的捐赠，税法规定可以全部在税前扣除。

应纳税所得额＝100000−20000＝80000(元)

应纳税额＝80000×20%＝16000(元)

7. B国劳务报酬所得：应纳税所得额＝80000×(1−20%)＝64000(元)

应纳税额＝64000×40%−7000＝18600(元)

按我国税法规定，其取得的劳务报酬所得应纳税18600元，小于已在外国缴纳的税款，所以不用补缴税款，也不退税，但可以用以后纳税年度该国家的扣除限额的余额中补扣未扣完的1400元。

第七章　其他税种纳税筹划

一、单项选择题

1~5 BCCAD　6~10 BABCB　11~15 BCAAB　16~20 ABCDB　21~25 CADDC　26~29 ABCA

二、多项选择题

1. ABC　2. ACE　3. ABD　4. AB　5. ABCD　6. ADE　7. BC　8. ACD　9. CD　10. BDE

11. ABE　12. ACD　13. BCD　14. AC　15. ABC　16. ABC　17. ACE　18. ABCD　19. ABD　20. ACDE

三、判断题

1~5 ×××√×　　6~10 ×√√××

四、问答题

略

五、计算题

1. 化妆品和机器设备应缴纳的关税：

进口化妆品的关税完税价格=120+10+2+18=150(万元)

进口化妆品应缴纳关税=150×40%=60(万元)

进口机器设备的关税完税价格=35+5=40(万元)

进口机器设备应缴纳关税=40×10%=4(万元)

2. 化妆品和机器设备应缴纳的增值税：

化妆品：

当期销项税额=[290+51.48÷(1+17%)]×17%=56.78(万元)

当期进项税额=(150+60)÷(1-30%)×17%=51(万元)

应纳增值税=56.78-51=5.78(万元)

机器设备：

进口环节应纳增值税=(40+4)×17%=7.48(万元)

该企业应纳增值税合计=5.78+7.48=13.26(万元)

3. 化妆品应缴纳的消费税：

进口化妆品应缴纳的消费税=(150+60)÷(1-30%)×30%=90(万元)

本月可以扣除的消费税=90×70%=63(万元)

销售成套化妆品应缴纳的消费税=[290+51.48÷(1+17%)]×30%=100.2(万元)

应缴纳的消费税合计=90+100.2-63=127.2(万元)

六、案例分析题

1. 分别核算：应纳印花税=300×0.05% +200×0.1%=3500(元)

比不分别注明金额少缴纳印花税 1500 元。

建议：同一凭证，因载有两个或两个以上经济事项而适用不同税目税率，一定要分别记载金额的，这样就可以按各自适用税率分别计算应纳税额，相加后按合计税额贴花。

2. 方案一：

应纳房产税：200×12%=24(万元)

应纳营业税：200×5%=10(万元)

应纳城建税及教育费附加：10×10%=1(万元)

共支出=24+10+1=35(万元)

方案二：

应纳税房产税：2000×(1-30%)×1.2%=16.8(万元)

应纳营业税：200×5%=10(万元)

应纳城建税及教育费附加：10×10%=1(万元)

支付给保管人员 8 万元

共支出=16.8+10+1+8=35.8(万元)

结论：方案二纳税支出及人工费用支出额较大，而且经营风险也较大，所以该企业应选择方案一。

参 考 文 献

[1] 计金标，纳税筹划(第三版)[M]. 北京：中国人民大学出版社，2010.

[2] 蔡昌．最优纳税方案设计[M]. 北京：中国财政经济出版社，2007.

[3] 梁俊娇．纳税筹划(第二版)[M]. 北京：中国人民大学出版社，2012.

[4] 都新英．纳税筹划[M]. 北京：北京大学出版社，2012.

[5] 刘兆华．纳税筹划实务与案例[M]. 大连：东北财经大学出版社，2011.

[6] 陈国庆，朱荣喜，姚维松．企业纳税筹划[M]. 北京：经济科学出版社，2011.

[7] 梁文涛．纳税筹划实务[M]. 北京：清华大学出版社、北京交通大学出版社，2012.

[8] 张英明．企业纳税筹划策略[M]. 北京：中国经济出版社，2010.

[9] 盖地．税务筹划学(第四版)[M]. 北京：中国人民大学出版社，2015.

[10] 黄凤羽．纳税筹划[M]. 北京：高等教育出版社，2016.

[11] 艾华，王震．纳税筹划[M]. 大连：东北财经大学出版社，2013.

[12] 姒建英．纳税筹划实务[M]. 北京：中国人民大学出版社，2012.

[13] 宋靖．纳税筹划[M]. 成都：西南财经大学出版社，2009.

[14] 田淑华．企业纳税管理[M]. 大连：东北财经大学出版社，2015.

[15] 财政部会计资格评价中心．经济法基础[M]. 北京：经济科学出版社，2016.

[16] 高丽萍，马克和．税法(第三版)[M]. 北京：中国财政经济出版社，2013.